Kay Möller

Die Außenpolitik der Volksrepublik China 1949–2004

Studienbücher Außenpolitik
und Internationale Beziehungen

Herausgegeben von Wilfried von Bredow

Kay Möller

Die Außenpolitik der Volksrepublik China 1949–2004

Eine Einführung

Springer Fachmedien Wiesbaden

Bibliografische Information Der Deutschen Bibliothek
Die Deutsche Bibliothek verzeichnet diese Publikation in der Deutschen Nationalbibliografie;
detaillierte bibliografische Daten sind im Internet über <http://dnb.ddb.de> abrufbar.

1. Auflage April 2005

Alle Rechte vorbehalten
© Springer Fachmedien Wiesbaden
Ursprünglich erschienen bei VS Verlag für Sozialwissenschaften in 2005
Lektorat: Frank Schindler

Der VS Verlag für Sozialwissenschaften ist ein Unternehmen von Springer Science+Business Media.
www.vs-verlag.de

Das Werk einschließlich aller seiner Teile ist urheberrechtlich geschützt. Jede Verwertung außerhalb der engen Grenzen des Urheberrechtsgesetzes ist ohne Zustimmung des Verlags unzulässig und strafbar. Das gilt insbesondere für Vervielfältigungen, Übersetzungen, Mikroverfilmungen und die Einspeicherung und Verarbeitung in elektronischen Systemen.

Die Wiedergabe von Gebrauchsnamen, Handelsnamen, Warenbezeichnungen usw. in diesem Werk berechtigt auch ohne besondere Kennzeichnung nicht zu der Annahme, dass solche Namen im Sinne der Warenzeichen- und Markenschutz-Gesetzgebung als frei zu betrachten wären und daher von jedermann benutzt werden dürften.

ISBN 978-3-531-14120-6   ISBN 978-3-322-80508-9 (eBook)
DOI 10.1007/978-3-322-80508-9

Inhalt

Einleitung 11

Zeit

1. Ursprünge, Selbstverständnis, Instrumente 17
  1.1 Ursprünge und Selbstverständnis 17
    1.1.1 Introspektion 17
    1.1.2 Freihandel und Extraterritorialität 19
    1.1.3 Revolution und Bürgerkrieg 22
    1.1.4 Antijapanischer Krieg und Bürgerkrieg 24
    1.1.5 Schlussfolgerungen 27
  1.2 Instrumente 28
    1.2.1 Tribut und Auslandschinesen 29
    1.2.2 Landesverteidigung 31
    1.2.3 Militär 33
    1.2.4 Außenpolitische Konzepte 34
    1.2.5 Diplomatie 36
    1.2.6 Unabhängigkeit und Sicherheit 40

2. 1949 – 1955: Die Allianz mit der Sowjetunion 45
  2.1 „Zu einer Seite neigen" 45
    2.1.1 Das Bündnis und der Koreakrieg 45
    2.1.2 „Demokratische Diktatur des Volkes" 48
  2.2 „Friedliche Koexistenz" 49
    2.2.1 Von Genf nach Bandung 50

3. 1956 – 1965: Das Ende des sozialistischen Lagers 54
  3.1 1956 – 1962: Entfremdung 54
    3.1.1 „Der Ostwind ist stärker als der Westwind" 54
    3.1.2 Der Kampf um die Führung im sozialistischen Lager 57

3.2 1962 – 1965: Der Bruch 59
   3.2.1 Vom Himalaya bis in die Karibik 60
   3.2.2 Territorialkonflikt und internationale Einheitsfront .. 63

4. 1966 – 1969: Isolation 68

4.1 Revolutionäre Diplomatie 68
   4.1.1 Kulturrevolution 68
   4.1.2 Weltweiter Maoismus 70

4.2 In der Gefahrenzone 71
   4.2.1 China und der Zweite Indochinakrieg 72
   4.2.2 Der Grenzkrieg mit der Sowjetunion 74

5. 1970 – 1977: Die Normalisierung der Beziehungen zum Westen   80

5.1 Von Genf nach Shanghai 80
   5.1.1 Lin Biaos Sturz und die Anti-Konfuzius-Kampagne .. 80
   5.1.2 Der Weg nach Shanghai 82
   5.1.3 Bodengewinn in der Zwischenzone 86

5.2 Enttäuschung 87
   5.2.1 Götterdämmerung 87
   5.2.2 Das unregelmäßige Dreieck 88

6. 1978 – 1989: Das „strategische Dreieck" 93

6.1 Normalisierung 93
   6.1.1 Reform 93
   6.1.2 „Strafexpedition" und neue „Einheitsfront von oben" 95
   6.1.3 Strategische Partner 97

6.2 Äquidistanz und Primat der Wirtschaft 102
   6.2.1 Öffnung und Kollaps 102
   6.2.2 Unabhängige Außenpolitik 105

7. 1990 – 2004: Virtuelle Großmacht 113

7.1 Isolation und Ausbruch 113
   7.1.1 Offene Tür 113
   7.1.2 Das Ende des Weltkommunismus 115
   7.1.3 Rückkehr auf die internationale Bühne 116

7.2 Einbindung 119
    7.2.1 Die „Ära Jiang Zemin" 119
    7.2.2 „Strategische Partnerschaft", zweiter Anlauf 121
    7.2.3 Die multipolare Vision 124

7.3 Unipolarer Moment 125
    7.3.1 Staatskapitalismus 125
    7.3.2 „Strategischer Wettbewerber" 126
    7.3.3 Koalitionär 129

Raum

1. Natürliche, kulturelle und wirtschaftliche Grundlagen 133

1.1 Ein großes, altes Land 133
    1.1.1 Territorium und Ressourcen 134
    1.1.2 Bevölkerung und politische Geographie 135

1.2 Ein reiches Land 136
    1.2.1 Industrielle Infrastruktur und Staatsverschuldung ... 139
    1.2.2 Handel, Dezentralisierung und Seeorientierung 140
    1.2.3 Außen- und sicherheitspolitische Folgen 143

2. Ostasien und der Pazifik 147

2.1 Nordostasien 147
    2.1.1 Japan 147
    2.1.2 Die Koreanische Halbinsel 152
    2.1.3 Taiwan 155
    2.1.4 Mongolei 159

2.2 Südostasien 161
    2.2.1 Das Festland 162
    2.2.2 Der Malaiische Archipel 163
    2.2.3 Asean 166

2.3 Ozeanien 170

3. **Nordamerika**	175
3.1 Die USA	175
3.1.1 Wirtschaftsbeziehungen	176
3.1.2 Menschenrechte	177
3.1.3 Proliferation und Rüstung	178
3.1.4 Taiwan	180
3.1.5 Die latente Krise	181
3.2 Kanada	183
4. **Russland und Zentralasien**	187
4.1 Russland	187
4.1.1 Wirtschaftsbeziehungen und Migration	188
4.1.2 Weltordnung	190
4.2 Zentralasien	190
4.2.1 Gemeinsame strategische Interessen	191
4.2.2 Institutionalisierung und divergierende strategische Interessen	192
5. **Süd- und Westasien/Nordafrika**	196
5.1 Südasien	196
5.1.1 Die bilateralen Beziehungen zu Indien und das Grenzproblem	196
5.1.2 Die „Achse" Peking – Islamabad	202
5.1.3 Der strategische Wettbewerb	205
5.2 Westasien und Nordafrika	207
5.2.1 Der Palästina-Komplex und Israel	208
5.2.2 Der Persische Golf	211
6. **Europa**	220
6.1 Osteuropa	220
6.2 Westeuropa	222
6.2.1 Großbritannien	223
6.2.2 Deutschland	224
6.2.3 Frankreich	227
6.2.4 Die Europäische Union	228

7. **Afrika und Lateinamerika/Karibik** 240

    7.1 Afrika 240

    7.2 Lateinamerika/Karibik 244

Fazit: Unabhängigkeit versus Sicherheit 248

Abkürzungsverzeichnis 253

Quellen der Dokumente im Text 255

Ausgewählte allgemeine Literatur zur Außenpolitik
der Volksrepublik China 257

Internetquellen 261

Namensregister 262

Register 265

Einleitung

Jede Analyse chinesischer Außenpolitik setzt paradigmatische Entscheidungen bezüglich der Natur Internationaler Politik und der Rolle des Staates voraus. Eine solche Entscheidung fällt nach der Jahrtausendwende sehr viel schwerer als noch zu Zeiten des Kalten Krieges. Wie zu erwarten, hat das „Ende der Geschichte" unter Theoretikern der Internationalen Politik neue und anhaltende Debatten provoziert. Wurden Erklärungsmuster für die bipolare Welt zunächst vom der *Realistischen Schule* dominiert, der es um relative Macht, Rationalität und Kräftegleichgewichte ging, so kam es in den 70er und 80er Jahren zu einer interparadigmatischen Debatte mit *Liberalen/Neoliberalen* (Interdependisten/Institutionalisten), die auf die Bedeutung innenpolitischer, transnationaler und nichtmilitärischer Prozesse verwiesen, sowie *Marxisten* (Dependisten), die die Internationale Politik als Klassenkampf interpretierten. Ebenfalls in den 80er Jahren entwickelten *Neorealisten* eine wissenschaftliche Theorie, derzufolge das Internationale System durch seine Struktur definiert wird, die ihrerseits von der relativen Machtverteilung unter den Staaten bestimmt ist. Während Neorealisten und Neoliberale über relative versus absolute Gewinne stritten, gingen sie doch gemeinsam davon aus, dass Anarchie das Hauptmerkmal eines – positivistisch z.B. mit Mitteln der internationalen politischen Ökonomie erklärbaren – Internationalen Systems ist. Eine Synthese beider Ansätze lieferte noch in den 80er Jahren der *Rationalistische Institutionalismus.*

Diese Schule wiederum wurde wenig später vom *Reflektivistischen Institutionalismus* herausgefordert, für den Regime und Institutionen wesentlich durch das (intersubjektive) Selbstverständnis (die „Identität") der Akteure geprägt werden. Während Rationalisten und Reflektivisten von den gleichen Prämissen (z.B. relativen und absoluten Gewinnen) ausgingen, lieferten sie sich einen erbitterten Kampf um die Epistemologie, das heißt die Frage, wie wir wissen, was wir wissen.

In den 90er Jahren entwickelte sich der Reflektivistische Institutionalismus zum *Konstruktivismus* fort, dessen Mainstream alle Arten von Strukturen und Einheiten akzeptiert, vorausgesetzt, sie werden als „sozial konstruiert" begriffen. So wird heute allgemein davon ausgegangen, dass eine Kategorie wie „Sicherheit" konstruiert ist, und es hier wesentlich darum geht, wer das „Konstruktionsmonopol" innehat.

Im ersten Jahrzehnt des 21. Jahrhunderts sind sowohl der Neorealismus (wegen des friedlichen Untergangs der Sowjetunion) als auch der Neoliberalismus (wegen der anhaltenden Probleme des Multilateralismus) in die Defensive geraten. Wenn die vorliegende Analyse im Wesentlichen den positivistischen Prämissen der Rationalisten folgt und dabei die europäische Erfahrung mit Konfrontation und Kooperation als relevant versteht, impliziert das keine grundsätzliche Vernachlässigung intersubjektiver Phänomene, wohl aber den Standpunkt, dass der Konstruktivismus zwar eine „metatheoretische Position" anbietet, aber kein handhabbares Instrument der Analyse, mittels dessen man etwa vorhersagen könnte, unter welchen Umständen sich „Identitäten" dramatisch verändern.

Während die alte Debatte um Interdependenz und Sicherheit noch nicht abgeschlossen ist, beginnt eine neue um Sicherheit und Globalisierung. Ein wesentlicher Unterschied zwischen der alten und der neuen Debatte besteht in dem Umstand, dass der Nationalstaat zur Zeit der Ost-West-Entspannung noch unbestrittener Bezugspunkt für Sicherheitspolitik war und der Ost-West-Konflikt trotz einsetzender Globalisierung für sein Fortbestehen sorgte. Wer den Status quo durch Abschreckung oder Entspannung zementieren wollte, zementierte auch den Nationalstaat, und wer von ökonomischer Sicherheit sprach, dachte an politische Sicherheit.

Das ist heute nur noch bedingt möglich. Zwar ist Globalisierung ein nicht abgeschlossener Prozess, sind Staaten gegenüber globalen Märkten nicht machtlos und kommt es nicht zwangsläufig zu internationalen oder substaatlichen institutionellen Lösungen, aber der Anteil grenzüberschreitend-globaler Aktivitäten an der weltweit und national gemessenen Wertschöpfung nimmt zu, und die staatliche Steuerungsautonomie nimmt ab. Globalisierung ist die technologisch ermöglichte Beschleunigung des weltweiten Umlaufs von Kapital, Waren, Informationen und Personen. Dieser Prozess in seiner heutigen Ausformung begann mit der Abkehr von der Goldbindung des US-Dollars (und damit vom so genannten Bretton-Woods-System fester Wechselkurse) in den USA am 15. August 1971.

Globalisierung bewirkt zweierlei: Erstens setzt sie alle Staaten einem Druck aus, ihre Politiken und Institutionen durch Handelsliberalisierung, Liberalisierung der Kapitalmärkte und Rückführung der Staatsquote anzupassen. Zweitens stärkt sie Kapitaleigner auf Kosten des Staats und bestimmter – zumeist innerstaatlicher – Gruppen.

Es bleibt unklar, ob diese Entwicklung irreversibel ist. Dafür spricht, dass der Anpassungsprozess in den wichtigsten Industriestaaten in vollem

Gang ist. Dagegen sprechen einzelne Abwehrmanöver auch in westlichen Industriestaaten, aber deren Effizienz ist sektoral höchst unterschiedlich. Man könnte ferner meinen, dass Erfolg oder Misserfolg von Globalisierung vom Überleben jenes amerikanischen Hegemons abhängt, der entscheidend zum Entstehen des heutigen, liberal-institutionalistischen Weltwirtschaftssystems beigetragen hat. Dagegen steht die Auffassung, dass die USA nicht weniger an Handlungsfreiheit einbüßen als andere Staaten.

Die vorliegende Studie analysiert die Außenpolitik der Volksrepublik China zwischen 1949 und 2004 in ihren chronologischen und geographischen Dimensionen. Funktionale Segmente (z.B. Pekings Verhältnis zum Multilateralismus oder innenpolitische Quellen von Außenpolitik) werden insbesondere in den einleitenden Kapiteln zu beiden Teilen berücksichtigt. Chinesische Eigennamen sind in *hanyu pinyin* wiedergegeben, soweit sich international nicht abweichende Schreibweisen eingebürgert haben.

Weiterführende Literatur

Als „Vater" der *Realistischen Schule* gilt Hans J. Morgenthau, dessen Hauptwerk *Politics among Nations. The Struggle for Power and Peace* (New York NY: Knopf, 1947; deutsch: *Macht und Frieden. Grundlegung einer Theorie der internationalen Politik* [Gütersloh: Bertelsmann, 1963]) Internationale Politik als anhaltenden Machtkampf und diesen wiederum als Selbstzweck definiert, der seinen Ursprung in der Natur des Menschen hat. Akteure sind ausschließlich Staaten. In den 60er Jahren absorbierten die Realisten behavouralistische Ansätze wie Spieltheorie, Strategische Studien und Friedensforschung.

Der institutionalistisch-legalistische Ansatz *klassischer Liberaler* wie Immanuel Kant oder Woodrow Wilson schien mit dem Zweiten Weltkrieg desavouiert. Wichtige Vertreter der *Interdependisten/Institutionalisten* wie Robert O. Keohane und Joseph S. Nye (*Power and Interdependence*, Boston MA: Little, Brown, 1997) führten in den 70er Jahren Individuen und Gruppen als Akteure ein und interessierten sich zunehmend für den Einfluss, den multilaterale Regime und Institutionen auf das Verhalten von Staaten ausüben.

Die *Marxistische* (strukturalistische) *Schule* interessierte sich mehr für Konflikte innerhalb von Staaten und über Staatsgrenzen hinweg als für zwischenstaatliche Konflikte. Sie verlor in den 80er Jahren zunehmend an Bedeutung.

Der wichtigste Vertreter der *Neorealisten* ist Kenneth Waltz (*Theory of International Politics*, Reading MA: Addinson-Wesley, 1979). Anders als der klassische Realismus spekuliert der Neorealismus nicht über die Natur des Menschen, sondern präsentiert eine Momentaufnahme von den relativen Fähigkeiten der Staaten.

Zu den führenden *Rationalistischen Institutionalisten* zählt John G. Ruggie („Continuity and Transformation in World Politics. Towards a Neo-Realist Synthesis", in: *World Politics*, Vol. 35, No. 2 [1983], S. 261–285).

Einer der Begründer des *Reflektivistischen Institutionalismus* ist Friedrich Kratochwil („International Organization: A State of the Art on the Art of the State", in: *International Organization*, Vol. 40, No. 4 [1986], S. 753–775, zusammen mit John G. Ruggie).

Die erste *konstruktivistische Theorie* Internationaler Politik stammt von Nicholas Onuf (*World of Our Making: Rules and Rule in Social Theory and International Relations*, New York NY: Columbia University Press, 1989). Demnach wird die Welt durch regelgeleitete Handlungen konstruiert und sind Regeln wiederum Sprechakte. Andere Vertreter des Konstruktivismus sind Alexander Wendt und Peter J. Katzenstein. Zur sozialen Konstruktion von „Sicherheit" vgl. Barry Buzan/Ole Waever/Jaap de Wilde, *Security: A New Framework for Analysis* (Boulder CO/London: Lynne Riener, 1998).

Eine ansatzweise Auflösung nationalstaatlicher Autorität in Folge der *Globalisierung* konstatiert Susan Strange in *The Retreat of the State. The Diffusion of Power in the World Economy* (Cambridge: Cambridge University Press, 1996). Die gegenteilige These vertreten Richard Devetak und Richard Higgott in „Justice Unbound? Globalization, States, and the Transformation of the Social Bound", in: *International Affairs*, Vol. 75, No. 3 (1999), S. 483–498.

Einen Versuch, *staatliche wie nichtstaatliche Akteure* in eine originäre Theorie Internationaler Politik einzubeziehen, unternimmt James Rosenau in *Turbulence in World Politics. A Theory of Change and Continuity* (New York NY/London: Harvester Wheatsheaf für Princeton University Press, 1990).

Zur Frage der *Bedeutung der USA für den Globalisierungprozess* vgl. z.B. Helen V. Milner, „International Political Economy: Beyond Hegemonic Stability", in: *Foreign Policy*; No. 110 (Spring 1998), S. 112–123.

Quelle: Kartensammlung der University of Texas online
http://www.lib.utexas.edu/maps/middle_east_and_asia/china_pol01.jpg

Zeit

1. Ursprünge, Selbstverständnis, Instrumente

1.1 Ursprünge und Selbstverständnis

Lange vor Gründung der Volksrepublik China waren Unabhängigkeit und Sicherheit Leitmotive chinesischer Politik, und es bedurfte schon damals ideologischer Balanceakte, um beide in Einklang zu bringen. „Unabhängigkeit" bezeichnet hier jene Kombination aus Zeichenschrift und konfuzianischer Moral, die das Mittlere Reich in den Augen der Außenwelt wie in seinem Selbstverständnis als uralt, unverwechselbar und unveränderlich erscheinen ließ. „Sicherheit" brachten hingegen jene Soldaten und Händler, die flexibel genug waren, pragmatisch auf veränderte Umstände zu reagieren, denen dieselbe Moral aber soziales Prestige verwehrte. Aus der Dialektik beider Prinzipien erklären sich zahlreiche Brüche in der chinesischen Geschichte, die eine moralisierende Propaganda bis heute zu übertünchen sucht. Deng Xiaoping hielt es 1979, ganz am Anfang der nach ihm benannten Reformära, für wichtig, die resultierende Kluft zwischen Anspruch und Realität zu schließen. Er bediente sich hierzu eines Krieges. Vielleicht symptomatisch, ging seine „Strafexpedition" gegen Vietnam nach Punkten verloren, weil auch diesem Projekt die Vorstellung von einer chinesischen Sonderrolle zugrunde lag.

1.1.1 Introspektion

Anfang des 15. Jahrhunderts, Spanien war noch von den Mauren besetzt, Frankreich und England hatten etwa die Hälfte ihres Hundertjährigen Krieges hinter sich, war China auf dem Weg zur Weltmacht. Die mongolische Yuan-Dynastie (1279–1368) hatte das Land mit den Zivilisationen West- und Zentralasiens in Kontakt gebracht, und der Ming-Kaiser Yongle (1402–1424) beauftragte den Eunuchen Zheng He damit, die Welt nun auch zur See zu erkunden. Zwischen 1406 und 1433 leitete Zheng sieben Expeditionen durch das Südchinesische Meer in den Indischen Ozean und bis zur Ostküste Afrikas und machte dort zahlreiche Völker zu tributpflichtigen Vasallen des Kaisers von China.

Weniger als hundert Jahre später galt es in China als Verbrechen, überhaupt mit mehrmastigen Schiffen zur See zu fahren. Die Eunuchen am Hof waren einer konfuzianischen Fraktion unterlegen. Häfen verfielen, und technologische Errungenschaften aus der Zeit der Hochsee-Expeditionen gerieten in Vergessenheit. Inzwischen hatte Bartomoleo Dias das Kap der Guten Hoffnung umsegelt, war Vasco da Gama nach Indien gelangt und hatte Ferdinand Magellan den Fernen Osten auf der Westroute erreicht. 1535 gründeten die Portugiesen mit Erlaubnis der Ming eine Handelsniederlassung in Macau.

1644 löste die mandschurische Qing-Dynastie (1644–1911) die Ming ab. Sie annektierte die Innere und Äußere Mongolei, Xinjiang, Qinghai und Tibet offiziell und markierte damit die Außengrenzen des modernen China. 1683 besetzte sie Taiwan.

Die anfängliche Offenheit der Qing für europäisches Gedankengut und europäische Technologien endete 1724, als sich christliche Missionare an einer Palastintrige beteiligten. Mit dem Verbot der christlichen Religion wurden die meisten Kontakte nach Europa ausgerechnet zu dem Zeitpunkt gekappt, als sich dort mit Aufklärung und Nationalismus das neue Gravitationszentrum der Weltpolitik herausbildete. Der Handel mit dem Westen blieb fortan auf einige kleine Seehäfen beschränkt. Und während in Europa die Nachfrage nach chinesischem Tee, Porzellan und Seide dramatisch zunahm, blieb das Interesse der Dynastie an europäischen Textilien und anderen Produkten unterentwickelt. Großbritannien, die mittlerweile wichtigste westliche Macht in Fernost, ging dazu über, seine Handelsbilanz durch den verstärkten Export von indischem Opium nach China auszugleichen. Anfang des 19. Jahrhunderts konsumierten Chinesen mehr als 30 000 Kisten Opium im Jahr. Im Gegenzug gelangten 1,8 Millionen Unzen Silber nach England. Für das Kaiserreich begann eine Ära, die bis heute mit nationaler Demütigung gleichgesetzt wird. Tatsächlich trug Chinas zunehmende innere Zerrissenheit entscheidend zu solchen Verhältnissen bei.

1.1.2 Freihandel und Extraterritorialität

Dekret des Kaisers Qianlong (1736-1795) an König Georg III. von England

Du, König aus der Ferne, sehnst Dich nach den Segnungen unserer Zivilisation, und bestrebt, mit Unserem bekehrenden Einfluss in Berührung zu kommen, hast Du eine Gesandtschaft mit Deiner Bittschrift über den Ozean geschickt. Ich habe Deine mit Respekt vollzogene Unterwerfung bereits zur Kenntnis genommen, Deine Gesandtschaft mit außergewöhnlicher Gunst behandelt und mit Geschenken überhäuft ...

Gestern übergab Dein Botschafter meinem Ministern eine Petition mit dem Wunsch, mir eine Bittschrift hinsichtlich Eures Handels mit China zu überreichen, aber dieser Vorschlag steht nicht in Einklang mit den Gepflogenheiten Unserer Dynastie, und ihm kann nicht entsprochen werden. Bisher haben alle europäischen Nationen, darunter die barbarischen Kaufleute aus Deinem eigenen Land, ihren Handel mit Unserem Himmlischen Reich in Kanton betrieben. Das war das Verfahren während vieler Jahre, obwohl Unser Himmlisches Reich alle Güter in großem Überfluss besitzt und ihm innerhalb seiner Grenzen kein Produkt fehlt. Deshalb bestand keine Notwendigkeit, die Fertigwaren ausländischer Barbaren im Tausch gegen unsere eigenen Waren zu importieren. Da aber der Tee, die Seide und das Porzellan, die das Himmlische Reich produziert, für die europäischen Nationen und für Dich selbst unverzichtbar sind, haben Wir als Beweis Unserer Gunst die Einrichtung chinesischer Kaufmannsgilden in Kanton genehmigt, damit Euren Bedürfnissen entsprochen wird und Dein Land so an unseren Wohltaten teilhat. Jetzt aber hat Dein Botschafter neue Forderungen gestellt, die das Prinzip des Throns, „Fremde aus der Ferne gnädig zu behandeln" und eine friedensstiftende Kontrolle über barbarische Stämme auf der ganzen Welt auszuüben, vollständig ignorieren. Darüber hinaus behandelt unsere Dynastie, die die zahllosen Rassen des Erdballs beherrscht, alle mit dem gleichen Wohlwollen. Dein England ist nicht die einzige Nation, die in Kanton Handel treibt. Wenn andere Nationen Deinem schlechten Beispiel folgen und mein Ohr abwegig mit weiteren unmöglichen Forderungen behelligen, wie kann ich sie dann einfach mit Nachsicht behandeln? Nichtsdestotrotz vergesse ich nicht die einsame Abgelegenheit Deiner Insel, die durch die dazwischenliegenden Weiten der See von der Welt abgeschnitten ist. Auch übersehe ich nicht Deine verzeihliche Unkenntnis der Gebräuche Unseres Himmlischen Reiches. Folglich habe ich meinen Ministern befohlen, Deinen Botschafter über dieses Thema aufzuklären und die Abreise der Gesandtschaft angeordnet ...

Ich habe Dich, der Du in einer abgelegenen und unzulänglichen Region lebst, weit jenseits der Ausdehnung des Ozeans, der Du aber Deine unterwürfige Loyalität durch Entsendung dieser Tributgesandtschaft unter Beweis gestellt hast, mit Wohltaten überhäuft, die jene, die anderen Nationen gewährt wurden, bei weitem übertreffen. Aber die von Deiner Gesandtschaft übermittelten Forderungen stehen nicht nur im Gegensatz zur dynastischen Tradition. Sie würden Dir auch keinerlei nützliche Vorteile einbringen, wenn man davon absieht, dass sie ziemlich unpraktikabel sind. Ich habe Dir die Fakten bereits im Detail genannt. Es ist Deine Pflicht und Schuldigkeit, meine Gefühle ehrfurchtsvoll zu würdigen und diesen Anweisungen fortan und für alle Zeit zu gehorchen, so daß Dir die Segnungen ewigen Friedens zuteil werden. Solltest Du nach Erhalt dieses Dekrets leichtsinnig auf die Einlassungen Deiner Untergebenen hören und Deinen barbarischen Kaufleuten gestatten, nach Zhejiang und Tianjin zu reisen, um dort an Land zu gehen und Handel zu treiben, so (wisse, daß) die Verordnungen Meines Himmlischen Reiches extrem strikt sind und daß die örtlichen zivilen und militärischen Beamten verpflichtet sind, dem Gesetz des Landes ehrfurchtsvoll zu gehorchen. Sollten Deine Schiffe den Strand berühren, wird es Deinen Kaufleuten gewiß niemals gestattet werden, dort zu landen oder zu wohnen. Stattdessen werden sie unverzüglich ausgewiesen. In diesem Fall hätten Deine barbarischen Kaufleute eine lange Reise umsonst gemacht. Sage nicht, dass Du nicht rechtzeitig gewarnt worden wärst. Gehorche zitternd und begehe keinerlei Fahrlässigkeit ...

1839 beauftrage der Hof den Beamten Lin Zexu mit der Zerschlagung des Drogenhandels. Lin konfiszierte und verbrannte in Kanton mehr als 20 000 Kisten Opium. Im Juli 1840 eroberten britische Kriegsschiffe die Insel Dinghai vor der chinesischen Ostküste. Im August nahmen sie die Befestigungsanlagen von Dagu in der Nähe von Tianjin unter Beschuss, die den Weg nach Peking versperrten. Die Dynastie bot darauf an, die Insel Hongkong an Großbritannien abzutreten. Unzufrieden mit den Konditionen, ließ die Regierung in London noch Amoy (Xiamen) und Shanghai angreifen, bevor sie am 29. August 1842 den Vertrag von Nanking unterzeichnete, den ersten in einer Serie so genannter „ungleicher Verträge", die dem Kaiserreich von auswärtigen Mächten aufgezwungen wurden. Nach Maßgabe des Vertrags erhielt Großbritannien Hongkong und das Recht, in fünf chinesischen Häfen Handel zu treiben und Konsulate zu eröffnen, die später mit der Rechtsprechung über in China ansässige britische Bürger betraut wurden („Extraterritorialität"). In den folgenden Jahren wurden Belgien, den Niederlanden, Preußen, Spanien, Portugal, den USA und Frankreich ähnliche Privilegien zuerkannt. Nachdem es bei der Implementierung der betreffenden Abkommen zu Spannungen gekommen war, entsandten London und Paris 1860 ein gemeinsames Expeditionskorps nach Peking, brannten den Sommerpalast nieder und sicherten sich weitere Rechte, darunter die Einrichtung von Gesandtschaften in der Hauptstadt und die Ausdehnung der Extraterritorialität auf ganz China. Mit Hilfe von Meistbegünstigungsklauseln gelangten auch die übrigen auswärtigen Mächte in den Genuss dieser Privilegien.

Angesichts der erlittenen Niederlagen gelang es einer Reformfraktion bei Hof 1861, ein dreißigjähriges, so genanntes „Selbststärkungsprogramm" durchzusetzen, in dessen Rahmen westliche Rüstungsgüter importiert, Dolmetscher ausgebildet und der Vorläufer eines Außenministeriums (s.u.) gegründet wurden. Diese Maßnahmen kamen allerdings zu spät. In der zweiten Hälfte des 19. Jahrhunderts verlor China seinen Einfluss über weite Gebiete im Nordwesten an Russland und über Indochina an Frankreich.

1894 kam es mit Japan zum Krieg um Taiwan und überlappende Einflusssphären in Korea. Im Verlauf der Kampfhandlungen wurde fast die gesamte chinesische Nordflotte vernichtet. Im folgenden Jahr musste China im Vertrag von Shimonoseki Taiwan, die Taiwan vorgelagerten Pescadoren und die Halbinsel Liaodong an Japan abtreten, die Unabhängigkeit Koreas anerkennen, seine Häfen für japanische Händler öffnen und sich zur Zahlung von Reparationen verpflichten. Allerdings blieb Tokyo der direkte Zugang zur Liadong-Halbinsel auf Druck Russlands, Frankreichs und Deutschlands verwehrt, und Japan zog seine dort stationierten Truppen wieder ab. In einem Pachtvertrag überließ Peking Russland den Süden der Halbinsel mit den strategisch wichtigen Häfen Port Arthur (Lüshun) und Dairen (Dalian) für 25 Jahre. Darüber hinaus durfte das Zarenreich Eisenbahnlinien von der Grenzstadt Manzhouli über Harbin nach Wladiwostok (Ostchinesische Eisenbahn) sowie von Dairen über Harbin nach Port Arthur (Südmandschurische Eisenbahn) bauen und betreiben.

Bei Hof wurde eine neue Reformbewegung von konservativen Anhängern der Kaisermutter Tz'u-hsi erstickt. Diese ermunterte stattdessen die spirituelle Kampfkunstbewegung der so genannten „Boxer" zum Aufstand. 1900 belagerten die „Boxer" die Gesandtschaften in Peking einen Monat lang, bis diese am 14. August von einem internationalen Expeditionskorps unter Führung des Deutschen Alfred Graf von Waldersee entsetzt wurden. Der Eroberung Pekings folgte eine dreitägige Plünderung der Hauptstadt. Die Dynastie wurde im folgenden Jahr im Vertrag von Peking gezwungen, die Führer der „Boxer" zu bestrafen, die Stationierung ausländischer Truppen zwischen der Hauptstadt und der Küste zu gestatten, die Forts von Dagu zu schleifen und 39 Jahre lang Reparationszahlungen in einer Gesamthöhe von 980 Millionen Unzen Silber zu leisten. Während sich die westlichen Truppen wieder aus China zurückzogen, verblieben russische Einheiten in der Mandschurei, wo es in den folgenden Jahren zu Spannungen mit Japan kam, das die Kontrolle über die nordchinesischen Kohle- und Eisenerzreviere anstrebte. 1904 eskalierte der Konflikt zu einem Krieg, den Russland verlor. 1905 erhielt Tokyo im Vertrag von Portsmouth die vollständige Kontrolle über die koreanische Halbinsel zugesprochen. Die Mandschurei wurde in russische und japanische Interessensphären aufgeteilt, verblieb aber formal in chinesischer Souveränität. Japan übernahm die Verwaltung der Südmandschurischen Eisenbahn.

1.1.3 Revolution und Bürgerkrieg

Mittlerweile hatten sich in China kritische Intellektuelle zusammengeschlossen, die statt Reformen nunmehr den Sturz der Qing anstrebten. 1905 gründete der wegen oppositioneller Aktivitäten exilierte Sun Yatsen in Tokyo den „Chinesischen Revolutionsbund". Sun war während seiner Jugend in Hawaii mit westlichen Konzepten des Nationalismus, der Demokratie und des Sozialismus in Berührung gekommen.

Der „Revolutionsbund" schuf in China ein Netzwerk von Untergrundorganisationen. Am 10. Oktober 1911 griffen die Mitglieder im zentralchinesischen Wuchang zu den Waffen, um der eigenen Verhaftung durch die Behörden zuvorzukommen. Unterstützt von großen Teilen der Bevölkerung und der örtlichen Garnison, eroberten sie das benachbarte Wuhan, dann Nanking und weite Teile Südchinas. Am 1. Januar 1912 installierten sie in Nanking ein provisorisches Parlament und wählten Sun zum amtierenden Präsidenten der „Republik China". 40 Tage später verzichtete der letzte Mandschu-Kaiser P'u-yi auf den Thron.

Bereits ein Jahr später wurde der Warlord und starke Mann des Nordens Yuan Shikai zum Präsidenten gewählt, nachdem Sun im Interesse der Einheit des Landes als Staatsoberhaupt zurückgetreten war. Yuan löste das Parlament nach kurzer Zeit auf und machte sich zum Alleinherrscher. Im Mai 1915 gewährte er Japan Sonderrechte in der Nordostprovinz Shandong. Im Dezember erklärte er sich zum Kaiser von China. Yuan starb am 6. Juli 1916 und hinterließ einen Flickenteppich aus Einflusszonen konkurrierender Kriegsherren, die die Bevölkerung ausbeuteten und der Regierung in Peking nur noch formal unterstanden.

1917 trat China auf amerikanischen Wunsch in den Ersten Weltkrieg ein und entsandte mehr als 100 000 Soldaten nach Frankreich. Auf der Versailler Friedenskonferenz musste die chinesische Delegation nichtsdestotrotz erfahren, dass die ehemalige deutsche Konzession in Shandong nicht zurück an China, sondern an Japan fallen würde. Am 4. Mai 1919 demonstrierten Studenten in Peking gegen diese Entscheidung. Hier wie in anderen großen Städten schlossen sich Kaufleute und Arbeiter den Protesten an. Die Regierung entschied sich, den Versailler Vertrag nicht zu unterzeichnen. 1921 zwangen die USA Japan zur Rückgabe der betreffenden Gebiete an die Republik.

Angesichts des drohenden Scheiterns seiner Revolution hatte Sun Yatsen im August 1917 in Kanton eine eigene Militärregierung gegründet. 1919 wurde aus dem „Revolutionsbund" die Nationalistische Partei (Kuomintang, KMT). 1921 vereinten sich kommunistische Zellen in Shanghai unter sowjetischem Einfluss zur Kommunistischen Partei Chinas (KPCh). Zwei Jahre später gründeten sie unter sowjetischem Druck eine Einheitsfront mit der KMT. Am 12. März 1925 verstarb Sun während Verhandlungen in Peking. Die Kantoner Regierung ernannte Chiang Kai-shek zum Oberkommandierenden der „Nationalrevolutionären Armee". Chiang begann einen dreijährigen Feldzug gegen die Warlords in Zentral- und Nordchina. Im März 1927 eroberte er Shanghai und Nanking, wo er am 18. April eine neue Nationalregierung etablierte.

Noch im selben Jahr entschied sich Chiang für einen Bruch mit der KPCh, deren Mitgliedschaft inzwischen auf 57 000 angewachsen war und die teils erheblichen Einfluss auf die KMT-Basis ausübte. Stalin insistierte nichtsdestotrotz auf dem Verbleib der Kommunisten in der Einheitsfront, eine Anordnung, deren Beachtung auf politischen und physischen Selbstmord hinausgelaufen wäre. Im südlichen China scheiterten wenig später drei kommunistische Aufstände gegen die Vertreter der Nationalregierung.

In der Zwischenzeit war die Republik erneut unter auswärtigen Druck geraten. Hatten sich die USA, Großbritannien und Japan noch auf der Washingtoner Konferenz von 1921–1922 verpflichtet, die Souveränität und territoriale Integrität Chinas zu respektieren, machte Tokyo diese Zusage 1928 zur Makulatur. Im Mai dieses Jahres kamen Tausende chinesische Soldaten und Zivilisten bei Zusammenstößen zwischen der kaiserlich-japanischen Armee und nationalistischen Truppen in Shandong ums Leben. Chiang Kai-shek instruierte seine Kommandeure, die von Japan kontrollierten Gebiete künftig zu meiden.

Ende 1931 besetzten japanische Truppen die ganze Mandschurei und riefen dort eine Unabhängigkeitsbewegung ins Leben. Appelle des Völkerbunds blieben ungehört. Am 9. März 1932 wurde ein von Tokyo kontrollierter Staat Manchukuo proklamiert. Regierungschef und zwei Jahre später Kaiser von Manchukuo wurde der letzte chinesische Kaiser P'u-yi.

Zwischen 1928 und 1934 gründeten Chinas Kommunisten im Hinterland insgesamt fünfzehn so genannte „Sowjets". Die wichtigste dieser Räterepubliken mit einer Bevölkerung von ca. 2,5 Millionen Menschen und einer 60 000 Mann starken „Roten Armee" entstand im Grenzgebiet zwischen dem südlichen Jiangxi und dem westlichen Fujian. Ihr nomineller Vorsitzender war der damals 38-jährige Mao Zedong; den wichtigsten Einfluss übte allerdings eine so genannte „internationale Fraktion" aus, deren Mitglieder in Moskau geschult worden waren. Das Gebiet musste im Oktober 1934 angesichts verschärften Drucks nationalistischer Truppen aufgegeben werden. Die kommunistischen Soldaten und Kader wichen daraufhin in einem mehr als einjährigen Treck ins nordwestliche Shanxi aus, wo sie ihr neues Hauptquartier in der Stadt Yan'an gründeten. Während des „Langen Marsches" wurde Mao im Januar 1935 zum Vollmitglied des Ständigen Ausschusses des Politbüros gewählt und zum Chefassistenten Zhou Enlais ernannt, der für die militärische Planung zuständig war.

1.1.4 Antijapanischer Krieg und Bürgerkrieg

In ihrem neuen Stützpunkt gelang es den Kommunisten, von der wachsenden antijapanischen Stimmung im Land zu profitieren und sich als „Speerspitze" des Widerstands zu profilieren. Im Dezember 1936 erklärte sich Chiang Kai-shek zu einer neuen Einheitsfront mit der KPCh bereit. Die „Rote Armee" wurde als „8. Marscharmee" in die nationalistische Streitmacht eingegliedert. Dazu kam ab Januar 1938 eine „Neue 4. Armee", die weiter südlich am Unterlauf des Yangtse operierte. Die Gesamtstärke der kommunistischen Truppen sollte bis Kriegsende auf mehr als eine Million Mann anwachsen. Vorerst aber waren sie den japanischen Einheiten gegenüber zahlenmäßig und materiell unterlegen, bedienten sich vornehmlich der Guerilla-Taktik und etablierten im Rücken des Gegners so genannte „befreite Gebiete". Die japanische Seite begnügte sich zumeist mit der Besetzung von Städten und strategischen Verkehrsverbindungen.

Am 7. Juli 1937 war nach dem Zusammenstoß nationalistischer und japanischer Truppen bei Peking ein unerklärter chinesisch-japanischer Krieg ausgebrochen. Noch im selben Monat fielen Peking und Tianjin, gefolgt von Shanghai und schließlich von Nanking, wo die Japaner ein Massaker an der Zivilbevölkerung veranstalteten, dem schätzungsweise 300 000 Menschen zum Opfer fielen. Die Nationalregierung zog sich nach Hankou in der Provinz Hubei zurück, bevor sie im Sommer 1938 nach Chongqing in Sichuan übersiedelte. Die japanischen Truppen eroberten Hankou und Kanton und kontrollierten nunmehr alle wichtigen Industriegebiete. Im März 1940 ernannten sie Wang Jingwei, einen ehemaligen Stellvertreter Chiang Kai-sheks, zum Chef einer Marionettenregierung.

Zur selben Zeit ordnete Chiang wieder Angriffe auf die kommunistischen Einheitsfrontpartner an. Diese erlitten Ende 1939 eine erste Niederlage im Taihang-Gebirge im Norden der Provinz Henan. Wenig später wurde die „Neue 4. Armee" bei ihrem Rückzug über den Yangtse nach Norden von nationalistischen Einheiten angegriffen und fast vollständig vernichtet.

Im Juli 1941 billigte der amerikanische Präsident Franklin D. Roosevelt (1933–1945) Rüstungslieferungen an die Republik China und die Entsendung eines militärischen Beraterstabes nach Chongqing. Am 7. Dezember 1941 griff Japan Pearl Harbor an, und kurze Zeit später erklärten Washington und London Tokyo den Krieg. Chiang Kai-shek zog mit einer verspäteten Kriegserklärung nach und sicherte sich so einen Platz am Tisch der Siegermächte. Großbritannien und die USA erklärten alle „ungleichen Verträge" für nichtig.

Am 25. Dezember ging mit dem japanischen Einmarsch in Hongkong die letzte Flugverbindung der Republik ins befreundete Ausland verloren. Bis Mai 1942 besetzten die Japaner große Teile Birmas, womit Chongqing nahezu vollständig von der Außenwelt abgeschnitten war.

Obwohl die japanischen Truppen nun zunehmend in Südostasien und im Pazifik gebunden waren, gelang der nationalistischen Armee nicht nur kein militärischer Durchbruch; sie verlor sogar weitere südchinesische Städte an den Gegner. Gleichzeitig scheiterte eine neue Offensive gegen die Kommunisten. Der amerikanische Oberbefehlshaber in Süd- und Ostasien, Joseph Stillwell, beschuldigte Chiang, seine Kräfte für den Kampf mit den Kommunisten zu schonen. Stillwell wurde im Oktober 1944 abberufen.

Am 14. August 1945 kapitulierte Japan nach den amerikanischen Atombombenangriffen auf Hiroshima und Nagasaki. Am 9. September ergaben sich die japanischen Einheiten in China den Truppen Chiang Kai-sheks. In den letzten Kriegstagen erklärte auch die UdSSR Japan den Krieg, besetzte die Mandschurei und begann mit der Demontage der dortigen Schwerindustrie. London und Washington hatten Moskau im Februar 1945 auf der Konferenz von Yalta die Wiederherstellung seiner 1905 an Japan verloren gegangenen Rechte in China versprochen. Die dortige nationalistische Regierung sah sich im selben Jahr zum Abschluss eines Freundschaftsvertrags mit der Sowjetunion genötigt, in dem sie die Unabhängigkeit der Äußeren Mongolei anerkannte, eine gemeinsame Verwaltung der mandschurischen Eisenbahnen hinnahm und die Wiederherstellung der Moskauer Privilegien in Dairen und Port Arthur akzeptierte. Chinesische kommunistische Verbände folgten den sowjetischen in die Mandschurei und eroberten gleichzeitig weite Teile Nordchinas. Chiang Kai-shek erbat und erhielt amerikanische Flugzeuge und Schiffe, um seine Einheiten aus dem Süden und Südwesten in den Norden und Nordosten zu verlegen. Mao sprach zu dieser Zeit von einem „freien und demokratischen China" mit allgemeinen und geheimen Wahlen, das mit anderen Demokratien kooperieren würde. Sein Vorschlag, zu Gesprächen mit Roosevelt nach Washington zu reisen, wurde von amerikanischer Seite abgelehnt.

Die USA wollten einen neuen Bürgerkrieg vermeiden und drängten Chiang zur Fortsetzung der Zusammenarbeit mit der KPCh. Im August 1945 begleitete der amerikanische Botschafter Patrick Hurley Mao Zedong zu Verhandlungen mit Chiang Kai-shek nach Chongqing. Am 10. Oktober verständigten sich beide Seiten im Grundsatz auf die unverzügliche Einberufung eines Parlaments, die Gewährleistung einschlägiger bürgerlicher und politischer Rechte, größere Autonomie für die Provinzen, Unabhängigkeit der Justiz und die Abhaltung von Kommunalwahlen zu einem noch zu bestimmenden Zeitpunkt. Die Kommunisten signalisierten Bereitschaft, ihre in Südchina verbliebenen Truppen abzuziehen.

Dazu kam es nicht mehr, weil Chiang im November 1945 eine weitere nationalistische Großoffensive durch das nördliche China in die Mandschurei anordnete. Der neue amerikanische Präsident Harry S. Truman (1945–1953) entsandte daraufhin seinen ehmaligen Generalstabschef George Marshall nach China. Bei Gesprächen in Yan'an versicherte Zhou Enlai dem Sonderbotschafter im Namen von Mao, dass man die Errichtung einer Demokratie nach amerikanischem Vorbild anstrebe.

Auf Marshalls Vermittlung vereinbarten Nationalisten und Kommunisten am 10. Januar 1946 einen Waffenstillstand. Am nächsten Tag trat in Nanking eine „Politische Konsultativkonferenz" zusammen, die sich binnen weniger Tage auf die Einführung der parlamentarischen Demokratie sowie eine Koalitionsregierung mit Vetorecht für die Kommunisten und andere kleine Parteien verständigte.

Gleichzeitig hielten die bewaffneten Zusammenstöße an. Die KMT-Führung interpretierte die Beschlüsse von Nanking zunehmend im Sinne eines de facto-Präsidialsystems unter Führung von Chiang Kai-shek. Ende 1946 berief die Regierung ein Parlament ein und legte einen Verfassungsentwurf vor, ohne die KPCh zu beteiligen. Zuvor hatte sie in der Mandschurei eine weitere Offensive befohlen. Im Januar 1947 erklärte Marshall seine Vermittlungsmission für gescheitert. Die letzten amerikanischen Truppen wurden aus China abgezogen. Kurz zuvor hatte die sowjetische Armee die Mandschurei geräumt.

Zu dieser Zeit waren die nationalistischen Gebiete im Süden und Südwesten von galoppierender Inflation, Lebensmittelknappheit und Arbeiterprotesten betroffen. Die kommunistische Führung beschloss, diese Spannungen auszunutzen und in offenen Feldschlachten mit der Endoffensive zu beginnen. Anfang 1948 schnitt die nunmehr in „Volksbefreiungsarmee" (VBA) umgetaufte Rote Armee die nationalistischen Verbände in Shandong vom Nachschub ab. Im Herbst fielen die mandschurischen Großstädte Mukden (Shenyang) und Changchun. Im Januar 1949 rückte die VBA in Tianjin ein; Peking ergab sich kampflos. Drei Monate später kapitulierte Nanking. Im Mai folgten Hangzhou, Wuhan und Shanghai in Zentral- bzw. Ostchina, im August Xi'an und Lanzhou im Westen. Im Oktober eroberten die Kommunisten Kanton und die Hafenstadt Xiamen an der Küste von Fujian. Von hier aus hatte Chiang Kaishek in den sechs vorangehenden Monaten 300 000 Soldaten und seinen ganzen Beamtenapparat, insgesamt etwa zwei Millionen Personen, nach Taiwan eingeschifft. Im November marschierte die VBA in Chongqing ein.

Ende September 1949 berief Mao Zedong eine neue „Politische Konsultativkonferenz" nach Peking ein. Die Versammlung wählte eine von Kommunisten dominierte Zentralregierung unter seinem Vorsitz und machte Peking wieder zur Hauptstadt. Am 1. Oktober 1949 proklamierte Mao auf dem Platz des Himmlischen Friedens die Volksrepublik China. Er selbst wurde ihr erster Staatspräsident.

1.1.5 Schlussfolgerungen

Die „außenpolitische Erfahrung" der chinesischen Kommunisten, die im Oktober 1949 an die Macht gelangten, lässt sich wie folgt zusammenfassen:
- Das Zusammenwirken schwacher Dynastien und auswärtiger Imperialisten hatte China über Jahrhunderte daran gehindert, sein kulturelles, technologisches und wirtschaftliches Potenzial zu entfalten.
- Hierbei unterschieden sich die USA und Russland/die Sowjetunion nur unwesentlich von den anderen Großmächten. Insbesondere Moskaus Chinapolitik war im Zweifel von opportunistischen Erwägungen diktiert. Das wiederholte Insistieren auf einer Einheitsfront zwischen KPCh und KMT hatte Erstere mehrfach in existenzbedrohende Situationen gebracht.

- China war zu schwach, um die Großmächte gegeneinander auszuspielen. Mit Washingtons grundsätzlicher Parteinahme für Chiang Kai-shek war jede Option auf einen „dritten Weg" entfallen.
- Der 1949 errungene Sieg war nicht zuletzt die Frucht der 1936 begonnenen und konsequent durchgehaltenen Beteiligung am antijapanischen Krieg. Damit war den Kommunisten jene nationale Legitimation zugefallen, die der KMT aufgrund ihrer Korruption, Ineffizienz und innenpolitischen Orientierungslosigkeit abhanden gekommen war.

Eine solche Sicht ignoriert neben den positiven Impulsen, die insbesondere das westliche Ausland Chinas kultureller, technologischer und wirtschaftlicher Entwicklung über lange Zeit gegeben hatte, auch jene hausgemachten, ideologischen Quellen von Immobilität und Inflexibilität, die eingangs unter dem Begriff „Unabhängigkeit" zusammengefasst wurden. Zwar gab es in Mao Zedongs Denken schon früh eine Dialektik aus Ikonoklasmus und Konformismus. Ikonoklasmus war allerdings in der Praxis zumeist machtpolitisch motiviert, und Konformismus trug in der Praxis letztlich immer den Sieg davon. Häufig wird auch übersehen, dass China nicht erst von imperialistischen Mächten in Einflusszonen aufgeteilt worden war, sondern in mindestens 1000 von 4000 Jahren aus konkurrierenden Einzelstaaten bestand, ein Phänomen, das unter anderem ein frühes Denken in Gleichgewichts-Kategorien inspirierte.

1.2 Instrumente

Das chinesische Kaiserreich kannte bis 1860 keine Außenpolitik und bis 1901 kein Außenministerium. China verstand sich als Zivilisation, nicht als Staat. Anders als in Europa gab es bis ins 19. Jahrhundert keine zivilisatorisch oder technologisch ernst zu nehmenden Herausforderer und somit auch kein Gleichgewicht der Kräfte (eine gewisse Ausnahme von dieser Regel stellten die chinesisch-russischen Beziehungen dar, die aufgrund der Größe und geographischen Nähe des Nachbarn ab 1689 zunehmend im Sinne faktischer Gleichberechtigung organisiert wurden). Außenbeziehungen waren Tributbeziehungen und wurden über das Ritenministerium abgewickelt. Das Mittlere Reich war schon aufgrund seiner Größe, soziokulturellen Ausstrahlung und – in der Regel – auch militärischen und technologischen Fähigkeiten unbestritten die Vormacht in einer ostasiatischen Region, die dies – wenn auch nur symbolisch – anerkannte und im Eigeninteresse zu nutzen versuchte.

1.2.1 Tribut und Auslandschinesen

Die physische Expansion Chinas beschränkte sich auf die sinisierten Nachbarn Korea und das nördliche Vietnam sowie in bestimmten Phasen die Mongolei und Teile Zentralasiens. Von den verbleibenden tributpflichtigen Staaten zählten Japan und die Ryukyu-Inseln südlich von Japan zum chinesischen Kulturkreis, die Staaten Südostasiens zum indischen. Diese Welt war „hierarchisch und anti-egalitär" gegliedert, theoretisch durch den „universellen Vorrang des Sohns des Himmels ... geeint und zentralisiert"[1] und brachte deshalb anders als das Europa des 16. und 17. Jahrhunderts keine Nationalstaaten hervor. Nationalistische Reaktionen kleinerer Völker gegen chinesische Invasoren, vergleichbar der zweiten europäischen Nationalismuswelle, waren kaum vor dem 18. Jahrhundert, und dann schon unter dem Einfluss der Begegnung mit dem Westen, zu verzeichnen. Ebenso – und mit Ausnahme der Großen Mauer im Norden (s.u.) – schien es verzichtbar, Grenzen festzulegen und zu demarkieren. Die Zivilisation strahlte aus ihrem mythischen Zentrum in alle vier Himmelsrichtungen, und der Zivilisierungsgrad auswärtiger „Barbaren" nahm mit physischer Nähe zu diesem Zentrum zu. In der politisch-militärischen Praxis waren die Dynastien und ihre innenpolitischen Herausforderer häufig versucht, insbesondere nördliche „Barbaren" zur Hilfe zu rufen. Wenn diese dann, wie wiederholt geschehen, selbst die Macht übernahmen, wurden sie entweder mittels nachträglicher Geschichtsschreibung oder real assimiliert.

Tributbeziehungen hatten neben der legitimatorischen und militärischen (s.u.) auch eine ökonomische Komponente. Tributgesandtschaften erreichten den Hof in festgelegten Abständen über jeweils festgelegte Routen.

Wann immer Chinas unterstellte moralische Autorität nicht mehr ausreichte, um eine Balance unter seinen Vasallen herzustellen und die Dynastie innenpolitisch dazu in der Lage war, wurde punktuell und systematisch zugunsten des jeweils Schwächeren interveniert: 1077 sollten Champa (im heutigen Südvietnam) und das Khmer-Reich von Angkor durch einen gemeinsamen Angriff auf das Viet-Reich entlastet werden. 1208 gewährte Kubilai Khan dem Kaiser von Annam (Vietnam) Hilfe

---

1 Vgl. John K. Fairbank, A Preliminary Framework, in: ders. (Hrsg.), *The Chinese World Order, Traditional China's Foreign Relations.* Cambridge MA: Harvard University Press, 1968, S. 1–19 (9).

gegen die Khmer und Cham. Noch gegen Ende des 18. Jahrhunderts kam China dem siamesischen Hof von Ayuthya mit einem Angriff gegen die Birmanen zu Hilfe. In der selben Tradition sollte Deng Xiaopings „Strafexpedition" gegen Vietnam vom Frühjahr 1979 Kambodscha entlasten.

Sun Yat-sen über das Tributsystem und die Ausdehnung Chinas (1912)

... Kommen wir nun zu den Gebieten, die wir ein wenig früher verloren haben. Es sind dies Korea, Formosa und die Pescadores. Diese wurden im Anschluss an den chinesisch-japanischen Krieg an Japan abgetreten ... Die noch früher verlorenen Gebiete sind Birma und Annam ... Unter anderem gibt es da noch die Ryukyu-Inseln, Siam, Borneo, die Sulu-Inseln, Java, Ceylon, Nepal, Bhutan und all die kleinen Königreiche, die China einst tributpflichtig waren ...

Wenn die kleinen Staaten Niederländisch-Indiens Tribut zahlten und nach Sinisierung strebten, dann weil sie die chinesische Tradition bewunderten und sich aus freiem Willen unterwerfen wollten, und nicht, weil China sie mit militärischen Mitteln unterdrückte. Ebenso sahen es die kleinen Staaten der Halbinsel von Malakka und des malaiischen Archipels als große Ehre an, von China in die (Tribut-)Register aufgenommen zu werden und die Erlaubnis zu erhalten, Tribut darzubringen. Hätte China ihre Tributleistungen abgelehnt, hätte das für sie eine große Schmach bedeutet ...

Es ist nun über zehn Jahre her, daß ich eines Tages im siamesischen Außenministerium weilte, um mit dem stellvertretenden Außenminister zu sprechen. Wir sprachen über die ostasiatische Frage. Dieser stellvertretende Außenminister sagte mir: „Wenn China Revolution machen könnte, eine reiche Nation und ein starkes Volk werden würde, dann würde sich unser Siam China gern anschließen und eine chinesische Provinz werden ...

Der Ort, an dem ich mit ihm sprach, war ein öffentlicher Palast der siamesischen Regierung; er war Vizeminister des Auswärtigen.

Mao Zedong über den Imperialismus und die Ausdehnung Chinas (1939)

Nachdem sie China militärische Niederlagen beigebracht hatten, haben sich die imperialistischen Staaten gewaltsam einer großen Anzahl China tributpflichtiger Staaten und eines Teils seines Territoriums bemächtigt. Japan hat sich Korea, Taiwan, die Ryukyu-Inseln, die Pescadores und Port Arthur angeeignet; England hat Birma, Bhutan, Nepal und Hongkong genommen; Frankreich hat sich Annams bemächtigt; selbst ein elendes kleines Land wie Portugal hat uns Macau abgenommen.

Im frühen 20. Jahrhundert kam es zu einer Art chinesischer Kolonisierung Südostasiens, die sich allerdings gegen den Willen der Dynastie vollzog. 1893 hoben die Qing unter dem Druck europäischer Mächte ein Emigrationsverbot für Chinesen aus den südlichen Provinzen auf, deren Bevölkerung in den Jahren zuvor schnell angewachsen war. In den folgenden Jahren kam es zu mehreren Emigrationswellen in die britischen, französischen und niederländischen Kolonien Südostasiens, wo die Zuwanderer zunächst auf Plantagen, später auch im Bergbau, Beschäftigung fanden. Emigrierten anfangs ausschließlich Männer, die sich bald mit den einheimischen Bevölkerungen vermischten, so war die Assimilierung mit der Anfang des 20. Jahrhunderts einsetzenden Emigration chinesischer Frauen wieder rückläufig. Die Zuwanderer nahmen sowohl im Rahmen eigener Organisationen als auch im Auftrag der Kolonialverwaltungen bestimmte Ordnungsfunktionen wahr und wurden vielfach für die Vermarktung landwirtschaftlicher Produkte verantwortlich. Ausgehend von dieser Mittlerfunktion errangen sie allmählich eine dominante Position in den Dienstleistungssektoren der südostasiatischen Kolonien. Nationalisten und Kommunisten haben sich der Loyalität dieser Gruppen zum Ursprungsland bis in die jüngste Zeit zu politischen wie wirtschaftlichen Zwecken bedient. Abhängig von der Definition gibt es heute 20 bis 40 Millionen Auslandschinesen in Südostasien.

1.2.2 Landesverteidigung

Die Verteidigung einer Zivilisation stellt offenkundig andere Anforderungen als die Verteidigung eines Staates. Grundsätzlich misst sie der Sicherheit des „Zentrums" größere Bedeutung bei als der Kontrolle der Peripherie. Eine wichtige Ausnahme von dieser Regel betraf die Große Mauer im Norden, die in etwa die Grenze zwischen Ackerbau und nomadischer Viehwirtschaft markierte. Unter dem ersten Kaiser der Qin (?–210 v. Chr.) verband China mehrere ältere Grenzbefestigungen zu einem Schutzwall gegen die kriegerischen Nomaden. Herausforderungen aus dieser Richtung versuchte man wahlweise mit Vorwärtsverteidigung oder Einrichtung von Pufferzonen zu begegnen, wobei das Reich nebenbei für eine Reihe ethnisch separater Gebiete in besonders exponierter Lage Verantwortung übernahm. Das bedeutendste dieser Gebiete war die Mandschurei, die als Ausgangspunkt für Einfälle in das nördliche China dienen konnte. Sinisierung und Beherrschung der Mandschurei waren deshalb allen Dynastien ein besonderes Anliegen.

Im Unterschied zur nördlichen Grenze war China nach Süden grundsätzlich offen. Gegen Christi Geburt war die Han-Dynastie (202 v. Chr.–220 n. Chr.) aus dem Gebiet des Gelben Flusses in der nördlichen Ebene bis ins heutige Zentralchina vorgedrungen. Zweihundert Jahre später hatte sie die Viet aus dem heutigen Kanton und Fujian südwärts vertrieben. Im 13. Jahrhundert flüchteten Tai-Völker vor den Mongolen aus dem heutigen Yunnan den Menam hinab, Lao den Mekong entlang, Burmesen den Irrawaddy abwärts. Vor Ort stießen sie ihrerseits auf austronesische Völker wie die Mon, Meo oder Shan, die in den neuen Königreichen zu ethnischen Minderheiten wurden.

Anders als im Norden waren der Expansion hier allerdings natürliche Grenzen gesetzt. Dazu zählte neben den Ausläufern des Himalaya im Südwesten die offene See im Osten, von wo man bis ins 16. Jahrhundert keine militärische Herausforderung zu befürchten hatte. Selbst als die Ming wiederholt Angriffe feindlicher Flotten abzuwehren hatten, entschlossen sie sich nicht zur Schaffung einer Kriegsmarine, sondern verbanden die neu befestigten Küstenstädte durch Patrouillen zu einer Art maritimer „großer Mauer". Auch nach Beginn der Angriffe westlicher Mächte zur See blieb die militärische Aufmerksamkeit des Reichs wesentlich nach Norden ausgerichtet. Diese Situation dauerte bis in die 80er Jahre des 20. Jahrhunderts an.

Mao Zedongs „Volkskriegs"-Doktrin war mit der Etablierung von Zusammenhägen zwischen Krieg und Moral, taktischer Flexibilität und Täuschungsmanövern von den Lehren des Strategen Sun-tse aus dem 4. vorchristlichen Jahrhundert beeinflusst. Auch „Volkskrieg" war Landkrieg, ja sogar Krieg im eigenen Lande, in dessen Weiten ein technologisch überlegener Gegner hereingelockt werden sollte. Zwar bediente sich die kommunistische Regierung nach 1949 zu Zwecken der Konsolidierung der gewonnenen Macht und der Unterstützung der Außenpolitik einer VBA, die unter sowjetischem Einfluss mit der Professionalisierung liebäugelte. Solche Experimente wurden allerdings Ende der 50er Jahre wieder aufgegeben, als sich das sino-sowjetische Schisma anzukündigen begann. Als partiellen Ausgleich entwickelte die Volksrepublik nun eine eigene Atomwaffe. Generell galt aber Maos Maxime, dass ein Staat von der Größe Chinas mit Atombomben nicht bezwungen werden konnte und dass sich die nachrückenden Bodentruppen eines Aggressors ähnlich in den Tiefen des Landes verlieren würden, wie seinerzeit die Japaner. Militärische Strategiediskussionen waren wiederholt Teil des innenpolitischen Linienkampfes (s.u.), aber es bedurfte der Reformen Deng Xiaopings, um die „Volkskriegs"-Doktrin ab Ende der 80er Jahre durch eine Kombination aus Vorwärtsverteidigung und Aufbau von Fähigkeiten zur Machtprojektion zu ersetzen, wobei die Waffe schließlich wichtiger wurde als der Mensch. Vor diesem Hintergrund wurde die Mannstärke des Heeres zwischen 1985 und 2004 von ca. 4 Millionen auf ca. 2,5 Millionen reduziert.

1.2.3 Militär

Spätestens seit dem 5. Jahrhundert vor Christus war der militärische Apparat in China dem zivilen untergeordnet. Zentralgewalt wurde zwar in der Regel unter Einsatz von Waffen begründet, beruhte aber nie sehr lange darauf. Generell war der Militärdienst als Ablenkung von der Landwirtschaft geächtet, und das Regieren blieb das Monopol einer bürokratischen Kaste, die sowohl mit politischen als auch mit militärischen Problemen befasst war. Stehende Armeen waren im Kaiserreich die Ausnahme, und zu Friedenszeiten verschwand der Beruf des Soldaten fast vollständig. Krieg wurde selten glorifiziert, und die Tradition kennt nur wenige militärische Helden. Es gab vor 1924 keine Militärakademie, und nur in Notstandssituationen wurden längerfristig Kommandostrukturen geschaffen. Ausnahmen von dieser Regel betrafen einige regionale Armeen, die aber vielfach spontan rekrutiert wurden. Häufig wurden „Barbaren" im Grenzgebiet mit den eigentlichen Kampfeinsätzen betraut, und so lange sich diese nicht zusammenschlossen, sah die Dynastie keinen Anlass, sich selbst zentral und auf Dauer militärisch zu organisieren.

Grundsätzlich versuchte die Regierung, regionale Armeen und militärische Machtzentren gegeneinander abzuschotten und den Streitkräften nur so viel Macht zu übertragen, wie dies zur Erfüllung begrenzter Aufgaben notwendig war. Damit minderte man zwar das Risiko einer Rivalität zwischen Peripherie und Zentrum. Man minderte jedoch auch die Effizienz und legte Grundlagen für den „Warlordismus" des frühen 20. Jahrhunderts. Die Regionalkommandos der VBA wurden 1954 durch 13 von Peking kontrollierte Militärregionen ersetzt, und die Zentrale versuchte fortan, das Entstehen „unabhängiger Königreiche" durch die häufige Versetzung der Regionalkommandeure zu verhindern.

In der Volksrepublik China machte eine Unterscheidung von militärischen und zivilen Führern bis in die 80er Jahre nur bedingt Sinn, denn die meisten prominenten Politiker hatten gleichzeitig einen militärischen Hintergrund. Ein unbeabsichtigtes Ergebnis der maoistischen „Volkskriegs"-Doktrin war die häufige Verwicklung der Streitkräfte in den innerparteilichen Machtkampf. Dabei wurden auswärtige Konflikte von den Protagonisten wiederholt instrumentalisiert; so geschehen 1950–1953 in Korea, 1962 im Himalaya, und 1979 in Vietnam. Allerdings gab derselbe Deng Xiaoping, der die VBA in Vietnam zur Demonstration ihrer eigenen Schwäche missbraucht hatte, seither der zivilwirtschaftlichen Modernisierung Priorität und ermutigte die Streitkräfte, ihr Budget im Rahmen der

Professionalisierungsbemühungen durch eigene, zivilwirtschaftliche Aktivitäten zu ergänzen. Dengs Nachfolger haben versucht, ihren mangelnden militärischen Hintergrund durch Übernahme des Vorsitzes der Zentralen Militärkommission von Partei und Staat auszugleichen.

1989 beförderte Deng Xiaoping die VBA mit dem Massaker auf dem Platz des Himmlischen Friedens selbst wieder in die Politik zurück. Der chinesische Verteidigungshaushalt ist seither stetig angewachsen, und sein reales Volumen dürfte mittlerweile das japanische übertreffen. Die militärische Führung verfügt seit 1993 über ein inoffizielles Vetorecht zu wichtigen Fragen der Außen- und Sicherheitspolitik. Unter anderem mittels Export von ballistischen Raketen werden außenpolitische Konzepte durch den militärisch-industriellen Komplex der Volksrepublik unterfüttert. China selbst unternimmt seit Ende der 80er Jahre Anstrengungen zur Machtprojektion in entfernte Seegebiete. Die VBA orientiert ihre Planung heute wesentlich an dem Szenario einer militärischen Konfrontation mit den USA in der Taiwan-Straße.

1.2.4 Außenpolitische Konzepte

Chinas grundsätzlicher außenpolitischer Pragmatismus, der der Volksrepublik in den 70er Jahren so unwahrscheinliche Verbündete wie Pinochet und Mobutu bescherte, kontrastiert merkwürdig mit einem „konfuzianischen" Bedürfnis, die Welt formelhaft-moralisierend zu beschreiben. Peking hat bis in die 70er Jahre Modelle für die Erklärung internationaler Zusammenhänge entwickelt, die vornehmlich der eigenen (Ex post-)Verortung in einem unsicheren, weil dynamischen Umfeld dienten:

1949–53: Übernahme des sowjetischen „Zweilager"-Modells im Konflikt zwischen Sozialismus und Imperialismus. Jeder dritte Weg wird abgelehnt.

1953–60: Die Welt bleibt im Grundsatz zweigeteilt, aber „Friedliche Koexistenz" eröffnet die Möglichkeit einer Zusammenarbeit mit Blockfreien und Neutralen. China versteht sich selbst als Teil der Dritten Welt.

1960–63: Vor dem Hintergrund des sino-sowjetischen Konflikts entsteht die „Theorie von den Zwischenzonen" (ursprünglich bereits 1946 von Mao formuliert). Hierbei bilden USA und UdSSR je eine Zone, China und alle übrigen Staaten die „Zwischenzone".

1964 wird eine zweite „Zwischenzone" konservativer Industriestaaten eingeführt, bestehend aus Westeuropa, Australien, Neuseeland und Kanada. Diese Staaten sind gleichzeitig Ausbeuter und Ausgebeutete. Daneben gibt es die „Sturmzone" der unabhängigen oder um Unabhängigkeit kämpfenden afro-asiatischen Staaten, darunter die Volksrepublik China.

1965–71: Rückkehr zur zweigeteilten Welt vor dem Hintergrund der Kulturrevolution und des Zweiten Indochinakrieges. Verteidigungsminister Lin Biao veröffentlicht 1969 in Anlehnung an Maos „Volkskriegs"-Doktrin die Theorie von den „Weltdörfern", die die „Weltstädte" einkreisen. China ist Zentrum der Weltrevolution.

1971–78: Deng Xiaoping formuliert 1974 in einer Rede vor den Vereinten Nationen die „Dreiweltentheorie". Dies ist die endgültige Abrechnung mit dem 1971 gestürzten Lin Biao: Die Erste Welt besteht aus zwei hegemonialen Supermächten, die Zweite Welt – Nachfolgerin der „zweiten Zwischenzone" – kann sowohl ausbeuten als auch ausgebeutet werden. Die Dritte Welt besteht aus den Opfern der Ausbeutung, darunter China. Diese Konstellation begründet die „Unvermeidbarkeit" eines atomaren Weltkrieges.

Das letztgenannte Postulat wurde zehn Jahre später vom selben Deng Xiaoping wieder aufgegeben, aber das anschließende „Ende der Geschichte" gestaltete die Suche nach neuen Ordnungsprinzipien in China noch schwieriger als anderswo. Spätestens seit George Bush Sr. 1991 eine neue (demokratisch-marktwirtschaftliche) Weltordnung proklamierte, sprach man in der Volksrepublik von einer multipolaren Welt, bestehend aus gleichrangigen Machtzentren, darunter China.

Während solche Varianten des *wishful thinking* in Peking an gewisse Traditionen anknüpfen konnten, war ihre legitimatorische Funktion in den Jahrzehnten nach 1949 angesichts einer grundsätzlich pragmatischen Außenpolitik rückläufig. Spätestens seit der „Weltdörferdoktrin" von 1969 ging es hier auch nicht mehr um internationalen Klassenkampf, sondern um zunehmend ethnisch-nationale Kriterien für Gut und Böse.

1.2.5 Diplomatie

Eine chinesische „Diplomatie" im westlichen Sinne gibt es erst seit dem Ersten Opiumkrieg (1840–1842), und auch diese enthielt noch deutlich erkennbare Elemente des älteren Systems. So diente das 1861 geschaffene „Hauptamt für die Verwaltung auswärtiger Angelegenheiten" (*zongli yamen*) nicht nur der Abwicklung von Kontakten mit der Außenwelt, sondern war auch für Territorien an der Peripherie des Reichs sowie das staatliche Modernisierungsprogramm insgesamt verantwortlich. Erst in den 70er Jahren des 19. Jahrhunderts entsandte die Dynastie ständige Vertreter ins Ausland und empfing selbst die Gesandten der Großmächte in Anlehnung an europäische Traditionen. Es bedurfte der Niederschlagung des „Boxeraufstands" 1901, um das Reich zur Gründung eines modernen Außenministeriums zu veranlassen.

Schon die späte Qing-Dynastie versuchte es mit jenem Ausspielen der Großmächte gegeneinander, das das maoistische und postmaoistische China zwischen 1971 und 1989 mit einigem Erfolg praktizieren sollte. Eine Sonderrolle fiel hierbei dem im Fernen Osten vergleichsweise schwachen Russland zu, das chinesische Außenpolitiker Ende des 19. Jahrhunderts gegen das übermächtige England und das aggressive Japan in Stellung zu bringen versuchten. Diese Politik geriet Anfang des 20. Jahrhunderts unter Beschuss, als erkennbar wurde, dass Russland eigene Interessen ähnlich kompromisslos vertrat wie die übrigen Großmächte. Auf den „Boxeraufstand" folgte ein erster Flirt mit den USA, die zwar mit ihrer „Politik der offenen Tür" die allgemeine, rechtliche und wirtschaftliche, Meistbegünstigung anstrebten, aber keine territorialen Ambitionen verfolgten. Diese Politik scheiterte letztlich an der japanischen Vorwärtsstrategie und der Schwäche des Reiches.

Während sich die KMT unter Sun Yat-sen von der revolutionären Sowjetunion inspirieren ließ, entschied sich sein Nachfolger Chiang Kai-shek für ein Zusammengehen mit Washington und London, ohne dabei einen vollständigen Bruch mit Tokyo zu riskieren. Erst Chinas Eintritt in den Pazifischen Krieg (1941–1945) erbrachte die von den Westmächten forcierte Wiederannäherung an die UdSSR, die letztlich zur Schaffung einer mandschurischen Basis für die KPCh und damit zu Chiangs Niederlage im Bürgerkrieg (1945–1949) beitragen sollte. Die Volksrepublik China tat sich anfänglich ähnlich schwer mit dem Versuch, eine Supermacht gegen die andere auszuspielen, bis sie ihre Unabhängigkeit 1971 einmal mehr ihrer Sicherheit opferte.

Auf einer technisch-taktischen Ebene kannte die chinesische Außenpolitik bis zum Ende der Ära Mao Zedong (1949–1976) neben offiziellen zwischenstaatlichen Kontakten Beziehungen zu „sozialistischen Bruderparteien", die ursprünglich im Ostblock und nach Ausbruch des sinosowjetischen Konflikts zunehmend in Entwicklungsländern eine Rolle spielten. Hinzu kam eine inoffizielle „Volksdiplomatie", das heißt die Pflege von kulturellen, wirtschaftlichen und anderen Beziehungen zu ideologisch antagonistischen Staaten der „Zwischenzone", beziehungsweise der Ersten Welt.

1979 signalisierte die Übergabe des Vorsitzes der Internationalen Verbindungsabteilung des Zentralkomitees der KPCh vom einflussreichen Geng Biao an den wenig einflussreichen ehemaligen Außenminister Ji Pengfei die rückläufige Bedeutung der Parteibeziehungen. Die weitgehend von Massenorganisationen wahrgenommene „Volksdiplomatie" hatte zumeist eine nachrangige Rolle gespielt. Erwähnenswert in diesem Zusammenhang ist allerdings die Kommission (ursprünglich: das Büro) für Angelegenheiten der Auslandschinesen, die 1967 der Kulturrevolution zum Opfer fiel und 1978 unter ihrem alten Leiter Liao Chengzhi wiedereröffnet wurde.

In den 90er Jahren gründete die KPCh eine so genannte „Führungsgruppe für auswärtige Angelegenheiten", der in der Regel der Parteichef vorsteht. Darüber hinaus verfügen Partei und Regierung über Ämter bzw. Ausschüsse für die Organisation der Beziehungen zu Hongkong, Macau und Taiwan, die nicht der Außenpolitik zugerechnet werden. Wichtige Entscheidungen in diesem Bereich bleiben dem Ständigen Ausschuss des Politbüros vorbehalten, dessen Mitglieder den betreffenden Komitees vorsitzen.

Auch der Einfluss des Außenministers auf Grundsatzentscheidungen der Außenpolitik hängt wesentlich davon ab, ob er dieser Machtzentrale angehört. Das traf in der Geschichte der Volksrepublik bisher nur auf Zhou Enlai (1949–58; 1967–71) zu. Mitglieder des weiteren Politbüros waren Chen Yi (1958–66) und Qian Qichen (1988–98; Qian rückte 1992 ins Politbüro auf). Die übrigen Amtsinhaber (Ji Pengfei, 1972–74; Qiao Guanhua, 1974–76; Huang Hua, 1976–82; Wu Xueqian, 1982–88; Tang Jiaxuan (1998–2003) und Li Zhaoxing (2003–) gehörten oder gehören nicht zur Führungsspitze der KPCh.

Eine eigenständige außenpolitische Rolle spielt seit Anfang der 90er Jahre die Führung der VBA. Ergänzende Aufgaben werden von den

Nachrichtendiensten, dem Propagandaapparat sowie dem Ministerium für Außenhandel und Zusammenarbeit wahrgenommen.

Trotz eines generellen außenpolitischen Pragmatismus kennt die Diplomatie der Volksrepublik China seit 1949 einige Konstanten, namentlich einen Primat der Politik, einen Primat der Region, einen Primat der Souveränität und ein aus einem anhaltenden Minderwertigkeitsgefühl resultierendes Prestigebedürfnis. Der Primat der Politik wurde 1979 in Vietnam und zehn Jahre später auf dem Platz des Himmlischen Friedens auch gegen die Außenwelt verteidigt, geriet aber seither zunehmend in Widerspruch zu einem ökonomischen Imperativ und neuen Interdependenzen. So war Chinas wirtschaftlicher Erfolg in den 80er und 90er Jahren hochgradig exportinduziert. Bezieht man Hongkong mit ein, lag der Exportanteil am Brutto-Inlandsprodukt (BIP) 1995 bei 40 Prozent, das war mehr als im Fall der Bundesrepublik Deutschland. 40 Prozent dieser 40 Prozent entfielen auf den amerikanischen Markt. 2003 war der Exportanteil am BIP auf über 50 Prozent angestiegen.

Der Primat der Region erklärt sich vornehmlich aus der mangelnden Reichweite chinesischer Politik. Die Volksrepublik verfügt zwar über gewisse Attribute einer Großmacht, wie einen ständigen Sitz im Weltsicherheitsrat oder die Atomwaffe, und ihre Volkswirtschaft wuchs nach amtlichen Angaben zwischen 1978 und 1995 im Jahresdurchschnitt um real 9,9 Prozent. Andererseits lag der chinesische Anteil am globalen BIP 1995 nur unwesentlich über den 1913 von der Republik erwirtschafteten 9,1 Prozent und unter den 13,2 Prozent des Kaiserreichs im Jahr 1890. Chinas Anteil am Welthandel beträgt auch heute nicht mehr als 5 Prozent. Beobachter haben der Volksrepublik eher symbolische als substanzielle Beiträge zur Weiterentwicklung international verbindlicher Normen und zum Aufbau einer neuen politischen Ordnung bescheinigt. Zweitens erklärt sich der Primat der Region aus dem beschriebenen historischen Selbstverständnis und der ungelösten Taiwanfrage. Drittens kamen während der „Ära Deng Xiaoping" (1978–1994) nahezu 80 Prozent aller ausländischen Direktinvestitionen in der Volksrepublik aus Ostasien. Viertens hat China wiederholt versucht, sich der substanziellen auslandschinesischen Gemeinschaften in Südostasien zur Realisierung politischer oder wirtschaftlicher Ziele zu bedienen.

Der Primat der Souveränität erklärt sich mit realen und imaginären Erfahrungen aus der Zeit der „ungleichen Verträge" und begründet sowohl Schwierigkeiten im Umgang mit dem Westen als auch anhaltende Probleme mit Intervention und qualitativem Multilateralismus. In der Reformära war das Ergebnis eine Mischung aus aktiver Mitwirkung an internationalen wirtschaftlichen Regimen, von der sich Peking materielle Vorteile erhoffte, konditionierter Mitwirkung an der Umsetzung internationaler umweltpolitischer Abkommen, Peacekeeping-Aktivitäten der Vereinten Nationen und einigen Verträgen zur Verhinderung der Proliferation von Massenvernichtungswaffen. Seither gibt es verbale Bekenntnisse zum Multilateralismus und ein paar sektorale Initiativen, etwa auf der Koreanischen Halbinsel sowie in Zentral- und Südostasien. Grundsätzlich trifft jedoch folgende Charakterisierung des chinesischen Rüstungskontrollverhaltens auch weiterhin auf den Umgang der Volksrepublik mit regionalen und internationalen Regimen zu: Bevorzugt genutzt werden Gelegenheiten zum „free riding" (das heißt, Dritte übernehmen Verpflichtungen, China jedoch nicht). Soweit dies Probleme mit sich bringt, versucht man gelegentlich, Verhandlungen zu verlangsamen oder in eine andere Richtung zu lenken. Wenn auch das schwierig wird, bemüht sich Peking um Interessenkoalitionen mit Gleichgesinnten und damit um eine Begrenzung des mit Obstruktion einhergehenden Imageschadens.[2] Wenn es um eigene nationale Prioritäten geht, kennt die Volksrepublik allerdings wenig Hemmungen, sich in innere Angelegenheiten Dritter einzumischen (so geschehen 1997, als China wochenlang die Entsendung von Blauhelmen nach Guatemala blockierte, weil die dortige Regierung eine taiwanesische Kampagne zur Rückkehr der Inselrepublik in die Vereinten Nationen unterstützte). Der Primat der Souveränität erklärt schließlich eine ausgeprägte Abneigung gegen kollektive Verteidigungsmechanismen (seit Obsoletwerden des sino-sowjetischen Allianzvertrags in den 60er Jahren verfügt Peking nur noch über ein einziges derartiges Abkommen mit Nordkorea). Ersatzweise werden seit Mitte der 90er Jahre auch im Verhältnis zu westlichen Mächten so genannte „strategische Partnerschaften" propagiert, die keine militärischen Bündnisse begründen und sich grundsätzlich am Prinzip der gegenseitigen Nichteinmischung orientieren, aber letztlich wieder die Möglichkeit eröffnen sollen, einen „strategischen Partner" gegen den anderen auszuspielen.

Prestige ist das innenpolitische Resultat der Anerkennung als Großmacht bzw. als wichtiger internationaler Akteur seitens Dritter, und Chinas Prestigebedürfnis speist sich aus dem historischen Minderwertigkeits-

---

[2] Vgl. Michael D. Swaine/Alastair Iain Johnston, China and Arms Control Institutions, in: Elizabeth Economy/Michel Oksenberg (Hrsg.), *China Joins the World. Progress and Prospects.* New York, Council on Foreign Relations 1998, S. 90–135 (119/120).

komplex (sowie mangels einer, allerdings auch in anderen großen Ländern nicht sehr verbreiteten, Fähigkeit zur Selbstironie). Prestigefördernd waren insofern der Beitritt zum „Club" der Atommächte 1964, die Aufnahme in die Vereinten Nationen und den Weltsicherheitsrat 1971 und sämtliche sino-amerikanischen Gipfeltreffen, aber auch der Zuschlag für die Olympischen Sommerspiele 2008 und der erste bemannte Weltraumflug 2003 sowie natürlich die Wiederherstellung der Souveränität über Hongkong (1997) und Macau (1999). Prestigemindernd sind öffentliche Kritik an der Volksrepublik, etwa in der Menschenrechtskommission der Vereinten Nationen und die andauernde unabhängige Existenz Taiwans.

1.2.6 Unabhängigkeit und Sicherheit

Wenn Unabhängigkeit und Sicherheit im außenpolitischen Denken Mao Zedongs spätestens mit dem sino-sowjetischen Konflikt deckungsgleich geworden waren, so galt dies nicht für die Mehrzahl seiner Kollegen in der Führungsspitze der KPCh. Mao selbst machte Anfang der 70er Jahre mit der Annäherung an die USA einen Rückzieher, nachdem die gesellschafts- und machtpolitischen Experimente „Großer Sprung Vorwärts" (1957–1958) und „Große Proletarische Kulturrevolution" (1966–1969) desaströs gescheitert waren. Die „strategische Partnerschaft" mit Washington zerbrach 1989 auf dem Platz des Himmlischen Friedens, aber sie hatte ihre Bedeutung bereits mit Beginn der Entspannungspolitik Michail Gorbatschows eingebüßt. Tiananmen steht bis heute für die Widersprüche in Dengs Versuch, die verloren gegangene strategische Bedeutung durch neue, wirtschaftliche Relevanz zu ersetzen. Damit wollte er Interdependenzen und Globalisierung auf ähnliche Weise instrumentalisieren, wie die Vertreter der „Selbststärkungsbewegung" des späten 19. Jahrhunderts, die geglaubt hatten, eine vermeintliche „chinesische Substanz" unter Rückgriff auf „westliche Mittel" stabilisieren zu können. Heute wie damals schließen sich Unabhängigkeit und Sicherheit jedenfalls dort gegenseitig aus, wo die Sicherheit der herrschenden Eliten auf Kosten der gesamtgesellschaftlichen Sicherheit realisiert werden soll.

Weiterführende Literatur

Detaillierte Gesamtüberblicke über die hier im Zeitraffer dargestellte Epoche finden sich in:
Oskar Weggel, *Geschichte Chinas im 20. Jahrhundert*. Stuttgart: Kröner, 1989.
Jonathan D. Spence, *The Search for Modern China*. New York NY: W.W. Norton & Co., 1990; deutsch: *Chinas Weg in die Moderne*. München/Wien: Carl Hanser Verlag, 1995.
John King Fairbank, *China: A New History*. Cambridge MA: The Belknap Press of Harvard University Press, 1992.
Helwig Schmidt-Glintzer, *Das neue China. Von den Opiumkriegen bis heute*. München: Beck, 1999.

Konfuzianismus als Staatsideologie:
John King Fairbank (Hrsg.), *Chinese Thought and Institutions*. Chicago IL: University of Chicago Press, 1953.

Schiffsexpeditionen der Ming-Dynastie:
Loise Lavathes, *When China Ruled the Seas: The Treasure Fleet of the Dragon Throne 1405–1433*. Oxford/New York NY: Oxford University Press, 1994.
Die wesentliche Kontroverse betreffend das abrupte Ende dieser Expeditionen im frühen 16. Jahrhundert haben Jared Diamond und Michael Bosworth ausgetragen. Während Diamond das Phänomen mit Fraktionskämpfen bei Hof, einhergehend mit einem Verlust von Infrastruktur und technologischer Kompetenz, erklärt, verweist Bosworth auf ideologische Grundsatzdebatten, den Bau des Kaiserkanals und eine neue Sensibilität für Herausforderungen an Lande. Jared Diamond, *Guns, Germs and Steel: The Fates of Human Societies*. New York NY/London: W.W. Norton & Company, 1997.
Michael L. Bosworth, *The Rise and Fall of Chinese Seapower* (http://www.cronab.demon.co.uk/china.htm, London, 1999).

Westliche Missionare in China:
K.S. Latourette, *A History of Christian Missions in China*. New York NY: Macmillan, 1929.
Jürgen Osterhammel, *China und die Weltgesellschaft. Vom 18. Jahrhundert bis in unsere Zeit*. München: Beck, 1989.

Erster Opiumkrieg:
Hsin-pao Chang, *Commissioner Lin and the Opium War*. Cambridge MA: Harvard University Press, 1964.
Jürgen Osterhammel, China und der Westen im 19. Jahrhundert, in: Carsten Hermann-Pillath (Hrsg.), *Länderbericht China*. Bonn: Bundeszentrale für Politische Bildung, 1998.

„Selbststärkungsbewegung":
Kwang-ching Liu, Nineteenth Century China. The Disintegration of the Old Order and the Impact of the West, in: Ping-ti Ho/Tang Tsou (Hrsg.), *China in Crisis, Vol. 1*. Chicago IL: University of Chicago Press, 1968, S. 93–178.

Chinesisch-japanischer Krieg von 1894/95:
Otto Franke, *Die Großmächte in Ostasien von 1894 bis 1914*. Braunschweig: Westermann, 1923.

Japanisch-russische Rivalität in der Mandschurei:
O. Edmund Clubb, *China and Russia, The ‚Great Game'*. New York NY: Columbia University Press, 1971.

„Boxeraufstand":
Victor Purcell, *The Boxer Uprising.* Cambridge: Cambridge University Press, 1963.
Paul A. Cohen, *History in Three Keys. The Boxers as Event, Experience, and Myth.* New York NY: Columbia University Press, 1997.
Diana Preston, *Rebellion in Peking. Die Geschichte des Boxeraufstands.* Stuttgart: Deutsche Verlags-Anstalt, 2001.

Bürgerliche Revolution von 1911:
Mary C. Wright (Hrsg.), *China in Revolution. The First Phase 1900–1913.* New Haven/London: Yale University Press, 1968.
George T. Yu, The 1911 Revolution. Past, Present, and Future, in: *Asian Survey* (Berkeley CA), Vol. 31, No. 10 (October 1991).
John Fitzgerald, *Awakening China. Politics, Culture, and Class in the Nationalist Revolution.* Stanford CA: Stanford University Press, 1996.

Sun Yat-sen, Politik und politisches Denken:
Harold Z. Schiffrin, *Sun Yat-sen and the Origins of the Chinese Revolution.* Berkeley CA: University of California Press, 1968.
Gottfried-Karl Kindermann (Hrsg.), *Sun-Yat-sen, Founder and Symbol of China's Revolutionary Nation-Building.* München: Olzog, 1982.
Mechthild Leutner, Sun Yatsen, seine Ideen und seine historische Bedeutung aus deutscher Sicht, in: *Asien* (Hamburg), Nr. 21 (Oktober 1986), S. 63–88.

Yuan Shikai:
Jerome Ch'en, *Yuan Shih-kai, 1859–1916: Brutus Assumes the Purple.* London: Allen & Unwin, 1961.

„4. Mai-Bewegung" und Geschichte der Republik China bis 1936:
Wolfgang Franke, *Das Jahrhundert der chinesischen Revolution.* München: Oldenbourg, 1958
Frederic Wakeman Jr. (Hrsg.), *Reappraising Republican China.* Oxford: Oxford University Press, 2000.
Edward X. Gu, Who was Mr. Democracy? The May Fourth Discourse of Populist Democracy and the Radicalization of Chinese Intellectuals (1915–1922), in: *Modern Asian Studies* (London), Vol. 35, No. 3 (July 2001), S. 589–621.

„Manchukuo":
Stefan Hell, *Der Mandschurei-Konflikt. Japan, China und der Völkerbund 1931 bis 1933.* Tübingen: Universitas Verlag, 1999.

Chinesisch-japanischer Krieg von 1937–45:
Frederick Fu Liu, *A Military History of Modern China, 1929–1949.* Princeton NJ: Princeton University Press, 1956.
Christopher Howe (Hrsg.), *China and Japan. History, Trends, and Prospects.* Oxford: Clarendon Press, 1996.

Geschichte der KPCh vor 1949:
Harold Isaacs, *The Tragedy of the Chinese Revolution.* Stanford MA: Stanford University Press, 1951.
Jacques Guillermaz, *Histoire du Parti Communiste Chinois, 1921–1949.* Paris: Payot, 2. Aufl., 1975.

Amerikanisch-chinesische Beziehungen während der 40er Jahre:
Tang Tsou, *America's Failure in China, 1941–50*. Chicago IL: University of Chicago Press, 1963. Demnach hätten amerikanische Diplomaten 1948 verspätet erkannt, dass Hoffnungen auf eine Koalitionsregierung illusorisch waren und dass die einzige realistische Alternative zu einem Bürgerkrieg, den die Nationalisten ohne amerikanische Hilfe verlieren würden, in einer „lockeren Föderation" bestand. Diesbezügliche Vorschläge wurden allerdings von Außenminister Marshall abgelehnt, der jede weitere Übernahme von Verantwortung durch die USA ablehnte.

„Mao Zedong-Denken":
Stuart S. Schram, *The Political Thought of Mao Tse-tung*. New York NY: Praeger, 1969; deutsch: *Das politische Denken Mao Tse-tungs. Das Mao-System*. München: Deutscher Taschenbuch-Verlag, 1975.

Das Standardwerk zu den frühen Außenbeziehungen des chinesischen Reichs ist
John King Fairbank, *The Chinese World Order*. Cambridge MA: Harvard University Press, 1968.

Geschichte der Auslandschinesen in Südostasien:
Victor Purcell, *The Chinese in Southeast Asia*. Kuala Lumpur: Oxford in Asia, 2. Aufl., 1980.

Auslandschinesenpolitik der frühen Volksrepublik:
Stephen Fitzgerald, *China and the Overseas Chinese. A Study of Peking's Changing Policy, 1949–70*. Cambridge: Cambridge University Press, 1972.

Landesverteidigung und Militär:
Frank Kierman Jr./John K. Fairbank (Hrsg.), *Chinese Ways in Warfare*. Cambridge MA: Harvard University Press, 1974.
Gerald Segal, *Defending China*. Oxford/New York: Oxford University Press, 1985.
Ellis Joffe, *The Chinese Army after Mao*. Cambridge MA: Harvard University Press, 1987.
Mel Gurtov/Byong-Moo Hwang, *China's Security. The New Roles of the Military*. Boulder CO/London: Lynne Rienner Publishers, 1998.

Südexpansion des chinesischen Reiches:
C.P. Fitzgerald, *The Southern Expansion of the Chinese People*. Bangkok: White Lotus, 1972.

Außenpolitische Konzepte:
Peter Van Ness, *Revolution and Chinese Foreign Policy. Peking's Support for Wars of National Liberation*. Berkeley CA: University of California Press, 2. Aufl., 1973.
Dieter Heinzig, *Chinas Politik gegenüber der UdSSR, 1976 bis 1978: Auf dem Wege zur ‚antisowjetischen Einheitsfront'*. Köln: Bundesinstitut für Ostwissenschaftliche und Internationale Studien, 1982.
Samuel S. Kim, China and the Third World: In Search of a Neorealist World Policy, in: Samuel S. Kim (Hrsg.), *China and the World*. Boulder CO: Westview Press, 1984, S. 178–211.
Joachim Glaubitz, *China in der Weltpolitik (1971–1988)*. Bonn: Bundeszentrale für Politische Bildung, 2. Aufl., 1988.

Außenpolitische Konstanten und Instrumente:
King C. Chen (Hrsg.), *China and the Three Worlds. A Foreign Policy Reader*. London: Macmillan, 1979.

Dieter Heinzig, *Chinas Politik gegenüber der UdSSR, 1976 bis 1978: Auf dem Wege zur ,antisowjetischen Einheitsfront'.* Köln: Bundesinstitut für Ostwissenschaftliche und Internationale Studien, 1982.

Philippe de Beauregard/Jean-Luc Domenach/François Godement/Michel Jan/François Joyaux, *La Chine face au monde. La stratégie chinoise, constantes et évolutions.* Paris: Robert Laffont, 1983.

Samuel S. Kim, China and the Third World: In Search of a Neorealist World Policy, in: Samuel S. Kim (Hrsg.), *China and the World.* Boulder CO: Westview Press, 1984, S. 178–211.

Joachim Glaubitz, China in der Weltpolitik (1971–1988), in: *VR China im Wandel.* Bonn: Bundeszentrale für Politische Bildung, 2. Aufl., 1988.

Lu Ning, *The Dynamics of Foreign-Policy Decisionmaking in China.* Boulder CO: Westview Press, 1997.

Hsu Chih-chia, Foreign Policy Decision-Making Process in Deng's China. Three Patterns for Analysis, in: *Asian Perspective* (Seoul), Vol. 23, No. 2 (1999), S. 197–223.

Beiträge der Volksrepublik China zur Weiterentwicklung der Weltordnung:
Samuel S. Kim, China's International Organisational Behaviour, in: Thomas W. Robinson/ David Shambaugh (Hrsg.), *Chinese Foreign Policy, Theory and Practice.* New York NY: Oxford University Press, 1994, S. 491–534.

Elizabeth Economy/Michel Oksenberg (Hrsg.), *China Joins the World. Progess and Prospects.* New York NY: Council on Foreign Relations, 1999.

2. 1949 – 1955: Die Allianz mit der Sowjetunion

2.1 „Zu einer Seite neigen"

1947, im Gründungsjahr der Kominform, verurteilte Stalins Chefideologe Andrej Zhdanow in einem nach ihm benannten Bericht jeden dritten Weg zwischen Sozialismus und Imperialismus als verfehlte Strategie, die letztlich dem Imperialismus in die Hände spiele. 1949 griff Mao Zedong diesen Gedanken in seiner Schrift „Über die demokratische Diktatur des Volkes" auf. Ein Jahr zuvor hatte er die USA zum Nachfolger des Faschismus und zur größten Bedrohung des Weltfriedens erklärt. „Die Sowjetunion von heute" hingegen sei „das China von morgen". Die neue außenpolitische Parole hieß: „Zu einer Seite neigen". Noch 1949 nahm die Volksrepublik diplomatische Beziehungen zu allen sozialistischen Staaten Osteuropas mit Ausnahme Jugoslawiens auf. Im Dezember führte Maos erste (von insgesamt zwei) Auslandsreisen nach Moskau. Dort unterzeichneten die Vertreter der Volksrepublik und der Sowjetunion am 14. Februar 1950 nach zweimonatigen Verhandlungen einen Vertrag über Freundschaft, Allianz und gegenseitige Hilfe, der das von Chiang Kai-shek geschlossene Abkommen aus dem Jahr 1945 ablöste.

2.1.1 Das Bündnis und der Koreakrieg

Hatte der Vertrag von 1945 das Ziel verfolgt, „jede Neuauflage einer japanischen Aggression" zu verhindern, so sollten mit dem Abkommen von 1950 Vorkehrungen gegen „eine erneute Aggression oder Verletzung des Friedens seitens Japan oder aller Staaten, die sich mit ihm (Japan) zusammenschließen" getroffen werden. Gemeint waren die USA, die 1951 mit Tokyo Frieden schließen und einen Bündnisvertrag unterzeichnen sollten. Mao brauchte Wirtschaftshilfen und glaubte, China nur mit sowjetischer Unterstützung vor einem amerikanischen Angriff schützen und Taiwan nur gemeinsam mit Moskau den Nationalisten entreißen zu können. Darüber hinaus erwartete er, dass die Sowjetunion unter dem Schutz ihres nuklearen Schirms insbesondere in Afrika, Asien und Lateinamerika den weltweiten „Befreiungskampf" vorantreiben würde. Stalin ging es darum, die Volksrepublik fest in das von ihm angeführte sozialistische Lager einzubinden. Die Laufzeit des sino-sowjetischen Vertrags betrug dreißig Jahre. Er sollte alle fünf Jahre automatisch verlängert werden.

Ebenfalls im Frühjahr 1950 wurde eine Reihe weiterer sino-sowjetischer Abkommen unterzeichnet. Eines davon betraf die Rückgabe der mandschurischen Eisenbahnen bis spätestens 1952 und die sofortige Rückgabe des Marinestützpunkts Port Arthur. Was Dairen anging, anerkannte Moskau zwar eine chinesische Verwaltungshoheit, bestand jedoch darauf, eine endgültige Lösung auf die Zeit nach dem Abschluss eines sowjetisch-japanischen Friedensvertrags zu verschieben. Die chinesische Seite bestätigte die Unabhängigkeit der Äußeren Mongolei, wo immer noch 50 000 sowjetische Soldaten stationiert waren. Stalin sagte Finanzhilfen in einer Gesamthöhe von 300 Millionen US-Dollar über fünf Jahre zu. Mao hatte zwei bis drei Milliarden US-Dollar verlangt.

In einem weiteren Vertrag anerkannte die UdSSR die chinesische Souveränität über das rohstoffreiche nordwestliche Xinjiang, das mehrheitlich von moslemischen Uighuren bevölkert war. Diese hatten sich 1944 gegen Chiang Kai-shek erhoben und unter dem Namen „Ostturkestan" eine eigene Republik proklamiert, die zwischen Januar 1945 und Januar 1946 mit sowjetischer Hilfe unabhängig von China existierte. Anfang 1950 war die VBA einmarschiert und hatte die nach dem Abzug der Nationalisten neugegründete provisorische Regierung von „Ostturkestan" aufgelöst. Das neue Abkommen sah darüber hinaus die Gründung von zwei chinesisch-sowjetischen Gesellschaften zur Förderung von Erdöl und Leichtmetallen vor.

Mao Zedong über die Einteilung der Welt in zwei antagonistische Lager (1949)

Nach außen hin müssen wir uns mit jenen Nationen der Welt, die uns als gleichberechtigt behandeln, und mit den Volksmassen aller Länder zum gemeinsamen Kampf verbünden. Das bedeutet Bündnis mit der Sowjetunion, Bündnis mit den Ländern der Volksdemokratie und Bündnis mit dem Proletariat und den breiten Volksmassen der übrigen Länder zur Bildung einer internationalen Einheitsfront.

„Ihr neigt euch zu einer Seite". Das stimmt. Die 40jährige Erfahrung Sun Yat-sens und die 28jährige Erfahrung der Kommunistischen Partei haben uns gelehrt, dass wir uns, um den Sieg zu erlangen und ihn zu festigen, zu einer Seite neigen müssen. Die in diesen 40 bzw. 28 Jahren gesammelten Erfahrungen zeigen, daß sich alle Chinesen ohne Ausnahme entweder nach der Seite des Imperialismus oder nach der Seite des Sozialismus neigen müssen. Dazwischen auf dem Zaun sitzen ist unmöglich, einen dritten Weg gibt es nicht. Wir sind gegen die reaktionäre Clique Chiang Kai-sheks, die auf der Seite des Imperialismus steht, und wir sind auch gegen die Illusionen über einen Dritten Weg ...

„Der Sieg ist auch ohne internationale Hilfe möglich." Das ist eine irrige Ansicht. In einer Epoche, in der der Imperialismus existiert, kann eine wahre Volksrevolution in keinem Land siegen, ohne in verschiedenster Form von den internationalen revolutionären Kräften Unterstützung zu erhalten. Selbst wenn der Sieg errungen ist, ist es unmöglich, ihn ohne solche Unterstützung zu festigen ... Man möge doch überlegen: Wenn die Sowjetunion nicht existierte, wenn der Sieg im antifaschistischen Zweiten Weltkrieg ausgeblieben wäre, wenn der japanische Imperialismus nicht niedergeschlagen worden wäre, wenn die Länder der Volksdemokratie nicht entstanden wären, wenn sich die unterdrückten Nationen des Ostens nicht zum Kampf erhöben, wenn die Volksmassen in den Vereinigten Staaten, in Großbritannien, Frankreich, Deutschland, Italien, Japan und den anderen kapitalistischen Ländern nicht einen Kampf gegen die über sie herrschenden reaktionären Cliquen führten – wenn es all das zusammengenommen nicht gäbe, dann wäre der Druck der auf uns lastenden internationalen reaktionären Kräfte gewiß um ein Vielfaches stärker, als er jetzt ist. Hätten wir unter diesen Umständen siegen können? Offenbar nicht. Genauso unmöglich wäre es, den bereits errungenen Sieg zu konsolidieren ...

... International gesehen gehören wir auf die Seite der antiimperialistischen Front, an deren Spitze die Sowjetunion steht, und echte und freundschaftliche Hilfe können wir nur auf dieser Seite, nicht aber auf der Seite der imperialistischen Front suchen.

Die chinesisch-sowjetische Allianz wurde bereits drei Monate nach ihrer Gründung getestet. Am 25. Juni 1950 überschritten Truppen des kommunistischen Nordkorea die Demarkationslinie am 38. Breitengrad und eroberten binnen weniger Wochen ganz Südkorea mit Ausnahme der Hafenstadt Pusan im äußersten Südosten der Koreanischen Halbinsel. Im Auftrag des Weltsicherheitsrats (an dessen Sitzungen Moskau wegen der Kontroverse um die Vertretung Chinas in den Vereinten Nationen zu dieser Zeit nicht teilnahm), kam eine 16-Staaten-Allianz unter Führung der USA Südkorea zur Hilfe. Unter dem Oberkommando von General Douglas MacArthur landeten amerikanische Truppen hinter den nordkoreanischen Linien in Inchon und trieben die Invasoren am 7. Oktober über den 38. Breitengrad zurück. Anstatt sich mit diesem Erfolg zu begnügen, eroberte MacArthur auch noch die nordkoreanische Hauptstadt Pjöngyang und stieß weiter bis zur chinesischen Grenze vor.

Stalin hatte Mao gedrängt, dem nordkoreanischen Verbündeten zu Hilfe zu kommen, weil er befürchtete, ein sowjetisches Eingreifen würde einen dritten Weltkrieg provozieren. Ende November 1950 überquerten 50 000 chinesische „Kriegsfreiwillige" den Grenzfluss Yalu, nachdem in den Wochen zuvor bereits 200 000 VBA-Soldaten unbemerkt nach Nordkorea eingesickert waren. Bis Ende 1951 hatten diese Verbände die Alliierten wieder über die Demarkationslinie zurückgedrängt. Im Januar 1951 besetzten chinesische und nordkoreanische Truppen die südkoreanische

Hauptstadt Seoul vorübergehend, bevor sie wieder in den Norden abziehen mussten. MacArthur verlangte von Präsident Truman die Genehmigung zum Einsatz von Atomwaffen auf Ziele in der Mandschurei. Truman lehnte ab, und der General wurde im April 1951 von seinem Kommando entbunden.

Der Krieg zog sich noch zwei weitere Jahre hin und forderte auf allen Seiten enorme Verluste. Im Juli 1953 schlossen die Vereinten Nationen (vertreten durch die USA), China und Nordkorea einen Waffenstillstand, nachdem Präsident Dwight D. Eisenhower (1953–1961) mit dem Einsatz von Atomwaffen gedroht hatte. Im April 1954 scheiterten Friedensverhandlungen für Korea in Genf.

Der Koreakrieg und der sino-sowjetische Bündnisvertrag hatten zwei weitreichende Konsequenzen: Bei Ausbruch der Kampfhandlungen verlegten die USA ihre Siebte Flotte in die Taiwan-Straße, um Peking an einem Angriff auf Chiang Kai-sheks letzte Bastion zu hindern. Bei Kriegsende unterzeichneten Taipei und Washington einen militärischen Beistandsvertrag. In Indochina, wo die Guerilla Ho Chi Minhs die französischen Kolonialherren bekämpfte, gab Truman seine ursprünglich antikoloniale Haltung auf und stellte sich auf die Seite Frankreichs. In China begann unterdessen eine Debatte über die Notwendigkeit der Modernisierung und Professionalisierung der VBA.

2.1.2 „Demokratische Diktatur des Volkes"

Der kommunistischen Führung in Peking hätte der Koreakrieg nicht ungelegener kommen können. Im Frühjahr 1950 war Tibet noch nicht erobert, und im Grenzgebiet zwischen Yunnan und Birma kämpften Resttruppen des nationalistischen Regimes. Im Oktober 1949 war die VBA bei dem Versuch gescheitert, die von Chiangs Truppen kontrollierte Insel Jinmen (Quemoy) vor der Küste von Fujian zu erobern. Vor allem aber war die industrielle Basis der Volksrepublik nach antijapanischem Krieg und Bürgerkrieg zerstört und lag die landwirtschaftliche Produktion am Boden.

Die Lösung dieses Dilemmas sollte in einem planmäßigen Aufbau der Schwerindustrie nach sowjetischem Vorbild und mit sowjetischer Expertise sowie einer nunmehr landesweiten Bodenreform bestehen. Letztere dürfte mindestens einer halben Million Menschen aus der „Grundherrenklasse" das Leben gekostet haben. Reiche Bauern blieben hingegen aus

Rücksicht auf die Versorgungslage zunächst verschont. 1952/53 begann die Kollektivierung der Landwirtschaft mit dem Zusammenschluss von jeweils 30 bis 50 Haushalten zu Genossenschaften.

Mit den Wirtschaftsreformen gingen Maßnahmen zur Etablierung einer umfassenden politischen Kontrolle einher. 1951 begannen Massenkampagnen gegen „Konterrevolutionäre", Bürokraten und korrupte Kader aus den eigenen Reihen, der sich im folgenden Jahr eine Offensive gegen „Vertreter der kapitalistischen Klasse" anschloss.

Ende 1953/Anfang 1954 fielen mit dem Politkommissar der Mandschurei, Gao Gang, und seinem Shanghaier Kollegen Rao Shushi erstmals zwei prominente Kommunisten einer Säuberungsaktion zum Opfer. Gao und Rao wurden beschuldigt, die Gründung „unabhängiger Reiche" betrieben bzw. eine verfehlte Wirtschaftspolitik verfolgt zu haben.

Im Oktober 1950 marschierten chinesische Truppen nach Tibet ein. Die dortige Theokratie war im 13. Jahrhundert mongolischer Vasallenstaat gewesen, aber nicht vor dem frühen 19. Jahrhundert für längere Zeit von China kontrolliert worden. 1913 hatte der 13. Dalai Lama die Unabhängigkeit des Landes erklärt. Im selben Jahr unterzeichneten Vertreter Tibets, Chinas und Großbritanniens einen Vertrag, demzufolge die chinesische Oberhoheit über Lhasa anerkannt wurde, China Tibet aber nicht zur Provinz machen durfte. Peking lehnte es später ab, diesen Vertrag zu ratifizieren. 1951 anerkannte das blockfreie Indien die chinesische Souveränität über Tibet. Die Volksrepublik hatte mit Delhi einen neuen Freund gewonnen, der sich nicht in das Schema der Ost-West-Konfrontation einordnen ließ.

2.2 „Friedliche Koexistenz"

Zwischen Stalins Tod im März 1953 und Maos „Großem Sprung Vorwärts" von 1957–1958 begann China unter dem Stichwort „Friedliche Koexistenz" mit dem Versuch, seine Außenbeziehungen zu diversifizieren. Die Gründe waren zunächst ökonomischer Art. Der erste Fünfjahresplan (1953–1957) war mit seiner Privilegierung der Schwerindustrie am sowjetischen Vorbild orientiert, und seine Umsetzung wurde von Moskau mit Geld und Expertise gefördert. Schwerindustrie existierte aber nahezu ausschließlich in der Mandschurei. Damit wurde eine Beilegung des Koreakrieges mit seinen negativen Auswirkungen auf die Sicherheit des Nordostens der Volksrepublik auch für diese bedeutsam.

Die Sowjetunion war 1953 der einzige größere Industriestaat, zu dem Peking diplomatische Beziehungen unterhielt. Moskau sah sich aber zunehmend mit eigenen wirtschaftlichen Problemen konfrontiert. So band der industrielle Wiederaufbau der DDR in den 50er Jahren fast ein Viertel aller sowjetischen Kapitalexporte. China entschied sich angesichts dieser Lage für eine schrittweise Öffnung nach Westen. Dieser Weg führte über asiatische Commonwealth-Staaten nach London und dann mit britischer Hilfe nach Genf, wo die Volksrepublik erstmals an einer wichtigen internationalen Konferenz mitwirkte.

2.2.1 Von Genf nach Bandung

Nach Unterzeichnung des Waffenstillstandes für Korea und Washingtons Veto gegen eine Friedenskonferenz für die Koreanische Halbinsel mit chinesischer Beteiligung verständigten sich die Großmächte 1953 auf die Abhaltung einer politischen Konferenz zu den Themen Korea und Indochina, wo die französische Kolonialarmee zunehmend unter Druck der Liga für Vietnamesische Unabhängigkeit (*Vietminh*) unter Führung des Kommunisten Ho Chi Minh geraten war. Dabei erklärten sich die USA und Frankreich auf eine Intervention des britischen Premierministers Anthony Eden hin bereit, China als „interessierte Macht" zu beteiligen. Nach dem Scheitern der Genfer Gespräche zu Korea wurde ab Mai 1954 nur noch über Indochina verhandelt, wo Frankreich gerade in Dien Bien Phu die entscheidende militärische Niederlage erlitten hatte. Vor diesem Hintergrund formulierte Peking erstmals vor den Augen der Welt eine von der sowjetischen Linie abweichende Außenpolitik. Während es Moskau in Genf vornehmlich darum ging, Frankreich von einer Beteiligung an der geplanten Europäischen Verteidigungsgemeinschaft (EVG) abzubringen, war es das vorrangige Anliegen der Volksrepublik, Vietnam, Kambodscha und Laos nicht unter den Einfluss der USA fallen zu lassen. China ging dabei so weit, eine Teilung Vietnams entlang des 18. Breitengrads vorzuschlagen (der *Vietminh* hatte eine Demarkationslinie am 13. Breitengrad verlangt, und man einigte sich schließlich auf den 17. Breitengrad). Ferner schloss sich Peking der französischen Forderung an, die für ganz Vietnam vorgesehenen allgemeinen Wahlen erst nach zwei Jahren abzuhalten, womit die antikommunistische Regierung in Saigon eine Chance zur Konsolidierung erhielt. Am Rande der Konferenz nahm China bilaterale Wirtschaftsverhandlungen mit Frankreich, Großbritannien, der Bundesrepublik Deutschland und der Schweiz auf. Nach Abschluss der Konferenz vereinbarten die Volksrepublik und Großbritannien den Austausch von Geschäftsträgern. Chinesisch-amerikanische Kontakte blieben ergebnislos und endeten 1958 mit der zweiten Taiwankrise. Mit Rückzug der Siebten Flotte aus der Taiwan-Straße und Wiederbewaffnung Nationalchinas hatte Washington Chiang Kai-shek 1953 stillschweigend grünes Licht für die Rückeroberung des Festlandes gegeben. Schwerwiegender als der kurze taiwanesisch-chinesische Luftkrieg des folgenden Jahres waren die internationalen Folgen: Im Oktober 1954 gründeten die USA die Südostasiatische Vertrags-Organisation (Southeast Asian Treaty Organisation, SEATO) als antichinesischen Militärpakt. Kaum war die Genfer Konferenz zu einem positiven Ergebnis gelangt, herrschte in Ostasien wieder Kalter Krieg.

Chinas Reaktion bestand diesmal nicht in einer Neuauflage seiner einseitigen Ausrichtung nach Moskau, sondern in der Aufnahme diplomatischer Beziehungen zu den gerade unabhängig gewordenen blockfreien Staaten in Asien. Im Mai 1954 boten sich Indien, Pakistan, Ceylon, Birma und Indonesien als Vermittler in Indochina an und luden unter anderen auch die Volksrepublik zu einer Konferenz der jungen asiatischen und afrikanischen Staaten ins indonesische Bandung ein. Zuvor war zwischen Peking und Delhi ein eskalationsfähiger Konflikt entschärft worden. Im chinesisch-indischen Vertrag vom April 1954 erkannte Indien Chinas Oberhoheit über das besetzte Tibet nun auch förmlich an, wobei die Grenzfrage allerdings offen blieb. Dieser Vertrag war das erste amtliche Dokument, das sich auf die so genannten „Fünf Prinzipien der Friedlichen Koexistenz" (territoriale Integrität und Souveränität, Aggressionsverzicht, Einmischungsverzicht, Gleichheit und gegenseitiger Nutzen, friedliche Koexistenz) bezog.

Die Volksrepublik verfolgte in Bandung vornehmlich drei Ziele: eine Korrektur des in Südostasien verbreiteten Eindrucks subversiver und expansiver chinesischer Absichten, eine Regelung der Frage der Staatsangehörigkeit südostasiatischer Auslandschinesen und die Herstellung von Kontakten zur islamischen Welt. Dabei wurden die wichtigsten Ergebnisse in der Staatsangehörigkeitsfrage erzielt. Erstmals – und im Unterschied zur Politik Chiang Kai-sheks – erklärten Vertreter der Volksrepublik in Bandung, die Chinesen in Südostasien seien grundsätzlich Bürger ihrer Gastländer. Wer keine neue Staatsangehörigkeit anstrebe, solle nach China zurückkehren oder wenigstens Recht und Gebräuche des Gastlandes respektieren. Einem im folgenden Jahr geschlossenen Vertrag mit Indonesien war Modellcharakter zugedacht. Er sollte allerdings für lange Zeit der einzige bleiben.

Außenminister Zhou Enlai über Souveränität und territoriale Integrität (Bandung, 1954)

Untereinander respektieren wir die Souveränität und territoriale Integrität eines jeden. Wir bekennen uns zu diesem Prinzip. Unsere Beziehungen zu Birma haben bewiesen, daß wir die Souveränität Birmas respektieren. Was den Respekt für territoriale Integrität angeht, so erklären wir hiermit, daß China keine Territorialforderungen geltend machen wird und soll. Wir haben gemeinsame Grenzen mit vier (auf der Konferenz vertretenen) Staaten. Mit einigen dieser Staaten haben wir unseren Grenzverlauf noch nicht endgültig festgelegt, und wir sind bereit, dies mit unseren Nachbarländern zu tun. Bevor wir dies aber tun, sind wir bereit, die gegenwärtige Situation beizubehalten, indem wir einräumen, daß der Grenzverlauf in den betreffenden Sektoren unserer Grenze unentschieden ist. Wir sind bereit, unsere Regierung und unser Volk davon abzuhalten, auch nur einen Schritt über unsere Grenze zu machen. Sollte so etwas geschehen, wären wir bereit, unseren Fehler einzugestehen.

Was die Festlegung gemeinsamer Grenzen angeht, die wir mit unseren Nachbarn durchführen werden, so werden wir nur friedliche Mittel anwenden und keine anderen Methoden gestatten. An diesem Prinzip wird sich unter keinen Umständen etwas ändern.

In Bandung bezog sich der chinesische Delegationsleiter Zhou Enlai auf die im Vorjahr gemeinsam mit Indien formulierten Prinzipien und ergänzte diese nunmehr um die Gleichheit aller Völker und Staaten sowie das „Recht aller Völker", sich für ein eigenes politisches und Wirtschaftssystem zu entscheiden. Am Rande der Konferenz nahm die Volksrepublik nicht nur diplomatische Beziehungen mit Afghanistan, Nepal, Ägypten, Syrien, dem Yemen und Ceylon auf, sondern bemühte sich auch um ein besseres Verhältnis zu Verbündeten der USA wie Japan und Pakistan. „Friedliche Koexistenz" war dabei nie als Selbstzweck gedacht. Sie sollte vornehmlich der Isolation Washingtons in Pekings Umfeld und somit letztlich wiederum dem Sieg des sozialistischen Lagers dienen. Deshalb lancierte China im Juni 1958 eine Kampagne gegen den jugoslawischen Präsidenten Josip Broz Tito, der eine neutralistische Position zwischen den Supermächten propagierte.

Weiterführende Literatur

Sino-sowjetische Verträge:
François Fejtö, *Chine-URSS, De l'alliance au conflit, 1950–1972*. Paris: Editions du Seuil, 1973.
Wu Xiuquan, *Acht Jahre im Außenministerium (Januar 1950 – Oktober 1958). Memoiren eines Diplomaten*. Peking: Verlag für fremdsprachige Literatur, 1987.
Harvey W. Nelson, *Power and Insecurity. Beijing, Moscow, and Washington, 1949–1988*. Boulder CO: Lynne Rienner Publishers, 1989.
Lowell Dittmer, *Sino-Soviet Normalization and Its International Implications*. Seattle WA: University of Washington Press, 1992.
Eva Maria Stolberg, *Stalin und die chinesischen Kommunisten, 1945–1953. Eine Studie zur Entstehungsgeschichte der sowjetisch-chinesischen Allianz vor dem Hintergrund des Kalten Krieges*. Stuttgart: Steiner, 1997.
Dieter Heinzig, *Die Sowjetunion und das kommunistische China, 1945–1950. Der beschwerliche Weg zum Bündnis*. Baden-Baden: Nomos, 1998.
Zhang Shu Guang, *Economic Cold War: America's Embargo against China and the Sino-Soviet Alliance, 1949–1963*. Washington DC: Woodrow Wilson Center Press, 2001.

Koreakrieg:
Alan S. Whiting, *China Crosses the Yalu. The Decision to Enter the Korean War*. Stanford CA: Stanford University Press, 1960.
Alexander L. George, *The Chinese Communist Army in Action: The Korean War and Its Aftermath*. New York NY: Columbia University Press, 1967.
Gottfried-Karl Kindermann, *Der Aufstieg Ostasiens in der Weltpolitik, 1840 bis 2000*. Stuttgart/München: Deutsche Verlagsanstalt, 2001.
Michael M. Sheng, China's Decision to Enter the Korean War. Reappraisal and New Documentation, in: *Korea and World Affairs* (Seoul), Vol. 19, No. 2 (1995), S. 294–313.

Taiwankrise 1954/SEATO:
Gottfried-Karl Kindermann, *Der Aufstieg Ostasiens in der Weltpolitik 1840 bis 2000*. Stuttgart/München: Deutsche Verlags-Anstalt, 2001.

Tibet:
Tsering Shakya, *The Dragon in the Land of Snows. A History of Modern Tibet since 1947*. London: Pimlico, 1999.
Dawa Norbu, *China's Tibet Policy*. London: Curzon Press, 2001.

Genfer Konferenz:
King C. Chen, *Vietnam and China, 1938–54*. Princeton NJ: Princeton University Press, 1969.
François Joyaux, *La Chine et le règlement du premier conflit d'Indochine. Genève 1954*. Paris: Publications de la Sorbonne, 1979.

Konferenz von Bandung:
Gopal Chaudhuri, *China and Nonalignment*. New Delhi: ABC Publishing House, 1986.
Samuel S. Kim, *The Third World in Chinese World Policy*. Princeton NJ: Princeton University Press, 1989.

3. 1956 – 1965: Das Ende des sozialistischen Lagers

3.1 1956 – 1962: Entfremdung

Der sino-sowjetische Konflikt hatte einschneidende Auswirkungen auf die internationale Politik. Er konzentrierte die Energien der UdSSR zunächst auf einen globalen ideologischen und machtpolitischen Wettbewerb mit China und dann auf die zeitgleiche Abwehr militärischer Herausforderungen im Westen und im Osten. Dieser Zustand sollte bis in die 80er Jahre anhalten, als auch die Volksrepublik erkannte, dass ihre außenpolitische Manövriermarge durch Einbindung in das von US-Außenminister Henry Kissinger 1971 konzipierte „strategische Dreieck" zunehmend kleiner geworden war.

Das Schisma zwischen Peking und Moskau hatte verschiedene (territoriale, wirtschaftliche, ideologische) Dimensionen, und seine Ursprünge werden unterschiedlich (auf 1949, 1927 oder gar 1689) datiert. Der Beginn des Disputs wird allerdings in der Regel auf das Jahr 1956 und den 20. Parteitag der Kommunistischen Partei der Sowjetunion (KPdSU) angesetzt. Anfang der 60er Jahre wurde der Bruch publik und griff von den Parteibeziehungen auf die zwischenstaatliche Ebene über.

3.1.1 „Der Ostwind ist stärker als der Westwind"

Folgt man chinesischen Quellen aus den späten 60er Jahren, so hatte die KPdSU auf ihrem 20. Parteitag einen revisionistischen Weg eingeschlagen. Generalsekretär Nikita Chruschtschow (1953–1964) erteilte im Februar 1956 nicht nur dem (von Mao imitierten) stalinistischen Personenkult eine Absage; er bekannte sich nunmehr seinerseits zu einer Politik der „friedlichen Koexistenz", die aber im Unterschied zur chinesischen Variante die imperialistische Vormacht USA einschließen sollte. Gleichzeitig wurde der des Revisionismus bezichtigte jugoslawische Staatschef Tito in Moskau rehabilitiert und begann die Sowjetunion damit, jene jungen afrikanischen und asiatischen Staaten zu umwerben, denen sich Peking in Bandung geöffnet hatte. Auf dem Gebiet der Ideologie war nun auf einmal die Rede von einem „friedlichen" evolutionären Übergang zum Sozialismus, eine These, die Mao Zedong nach jahrzehntelangem Krieg und Bürgerkrieg wie Hohn erscheinen musste.

Mao war sich in der zweiten Hälfte der 50er Jahre der wirtschafts- und sicherheitspolitischen Abhängigkeit Chinas von der UdSSR bewusst. Amtliche chinesische Reaktionen auf den 20. Parteitag fielen – im Unterschied etwa zu denen des albanischen Staats- und Parteichefs Enver Hodscha – folglich gemäßigt aus. Verstimmungen kündigten sich erst mit den Aufständen in Ungarn und Polen vom Oktober bzw. November 1956 an, die Chruschtschow mit Waffengewalt niederschlagen ließ. Peking machte den 20. Parteitag intern für beide Erhebungen verantwortlich, unterschied dabei aber zwischen „konterrevolutionären" Tendenzen in Budapest und legitimen „national-kommunistischen" Bestrebungen in Warschau. Die Volksrepublik stellte sich daher hinter die Intervention in Ungarn, lehnte aber den sowjetischen Vorschlag ab, die polnische Führung durch einen internationalen Kongress kommunistischer Parteien verurteilen zu lassen. China versuchte fortan, sich mit einer neuen, gegen Tito gerichteten Propagandakampagne an die Spitze der antirevisionistischen Bewegung innerhalb des sozialistischen Lagers zu stellen.

Im Februar 1957 machte Mao der sowjetischen Führung in seiner Rede „Über die korrekte Behandlung von Widersprüchen im Volk" eine Art Kompromissangebot, indem er konzidierte, dass auch nach der Vergesellschaftung der Produktionsmittel noch Klassen und Widersprüche existierten, mit denen man so lange pragmatisch umgehen könne, wie der Aufbau des Sozialismus dadurch weder auf nationaler noch auf internationaler Ebene geschädigt würde. Aus Moskau erfolgte keine Reaktion.

Die seinerzeit unveröffentlichte Rede wurde auf dem Höhepunkt der so genannten „Hundert-Blumen-Bewegung" gehalten, die Mao im Mai 1956 lanciert hatte, um Chinas Intellektuelle für eine Zusammenarbeit mit Partei und Regierung zu gewinnen und ein Abgleiten in ungarische Verhältnisse zu verhindern. Die anschließende Phase der verordneten Meinungsfreiheit fand im Juni 1957 angesichts wachsender Kritik an der kommunistischen Herrschaft ein abruptes Ende. An die Stelle der „Hundert Blumen" trat eine Kampagne gegen Rechtsabweichler, in deren Rahmen Hunderttausende Intellektuelle inhaftiert oder zur „Umerziehung durch Arbeit" aufs Land geschickt wurden.

Die Sowjetunion baute und testete seit 1949 Atombomben. 1957 erprobte sie eine Interkontinentalrakete und schoss einen Satelliten auf eine Erdumlaufbahn. Im Oktober reiste Mao auf seiner zweiten (und letzten) Auslandsreise zur Feier des 40. Jahrestags der Oktoberrevolution nach

Moskau. Dort unterzeichneten die Vertreter Chinas und der UdSSR ein Geheimabkommen über „die neue Technik für die nationale Verteidigung", das in Peking später als sowjetische Zusage dahingehend ausgelegt wurde, der Volksrepublik Blaupausen für den Bau einer Atombombe und einen Prototypen zur Verfügung zu stellen. In den folgenden zwei Jahren erhielt China sowjetische Hilfen beim Aufbau eines nuklearen Testgeländes, eines Uranbergwerks und anderer relevanter Infrastruktur. Anfang 1958 schlug die UdSSR dem Verbündeten die Stationierung sowjetischer Atomwaffen und die Einrichtung sowjetischer U-Boot-Stützpunkte auf chinesischem Boden vor. Mao lehnte ab und entschied sich stattdessen für die Entwicklung einer chinesischen Bombe binnen zehn Jahren.

In Moskau erklärte er in einer Rede vor chinesischen Studenten, der „Ostwind" (das sozialistische Lager, die entkolonisierten Staaten und die zur Neutralität tendierenden kapitalistischen Staaten mit insgesamt 2,3 Milliarden Menschen) sei mittlerweile stärker als der „Westwind" (das „imperialistische Lager" mit nur 400 Millionen Menschen). Er kam damit auf die Vorstellung zurück, dass der weltweite antiimperialistische Kampf unter dem Schutz der sowjetischen Atomwaffe vorangetrieben werden sollte.

Nach seiner Rückkehr aus der Sowjetunion traf Mao Zedong erste Vorkehrungen für eine größere wirtschaftliche Eigenständigkeit der Volksrepublik China. So rief er zu einer „permanenten Revolution" auf, deren 600 Millionen Protagonisten sowohl „rot" als auch „fachkundig" sein sollten. Zu dieser Zeit hatte die chinesische Führung erkannt, dass der Ausbau der Schwerindustrie nach sowjetischem Muster nicht zum erhofften Nebeneffekt einer besseren Versorgung mit Konsumgütern führte. Gleichzeitig stagnierte Chinas Getreideproduktion trotz fortschreitender Kollektivierung. Mao, der Vorsitzende des Nationalen Volkskongress (NVK), Liu Shaoqi und der Generalsekretär der KPCh, Deng Xiaoping, beschlossen, dieses Problem durch eine Mobilisierung der Massen auf lokaler Ebene zu lösen, eine deutliche Abkehr vom sowjetischen Zentralismus. Die Zielvorgabe lautete, Großbritannien in etwa 15 Jahren wirtschaftlich einzuholen. Ab Ende 1957 wurde die Landbevölkerung in gigantischen Wasserbauprojekten eingesetzt. Im folgenden Jahr wurden Chinas 740 000 landwirtschaftliche Genossenschaften zu 26 000 so genannten Volkskommunen zusammengefasst. Während in fast jeder Provinzhauptstadt ein Stahlwerk gebaut wurde, entstanden auf dem flachen Land über eine Million primitiver Mini-Hochöfen. Zur selben Zeit wurden im nordostchinesischen Daqing gewaltige Ölvorkommen entdeckt, die die Volksrepublik von sowjetischen Lieferungen unabhängig machen sollten.

Die zusätzlichen Investitionen im Industriesektor wurden mit wachsenden Getreideexporten in die UdSSR finanziert. Die resultierende Unterversorgung der einheimischen Bevölkerung forderte zwischen 1959 und 1962 mindestens 20 Millionen Menschenleben. Ende 1958 legte Mao Zedong das Amt des Staatspräsidenten angesichts wachsender Kritik aus den eigenen Reihen nieder. Nachfolger wurde Liu Shaoqi. Mitte 1959 kritisierte Verteidigungsminister Peng Dehuai die zunehmend chaotischen Zustände auf einer Konferenz der Parteiführung in Lushan in der Provinz Jiangxi. Mao bezichtigte Peng darauf des „Rechtsopportunismus" und der Zusammenarbeit mit Chruschtschow zum Schaden Chinas. Peng wurde als Verteidigungsminister abgelöst und durch Maos Vertrauten Lin Biao ersetzt. Lin teilte die Vorstellungen des Vorsitzenden hinsichtlich der Notwendigkeit einer größeren Unabhängigkeit von Moskau.

Diese Vorstellungen waren durch die zweite Taiwankrise bestärkt worden. Im Mai 1958 dislozierten die USA nuklearfähige Mittelstreckenraketen auf Taiwan. Chiang Kai-shek hatte mittlerweile 100 000 Soldaten auf den unmittelbar dem Festland vorgelagerten Inseln Quemoy und Matsu stationiert und versuchte anscheinend, den Verbündeten in eine bewaffnete Auseinandersetzung mit China zu verwickeln. Ein Peking-Besuch Nikita Chruschtschows Ende Juli erbrachte keine sowjetische Zusage dahingehend, die Volksrepublik im Konfliktfall zu unterstützen.

Anfang August nahm die VBA-Artillerie Quemoy für über 30 Tage unter Beschuss. China versuchte auf diese Weise, die USA für die Risiken einer Mitwirkung an Chiang Kai-sheks Vorwärtsstrategie zu sensibilisieren und sie für neue Verhandlungen zu gewinnen. Die Rechnung ging auf. Unter amerikanischem Druck setzte Chiang seine Wiedereroberungspläne aus. Peking und Washington vereinbarten eine neue Serie von Botschaftergesprächen. Kurz zuvor hatte die Sowjetunion Washington für den Eskalationsfall mit einer bewaffneten Intervention gedroht.

3.1.2 Der Kampf um die Führung im sozialistischen Lager

Unter den Vorzeichen des beginnenden sino-sowjetischen Disputs nahm die von China in Genf und Bandung initiierte Politik der friedlichen Koexistenz einen neuen Inhalt an. Die Partner der Volksrepublik wurden fortan an ihrer Haltung zu Pekings erklärten und nicht erklärten Gegnern gemessen.

Zum prominentesten Opfer dieser neuen Politik wurde Indien. Die indisch-chinesischen Beziehungen hatten sich 1959 mit der bewaffneten Niederschlagung eines Volksaufstands in Tibet und der anschließenden Flucht des 14. Dalai Lama ins indische Exil verschlechtert. Noch im selben Jahr kam es zu bewaffneten Zusammenstößen an der indisch-chinesischen Grenze, deren Verlauf zwischen beiden Seiten umstritten war. Während Moskau in diesem Konflikt offiziell eine neutrale Haltung bezog, reiste Chruschtschow im Februar 1960 nach Delhi und versprach großzügige Wirtschaftshilfen.

Im September 1959 war der Sowjetführer erstmals zu Gesprächen mit Präsident Dwight D. Eisenhower in die USA gefahren. Ein anschließender Chinabesuch hatte keine Übereinstimmung in der Frage der Ost-West-Entspannung erbracht. Im Januar 1960 kündigte Chruschtschow einen einseitigen Truppenabbau an. Die Volksrepublik erklärte vorsorglich, sich durch künftige sowjetisch-amerikanische Abrüstungsvereinbarungen nicht gebunden zu fühlen (die erste dieser Vereinbarungen, der britisch-amerikanisch-sowjetische Vertrag vom August 1963 über das Verbot von Atombombentests in der Atmosphäre, sollte in China auf erbitterte Kritik stoßen).

Im April 1960 erschienen unter dem Titel „Lang lebe der Leninismus" drei polemische Artikel in der chinesischen Presse, die unter Rückgriff auf die Theorien des Gründers der Sowjetunion eine Generalabrechnung mit Titos – sowie implizit Chruschtschows – Revisionismus vornahmen. Chruschtschow reagierte, indem er den Verbündeten hinter verschlossenen Türen der Kriegstreiberei, des Nationalismus und des Trotzkismus bezichtigte. Auf dem Zweiten Weltkongress kommunistischer Parteien standen im November 1960 sowjetische Kritik an Albanien und chinesische Kritik an Jugoslawien stellvertretend für einen zunehmend offen ausgetragenen Konflikt zwischen Peking und Moskau.

Zwei Monate zuvor hatte die UdSSR alle sowjetischen Experten aus China abgezogen und mehrere hundert Verträge über Projekte der wissenschaftlich-technischen Zusammenarbeit aufgekündigt. Auf dem 22. Parteitag der KPdSU forderte Chruschtschow im Oktober 1961 offen den Sturz des albanischen Führers Enver Hodscha. Der chinesische Delegationsleiter Zhou Enlai protestierte und kehrte vorzeitig nach Peking zurück, nachdem er einen Kranz an Stalins Grab niedergelegt hatte. China bewilligte technische Hilfen für Albanien.

Es folgte ein Tauziehen um die Vorherrschaft im sozialistischen Lager, in dessen Folge Moskau und Peking sowohl die Demokratische Republik (Nord-)Vietnam (DRV) als auch die Demokratische Volksrepublik (Nord-)Korea (DVRK) mit Wirtschaftshilfen und Rüstungslieferungen umwarben. Gleichzeitig intensivierte China seine Bemühungen um eine Normalisierung oder Intensivierung der Beziehungen zu solchen neutralen und blockfreien Staaten in Asien und Afrika, die eine betont antiamerikanische Politik verfolgten. Wichtigster Partner in dieser Gruppe wurde der indonesische Staatspräsident Sukarno, der sich zunehmend auf die prochinesische Kommunistische Partei Indonesiens (Partai Komunis Indonesia, PKI) stützte. Ein schwelender Konflikt um die Auslandschinesen in Indonesien wurde Ende 1960 beigelegt. Im Juni des folgenden Jahres unterzeichnete Sukarno in Peking einen Freundschaftsvertrag. Im Rahmen der Blockfreienbewegung wandte sich der indonesische Staatspräsident zunehmend gegen die gemäßigte Position des indischen Premiers Jawaharlal Nehru.

Im Frühjahr 1962 flüchteten ca. 60 000 Uighuren aus Chinas „autonomer Region" Xinjiang ins sowjetische Kasachstan. Die Volksrepublik bezichtigte die UdSSR, die Massenflucht mittels „subversiver Aktivitäten" ausgelöst zu haben. Moskau erwiderte, chinesische Truppen hätten die sowjetische Grenze seit 1960 systematisch verletzt und stellte für den Fall anhaltender Provokationen eine „äußerst entschiedene Zurückweisung" in Aussicht. Während einer Minikrise um Taiwan im Juni 1962 erfuhr Peking nicht einmal mehr rhetorische Unterstützung aus der Sowjetunion.

3.2 1962 – 1965: Der Bruch

Chinas Bemühungen um die Übernahme einer führenden Rolle im sozialistischen Lager endeten 1962 vor dem Hintergrund des chinesisch-indischen Krieges und der Kubakrise. Von nun an versuchte die Volksrepublik, sich bei den Staaten Asiens und Afrikas jenen internationalen Rückhalt zu verschaffen, den ihr die Sowjetunion verweigerte. Der einhergehende ideologische Positionswechsel sollte zu komplizierten propagandistischen und politischen Manövern führen.

3.2.1 Vom Himalaya in die Karibik

Seit Anfang der 50er Jahre war der indischen Regierung bekannt, dass China die koloniale Festlegung im Ostsektor der gemeinsamen 3840 Kilometer langen Grenze (die so genannte McMahon-Linie) nicht anerkannte, indische Ansprüche auf mehrere zehntausend Quadratkilometer im unbesiedelten Westsektor (Aksai Chin) ablehnte und Neuverhandlungen über den gesamten Grenzverlauf wünschte. 1956 und 1957 hatte die Volksrepublik eine Straße durch den Aksai Chin gebaut, die Tibet mit Xinjiang verband. 1958 wies Nehru die indische Armee an, schrittweise in dieses Gebiet vorzudringen, nachdem er ein chinesisches Tauschangebot (Ostsektor an Indien, Westsektor an China) abgelehnt hatte. Gegenmaßnahmen der Volksrepublik führten im Oktober und November 1962 zu einem mehrwöchigen Grenzkrieg, in dessen Verlauf die VBA alle beanspruchten Sektoren bis zur de facto-Grenze des Jahres 1959 besetzte, um sich nach einseitiger Ausrufung eines Waffenstillstandes wieder um zwanzig Kilometer zurückzuziehen. Auf dem Höhepunkt der bewaffneten Auseinandersetzungen unterzeichneten China und Pakistan im März 1963 einen Vertrag über eine gemeinsame Grenze, die überhaupt erst zustande gekommen war, nachdem Pakistan einen Teil seines Indien gegenüber in Kashmir geltend gemachten Territorialanspruchs an die Volksrepublik abgetreten hatte. Von nun an sollten sich die chinesisch-pakistanischen Beziehungen trotz Islamabads Allianz mit den USA zügig entwickeln.

Die Sowjetunion hatte die indische Seite zuvor mit modernen Waffensystemen beliefert, die Peking vorenthalten worden waren. Nichtsdestotrotz war man in Moskau zunächst noch bemüht, die eigene Neutralität unter Beweis zu stellen und bezeichnete das ursprüngliche chinesische Verhandlungsangebot als konstruktiv. Schon im Dezember ging die UdSSR allerdings dazu über, China als Hauptverantwortlichen für den Konflikt darzustellen.

Zeitgleich mit dem Himalaya-Krieg hatte der amerikanische Präsident John F. Kennedy (1961–1963) im Oktober 1962 eine Blockade über Kuba verhängt, wo die Sowjetunion Raketenabschussrampen baute. Chruschtschow kündigte zunächst militärische Gegenmaßnahmen an, befahl dann aber die Umkehr der Schiffe, die mit den Raketen nach Kuba unterwegs waren. Die Rampen wurden ohne vorherige Konsultation mit dem kubanischen Präsidenten Fidel Castro wieder abgebaut. Die chinesische Presse sprach von einer Kapitulation, und in Peking wurden Massenkundgebungen zur Unterstützung Castros veranstaltet. Dabei lautete der

Vorwurf nicht etwa, dass die Raketen nicht disloziert worden waren. Aus Pekinger Sicht hatte Chruschtschow das verbündete Kuba sowohl durch seine Entscheidung für eine Stationierung als auch durch sein folgendes Einknicken Kennedy gegenüber unnötig gefährdet. Anschließende chinesische Versuche, Kuba auf die eigene Seite zu ziehen, sollten ergebnislos bleiben.

Die Sowjetunion machte 1963 einen letzten Versuch, das Schisma zu überwinden und bot der Volksrepublik im Februar ein weiteres Gipfeltreffen an. Während die chinesische Führung ihre Zustimmung von zahlreichen Bedingungen abhängig machte, erschien in der Pekinger „Volkszeitung" ein polemischer Artikel, in dem die konsequent antiamerikanische Linie des französischen Präsidenten Charles de Gaulle vorteilhaft mit dem „Opportunismus" des Führers der Kommunistischen Partei Frankreichs, Maurice Thorez, verglichen wurde. Am 15. Juni 1963 übergab der Botschafter der Volksrepublik in Moskau einen an das Zentralkomitee der KPdSU adressierten „Brief in 25 Punkten", der am folgenden Tag in der chinesischen Presse veröffentlicht wurde. Darin wurde die UdSSR des „Großmachtchauvinismus" beschuldigt und ihr Führungsanspruch im sozialistischen Lager bestritten. Gleichzeitig nahm die chinesische Führung eine spektakuläre Uminterpretation der die Weltrevolution tragenden Kräfte vor.

Mao Zedong über die „Sturmzentren" der Weltrevolution, die Entspannung zwischen den Supermächten und die Gefahr eines Weltkriegs (1963)

... Die verschiedenen Typen von Widersprüchen in der Welt der Gegenwart konzentrieren sich auf die weiten Gebiete Asiens, Afrikas und Lateinamerikas; dies sind die verletzlichsten Gebiete unter imperialistischer Herrschaft und die Sturmzentren der Weltrevolution, die dem Imperialismus unmittelbare Schläge versetzen. Die nationaldemokratische revolutionäre Bewegung in diesen Gebieten und die internationale sozialistische revolutionäre Bewegung sind die beiden großen historischen Strömungen unserer Zeit. Die nationaldemokratische Revolution in diesen Gebieten ist eine wichtige Komponente der gegenwärtigen proletarischen Weltrevolution ... Deshalb hängt die Sache der internationalen proletarischen Revolution gewissermaßen vom Ausgang der revolutionären Kämpfe der Menschen in diesen Gebieten ab, die die überwältigende Mehrheit der Weltbevölkerung stellen ...

Einige gehen jetzt soweit, die große internationale Bedeutung des antiimperialistisch-revolutionären Kampfes der asiatischen, afrikanischen und lateinamerikanischen Völker zu bestreiten und versuchen unter dem Vorwand, die Barrieren zwischen Nationalitäten, Hautfarben und Breitengraden durchbrechen zu wollen, die Grenzlinie zwischen unterdrückten und unterdrückenden Nationen sowie unterdrückten und unterdrückenden Staaten zu verwischen und die revolutionären Kämpfe der Völker in diesen Gebieten kleinzuhalten. Tatsächlich spielen sie damit dem Imperialismus in die

Hände, schaffen eine neue „Theorie" zur Rechtfertigung der imperialistischen Herrschaft in diesen Gebieten und der Begünstigung einer Politik des alten und neuen Kolonialismus. Tatsächlich will diese „Theorie" keinesfalls die Barrieren zwischen Nationalitäten, Hautfarben und Breitengraden durchbrechen, sondern die Herrschaft „höherwertiger Nationen" über die unterdrückten Nationen aufrechterhalten ...

Die Geschichte hat die proletarischen Parteien in diesen Gebieten mit der ruhmreichen Aufgabe betraut, das Banner des Kampfes gegen den Imperialismus, den alten und den neuen Kolonialismus und für nationale Unabhängigkeit und Volksdemokratie hochzuhalten, in der vordersten Front der nationaldemokratischen, revolutionären Bewegung zu stehen und nach einer sozialistischen Zukunft zu streben. In diesen Gebieten lehnen es sehr breite Bevölkerungsgruppen ab, Sklaven des Imperialismus zu sein. Dazu gehören nicht nur die Arbeiter, Bauern, Intellektuellen und das Kleinbürgertum, sondern auch das patriotische, nationale Bürgertum und sogar gewisse Könige, Prinzen und Aristokraten, die patriotisch sind ... In einigen dieser Staaten steht das patriotische, nationale Bürgertum weiter an der Seite der Massen in ihrem Kampf gegen Imperialismus und Kolonialismus und hat bestimmte, sozial fortschrittliche Maßnahmen ergriffen. Das macht es für die proletarische Partei notwendig, die progressive Rolle des patriotischen, nationalen Bürgertums umfassend zu würdigen und die Einheit mit diesem zu stärken ...

Einige haben die Rolle des friedlichen Wettbewerbs zwischen sozialistischen und imperialistischen Staaten einseitig überbetont, um die revolutionären Kämpfe der unterdrückten Völker und Nationen durch friedlichen Wettbewerb zu ersetzen. Demzufolge würde der Imperialismus im Laufe des friedlichen Wettbewerbs automatisch zusammenbrechen, und die unterdrückten Völker und Nationen müßten nur ruhig darauf warten, daß dieser Tag kommt. Was hat das mit marxistisch-leninistischen Anschauungen gemein?

... einige vertreten nun tatsächlich die Auffassung, daß es möglich ist, mittels „allgemeiner und kompletter Abrüstung" eine „Welt ohne Waffen, ohne Streitkräfte und ohne Kriege" zu schaffen, während das System des Imperialismus und der Ausbeutung des Menschen durch den Menschen noch existiert. Dies ist pure Illusion ...

In den vergangenen Jahren haben einige das Argument verbreitet, daß ein einzelner Funke aus einem nationalen Befreiungskrieg oder aus einem revolutionären Volkskrieg zu einem Weltenbrand führen wird, der die ganze Menschheit zerstört. Was sind die Fakten? Im Gegensatz zu den Behauptungen dieser Leute haben die nationalen Befreiungskriege und revolutionären Volkskriege seit dem Zweiten Weltkrieg nicht zu einem (neuen) Weltkrieg geführt. Der Sieg in diesen Revolutionskriegen hat die Kräfte des Imperialismus unmittelbar geschwächt und jene Kräfte wesentlich gestärkt, die die Imperialisten daran hindern, einen Weltkrieg auszulösen und die den Weltfrieden verteidigen ...

Das Phänomen Atomwaffen löst die grundlegenden Widersprüche in der heutigen Welt nicht auf und kann sie nicht auflösen; es ändert das Gesetz des Klassenkampfes nicht und kann es nicht ändern; es ändert die Natur von Imperialismus und Reaktion nicht und kann sie nicht verändern. Man kann deshalb nicht sagen, daß die Möglichkeit und Notwendigkeit sozialer und nationaler Revolutionen mit der Entwicklung von Atomwaffen verschwunden wäre oder daß die grundlegenden Prinzipien des Marxismus-Leninismus und insbesondere die Theorien der proletarischen Revolution und der Diktatur des Proletariats sowie von Krieg und Frieden irrelevant geworden wären oder sich in veraltete Dogmen verwandelt hätten ... Es ist eine Notwendigkeit für sozialistische Staaten, sich auf bestimmte Arten von Verhandlungen mit den imperialistischen Staaten einzulassen. Es ist möglich, gewisse Übereinkünfte auf dem Verhandlungsweg zu erreichen, indem man sich auf die korrekten Politiken der sozialistischen Staaten und den Druck der Menschen aller Länder verläßt. Aber notwendige Kompromisse zwischen den sozialistischen Staaten und den imperialistischen Staaten bedeuten nicht, daß sich die unterdrückten Völker und Nationen anschließen und (ihrerseits) Kompromisse mit dem Imperialismus und seinen Lakaien schließen. Niemand sollte je im Namen der friedlichen Koexistenz verlangen, daß die unterdrückten Völker und Nationen ihre revolutionären Kämpfe aufgeben ...

3.2.2 Territorialkonflikt und internationale Einheitsfront

Am 12. Dezember 1962 forderte Chruschtschow die Volksrepublik China in einer Ansprache vor dem Obersten Sowjet auf, der UdSSR den gleichen außenpolitischen Realismus zuzugestehen, den Peking selbst in Bezug auf das portugiesische Macau und das britische Hongkong praktizierte. China reagierte drei Monate später mit der Frage, ob die UdSSR beabsichtige, das Problem aller „ungleichen Verträge" neu aufzurollen. Moskau sah sich daraufhin zu der Klarstellung genötigt, dass man zwar nicht die Vorwärtspolitik des Zarenreichs verteidigen wolle, zwischen beiden Staaten aber mittlerweile historische Grenzen gewachsen seien. In Rede standen insgesamt 1,5 Millionen Quadratkilometer. Chruschtschow war in die selbst gestellte Falle getappt.

Mao Zedong über die Besetzung fremder Territorien durch die Sowjetunion (1964)
Die Sowjetunion hat zuviele Territorien besetzt. Auf der Konferenz von Yalta ließ man der Äußeren Mongolei eine nominelle Unabhängigkeit, nominell hat man sie nur von China abgetrennt, in Wirklichkeit geriet sie unter die Kontrolle der Sowjetunion ... Sie haben auch von Rumänien einen Teil abgetrennt, der heißt Bessarabien. Von Deutschland trennten sie ebenfalls Teile ab, nämlich ein Stück von Ostdeutschland. Alle dort ansässigen Deutschen verjagten sie in den Westteil. Auch von Polen trennten sie ein Stück ab und schlugen es Weißrußland zu. Ein weiteres Stück trennten sie von Deutschland ab und teilten es Polen als Entschädigung für die Territorien zu, die sie von Polen abgetrennt und an Weißrußland gegeben hatten. Schließlich haben sie noch in Finnland ein Stück abgetrennt. Alles, was sie nur irgend abtrennen konnten, haben sie abgetrennt. Manche behaupten, sie wollten sich auch noch Chinas Heilongjiang und Xinjiang angliedern. An den Grenzen haben sie ihre Truppenstärke erhöht. Meiner Ansicht nach hätten sie überhaupt nichts abtrennen sollen. Das Territorium der Sowjetunion ist schon groß genug, über 20 Millionen Quadratkilometer bei einer Bevölkerung von nur 200 Millionen ... Vor etwas über hundert Jahren haben sie das gesamte Gebiet östlich vom Baikalsee mit Poli (Chabarowsk), Haishenwei (Waldiwos-

tok) und der Kamtschatka-Halbinsel abgetrennt. Diese Rechnung läßt sich nicht so leicht ausgleichen. Darüber haben wir noch nicht mit ihnen abgerechnet ...

Bilaterale Expertengespräche über das Grenzproblem scheiterten im Februar 1964. Die sowjetische Presse berichtete nunmehr von einer 1954 in Peking zum internen Gebrauch angefertigten Landkarte, auf der China in den Grenzen des frühen 19. Jahrhunderts dargestellt war. Am 4. September 1964 charakterisierte Chruschtschow den sino-sowjetischen Disput erstmals als einen zwischenstaatlichen Konflikt. Wenig später hinterfragte er öffentlich den chinesischen Anspruch auf Xinjiang, Tibet und die Innere Mongolei.

Chinas außenpolitische Antwort auf diese Herausforderung bestand in einer Intensivierung seiner Zusammenarbeit mit militant-neutralistischen Regierungen, aber auch mit „Abweichlern" innerhalb der beiden großen Lager. Dazu zählten Rumänien, das im April 1964 in Anlehnung an Maos „25 Punkte" einen ausdrücklich nationalen Weg eingeschlagen hatte und Frankreich, das sich Washington unter de Gaulle zunehmend entfremdet hatte. Das Ergebnis war als „internationale Einheitsfront", konzipiert, eine Serie zwischenstaatlicher Arrangements mit antiamerikanischen und/ oder antisowjetischen Untertönen.[1]

Am 21. Januar 1964 veröffentlichte die Pekinger „Volkszeitung" aus Anlass der Aufnahme diplomatischer Beziehungen mit Frankreich einen Artikel, demzufolge sich zwischen USA und UdSSR eine „gewaltige Zwischenzone", bestehend aus den Staaten Asiens, Afrikas, Lateinamerikas und Westeuropas sowie Australien und Kanada, erstrecke. Mao hatte den Gedanken kurz zuvor im Gespräch mit französischen Parlamentariern ausgeführt und dabei insbesondere de Gaulle als Beispiel für einen „Imperialisten" gewürdigt, der sich gegen den amerikanischen Imperialismus „erhoben" hätte.

Im engeren Umfeld wurden die Beziehungen zu Birma nach Ne Wins Putsch vom März 1962 weiter ausgebaut. In Kambodscha erfuhren die Be-

---

1 Mao selbst bezog sich erstmals in einem Zeitungsartikel vom Januar 1964 auf eine „internationale Einheitsfront". Darin hieß es: „Die Völker der Staaten des sozialistischen Lagers sollten sich zusammenschließen, die Völker der Staaten Asiens, Afrikas und Lateinamerikas sollten sich zusammenschließen, alle friedliebenden Staaten und alle Staaten, die amerikanischer Aggression, Kontrolle, Einmischung und Tyrannei ausgeliefert sind, sollten sich zusammenschließen und die breitestmögliche Einheitsfront bilden, um sich gegen die imperialistisch-aggressive Politik der USA zu wehren und den Weltfrieden zu erhalten." Vgl. „Volkszeitung" (Renmin Ribao), 13.1.1964, S. 1.

mühungen des Prinzen Norodom Sihanouk um internationale Garantien für die Neutralität und territoriale Integrität des Königreichs Unterstützung. Ab 1963 unterstützte die Volksrepublik die indonesische Kampagne gegen die geplante Gründung einer Malaysischen Föderation. Im Januar 1965 trat Indonesien aus Protest gegen die Aufnahme Malaysias in den Sicherheitsrat aus den Vereinten Nationen aus. China, das in der Weltorganisation weiterhin nicht vertreten war, verlangte aus diesem Anlass die Gründung einer „revolutionären" Konkurrenz-Organisation.

Während der strategische Nutzen der „internationalen Einheitsfront" im ostasiatischen Umfeld der Volksrepublik offenkundig war, blieb diese in weiter entfernten Weltregionen eher theoretischer Natur und fiel das chinesische Engagement entsprechend symbolisch aus. So blieben die zivilen und militärischen Hilfen, die Zhou Enlai während einer Afrikareise Ende 1963/Anfang 1964 zusagen konnte, deutlich hinter den Nordvietnam, Nordkorea, der Mongolei, Birma, Indonesien und Pakistan gewährten Leistungen zurück.

Das zwischenstaatliche Konzept der „internationalen Einheitsfront" stellte China vor die Notwendigkeit, sein Verhältnis zu „nationalen Befreiungskämpfen" und kommunistischen Parteien in Industriestaaten („Einheitsfront von unten") anzupassen, was schwierige außenpolitische Manöver erforderlich machte. So erhielten kommunistische Guerillas in den prowestlichen Staaten Thailand und Malaysia mehr Unterstützung, während ihre Förderung in Birma zurückgenommen wurde. In Lateinamerika und Westeuropa beschränkte man sich auf die zumeist moralische Unterstützung maoistischer Splittergruppen; in den USA erhielt die afro-amerikanische Bürgerrechtsbewegung rhetorischen Rückhalt.

In den 60er Jahren lieferten zwei internationale Konferenzen Belege für die Widersprüche der neuen chinesischen Außenpolitik, von denen eine nicht zustande kommen sollte. Hatte Peking in Laos noch 1954 die neutralistische Regierung des Prinzen Souvanna Phouma unterstützt, so stellte man sich auf der Genfer Laos-Konferenz von 1961–1962 hinter den kommunistischen *Pathet Lao*, weil sich Moskau mittlerweile auf die Seite Souvanna Phoumas geschlagen hatte. Im Gegensatz zur ersten Genfer Indochinakonferenz erschien die chinesische Haltung diesmal unbeweglich und destruktiv.

1964 engagierte sich China für die Einberufung eines zweiten afro-asiatischen Gipfeltreffens als Folgeveranstaltung zur Bandung-Konferenz von 1955. Insbesondere mit Hilfe Indonesiens wollte man die potenziellen Teilnehmer für einen zweigleisigen Kampf gegen Imperialismus und Revisionismus gewinnen. Die für Algier geplante Konferenz musste mehrfach vertagt werden und scheiterte schließlich unter anderem an dem chinesischen Votum gegen eine Beteiligung der Sowjetunion. Es kam zu einer spürbaren Entfremdung zwischen der Volksrepublik und zahlreichen afrikanischen Partnern.

Am 15. Oktober 1964 wurde Nikita Chruschtschow gestürzt. Einen Tag später testete China in der Wüste von Xinjiang eine eigene Atombombe.

Weiterführende Literatur

Sino-sowjetischer Konflikt:
Harry Hamm/Joseph Kun, *Das rote Schisma*. Köln, Verlag Wissenschaft und Politik, 1963.
François Fejtö, *Chine-URSS, De l'alliance au conflict, 1950–1972*. Paris: Seuil, 1973.
Harvey W. Nelsen, *Power and Insecurity. Beijing, Moscow, and Washington, 1949–1988*. Boulder CO: Lynne Rienner Publishers, 1989.
Peter Joachim Opitz, *Gezeitenwechsel: Die sino-sowjetischen Beziehungen in historischer Perspektive*. Köln: Bundesinstitut für ostwissenschaftliche und internationale Studien, 1990.
Lowell Dittmer, *Sino-Soviet Normalization and Its International Implications, 1945–1990*. Seattle WA: University of Washington Press, 1992.
Gu Xuewu, *Ausspielung der Barbaren. China zwischen den Supermächten in der Zeit des Ost-West-Konfliktes*. Baden-Baden: Nomos, 1998.
Chen Jian, *Mao's China and the Cold War*. Chapel Hill, NC: University of North Carolina Press, 2001.

Geschichte der chinesischen Atomwaffe:
Morton H. Halperin, *China and the Bomb*. New York NY: Praeger, 1963; deutsch: *China und die Bombe*. Köln, Verlag Wissenschaft und Politik, 1966.
Ken Coates (Hrsg.), *China and the Bomb*. Nottingham: Spekesman, 1986.
Jonathan D. Pollack, *The Course of Chinese Nuclear Development*. Santa Monica CA: Rand, 1988.
Robert Standish Norris/Andrew S. Burrows/Richard W. Fieldhouse, *British, French, and Chinese Nuclear Weapons*. Boulder CO: Westview Press, 1994.
John C. Hopkins (Hrsg.), *Strategic Views from the Second Tier. The Nuclear Weapons Policies of France, Britain, and China*. New Brunswick NJ: Transaction Publishers, 1995.
Bruce D. Larkin, *Nuclear Designs. Great Britain, France, and China in the Global Governance of Nuclear Arms*. New Brunswick NJ: Transaction Publishers, 1996.

Zweite Taiwankrise 1958:
Melvin Gurtov/Byong-Moo Hwang, *China under Threat. The Politics of Strategy and Diplomacy*. Baltimore MA: Johns Hopkins University Press, 1980.
Gottfried-Karl Kindermann, *Der Aufstieg Ostasiens in der Weltpolitik 1840 bis 2000*. Stuttgart/München: Deutsche Verlags-Anstalt, 2001. Der Autor kommt zu dem Schluss, die Volksrepublik habe die Krise provoziert.

Chinesisch-indischer Konflikt und Himalayakrieg 1962:
Neville Maxwell, *India's China War*. London, Jonathan Cape, 1970.
Melvin Gurtov/Byong-Moo Hwang, *China under Threat. The Politics of Strategy and Diplomacy*. Baltimore MA: Johns Hopkins University Press, 1980.

Pekings Beziehungen zu aktiv-neutralistischen Staaten in Fernost:
Niloufer Wajid Ali, *Communist China and South and Southeast Asia, 1949–1972*. Lahore: Ferozons, 1975.
Melvin Gurtov, *China and Southeast Asia: The Politics of Survival. A Study of Foreign Policy Interaction*. Baltimore MA: Johns Hopkins University Press, 2. Aufl., 1975.

Chinesisch-indonesische Beziehungen in der Ära Sukarno:
David Mozingo, *Chinese Policy toward Indonesia, 1949–1967*. Ithaca NY: Cornell University Press, 1976.
Rizal Sukma, *Indonesia and China: The Politics of a Troubled Relationship*. London: Routledge, 1999.

Chinesisch-sowjetischer Grenzkonflikt:
George Ginsburgs/Carl F. Pinkele, *The Sino-Soviet Territorial Dispute, 1949–1964*. New York NY: Praeger, 1978.
Wu Cheng-Chi, *Über die Ursprünge des chinesisch-sowjetischen Grenzkonfliktes*. Bochum: Brockmeyer, 1988.

Genfer Laos-Konferenz 1961/62:
Arthur Lall, *How Communist China Negotiates*. New York NY: Cornell University Press, 1968.

4. 1966 – 1969: Isolation

4.1 Revolutionäre Diplomatie

Chinas internationale Isolation sollte während der Kulturrevolution ihren Höhepunkt erreichen. War die antirevisionistische Kampagne der Jahre 1956–65 noch vorrangig von außenpolitischen Erwägungen getrieben, so erfolgte die Beförderung der Sowjetunion zum zweiten, revisionistischen Zentrum der Weltpolitik vor dem Hintergrund eines gewaltsamen innerchinesischen Machtkampfs. Die Folgen der Kulturrevolution für Chinas internationale Reputation und nationale Sicherheit waren ähnlich katastrophal wie jene für die innere Stabilität der Volksrepublik. Das gescheiterte Experiment mit Unabhängigkeit auf Kosten von Sicherheit sollte letztlich den Impuls für eine spektakuläre Öffnung nach Westen liefern.

4.1.1 Kulturrevolution

Die offizielle chinesische Geschichtsschreibung datiert die „Große Proletarische Kulturrevolution" heute auf die zehn Jahre zwischen 1966 und 1976 und fasst so zum Zweck der Legitimierung der Reformen Deng Xiaopings diverse Linkstendenzen zusammen, die allenfalls in einen indirekten Zusammenhang gehören. Tatsächlich endete die aktive Phase der Massenbewegung im April 1969 mit dem 9. Parteitag, auf dem sich die politische Führung zu einem Neuaufbau der KPCh, wirtschaftlicher Stabilisierung und größerer außenpolitischer Sensibilität bekannte. Mao Zedong wurde als Vorsitzender bestätigt, Lin Biao zu seinem designierten Nachfolger bestimmt. Zwölf von 25 Mitgliedern des neuen Politbüros waren Militärs.

Opfer der Kulturrevolution waren jene Wirtschaftspolitiker, die seit 1960 versucht hatten, die katastrophalen Folgen des „Großen Sprung Vorwärts" zu berichten. Um dieser „kapitalistischen Tendenz" gegenzusteuern, hatte Mao 1962 eine „Sozialistische Erziehungsbewegung" ausgerufen, die den Akzent einmal mehr auf den Klassenkampf legte. Diese Bewegung wurde zwar grundsätzlich von KPCh-Generalsekretär Deng Xiaoping und Staatspräsident Liu Shaoqi mitgetragen; während Deng und

Liu die Kampagne jedoch als parteiinterne Initiative gegen Korruption und Kaderwillkür verstanden, wollte Mao die Partei mit Hilfe der Massen auf Linie bringen. Premierminister Zhou Enlai hielt sich in dieser Frage bedeckt.

Ende 1963 versetzte Mao Zedong der KPCh einen weiteren Schlag, indem er das ganze Land aufrief, von der VBA zu lernen, die Verteidigungsminister Lin Biao seit Anfang der 60er Jahre zunehmend mit der zivilen Herrschaftsstruktur verflochten hatte. Gemeinsam mit Maos dritter Frau Jiang Qing und dem Geheimdienstchef Kang Sheng lancierte Lin im Februar 1966 eine Kampagne gegen den Schriftsteller Wu Han, der 1959 die Entlassung Peng Dehuais kritisiert hatte. Erstes Opfer der Initiative wurde der Pekinger Bürgermeister Peng Zhen, gefolgt von hochrangigen Vertretern der Kulturbürokratie. An Chinas Universitäten und höheren Schulen protestierten Studenten und Lehrer gegen das Partei-Establishment. Radikale Schüler schlossen sich zu „Rotgardisten"-Verbänden zusammen und paradierten vor Mao und Lin auf dem Platz des Himmlischen Friedens. Lin Biao erweckte den Mao-Kult mit der Herausgabe von Zitaten des „großen Steuermanns" in einem „kleinen roten Buch" zu neuem Leben.

Im August 1966 veröffentlichte das Zentralkomitee der KPCh eine 16-Punkte-Erklärung, in der vor konterrevolutionären Strömungen innerhalb der Partei gewarnt wurde, Aktivisten jedoch gleichzeitig aufgefordert wurden, die Debatte mit friedlichen Mitteln zu führen. Dieser Aufruf kam zu spät. Die maoistischen Initiatoren der Kulturrevolution forderten die radikalisierten Jugendlichen nunmehr auf, historische Bauwerke und Kunstgegenstände zu zerstören und mit konservativen Professoren, Lehrern, Parteifunktionären und Familienmitgliedern abzurechnen. Tausende der so Attackierten kamen ums Leben; andere wurden in Arbeitslagern interniert oder zur „Umerziehung" aufs Land geschickt. An der Parteispitze wurden Liu Shaoqi und Deng Xiaoping zur Selbstkritik gezwungen und aus ihren Ämtern entfernt (Liu starb 1969 im Gefängnis). Die Parteiorganisation zerfiel, und die Streitkräfte blieben der letzte stabilisierende Faktor in der nun allgemeinen Anarchie. Anfang 1967 wiesen VBA-Regionalkommandeure ihre Einheiten an, der eskalierenden Gesetzlosigkeit notfalls mit Waffengewalt entgegenzutreten. Die neu gegründeten Revolutionskomitees, die lokale Regierungen und Parteikomitees ersetzten sollten, wurden vielfach von Offizieren geleitet. Deren Führer Lin Biao war Liu Shaoqi im August 1966 als Nummer Zwei in der Parteihierarchie nachgefolgt. Er stand damit kurz vor dem Höhepunkt seiner Macht.

4.1.2 Weltweiter Maoismus

Noch im März und April 1966 hatten Liu Shaoqi und Außenminister Chen Yi mit Besuchen in Pakistan, Afghanistan und Birma die anhaltende Relevanz der Politik der „Einheitsfront von oben" dokumentiert. Fünf Monate später fand diese Strategie ein abruptes Ende. So verlangte der Präsident der Akademie der Wissenschaften, Guo Moruo, in einer Rede am 8. August die Schaffung einer „breitestmöglichen und authentischsten internationalen Einheitsfront gegen den amerikanischen Imperialismus. Zu dieser Front gehören die breiten Massen der amerikanischen Neger und des amerikanischen Volkes, alle unterdrückten Völker und Nationen der Welt und sämtliche Staaten und Völker, die der imperialistischen Aggression, Kontrolle, Intervention oder Willkür der USA ausgesetzt sind, aber auf gar keinen Fall die Lakaien und Komplizen des amerikanischen Imperialismus", namentlich „die moderne revisionistische Führungsclique der Sowjetunion, die vergeblich versucht, diese authentische anti-amerikanische Einheitsfront unter dem Motto der so genannten ‚gemeinsamen Aktion' auf tausend und eine Weise zu unterminieren."

Tatsächlich war die „Einheitsfront von oben" bereits mit dem indonesischen Militärputsch vom Oktober 1965 empfindlich beschädigt worden, ein Rückschlag, der Liu Shaoqi und Chen Yi zwei Jahres später von ihren rotgardistischen Kritikern vorgehalten werden sollte. Die im März 1967 in Jakarta abgeschlossene Machtübernahme durch den prowestlichen General Ahmad Suharto ging mit antikommunistischen und antichinesischen Pogromen einher. Im Oktober wurden die diplomatischen Beziehungen abgebrochen, nachdem sich die Pekinger Medien Forderungen der PKI nach einem bewaffneten Kampf gegen die neue Regierung zu eigen gemacht hatten.

Ab Dezember 1966 waren alle chinesischen Botschafter mit Ausnahme des Vertreters in Kairo zwecks Indoktrinierung nach Peking zurückbeordert worden. Im Mai 1967 übernahmen Rotgardisten für drei Monate die Kontrolle über das Außenministerium. Bereits im Vorjahr war es im Ostblock und in Ostasien zu maoistischen Massendemonstrationen von Auslandschinesen gekommen, die von den Diplomaten der Volksrepublik teils offen unterstützt wurden. In Hongkong, Macau, Birma, Kambodscha und der Sowjetunion kam es zu gewaltsamen Zusammenstößen mit den Sicherheitskräften, die die bilateralen Beziehungen schwer belasteten. In Indien feierten die chinesischen Medien 1967 einen Bauernaufstand in Darjeeling und ethnische Unruhen im Nordosten als Auftakt zu einer landesweiten Revolution. In Birma stand die Politik der Volksrepublik im Juni 1967 vor einem Scherbenhaufen, nachdem zweiwöchige maoistische Demonstrationen antichinesische Ausschreitungen in der Bevölkerung provoziert hatten. Die Pekinger Führung verlangte nunmehr den Sturz des „faschistischen Ne Win-Regimes" und versicherte die Kommunistische Partei Birmas (KPB) ihrer Unterstützung. In anderen Weltregionen wurden Kontakte zu „revolutionären Befreiungsorganisationen", darunter die Palästinensische Befreiungsorganisation (Palestine Liberation Organisation, PLO) intensiviert oder neu angeknüpft. Insgesamt gestaltete sich die Identifizierung geeigneter Partner überaus schwierig. Während in Schwarzafrika fast jeder bescheidene Bodengewinn der Volksrepublik von der Sowjetunion konterkariert wurde, war Peking in Lateinamerika nur auf Kuba präsent, und ausgerechnet mit Havanna kam es 1966 zu Spannungen um den Veranstaltungsort für eine Drittweltkonferenz.

Am 22. August 1967 legten Rotgardisten Feuer an die britische Gesandtschaft in Peking und verprügelten den Geschäftsträger und mehrere seiner Mitarbeiter beim Verlassen des Gebäudes. Vorausgegangen war die Weigerung Londons, das Verbot von drei prokommunistischen Zeitungen in Hongkong aufzuheben. Anlässlich dieses Zwischenfalls gelang es dem Regierungschef Zhou Enlai vermutlich, Mao davon zu überzeugen, dass die außenpolitischen Exzesse beendet werden müssten, wenn man nicht den Exodus aller Vertreter von Drittstaaten und das Überwechseln strategisch wichtiger Partner wie Kambodscha ins amerikanische Lager riskieren wollte. Zhou übernahm die Amtsgeschäfte des erkrankten Außenministers Chen Yi, und auf dem 9. Parteitag bekannte sich Lin Biao einmal mehr zu den „fünf Prinzipien der friedlichen Koexistenz". Ab Mai 1969 kehrten die ersten chinesischen Botschafter auf ihre Posten zurück. Maos Einlenken dürfte vor allem von zwei Entwicklungen begünstigt worden sein: der Eskalation des Krieges in Indochina und einer massiven Verschlechterung des Verhältnisses zu Moskau.

4.2 In der Gefahrenzone

Bevor der sino-sowjetische Konflikt 1969 zum Krieg eskalierte, hatte ihn Moskau bereits an die Peripherie der Volksrepublik getragen. So war es der UdSSR 1965 gelungen, erfolgreich zwischen den verfeindeten Nachbarn Indien und Pakistan zu vermitteln. Im Zentrum des Wettbewerbs standen allerdings die etablierten kommunistischen Parteien in Nordkorea, Nordvietnam und Teilen von Laos, und über Letztere der Zweite Indochinakrieg.

4.2.1 China und der Zweite Indochinakrieg

Der Tonking-Golf-Zwischenfall vom 2. August 1964 und der Beginn der Bombardierung Nordvietnams durch die US-Luftwaffe im Februar 1965 beschnitten die Manövriermarge der DRV so weitgehend, dass die Initiative im kommunistischen Indochina vorübergehend bei Moskau und Peking lag. Chruschtschows Nachfolger, die zunächst mittels Garantieerklärungen für Hanoi eine Wiederannäherung an China betrieben hatten, hielten weiterhin die Eskalation zum Weltkrieg für das größere Risiko und begannen schon bald damit, die Chancen für eine Verhandlungslösung auszuloten. 1964 schlossen sie sich der amerikanischen Forderung nach einer Vietnam-Debatte in den Vereinten Nationen an; 1965 forderten sie ähnlich erfolglos eine neue Vietnam-Konferenz. Peking seinerseits lehnte eine Rückkehr nach Genf unter Hinweis auf die Interessenidentität beider Supermächte ab und verkündete unmittelbar nach dem Schusswechsel im Golf von Tonking: „US-Aggression gegen die Demokratische Republik Vietnam bedeutet Aggression gegen China." Gleichzeitig wurde in der Volksrepublik die Möglichkeit eines Übergreifens der Kampfhandlungen auf das eigene Territorium und, im selben Zusammenhang, die Option einer Wiederannäherung an die UdSSR diskutiert. Diese vornehmlich in den Reihen der VBA ausgetragene Kontroverse resultierte letztlich im Sturz ihres Generalstabschefs Luo Ruiqing, der sich für ein deutlicheres militärisches Engagement in Vietnam ausgesprochen hatte und im Aufstieg seines Kontrahenten, des Verteidigungsministers Lin Biao. Dieser hatte in seinem Aufsatz „Lang lebe der Sieg im Volkskrieg" vom 3. September 1965 betont, dass sich die lokalen revolutionären Bewegungen in einem solchen Konflikt vorrangig auf die eigene Kraft verlassen sollten.

Anders als noch im Ersten Indochinakrieg konnte Pekings materielle Hilfe für die DRV und die Südvietnamesische Nationale Befreiungsfront (Front National de Libération, FNL) mit den Hochtechnologielieferungen der Sowjetunion nun nicht mehr Schritt halten. Insofern entsprach die chinesische Empfehlung an die vietnamesischen Freunde, sich auf einen langwierigen „Volkskrieg" einzustellen, sowohl den politischen Vorgaben als auch den tatsächlichen Möglichkeiten. Folglich hatte Mao die USA noch

Anfang 1965 über seinen Vertrauten Edgar Snow wissen lassen, dass die VBA die Grenze der Volksrepublik nur im Falle eines amerikanischen Angriffs auf China überschreiten werde. Wie erst später bekannt wurde, waren zwischen Oktober 1965 und März 1968 nichtsdestotrotz 320 000 chinesische Soldaten bei Nachschub und Flugabwehr in Vietnam im Einsatz.

Mao Zedong über den revolutionären Kampf in Südvietnam (1967)

Im Namen des chinesischen Volkes übersende ich dem kämpfenden Volk von Südvietnam anläßlich des 7. Jahrestages der Gründung der südvietnamesischen Nationalen Befreiungsfront die wärmsten Grüße.

Ihr führt einen hervorragenden Kampf! Unter ungewöhnlich schwierigen Umständen habt ihr unter Vertrauen auf die eigenen Kräfte den US-Imperialismus, den grausamsten Imperialismus in der Welt, bezwungen, so daß seine Kräfte desorganisiert sind und er nicht mehr ein noch aus weiß. Dies ist ein großer Sieg. Das chinesische Volk beglückwünscht euch dazu.

Euer Sieg beweist noch einmal, daß eine Nation, sei sie groß oder klein, jeden noch so mächtigen Feind besiegen kann, wenn es gelingt, das Volk vollständig zu mobilisieren und wenn ein Volkskrieg geführt wird. Durch seinen Krieg gegen die US-Aggression und um die nationale Rettung unter der weisen und fähigen Führung des großen Präsidenten Ho Chi Minh hat sich das vietnamesische Volk zum leuchtenden Vorbild für die unterdrückten Völker und Nationen auf der ganzen Welt gemacht, die um ihre Befreiung kämpfen.

Die Tage der US-Aggressoren in Vietnam sind gezählt. Doch führen alle Reaktionäre einen Verzweiflungskampf am Rande ihrer Vernichtung. Sie nehmen zu militärischem Abenteurertum und politischer List in allen ihren Formen Zuflucht, um sich selbst vor dem Untergang zu retten. Vor dem endgültigen Sieg müssen deshalb alle revolutionären Völker noch mit allen möglichen Schwierigkeiten rechnen. Diese Schwierigkeiten sind aber überwindbar, und nichts kann den Fortschritt der revolutionären Völker aufhalten. Beharrlichkeit bedeutet Sieg. Ich bin fest überzeugt, daß das vietnamesische Volk, wenn es in seinem langwierigen Krieg ausharrt, in der Lage sein wird, die US-Aggressoren aus Vietnam zu vertreiben.

Wir unterstützen euch nach besten Kräften. Wir gehören zu den benachbarten Ländern und sind euch so nahe wie die Lippen den Zähnen. Unsere beiden Völker teilen ein Schicksal. Das Brudervolk von Südvietnam und das gesamte vietnamesische Brudervolk kann versichert sein, daß euer Kampf unser Kampf ist. Das 700 Millionen zählende chinesische Volk ist die machtvolle Nachhut des vietnamesischen Volkes; das weite chinesische Territorium ist sein zuverlässiges Hinterland. Angesichts der festen Einheit im Kampf unserer beiden Völker werden alle militärischen Abenteuer und politischen Täuschungsversuche des US-Imperialismus scheitern.

Der Sieg wird schließlich dem heldenhaften vietnamesischen Volk gehören!

Im Januar 1967 riet Mao einer nordvietnamesischen Delegation gegenüber von direkten Verhandlungen mit den USA ab und kündigte für den Fall sowjetisch-amerikanischer Indochina-Absprachen eine chinesische

Intervention an. Als Washington und Hanoi am 13. Mai 1968 in Paris unter anderem auf Vermittlung der UdSSR bilaterale Gespräche aufnahmen, war für Peking einmal mehr der Beweis für eine „Verschwörung" der beiden Supermächte erbracht. Chinas Medien ignorierten die Pariser Gespräche, die Kontroverse um Verfahrensfragen und die Form des Verhandlungstisches, bis sich im Oktober 1968 die Möglichkeit eines Bombenstops und damit die Aussicht auf ernsthafte Verhandlungen unter Einbeziehung der FNL und der südvietnamesischen Regierung abzeichnete. Am 1. November 1968, einen Tag nach dem Sturz Liu Shaoqis, endete die Bombardierung Nordvietnams. Liu war unter anderem der Bereitschaft zur Aussöhnung mit dem Sowjetrevisionismus beschuldigt worden.

4.2.2 Der Grenzkrieg mit der Sowjetunion

Der Antirevisionismus der Maoisten und ihrer rotgardistischen Fußtruppen wirkte in den Jahren 1966–1967 sowohl im Innern als auch nach außen. Im Oktober 1966 demonstrierten Rote Garden vor der sowjetischen Botschaft in Peking. Im Dezember wurden sowjetische Matrosen im Hafen von Dalian tätlich angegriffen. Im Januar 1967 wurden 70 chinesische Studenten in Moskau inhaftiert, die vor dem Lenin-Mausoleum antirevisionistische Slogans skandiert hatten. Dies wiederum führte zu einer monatelangen Belagerung der Pekinger Botschaft der UdSSR durch Rote Garden, gefolgt von einer Besetzung der Vertretung durch einheimisches Personal. Im August wurde die Konsularabteilung der Botschaft zerstört. Sowjetische Rüstungslieferungen für Nordvietnam wurden während des Transfers durch die Volksrepublik beschlagnahmt. Im Juni 1967 zündete China eine Wasserstoffbombe.

Zwischen 1965 und 1969 verstärkte die Sowjetunion ihre grenznahen Bodentruppen in den Militärbezirken Ferner Osten und Transbaikal von 13 auf 21 Divisionen. Die militärische Führung der UdSSR ließ verlauten, sie werde Hilfsersuchen von Mao-Gegnern wohlwollend prüfen.

Im August 1968 reagierte die Nato passiv auf den Einmarsch von Truppen des Warschauer Pakts in die Tschechoslowakei. Der neue KPdSU-Generalsekretär Leonid Breschnjew (1964–1982) hatte zuvor eine – von Tito so bezeichnete – „Doktrin der begrenzten Souveränität" für das sozialistische Lager formuliert. In Peking wurde der Konflikt zunächst als „Verschärfung der Widersprüche im revisionistischen Lager" interpretiert. Wenig später aber sprach Zhou Enlai auf einem Empfang der rumänischen Botschaft von einem „verabscheuungswürdigen Verbrechen" gegen das tschechoslowakische Volk, einer „faschistischen Diktatspolitik" in stillschweigender Übereinkunft mit den USA. Am 29. September warnte Zhou die UdSSR auf einem Empfang für eine albanische Delegation vor einem Angriff auf China.

Dazu kam es – nach chinesischer Darstellung – am 2. März 1969, als sowjetische Grenztruppen die umstrittene unbewohnte Insel Damansky (Zhenbao) in der Mitte des sibirischen Flusses Ussuri besetzten und dabei mehrere chinesische Grenzwächter verwundeten. In der (plausibleren) sowjetischen Version hatten chinesische Sicherheitskräfte die Insel unrechtmäßig besetzt und die daraufhin intervenierenden Soldaten der UdSSR grausam verletzt oder getötet. Im Rahmen einer diplomatischen Premiere informierte Moskau die Außenministerien in Washington, London, Paris und Bonn über Einzelheiten des Zwischenfalls.

Am 4. März veröffentlichte die chinesische Presse unter dem Titel „Nieder mit den neuen Zaren" einen Leitartikel, der einen Zusammenhang zwischen der Besetzung der Insel und der Intervention in der Tschechoslowakei herstellte. Zwei Wochen später warf die „Volkszeitung" dem Nachbarn vor, „die faschistische Breschnjew-Doktrin" nunmehr auch in Asien anwenden zu wollen. In ganz China kam es zu Massendemonstrationen gegen die UdSSR.

Am 15. März ereignete sich ein weiterer bewaffneter Zusammenstoß auf Damansky, der auf chinesischer Seite 800 und auf sowjetischer Seite 60 Tote gefordert haben soll. Weitere Zwischenfälle wurden in den folgenden Monaten vom Amur und aus Zentralasien gemeldet. Zwei Wochen später schlug Moskau der Volksrepublik die Wiederaufnahme der 1964 abgebrochenen Grenzverhandlungen vor. Kurz vor dem 9. Parteitag erklärte Lin Biao Pekings Bereitschaft, den Status quo an der gemeinsamen Grenze trotz Nichtanerkennung der „ungleichen Verträge" zu respektieren. Nach dem Kongress bot China Verhandlungen über einen neuen Grenzvertrag auf Grundlage eben dieses Status quo an. Die UdSSR war hingegen der Meinung, es gehe nur darum, den Grenzverlauf an einigen Punkten klarzustellen. Im Juni 1969 nahmen beide Seiten im sowjetischen Chabarowsk Gespräche über die Schiffahrt auf den fernöstlichen Grenzflüssen Amur und Ussuri auf.

Erklärung der Regierung der Volksrepublik China zum Grenzkonflikt mit der Sowjetunion (1969)

Die chinesische Regierung ist immer für die Beilegung von Grenzproblemen mit Nachbarstaaten durch Verhandlungen und für die Aufrechterhaltung des Status quo an der Grenze bis zum Abschluß eines Abkommens eingetreten und hat in diesem Sinne agiert. Schon am 22. August und 21. September 1960 hat die chinesische Regierung zweimal die Initiative ergriffen, indem sie der sowjetischen Regierung Verhandlungen vorschlug. Darüberhinaus hat die chinesische Regierung der sowjetischen Regierung am 23. August 1963 einen Sechspunkte-Vorschlag zur Aufrechterhaltung des Status quo an der Grenze und zur Vermeidung von Konflikten unterbreitet. Schließlich kam es 1964 zu chinesisch-sowjetischen Grenzverhandlungen in Peking. Während der Verhandlungen vertrat die chinesische Seite den vernünftigen Standpunkt, daß die Verträge, die sich auf die derzeitige chinesisch-sowjetische Grenze beziehen, als Ausgangspunkt für die Beilegung des Grenzproblems verstanden werden sollten. Sie hat äußerste Anstrengungen unternommen und die größte Aufrichtigkeit bei dem Versuch gezeigt, das chinesisch-sowjetische Grenzproblem beizulegen. Wenn die sowjetische Regierung auch nur ein bißchen aufrichtig gewesen wäre, hätte es bei der Beilegung des chinesisch-sowjetischen Grenzproblems keinerlei Schwierigkeiten gegeben ... Die sowjetische Regierung hat ihren Großmacht-chauvinistischen und territorial-expansionistischen Standpunkt beibehalten. Sie wollte nicht nur jenes chinesische Territorium unter ihrer Zwangsbesatzung halten, das sich das zaristische Rußland mittels ungleicher Verträge angeeignet hatte. Sie insistierte auch, daß China den Anspruch der Sowjetunion auf all jene chinesischen Territorien anerkannte, die sie unter Verletzung der Verträge besetzt hatte oder zu besetzen versucht hatte. Deshalb wurden die Verhandlungen abgebrochen. Während China inzwischen Grenzprobleme mit vielen seiner Nachbarstaaten beigelegt hat, bleiben nur die Grenzprobleme zwischen China und der Sowjetunion sowie China und Indien ungelöst.

Während die sowjetische Regierung in ihrer Erklärung vom 29. März ihre Bereitschaft zur Wiederaufnahme von „Konsultationen" bekundete, war sie bemüht, die Existenz eines Grenzproblems zwischen China und der Sowjetunion zu bestreiten, was tatsächlich darauf hinausläuft zu sagen, daß es nichts zu diskutierten gibt.

Während die sowjetische Regierung in ihrer Erklärung andeutet, daß „dringende praktische Maßnahmen ergriffen werden sollten, um die Situation an der sowjetisch-chinesischen Grenze zu stabilisieren", hat sie die sowjetischen Truppen weiterhin angewiesen, auf Chinas Zhenbao-Insel und in tief im chinesischen Territorium gelegenen Gebieten das Feuer mit leichten und schweren Maschinengewehren sowie schwerer Artillerie zu eröffnen. Bis heute wurde das Feuer nicht eingestellt. Gleichzeitig führt die sowjetische Regierung in anderen Sektoren der chinesisch-sowjetischen Grenze Provokationen durch. Indem er von einem vorbereiteten Papier ablas, drohte der sowjetische Grenzbeauftragte am 3. April sogar unverschämt: „Die Sowjetunion wird das Feuer nicht einstellen, es sei denn, die chinesische Regierung verhandelt mit der sowjetischen Regierung. Sie wird das Feuer auch nicht einstellen, solange sich die Chinesen nicht von der Insel Damansky (d.h. von Chinas Insel Zhenbao) zurückgezogen haben."

Darüber hinaus hat die sowjetische Regierung bei den imperialistischen Staaten unter Führung der USA um Unterstützung geworben und gebettelt. Gleichzeitig hat sie ihr Äußerstes getan, um mit Hilfe ihrer Propagandamaschinen Lügen und Verleumdungen zu verbreiten, hat versucht, eine national-chauvinistische Stimmung anzufachen, Kriegsgeschrei erhoben und China mit Atomwaffen bedroht.

Diese Serie von Fakten zeigt, daß es äußerst zweifelhaft ist, wie aufrichtig die sowjetische Regierung bei ihrer Forderung nach Verhandlungen ist.

Die Entwicklung des chinesisch-sowjetischen Grenzproblems bis zum heutigen Stand fällt nicht in die Verantwortung der chinesischen Seite. Nichtsdestotrotz ist die chinesische Regierung weiterhin bereit, eine umfassende Beilegung des chinesisch-sowjetischen Grenzproblems mittels friedlicher Verhandlungen herbeizuführen. Sie ist gegen die Anwendung von Gewalt.

Die chinesische Regierung vertritt die Auffassung, daß bestätigt werden muß, daß die Verträge, die sich auf die gegenwärtige chinesisch-sowjetische Grenze beziehen, insgesamt ungleiche Verträge sind, die China durch den zaristisch-russischen Imperialismus aufgezwungen wurden. Da sie aber berücksichtigt, daß es der zaristisch-russische Imperialismus war, der China zwang, diese Verträge zu einer Zeit zu unterzeichnen, zu der die Macht weder in der Hand des chinesischen noch des russischen Volkes lag, daß das sowjetische Volk hierfür keine Verantwortung trifft und daß eine große Zahl sowjetischer Werktätiger dieses Land für lange Zeit bewohnt hat, ist die chinesische Regierung in dem Wunsch, die revolutionäre Freundschaft zwischen den Völkern Chinas und der Sowjetunion zu bewahren, weiterhin bereit, diese ungleichen Verträge als Grundlage für die Festlegung des gesamten Grenzverlaufs zwischen den beiden Staaten und zur Beilegung aller auf die Grenze bezogenen Probleme anzuwenden. Jede Seite, die Territorium der anderen Seite unter Verletzung der Verträge besetzt hält, muß dieses grundsätzlich, insgesamt und bedingungslos an die andere Seite zurückgeben. Dabei darf es keine Unklarheiten geben. Die chinesische Seite vertritt die Auffassung, daß Verhandlungen über eine umfassende Beilegung der chinesisch-sowjetischen Grenzfrage und der Abschluß eines neuen, gleichen Vertrages zur Ablösung der alten, ungleichen Verträge erforderlich sind und nicht „Konsultationen" zwecks „Klarstellung bezüglich einzelner Sektoren der sowjetisch-chinesischen Staatsgrenze".

Natürlich können notwendige Anpassungen an einzelnen Stellen der Grenze in Übereinstimmung mit den Prinzipien der Konsultation unter Gleichen, des gegenseitigen Verständnisses und des gegenseitigen Kompromisses erfolgen, vorausgesetzt, dass man die auf die gegenwärtige chinesisch-sowjetische Grenze bezogenen Verträge als Ausgangspunkt nimmt. Es wäre aber absolut nicht statthaft, die folgende gehässige Haltung zu vertreten: Was die Zaren besetzt haben, gehört euch, und was ihr besetzen wollt, gehört euch auch.

Um eine friedliche Beilegung des chinesisch-sowjetischen Grenzproblems herbeizuführen, muß die sowjetische Regierungen sämtliche Provokationen und bewaffneten Drohungen an der chinesisch-sowjetischen Grenze einstellen. Weder ein kleiner Krieg, noch ein großer Krieg, noch ein Atomkrieg kann das chinesische Volk jemals einschüchtern. Die chinesische Regierung wiederholt ihren Vorschlag: Jede Seite stellt sicher, daß sie den Status quo an der Grenze aufrechterhält und die tatsächliche Kontrolllinie entlang der Grenze nicht weiter nach vorne schiebt; daß in Sektoren, wo ein Fluß die Grenze bildet, die Grenztruppen beider Seiten die Mittellinie der Hauptfahrrinne und des Hauptarmes nicht übertreten; jede Seite stellt sicher, daß sie Konflikten vorbeugt und daß ihre Grenztruppen unter keinen Umständen auf die andere Seite feuern; es sollte keine Einmischung in die üblichen produktiven Aktivitäten erfolgen, denen die Bewohner des Landes auf beiden Seiten der Grenze in Übereinstimmung mit ihrer gewöhnlichen Praxis nachgehen ...

Die sowjetische Regierung würde einer totalen Fehleinschätzung erliegen, sollte sie die Bereitschaft der chinesischen Regierung zu einer friedlichen Beilegung des Grenzproblems als Zeichen dafür werten, daß China schwach ist und tyrannisiert werden kann, daß das chinesische Volk durch ihre Politik der atomaren Erpressung eingeschüchtert werden kann und daß sie ihre China gegenüber erhobenen Territorialansprüche mit den Mitteln des Krieges durchsetzen kann. Bewaffnet mit den Gedanken Mao Zedongs und gehärtet durch die Große Proletarische Kulturrevolution, lassen sich die 700 Millionen Chinesen nicht tyrannisieren. Der große Führer des chinesischen Volkes, der Vorsitzende Mao hat uns gelehrt: „Wir werden nicht angreifen, solange wir nicht angegriffen werden. Wenn wir angegriffen werden, werden wir sicherlich zum Gegenangriff schreiten." „Wenn es nach uns geht, wollen wir nicht einmal einen Tag lang kämpfen. Aber wenn uns die Umstände zum Kampf zwingen, können wir bis zum Ende kämpfen." Dies ist die Antwort der chinesischen Regierung und des chinesischen Volkes auf die Politik des Krieges und der atomaren Erpressung der sowjetischen Regierung.

Ebenfalls im Juni formulierte Breschnjew auf einem Weltkongress kommunistischer Parteien in Moskau den Gedanken eines Systems der kollektiven Sicherheit in Asien (KSA). Dabei orientierte er sich zwar ausdrücklich am europäischen Vorbild (zur Vermeidung unbeabsichtigter Zusammenstöße in Europa hatten die Atommächte in den 60er Jahren so genannte „heiße Drähte" installiert); die nunmehr avisierten Partner waren aber offenkundig Nordvietnam und Indien, die sich zu Zwecken der Einkreisung der Volksrepublik mit der UdSSR zusammentun sollten.

Am 13. August kam es an der Grenze zwischen Xinjiang und Kasachstan zu einem weiteren bewaffneten Zwischenfall. In Moskau kursierten Gerüchte über einen bevorstehenden Präventivschlag gegen die nuklearen Einrichtungen und schwerindustriellen Zentren des Nachbarlandes.

Am 3. September 1969 führten der Tod des nordvietnamesischen Präsidenten Ho Chi Minh und die Veröffentlichung eines „Testaments", in dem Ho das sozialistische Lager zur Einheit aufrief, zu einem kurzen sinosowjetischen Tauwetter. Im Anschluss an die Trauerfeier reiste der sowjetische Außenminister Alexej Kosygin nach Peking weiter und vereinbarte dort mit Zhou Enlai die Aufnahme von Grenzverhandlungen auf der Ebene stellvertretender Außenminister. Diese begannen im folgenden Monat in der chinesischen Hauptstadt.

Die Botschafter der Volksrepublik, die 1969 auf ihre Posten zurückkehrten, fanden eine veränderte Welt vor. Frankreich war 1966 aus der militärischen Organisation der Nato ausgetreten. Rumänien hatte seine unabhängige Politik in Osteuropa konsolidiert. Die Nato hatte ihre Nukleardoktrin der „massiven Vergeltung" 1967 durch eine neue Strategie der „flexiblen Reaktion" ersetzt. Der amerikanische Präsident Richard M. Nixon (1968–1974) verkündete im Juni 1969 den etappenweisen Rückzug der amerikanischen Streitkräfte aus Indochina. Die chinesischen Medien hatten Nixons Antrittsrede vom 20. Januar 1969 als „Eingeständnis der amerikanischen Imperialisten" interpretiert, „dass sie im In- und Ausland Probleme haben und in eine Sackgasse geraten sind". Mao selbst soll die UdSSR bereits zu dieser Zeit als „größere Bedrohung Chinas als die müden Papiertiger des amerikanischen Imperialismus" bezeichnet haben.

Weiterführende Literatur

Kulturrevolutionäre Diplomatie:
Peter Van Ness, *Revolution and Chinese Foreign Policy. Peking's Support for Wars of National Liberation.* Berkeley CA: University of California Press, 1970.
Barbara Barnouin/Yu Changgen, *Chinese Foreign Policy during the Cultural Revolution.* London: Kegan Paul International, 1998.

Kulturrevolutionäre Diplomatie in Südostasien:
Melvin Gurtov, *China and Southeast Asia – The Politics of Survival. A Study of Foreign Policy Interaction.* Baltimore MA: Johns Hopkins University Press, 2. Aufl., 1975.
Rizal Sukma, *Indonesia and China: The Politics of a Troubled Relationship.* London: Routledge, 1999.

China und der Zweite Indochinakrieg:
Heinz Brahm, *Der chinesisch-sowjetische Konflikt und Nordvietnam.* Köln: Bundesinstitut für ostwissenschaftliche und internationale Studien, 1966.
Donald Zagoria, *The Vietnam Triangle.* New York NY: Pegasus, 1967.
King C. Chen, *Vietnam and China, 1938–54.* Princeton NJ: Princeton University Press, 1969.
Buu Kinh, Le Nord-Vietnam et le conflit sino-soviétique, in: *Politique étrangère* (Paris), Vol. 37, No. 4 (1972), S. 479–497.
Marian Leighton, Vietnam and the Sino-Soviet Rivalry, in: *Asian Affairs* (New York), Vol. 6, No. 1 (Sept./Oct. 1978), S. 1–31
Melvin Gurtov/Byong-Moo Hwang, *China under Threat. The Politics of Strategy and Diplomacy.* Baltimore MA: Johns Hopkins University Press, 1980.

Breschnjew-Vorschlag für ein „System der kollektiven Sicherheit in Asien":
Marie Luise Näth, *Das sowjetische Ringen um ein kollektives Sicherheitssystem in Asien und die Politik der Volksrepublik China.* Bonn: Friedrich-Ebert-Stiftung, 1976.

5. 1970 – 1977: Die Normalisierung der Beziehungen zum Westen

5.1 Von Genf nach Shanghai

Die Normalisierung der chinesisch-amerikanischen Beziehungen erfolgte Anfang der 70er Jahre mit einer gewissen realpolitischen Zwangsläufigkeit und auf beiden Seiten ohne größere innenpolitische Widerstände. Peking war Moskau gegenüber bilateral wie regional in die Defensive geraten, nur die USA konnten dieses Ungleichgewicht zu Chinas Gunsten verändern, und die USA hielten die Volksrepublik (fälschlicherweise) für den Schlüssel zum Frieden in Indochina, an dessen Aushandlung Peking beteiligt werden wollte. Gleichzeitig war China an einem anhaltenden amerikanisch-sowjetischen Konflikt zunächst auch deshalb interessiert, weil er Ressourcen *beider* Supermächte band, die anderenfalls gegen die Volksrepublik hätten eingesetzt werden können, und Arrangements ohne chinesische Beteiligung etwa in Indochina verhinderte. Ebenfalls gleichzeitig dauerte die innenpolitische Radikalisierung in China an und bedurfte es auf beiden Seiten erheblicher ideologischer und machtpolitischer Kraftakte, um den abrupten Kurswechsel an der jeweils eigenen Basis und international konsensfähig zu machen.

5.1.1 Lin Biaos Sturz und die Anti-Konfuzius-Kampagne

Ab 1970 sah Mao Zedong in seinem Stellvertreter Lin Biao einen Konkurrenten und versuchte, den Einfluss der VBA auf die Politik wieder zurückzufahren. Die später Lin gegenüber erhobenen Vorwürfe der Planung eines Staatsstreichs und einer Aussöhnung mit der Sowjetunion bleiben unbelegt, aber es war zweifellos zu einem Zerwürfnis in der Führungsriege der Volksrepublik gekommen, nachdem Mao die Streitkräfte für ihre fortgesetzte Säuberung der Partei kritisiert und das von Lin angestrebte Amt des Staatsoberhaupts aus der Verfassung gestrichen hatte. Ab 1971 wurden die führenden Militärs zur Selbstkritik gezwungen und Anhänger Lin Biaos aus der Militärkommission des Zentralkomitees entfernt. In der Nacht vom 12. auf den 13. September 1971 kamen Lin, seine nächsten Angehörigen und einige Anhänger bei einem Flugzeugabsturz über der Äußeren Mongolei ums Leben. Die spätere Propaganda sollte von einem gescheiterten Putschversuch sprechen.

Während die maoistische Linke sich somit im Wesentlichen auf ihre zivilen Vertreter Jiang Qing (Maos Frau), Yao Wenyuan und Zhang Chunqiao reduziert sah (1973 kam der ehemalige Shanghaier Textilarbeiter Wang Hongwen mit seiner Wahl in den Ständigen Ausschuss des Politbüros hinzu), ging Premierminister Zhou Enlai mit seinem pragmatischen außen- und wirtschaftspolitischen Kurs zunächst als Sieger aus der Affäre hervor. Es war Zhou, der den toten Lin Biao auf dem Zehnten Parteitag im August 1973 als verkappten Revisionisten angriff und damit den Auftakt zu einer Kampagne zur Kritik an Lin machte. Wenig später kam es in den Medien der Volksrepublik zu einer weiteren propagandistischen Offensive, die sich gegen den Staatsphilosophen Konfuzius wandte. Schließlich wurden beide Kampagnen zusammengeführt, und Lin wurde nunmehr als „Konfuzius des modernen China" diffamiert. 1974 begann eine weitere Massenbewegung zur Kritik an westlichen Filmen und klassischer westlicher Musik. In diesem Zusammenhang wurde Zhou Enlai erstmals selbst namentlich auf Plakaten angegriffen.

Ausländische Beobachter brauchten einige Zeit, um in dieser Gemengelage die Konturen eines neuen innenpolitischen Machtkampfs auszumachen. Auf der einen Seite standen die Radikalen um Maos Frau, die die Errungenschaften der Kulturrevolution bewahren wollten, vor einer wirtschaftlichen Abhängigkeit vom Westen warnten und den an Parkinson erkrankten Vorsitzenden zunehmend von der Außenwelt abschirmten. Das andere Lager wurde von Zhou Enlai, seinem rehabilitierter Stellvertreter Deng Xiaoping und dem Wirtschaftsplaner Chen Yun angeführt, die entschlossen waren, das Unabhängigkeitsprinzip durch Akzeptanz ausländischer Hilfen aufzuweichen. Zwischen beiden Fronten vertrat der Minister für öffentliche Sicherheit Hua Guofeng, ein weiterer Stellvertreter Zhous, eine Art Kompromissposition, derzufolge die von Zhou Enlai angedachten „Vier Modernisierungen" (von Landwirtschaft, Industrie, Wissenschaft und Technologie sowie Verteidigung) vornehmlich mit Hilfe des Kommunewesens betrieben werden sollten. In China kämpften einmal mehr drei Fraktionen um die Vorherrschaft.

5.1.2 Der Weg nach Shanghai

Trotz aller nachträglich deutlich gewordenen strategischen Plausibilität erschien der amerikanisch-chinesische Normalisierungsprozess der Jahre 1971/72 noch kurz zuvor alles andere als zwingend. Im März 1970 hatte der pro-amerikanische General Lon Nol Kambodschas neutralistisches Staatsoberhaupt Sihanouk gestürzt und das Land an der Seite der USA in den Vietnamkrieg geführt. Amerikanische und südvietnamesische Soldaten hatten kurz darauf erstmals die kambodschanische Grenze überquert. Sihanouk gründete eine Exilregierung in Peking, die zunehmend unter den Einfluss der kommunistischen Roten Khmer geriet. Im Februar 1971 verletzten südvietnamesische Truppen bei der Verfolgung des Gegners die Grenze des neutralen Laos.

Mao Zedong hatte die Invasion Kambodschas in einer Rede vom Mai 1970 verurteilt, dabei aber sowohl resultierende Risiken für die Volksrepublik als auch deren eigene Rolle in Indochina heruntergespielt und den amerikanischen Imperialismus als „Papiertiger auf dem Totenbett" bezeichnet. Zhou Enlai sprach wenig später von „einer oder zwei" Supermächten, deren Möglichkeiten, die Welt mittels Krieg zu beherrschen, täglich weniger würden. In der chinesischen Presse wurden die USA zunehmend als absteigende Macht und die UdSSR als die eigentliche Bedrohung des Weltfriedens portraitiert. Im Dezember 1971 gab Zhou in einer internen Rede zu, dass der Kampf gegen zwei Supermächte nur ein Slogan war und dass Chinas Kampf in erster Linie dem sowjetischen „Sozialimperialismus" galt. Mit diesem Etikett hatte Pekings Propaganda das einstige Bruderland erstmals im August 1968 versehen.

Das Jahr 1971 hatte mit Unterzeichnung eines indisch-sowjetischen Freundschaftsvertrags, einem weiteren indisch-pakistanischen Waffengang und der Loslösung Bangladeshs von Pakistan wesentliche Impulse für Breschnjews KSA-Initiative erbracht, und die strategische Einkreisung der Volksrepublik durch Partner und Alliierte der UdSSR nahm allmählich Konturen an. Darüber hinaus hatte die Sowjetunion ihre Marinepräsenz im Pazifik ausgebaut und nichtkommunistischen Regionalstaaten wie Japan Angebote zur wirtschaftlichen Zusammenarbeit gemacht. Peking blieb angesichts dieser Konstellation zunächst nicht viel mehr übrig, als Islamabad seiner Solidarität zu versichern.

Pakistan bemühte sich zu dieser Zeit sowohl um chinesische als auch um amerikanische Unterstützung. Dem südasiatischen Staat sollte bei der Vorbereitung von Henry Kissingers Geheimbesuch in Peking vom Juli

1971 neben Paris und Bukarest eine wichtige Vermittlerrolle zufallen. Kissinger reiste über Islamabad in die Volksrepublik.

China und die USA hatten nach ihrem ersten Kontakt auf der Genfer Indochina-Konferenz 1955 Botschaftergespräche in Warschau aufgenommen, in denen es ursprünglich um die Problematik amerikanischer Kriegsgefangener aus dem Koreakrieg, im Lauf der Jahre dann aber auch zunehmend um bilaterale Fragen wie Taiwan ging. Diese Verhandlungen wurden 1968, auf dem Höhepunkt der Kulturrevolution, erst unterbrochen und dann 1970 eingestellt, nachdem amerikanische Truppen in ihrem Kampf gegen die vietnamesischen Kommunisten die kambodschanische Grenze überschritten hatten.

Richard Nixon hatte die Normalisierung der amerikanisch-chinesischen Beziehungen bereits während des Wahlkampfs zum langfristigen Ziel erklärt und zwischen 1969 und 1971 zahlreiche Einschränkungen für Reisen nach und den Handel mit China aufgehoben. 1969 begannen die USA ihren Truppenrückzug aus Vietnam und beendeten ihre regelmäßigen Patrouillenfahrten in der Taiwan-Straße. 1970 überließ die Nixon-Administration der Volksrepublik Satellitenfotos, die den sowjetischen Aufmarsch an der chinesischen Grenze dokumentierten. Im Dezember erklärte Mao im Gespräch mit dem amerikanischen Journalisten Edgar Snow, er würde sich freuen, Nixon „entweder als Tourist oder als Präsident" zu einem Besuch zu empfangen. Im April 1971 reiste erstmals ein amerikanisches Tischtennisteam nach China. Im Oktober fügte sich Washington in den Beitritt der Volksrepublik zu den Vereinten Nationen, wo diese die bisher von Taiwan eingenommenen Sitze in Vollversammlung und Sicherheitsrat übernahm. Zwischenzeitlich hatte Kissinger in Peking eine Nixon-Reise für das folgende Jahr vorbereitet.

Der historische Besuch des amerikanischen Präsidenten in Shanghai erbrachte weitgehende Übereinstimmung bei der Bewertung der sowjetischen Herausforderung in Asien. Die chinesische Seite verlangte die Anerkennung der Zugehörigkeit Taiwans zu China, einen Zeitplan für Washingtons militärischen Rückzug von der Insel Taiwan und die Aufkündigung des amerikanischen Bündnisvertrags mit Taipei.

Das so genannte „Shanghai-Kommuniqué" vom 27. Februar 1972 liefert bis heute die Grundlage für die Beziehungen zwischen den USA und der Volksrepublik China. Darin behandelte Washington Peking erstmals als gleichberechtigten Akteur in Asien und akzeptierte sowohl die „Fünf Prinzipien der Friedlichen Koexistenz" als auch die Anwendung des chinesischen „Antihegemonial-Prinzips" auf die Region. Die USA sahen von einer Anerkennung des chinesischen Anspruchs auf Taiwan weiterhin ab, nahmen aber zur Kenntnis, „dass alle Chinesen auf beiden Seiten der Taiwan-Straße davon ausgehen, dass es nur ein China gibt und dass Taiwan Teil von China ist".

Shanghai-Kommuniqué (27. Februar 1972)

... Zwischen China und den Vereinigten Staaten bestehen grundlegende Differenzen in Bezug auf Gesellschaftssysteme und Außenpolitiken. Nichtsdestotrotz stimmten beide Seiten überein, daß Staaten gleich welchen Gesellschaftssystems ihre Beziehungen auf Grundlage der Prinzipien des Respekts für die Souveränität und territoriale Integrität aller Staaten, der Nicht-Aggression gegen andere Staaten, der Nichteinmischung in die inneren Angelegenheiten anderer Staaten, der Gleichheit und des gegenseitigen Nutzens, sowie der friedlichen Koexistenz gründen sollten. Internationale Streitfälle sollten auf dieser Grundlage ohne Gewaltanwendung oder Drohung mit Gewalt gelöst werden. Die Vereinigten Staaten und die Volksrepublik China sind bereit, diese Prinzipien auf ihre gegenseitigen Beziehungen anzuwenden.

Angesichts dieser Grundsätze der internationalen Beziehungen erklärten die beiden Seiten, daß
– Fortschritte bei der Normalisierung der Beziehungen zwischen China und den Vereinigten Staaten im Interesse aller Staaten liegen;
– beide die Gefahr internationaler militärischer Konflikte abbauen möchten;
– keine Seite in der asiatisch-pazifischen Region nach Hegemonie streben sollte und jede Seite sich gegen Versuche jedes anderen Staats oder einer Gruppe von Staaten wendet, eine solche Hegemonie herzustellen; und daß
– keiner von ihnen für Dritte verhandeln will oder mit dem jeweils anderen Abkommen oder Absichtserklärungen vereinbaren will, die sich gegen Drittstaaten richten.
Beide Seiten sind der Auffassung, daß Verschwörungen wichtiger Staaten gegen andere Staaten oder die Aufteilung der Welt in Interessensphären durch wichtige Staaten gegen die Interessen der Völker der Welt wären.

Die beiden Seiten haben die langwährenden, ernsten Streitpunkte zwischen China und den Vereinigten Staaten überprüft. Die chinesische Seite bekräftigte ihre Haltung: Die Taiwanfrage ist das Schlüsselproblem, das die Normalisierung der Beziehungen zwischen China und den Vereinigten Staaten behindert; die Regierung der Volksrepublik China ist die einzige legale Regierung von China; Taiwan ist eine Provinz von China, die schon vor langer Zeit ins Vaterland zurückgebracht wurde; die Befreiung Taiwans ist Chinas innere Angelegenheit, und kein anderer Staat hat das Recht, sich in diese einzumischen; alle Streitkräfte und militärischen Einrichtungen der USA müssen von Taiwan abgezogen werden. Die chinesische Regierung wendet sich entschlossen gegen jegliche Aktivität, die die Schaffung von „einem China, einem Taiwan", „einem China, zwei Regierungen", „zwei Chinas" oder einem „unabhängigen Taiwan" zum Ziel hat oder zum Ausdruck bringt, daß „der Status Taiwans offen" sei.

Die amerikanische Seite erklärte: Die Vereinigten Staaten bestätigen, daß alle Chinesen auf beiden Seiten der Taiwan-Straße davon ausgehen, daß es nur ein China gibt und daß Taiwan ein Teil Chinas ist. Die Regierung der Vereinigten Staaten bestreitet diese Auffassung nicht. Sie bekräftigt ihr Interesse an einer friedlichen Lösung der

Taiwanfrage durch die Chinesen selbst. Vor diesem Hintergrund bekräftigt sie das Endziel eines Rückzugs aller Streitkräfte und militärischen Einrichtungen der Vereinigten Staaten von Taiwan. In der Zwischenzeit wird sie ihre Streitkräfte und militärischen Einrichtungen auf Taiwan in dem Maße abbauen, in dem die Spannung in dem Gebiet abnimmt.

Die beiden Seiten stimmten überein, daß es wünschbar ist, das (gegenseitige) Verständnis zwischen den beiden Völkern zu stärken. Zu diesem Zweck erörterten sie spezifische Bereiche auf Feldern wie Wissenschaft, Technologie, Kultur, Sport und Journalismus, in denen Volk-zu-Volk-Kontakte und Austauschprozesse von wechselseitigem Nutzen wären. Jede Seite verpflichtet sich, die weitere Entwicklung solcher Kontakte und Austauschprozesse zu erleichtern.

Beide Seiten sehen den bilateralen Handel als weiteres Gebiet, aus dem gegenseitiger Nutzen gezogen werden kann, und sie kamen überein, daß Wirtschaftsbeziehungen auf Grundlage von Gleichheit und gegenseitigem Nutzen im Interesse der Völker beider Staaten liegen. Sie vereinbarten, die fortschreitende Entwicklung des Handels zwischen ihren beiden Staaten zu erleichtern.

Die beiden Seiten kamen überein, ihren Kontakt über diverse Kanäle aufrechtzuerhalten, darunter die gelegentliche Entsendung eines führenden Repräsentanten der Vereinigten Staaten nach Peking zu konkreten Konsultationen mit dem Ziel, die Normalisierung der Beziehungen zwischen den beiden Staaten voranzutreiben und weiterhin Meinungen zu Fragen gemeinsamen Interesses auszutauschen.

Die beiden Seiten gaben ihrer Hoffnung Ausdruck, daß die während dieses Besuches erzielten Ergebnisse den Beziehungen zwischen den beiden Staaten neue Perspektiven erschließen werden. Sie glauben, daß die Normalisierung der Beziehungen zwischen den beiden Staaten nicht nur im Interesse des chinesischen und des amerikanischen Volkes liegt, sondern auch zum Abbau von Spannungen in Asien und weltweit beiträgt ...

Im Februar 1973 war die Volksrepublik unter den Garantiemächten des von den USA und Nordvietnam unterzeichneten Friedensvertrages. Die Neutralisierung des Vietnamproblems erfüllte die bis dahin theoretische „strategische Partnerschaft" (ein Begriff, der von chinesischer Seite zu dieser Zeit nicht benutzt wurde) zwischen Peking und Washington mit ersten Inhalten. So wandten sich beide Seiten fortan gegen die Etablierung einer nordvietnamesischen Vorherrschaft in Indochina und koordinierten ihre Kambodschapolitiken. Erstmals bekannte sich China zur Aufrechterhaltung der amerikanischen Militärpräsenz in Fernost und signalisierte seine Akzeptanz des amerikanisch-japanischen Bündnisses. Erstmals bekundete Peking Interesse an Rüstungsimporten aus den USA. Und erstmals stellten diese einen Zeitplan für ihren militärischen Abzug aus Taiwan und die Aufnahme diplomatischer Beziehungen zur Volksrepublik in Aussicht.

5.1.3 Bodengewinn in der Zwischenzone

Chinas Aufnahme in die Vereinten Nationen und Nixons Shanghai-Visite gaben auch Pekings Beziehungen zu anderen Industriestaaten neue Impulse. Dabei ging es zum einen um den Zugang zu strategischen Gütern und Technologien, zum anderen – insbesondere in Europa und Japan – aber auch um die Schließung der antisowjetischen Reihen. So erfuhr zwar die Europäische Wirtschaftsgemeinschaft (EWG) moralische Unterstützung, nicht aber die 1975 in Helsinki unterzeichnete Schlussakte der Konferenz über Sicherheit und Zusammenarbeit in Europa (KSZE). Peking beendete seinen langjährigen Streit mit Jugoslawien, intensivierte die Kontakte mit Albanien und Rumänien sowie einer Reihe anderer osteuropäischer Staaten. Im Westen wurden diplomatische Beziehungen mit Kanada und Italien (1970), Österreich und Belgien (1971), Griechenland und der Bundesrepublik Deutschland (1972) aufgenommen. Soweit diese Staaten zuvor Beziehungen mit Taiwan unterhalten hatten, mussten sie diese abbrechen.

In Washington hatte man es für verzichtbar gehalten, den japanischen Verbündeten vorab über Nixons Besuch in China zu unterrichten, und Japans politische Elite und Öffentlichkeit hatten das Ereignis als „Schock" erlebt. Dieser provozierte schon bald ein Umdenken hinsichtlich der Beziehungen zu beiden Partnern. Zu den Ergebnissen zählten (ergebnislose) Verhandlungen mit der Sowjetunion über einen Friedensvertrag und die gemeinsame Erschließung sibirischer Rohstoffe, vor allem aber der Wahlsieg des „Pragmatikers" Kakuei Tanaka (1972–1974) im Juli 1972. Tanaka reiste im September nach Peking und unterzeichnete ein Abkommen über die Aufnahme diplomatischer Beziehungen, in dem Japan die Regierung der Volksrepublik als einzige legitime Regierung Chinas anerkannte (und damit weiter ging als die USA), „Verständnis und Respekt" für Pekings Anspruch auf Taiwan bekundete und seinen Friedensvertrag mit der Republik China von 1952 aufkündigte. Bei dieser Gelegenheit verzichtete Peking auf Reparationszahlungen. Der Abschluss eines Friedensvertrags wurde in Aussicht gestellt. Chinas Motive waren ökonomischer Natur: Japan war schon Anfang der 60er Jahre zum wichtigsten Handelspartner der Volksrepublik geworden, und der bilaterale Handel verzeichnete nach der Normalisierung der Beziehungen einen spektakulären Schub, aber man war mindestens ebenso interessiert daran, das Kaiserreich für die angestrebte antisowjetische Koalition zu gewinnen. In diesem Zusammenhang äußerte die Volksrepublik nicht nur Unterstützung für Japans Anspruch auf die 1945 von der UdSSR besetzten Südlichen Kurilen-Inseln, sondern signalisierte auch wachsende Toleranz für die japanisch-amerikanische Allianz und Tokyos eigene Verteidigungsanstrengungen.

5.2 Enttäuschung

Wenn Chinas Erwartungen an das neue „strategische Dreieck" letztlich enttäuscht werden sollten, dann vornehmlich aus strukturellen Gründen. Peking war zwar mit dem neuen Status als Ständiges Mitglied des Weltsicherheitsrats völkerrechtlich Großmacht, blieb aber im Unterschied zu Washington und Moskau auch in den 70er Jahren ein regionaler Akteur mit begrenzten Machtmitteln. Auch konnte es zu einer echten Dreiecksdiplomatie schon deshalb nicht kommen, weil es in dieser Konstellation um eine einseitige Eindämmung der UdSSR ging und die Partner nicht beliebig austauschbar waren. Darüber hinaus waren die jeweiligen Motive der Volksrepublik und der USA für die Normalisierung ihrer Beziehungen in gewisser Weise entgegengesetzt: Während Peking einen Verbündeten im Kampf mit der Sowjetunion suchte, wollte Kissinger Moskau mit Hilfe der „chinesischen Karte" von der Notwendigkeit weiterer Entspannungsschritte überzeugen. Schließlich sollte der innerchinesische Machtkampf in der zweiten Hälfte des Jahrzehnts einen neuen Höhepunkt erreichen.

5.2.1 Götterdämmerung

Premierminister Zhou Enlai erlag am 8. Januar 1976 einem Krebsleiden und hinterließ eine führungslose „Öffnungsfraktion". Offensichtlich von der Linken unter Jiang Qing inspiriert, kam es zu Demonstrationen gegen den amtierenden Regierungschef Deng Xiaoping, die allmählich von studentischen Kreisen auf größere Bevölkerungssegmente übergriffen.

Die Gegenreaktion erfolgte überraschenderweise von der Basis. Am 4. April, dem traditionellen Tag des Gedenkens an Verstorbene, versammelten sich Zehntausende am Märtyrerdenkmal auf dem Platz des Himmlischen Friedens, um Zhou Enlai zu ehren. Am 5. April kam es zu Zusammenstößen mit der Polizei, die die am Vortag niedergelegten Kränze und Transparente entfernt hatte. Sprechchöre riefen zu einer Rückkehr zum

„wahren Marxismus-Leninismus" auf. Mehrere hundert Demonstranten wurden verhaftet.

Am 7. April wurde Deng Xiaoping aller Parteiämter entbunden. Hua Guofeng wurde Premierminister und Nummer Zwei im Politbüro. Deng begab sich unter den Schutz des befreundeten Kommandeurs der Militärregion Kanton und bereitete mit dessen Hilfe ein Comeback vor. Während in Peking die Anti-Deng-Kampagne ihren Höhepunkt erreichte, starb Mao Zedong am 9. September 1976. Hua Guofeng hielt die Totenrede.

Am 6. Oktober ließ Hua Jiang Qing, Zhang Chunqiao, Yao Wenyuan und Wang Hongwen mit der Begründung verhaften, innerhalb der Parteiführung eine „Viererbande" gebildet zu haben. Am Tag darauf übernahm er den Parteivorsitz. Im folgenden Jahr erklärte er die Kulturrevolution offiziell für beendet.

Im Juli 1977 wurde Deng Xiaoping rehabilitiert und erneut zum stellvertretenden Premierminister, stellvertretenden Vorsitzenden des Zentralkomitees, stellvertretenden Vorsitzenden der Zentralen Militärkommission und VBA-Generalstabschef ernannt. Dabei lieferte das Motto der „Vier Modernisierungen" den Rahmen für seine „Kohabitation" mit Hua Guofeng, den der politische Erbe Zhou Enlais mit atemberaubendem Tempo zur Verwirklichung seiner eigenen Pläne nutzen sollte.

5.2.2. Das unregelmäßige Dreieck

Soweit China geglaubt hatte, dass das Shanghai-Kommuniqué den Weg zu einer weltweiten antisowjetischen Zusammenarbeit mit den USA und ihren Verbündeten öffnen würde, ließ man sich schnell eines Besseren belehren. Nixons Nachfolger Gerald Ford (1974–1977) sprach sich gegen einen Abbruch der diplomatischen Beziehungen zu Taiwan als Preis für die weitere Normalisierungen der Beziehungen zu Peking und gegen Waffenlieferungen an die Volksrepublik aus und traf sich im November 1974 mit Breschnjew in Wladiwostok. Als Ford im Dezember 1975 in die Volksrepublik reiste, waren die USA im Rückzug aus fast allen asiatischen Stützpunkten begriffen, und Washington hatte die Machtübernahme des prosowjetischen Regimes Agostino Netos in Angola hingenommen. Fords Nachfolger Jimmy Carter (1977–1980) widmete seine außenpolitische Aufmerksamkeit anfänglich den Verhandlungen über ein zweites Abkommen zur Begrenzung strategischer Waffen (Strategic Arms

Limitation Talks, Salt-II) mit der Sowjetunion. Die Führer der Volksrepublik hatten die amerikanisch-sowjetische Abrüstungs- und Entspannungspolitik schon zuvor als Ablenkungsmanöver gebrandmarkt. Als Carters Außenminister Cyrus Vance China im August 1977 besuchte, konstatierte Deng Xiaoping einen „Rückschritt" im bilateralen Normalisierungsprozess.

Zhou Enlai über die Konkurrenz der Supermächte, den Sozialimperialismus und notwendige Kompromisse (1973)

... Lenin hat gesagt, daß „die Rivalität zwischen mehreren Großmächten beim Kampf um die Vorherrschaft ein wesentliches Merkmal des Imperialismus" ist. Heute streiten vor allem die beiden nuklearen Supermächte, die USA und die UdSSR, um die Vorherrschaft. Während sie Abrüstung feilbieten, bauen sie ihre Arsenale tatsächlich Tag für Tag aus. Ihr Motiv ist der gegenseitige Wettstreit um die Weltherrschaft. Dabei kommt es sowohl zu Konkurrenz als auch zu Verschwörung. Ihre Verschwörung untereinander dient dem Zweck eines noch intensiveren Wettstreits. Konkurrenz ist absolut und langfristig, Verschwörung relativ und temporär. Die Erklärung dieses Jahrs zum „Jahr Europas" und die Einberufung der Europäischen Sicherheitskonferenz weisen darauf hin, daß Europa strategisch das Schlüsselglied ihres Wettbewerbs ist. Der Westen will die sowjetischen Revisionisten immer ostwärts drängen, um die Gefahr auf China umzulenken, und alles ist gut, solange im Westen Ruhe herrscht. China ist ein attraktives Stück Fleisch, von allen begehrt. Aber dieses Stück Fleisch ist sehr zäh, und seit Jahren konnte niemand hineinbeißen. Jetzt, da der „Superspion" Lin Biao gestürzt ist, ist es noch schwieriger geworden. Derzeit machen die sowjetischen Revisionisten „ein Ablenkungsmanöver im Osten, während sie im Westen angreifen" und verstärken den Streit in Europa und ihre Expansion im Mittelmeer, im Indischen Ozean und an jedem Ort, den ihre Hände erreichen können. Der amerikanisch-sowjetische Wettbewerb um die Weltherrschaft ist die Ursache der Unruhe auf der Welt. Das kann durch Vorgaukelung falscher Tatsachen nicht verschleiert werden und wird bereits von einer wachsenden Zahl von Völkern und Staaten bemerkt. Es ist in der Dritten Welt auf starken Widerstand gestoßen und hat in Japan und unter den westeuropäischen Staaten zu Befremden geführt. Angesichts interner und externer Schwierigkeiten sehen sich die beiden Hegemonialmächte USA und UdSSR mit zunehmend großen Problemen konfrontiert ...

Während der beiden vergangenen Jahrzehnte hat die herrschende, revisionistische Clique in der Sowjetunion von Chruschtschow bis Breschnjew einen sozialistischen Staat zu einem sozialimperialistischen Staat degenerieren lassen. Im inneren hat sie den Kapitalismus wiederhergestellt, eine faschistische Diktatur durchgesetzt und die Völker aller Nationalitäten versklavt und so die politischen und wirtschaftlichen Widersprüche, sowie die Widersprüche zwischen den Nationalitäten verschärft. Nach außen hat sie die Tschechoslowakei überfallen und besetzt, Truppen an der chinesischen Grenze konzentriert, Truppen in die Volksrepublik Mongolei geschickt, die verräterische Lon Nol-Clique unterstützt, den Aufstand der polnischen Arbeiter niedergeschlagen, in Ägypten interveniert, was zur Ausweisung der sowjetischen Experten geführt hat, Pakistan amputiert und in vielen asiatischen und afrikanischen Staaten subversive

Aktivitäten durchgeführt. Diese Serie von Tatsachen hat ihre häßlichen Züge als neuer Zar und ihre reaktionäre Natur, namentlich „Sozialismus in den Worten, Imperialismus in den Taten", umfassend zu Tage gefördert. Je mehr böse und üble Dinge sie tut, desto eher wird der sowjetische Revisionismus von den Völkern der Sowjetunion und dem Rest der Welt ins Geschichtsmuseum befördert werden ...

Wir sollten an dieser Stelle darauf hinweisen, daß man notwendige Kompromisse zwischen revolutionären und imperialistischen Staaten von Verschwörung und Kompromiß zwischen dem sowjetischen Revisionismus und dem US-Imperialismus unterscheiden muß. Lenin hat es gut formuliert: „Es gibt Kompromisse und Kompromisse. Man muß in der Lage sein, die Situation und die konkreten Umstände jedes Kompromisses oder jeder Variante von Kompromissen zu analysieren. Man muß lernen, zwischen einem Mann zu unterscheiden, der Banditen Geld und Feuerwaffen gegeben hat, um so den Schaden zu verringern, den sie anrichten können und ihre Festnahme und Hinrichtung zu erleichtern und einem (anderen) Mann, der Banditen Geld und Feuerwaffen gibt, um einen Teil ihrer Beute zu bekommen ... Der Vertrag von Brest-Litowsk, den Lenin mit dem deutschen Imperialismus abschloß, gehört in die erstgenannte Kategorie; die Taten Chruschtschows und Breschnjews, beide Verräter an Lenin, fallen in die letztgenannte ...

Moskau hatte auf die ersten Anzeichen für eine chinesisch-amerikanische Annäherung mit einer Mäßigung im Ton und konkreten Gesten an die Adresse Pekings reagiert, darunter die Wiederentsendung eines Botschafters und die Wiederherstellung formaler Handelsbeziehungen 1970, gefolgt von Vorschlägen für einen Nichtangriffspakt. Gleichzeitig hatte die UdSSR allerdings ihre konventionelle und strategische Militärpräsenz in der Nähe der chinesischen Grenze weiter verstärkt, und in den Militärbezirken Fernost und Transbaikal standen mittlerweile 35 Divisionen. Die Volksrepublik machte einen Rückzug sowjetischer Truppen aus umstrittenen Grenzgebieten und einen Truppenabbau in der Mongolischen Volksrepublik zur Vorbedingung für ernsthafte Verhandlungen. Moskau reagierte mit einer Serie grenznaher Großmanöver. In Peking und anderen chinesischen Großstädten wurden derweil Tunnel zum Schutz gegen Luftangriffe gebaut.

Das bilaterale Klima war nach Nixons Besuch in Shanghai wieder zunehmend belastet. 1974 führte die Festnahme sowjetischer Diplomaten und Grenzsoldaten unter Spionagevorwurf zu neuen Spannungen an der gemeinsamen Grenze. Dengs „Dreiweltentheorie" vom April 1974 beförderte die UdSSR in die Reihen der „Neo-Kolonialisten". Hatte Mao bereits im Mai 1970 Staaten anstelle von Klassen als Hauptakteure im antiimperialistischen Kampf identifiziert, so umwarb die Volksrepublik mit Pinochet in Chile, Mobutu in Zaire oder dem Shah im Iran nun zunehmend reaktionäre und konservative Regime.

Im April 1975 bestärkte die gewaltsame Wiedervereinigung Vietnams unter Führung Hanois Chinas Befürchtungen vor einer allmählichen Ablösung der USA als imperialistische Vormacht durch die UdSSR. Im Juli 1975 wurde Breschnjew in der chinesischen Presse einmal mehr mit Hitler verglichen. Im August stand die Rehabilitierung des früheren Generalstabschefs Luo Ruiqing symbolisch für das Bekenntnis zur Modernisierung der VBA. Im Dezember 1976 erklärte der stellvertretende chinesische Premierminister Li Xiannian die Sowjetunion zum gefährlichsten potenziellen Herd eines künftigen Weltkriegs. Diese Sprachregelung wurde wenig später vom neuen KPCh-Vorsitzenden Hua Guofeng übernommen. Im Vergleich hierzu fielen die Ergebnisse der ebenfalls im Dezember 1976 wiederaufgenommenen Grenzverhandlungen bescheiden aus. 1977 erklärte Deng, er betrachte den Freundschaftsvertrag zwischen China und der UdSSR vom Februar 1950 als nichtig. Sowjetische Hoffnungen auf einen chinesischen Kurswechsel nach dem Tod des „großen Steuermanns" hatten sich als trügerisch erwiesen.

Weiterführende Literatur

Chinesisch-amerikanische Beziehungen:
Harold C. Hinton, Teng Hsiao-ping's Management of the Superpowers, in: Yu-ming Shaw (Hrsg.), *Changes and Continuities in Chinese Communism.* Boulder CO: Westview Press, 1988, S. 306–317
Harry Harding, *A Fragile Relationship. The United States and China since 1972.* Washington DC: Brookings, 1992.
Robert Garson, *The United States and China since 1949. A Troubled Affair.* London: Pinter, 1994.
Rosemary Foot, *The Practice of Power. US Relations with China since 1949.* Oxford: Clarendon Press, 1995.
Robert S. Ross, *Negotiating Cooperation. The United States and China, 1969–1989.* Stanford CA: Stanford University Press, 1995.
Gu Xuewu, *Ausspielung der Barbaren. China zwischen den Supermächten in der Zeit des Ost-West-Konflikts.* Baden-Baden: Nomos, 1998.
James Mann, *About Face. A History of America's Curious Relationship with China, from Nixon to Clinton.* New York NY: Knopf, 1998.
William Burr (Hrsg.), *The Kissinger Transcripts. The Top Secret Talks with Beijing and Moscow.* New York NY: The New Press, 1999.
Jia Qingguo, From Limited Cooperation to Limited Conflicts. Sino-American Relations between 1972 and 1999, in: *East Asian Review* (Osaka), No. 5 (March 2001), S. 73–102.

Chinesisch-europäische Beziehungen:
Gerhard Schröder, *Mission ohne Auftrag. Die Vorbereitung der diplomatischen Beziehungen zwischen Bonn und Peking.* Bergisch Gladbach: Lübbe, 1988.
Harish Kapur, *Distant Neighbours: China and Europe.* London/New York NY: Pinter, 1990.

Tim Trampedach, *Bonn und Peking. Die wechselseitige Einbindung in außenpolitische Strategien 1949–1990*. Hamburg: Institut für Asienkunde, 1997.

Chinesisch-japanische Beziehungen:
Hidenori Ijiri, Sino-Japanese Controversy since the 1972 Diplomatic Normalization, in: *The China Quarterly*, No. 124 (December 1990), S. 639–661.
Christopher Howe (Hrsg.), *China and Japan. History, Trends, and Prospects*. Oxford: Clarendon, 1996.

6. 1978 – 1989: Das „strategische Dreieck"

6.1 Normalisierung

Die Konsolidierung der „strategischen Partnerschaft" zwischen China und den USA fiel in die Amtszeit zweier Präsidenten, denen man eine solche Politik nicht von vornherein zugetraut hätte. Jimmy Carter (1977–1980) war ein Fürsprecher der Entspannung mit Moskau und der Menschenrechte, Ronald Reagan (1981–1988) hatte sich im Wahlkampf für engere Beziehungen zu Taiwan engagiert. Ausschlaggebend wurde letztlich eine Lagebeurteilung, die der chinesischen dahingehend entsprach, dass sie in Afrika, Asien, dem Mittleren Osten und sogar in Europa Bodengewinne der Sowjetunion konstatierte. Ausschlaggebend war ferner die epochale wirtschaftliche Öffnung der Volksrepublik unter Deng Xiaoping.

6.1.1 Reform

Hua Guofeng war fraglos ein Anhänger der Planwirtschaft, aber er ebnete Deng Xiaoping Ende der 70er Jahre insofern den Weg, als er sich der Notwendigkeit gesamtwirtschaftlichen Wachstums und in diesem Zusammenhang, anders als Mao, der entscheidenden Rolle fortschrittlicher Technologien bewusst war. Chinas neue, im Dezember 1978 verabschiedete Verfassung etablierte einen besonderen Status für technische Fachkräfte. Ebenfalls 1978 wurden junge Chinesen wieder zum Studium ins Ausland geschickt. Huas im Februar veröffentlichter Zehnjahresplan sah einen jährlichen Produktionszuwachs von zehn Prozent für die Schwerindustrie und fünf Prozent für die Landwirtschaft vor. Ungewöhnlich hohe Wachstumsraten schienen solche Hoffnungen bereits zur Jahresmitte 1978 zu bestätigen.

Das dritte Plenum des elften Zentralkomitees trug im Dezember 1978 bereits Dengs Handschrift. Die Versammlung bekannte sich zur „sozialistischen Modernisierung", dem Leistungsprinzip und der innerbetrieblichen Selbstverantwortung der Staatsunternehmen. Die Landwirtschaft wurde zum Motor des angestrebten Wachstums erklärt; in diesem Rahmen sollte (privatwirtschaftlichen) „Nebenerwerbszweigen" eine besondere Bedeutung zukommen. Getreidepreise sollten angehoben, Preise für landwirtschaftliche Maschinen, Düngemittel etc. gesenkt werden. Die Bedeutung einer unabhängigen Justiz wurde betont. Die Opfer aller maoistischen Kampagnen seit 1957 wurden rehabilitiert. Die Demonstrationen des Jahres 1976 zum Gedenken an Zhou Enlai wurden nachträglich zum „revolutionären Akt" erklärt. Künftig gelte es, Marxismus, Leninismus und „Mao Zedong-Denken" in einen Zusammenhang mit konkreten Anforderungen der Modernisierung zu stellen. Mao selbst sei nicht frei von Irrtümern gewesen.

Zu den wichtigsten Auswirkungen des dritten Plenums zählte der schrittweise Abbau überkommener Restriktionen für die Außenwirtschaft. Erstmals genehmigte die Volksrepublik die Aufnahme langfristiger Kredite im Ausland und ermöglichte ausländische Direktinvestitionen in China. Der Außenhandel wurde dezentralisiert, und an der Südküste entstanden vier so genannte Wirtschaftssonderzonen, in denen ausländische Investoren steuerbegünstigt produzieren konnten. 1979 wurden gesetzliche Grundlagen für joint ventures mit 50-prozentiger Beteiligung des ausländischen Partners geschaffen. In den folgenden Jahren wurden andere Beteiligungsformen und die Gründung von Unternehmen legalisiert, die gänzlich in ausländischem Besitz waren.

Vor dem Hintergrund des Plenums kam es zu einer ideologischen Liberalisierung und Lockerung der Zensur, die allenfalls noch mit der „Hundert-Blumen-Bewegung" von 1957 vergleichbar war; sie sollte auch einen ähnlichen Ausgang nehmen. Führende Intellektuelle und Schriftsteller wurden rehabilitiert, ein geduldeter Samisdat engagierte sich für die Realisierung der Menschenrechte und demokratischen Freiheiten, Wandzeitungen an der Pekinger „Mauer der Demokratie" ignorierten alle Tabus der Vergangenheit. Mit Hilfe dieser gesellschaftlichen Opposition wurde die maoistische Restfraktion in der Hauptstadt und in den Provinzen gesäubert. Im Februar 1980 wurde Liu Shaoqi rehabilitiert. Im September 1980 reichte Hua Guofeng seinen Rücktritt als Regierungschef ein und wurde in dieser Funktion von Dengs Protégé Zhao Ziyang ersetzt. Deng selbst übernahm den Vorsitz der Zentralen Militärkommission. Im Juni 1981 übergab das sechste Plenum die Parteiführung an seinen Vertrauten Hu Yaobang.

Damit war der Moment gekommen, den Liberalisierungskurs schrittweise zurückzunehmen. Deng hatte bereits 1979 „vier Hauptprinzipien" verkündet, an denen die Volksrepublik auch vor dem Hintergrund der wirtschaftlichen Öffnung festhalten sollte: der „sozialistische Weg", die

„demokratische Diktatur des Volkes", der Führungsanspruch der Kommunistischen Partei und „Marxismus-Leninismus-Mao Zedong-Denken".
Das fünfte Plenum führte dazu, dass Maos „vier große Freiheiten" der Meinungsäußerung im selben Jahr aus der Verfassung gestrichen wurden. Im Oktober 1979 wurde der Menschenrechtler Wei Jingsheng zu einer fünfzehnjährigen Freiheitsstrafe verurteilt. Anfang 1980 verschwand in Peking die „Mauer der Demokratie".

Wei Jingsheng war unter anderem vorgeworfen worden, einem Ausländer Details über einen Krieg verraten zu haben, den Deng Xiaoping im Februar 1979 angeordnet hatte: die so genannte „Strafexpedition" gegen den einstigen Verbündeten Vietnam.

6.1.2 „Strafexpedition" und neue „Einheitsfront von oben"

In den frühen Morgenstunden des 17. Februar 1979 überquerte die VBA an mehreren Stellen die vietnamesische Grenze und marschierte gegen teilweise erbitterten Widerstand bis zu 70 Kilometer in die Nordprovinzen des Nachbarlandes ein. Vorangegangen waren Spannungen an der Landesgrenze, der Exodus ethnischer Chinesen aus beiden Teilen des wiedervereinten Vietnam, die Einstellung der chinesischen Wirtschaftshilfe und der Einmarsch vietnamesischer Truppen in Kambodscha, wo diese ein freundlich gesinntes Regime etabliert hatten. Bereits 1974 war ein Disput um die chinesisch-vietnamesische Seegrenze publik geworden. 1977 hatte Hanoi der Sowjetunion die ehemalige amerikanische Marinebasis Cam Ranh Bay verpachtet. 1978 war es vermehrt zu Grenzzwischenfällen gekommen. Im Oktober 1978 hatte Deng Xiaoping in Tokyo die Gründung einer „internationalen, antihegemonistischen Front" gefordert. Im November hatten Moskau und Hanoi einen Vertrag über Freundschaft und Zusammenarbeit unterzeichnet. Im Januar 1979 hatte Deng die Offensive anlässlich eines USA-Besuchs angekündigt.

Die „Strafexpedition" wurde von ausländischen Beobachtern zumeist als Fehlschlag beurteilt. China verlor etwa doppelt so viele Soldaten wie Vietnam und hätte seine Truppen Anfang März angesichts überdehnter Nachschublinien auch dann zurückziehen müssen, wenn die Operation nicht von Anfang an als begrenzt bezeichnet worden wäre. Die interne Evaluierung in Peking dürfte ähnlich ausgefallen sein, hatte doch Deng schon am Tag vor dem Angriff von einer Art Test für die VBA gesprochen, deren Modernisierung im Anschluss an den Feldzug beschleunigt wurde. In Washington nahm die Carter-Administration eine neutrale Haltung ein und machte sich weltweite Forderungen nach einem schnellstmöglichen chinesichen Rückzug zu eigen. Allerdings verlangte der Präsident auch einen vietnamesischen Rückzug aus Kambodscha und warnte die Sowjetunion mit einem Verweis auf „vitale amerikanische Interessen" vor einer Intervention. Dieser Warnung hätte es schwerlich bedurft. Angesichts der Kampfkraft der vietnamesischen Truppen sah sich Moskau ohnehin nicht veranlasst zu intervenieren.

Der wichtigste Grund für Dengs Krieg war die Konsolidierung der vietnamesisch-sowjetischen Herrschaft über Indochina. Haupthindernis für die Errichtung einer „indochinesischen Föderation" war das kambodschanische Regime der Roten Khmer in Kambodscha gewesen, das kurz nach der Machtergreifung Pol Pots im April 1975 einen Grenzkrieg mit Vietnam provoziert hatte. Im Inneren praktizierten die neuen Machthaber einen „Steinzeitkommunismus", dem etwa zwei Millionen Bürger zum Opfer fallen sollten. Ab 1976 war China Kambodschas einziger Rückhalt auf der internationalen Ebene. Die Volksrepublik lieferte Waffen, vermittelte Kontakte nach Thailand und ließ Pol Pot Anfang 1979 von eigenen Soldaten in zuvor eingerichtete Urwaldstützpunkte an der thailändischen Grenze eskortieren. Im August 1978 hatte Laos im chinesisch-vietnamesischen Propagandakrieg die Seite Hanois ergriffen.

In den folgenden Monaten versuchte die chinesische Führung zusammen mit einigen Mitgliedstaaten der prowestlichen Gemeinschaft Südostasiatischer Staaten (Association of Southeast Asian Nations, Asean), den in Peking exilierten Prinzen Sihanouk zu einem Bündnis mit den Roten Khmer und der kambodschanischen Rechten zu überreden. Diese Bemühungen waren 1981 erfolgreich.

Chinas Strategie in Kambodscha und die beginnende Konfrontation mit Vietnam hatten in Südostasien die Opferung eines der traditionellen Standbeine volksrepublikanischer Außenpolitik erforderlich gemacht: der „Einheitsfront von unten". In den frühen 60er Jahren hatten sich nahezu alle kommunistischen Parteien im südostasiatischen Untergrund gegen Moskau und für den Maoismus entschieden und Peking damit nicht nur in der weltweiten ideologischen Auseinandersetzung, sondern auch im Umgang mit den betroffenen Regierungen einen wichtigen Rückhalt geliefert. Diese zahlenmäßig signifikanten Gruppierungen hatten ihre politischen Führungsgremien in China etabliert, bezogen von dort materielle und propagandistische Unterstützung und unterhielten zumeist Radiosender im Süden der Volksrepublik. Zwar hatte sich diese anlässlich der Aufnahme diplomatischer Beziehungen zu drei Asean-Staaten (Thailand, Malaysia, Philippinen) in den Jahren 1974–1976 von Subversionsversuchen distanziert und sich in der Folgezeit eine gewisse propagandistische Selbstbeschränkung auferlegt. Dennoch unterschied man weiterhin zwischen Staats- und Parteibeziehungen und sah sich außerstande, letztere im Interesse der ersteren aufzukündigen.

All das änderte sich mit dem vietnamesischen Einmarsch in Kambodscha. 1979 meldete die thailändische Presse, Peking wolle die Kommunistische Partei Thailands (KPT) dazu überreden, ihre regierungsfeindlichen Aktivitäten aufzugeben und mit Bangkok zusammenzuarbeiten. 1980 verließ der Vorsitzende der Kommunistischen Partei Malayas (KPM) sein chinesisches Exil und ergab sich den malaysischen Behörden. Die Propagandasender beider Parteien verstummten. 1989 kam es zu der in diesem Zusammenhang spektakulärsten Aktion, als China die KPB und mit ihr kooperierende Guerillas ethnischer Minderheiten im neutralen Birma vom Nachschub mit Energie und Lebensmitteln abschnitt und auf diese Weise Waffenstillstandsabkommen mit der regierenden Militärjunta in Rangoon beförderte. Diese Politik zahlte sich aus: Hatten sich die Asean-Staaten seit 1979 für die andauernde Vertretung Kambodschas in den Vereinten Nationen durch die Roten Khmer bekannt, so entschieden sie sich 1980 unter Beteiligung des traditionell chinakritischen Indonesien gemeinsam mit Peking für die Ausübung militärischen Drucks auf die vietnamesischen Invasoren. Diese Strategie wurde vom Westen moralisch und materiell unterstützt. Die „antihegemonistische Front" war einen Schritt weitergekommen.

6.1.3 Strategische Partner

Im August 1978 unterzeichneten China und Japan nach fast vierjährigen Verhandlungen einen Friedens- und Freundschaftsvertrag. Tokyo hatte der Aufnahme einer „Antihegemonieklausel" zugestimmt, derzufolge keiner der Vertragspartner „in der asiatisch-pazifischen Region oder in einer anderen Region" nach Hegemonie streben würde und beide „Bestrebungen anderer Staaten oder Gruppen von Staaten, eine solche Hegemonie zu errichten" ablehnten. Um den Eindruck einer gemeinsamen Front gegen die Sowjetunion zu vermeiden, hatte Japan auf der Aufnahme eines weiteren Artikels bestanden, demzufolge das Abkommen die Beziehungen beider Seiten zu Drittstaaten nicht beeinträchtigen sollte. Deng Xiaoping ließ sich von derlei Taktieren nicht beeindrucken und erklärte den „Antihegemonismus" anlässlich eines Japan-Besuchs im Oktober 1978 zum Kern des Vertrages.

Abgesehen von dieser Frage war die Länge der Verhandlungen in substanziellen Meinungsverschiedenheiten in Hinblick auf Japans Beziehungen zu Taiwan begründet, das sowohl als Wirtschaftspartner als auch als Barriere für Chinas strategische Ambitionen in der regierenden Liberaldemokratischen Partei (LDP) eine wichtige Rolle spielte. Die Frage wurde schließlich ausgeklammert. Als ähnlich bedeutsam erwies sich das Problem der Senkaku (chin. Diaoyutai)-Inselgruppe in einem potenziell öl- und gasreichen Sektor des Ostchinesischen Meeres, die von Japan kontrolliert und von beiden Seiten, sowie von Taiwan, als Hoheitsgebiet beansprucht wurde. Im April 1978 entsandte die Volksrepublik etwa 100 Fischerboote in die betroffenen Seegebiete, die den chinesischen Anspruch auf Transparenten unterstrichen. Auch diese Frage blieb im Friedens- und Freundschaftsvertrag ungelöst, nachdem Deng Xiaoping erklärt hatte, man könne sich mit einer Lösung noch zehn Jahre Zeit lassen.

Gleichzeitig traten die japanisch-russischen Verhandlungen über eine Rückgabe der Südlichen Kurilen auf der Stelle und war der japanisch-chinesische Handel von 59 Millionen US-Dollar 1950 auf 3,5 Milliarden US-Dollar 1977 angewachsen. Im Februar 1978 unterzeichneten Peking und Tokyo ein Acht-Jahres-Handelsabkommen als rechtlichen Rahmen für Japans rasch zunehmenden Import chinesischen Erdöls und chinesischer Kohle und Chinas wachsende Nachfrage nach japanischer Technologie. Die hochfliegenden Erwartungen erwiesen sich angesichts fortbestehender bürokratischer Hemmnisse in der Volksrepublik als verfrüht, und 1979 musste Peking viele in diesem Rahmen geschlossene Verträge wieder aufkündigen. Nichtsdestotrotz war ein Zusammenhang zwischen den politischen und wirtschaftlichen Beziehungen schon Ende der 70er Jahre unverkennbar geworden.

Zur selben Zeit erhielten auch die Beziehungen zwischen Peking und Washington neue Impulse. Diese waren in erster Linie strategischer Natur. Im Sommer 1978 traten die Salt-II-Verhandlungen auf der Stelle. Die Sowjetunion und ihr kubanischer Verbündeter hatten Militärberater nach Äthiopien bzw. Angola entsandt. In Indochina war das prosowjetische Vietnam neue Vormacht. Die Aufnahme voller diplomatischer Beziehungen zwischen China und den USA am 1. Januar 1979 reflektierte auf amerikanischer Seite eine prominentere Rolle des Sicherheitsberaters Zbigniew Brzezinski, der die erstmals guten Beziehungen Washingtons zu

Peking *und* Tokyo für eine Eindämmung der Sowjetunion im westlichen Pazifik nutzen wollte. Auf Brzezinskis Betreiben hatte die Carter-Administration ihren Widerstand gegen westeuropäische Waffenlieferungen an die Volksrepublik aufgegeben und amerikanische Lieferungen so genannter *dual use*-Technologie im Einzelfall genehmigt.

Der Fortschritt in den Beziehungen reflektierte aber auch die Bedeutung des bilateralen Handels, der von fünf Millionen US-Dollar 1971 auf 900 Millionen US-Dollar 1974 angewachsen war, als die Volksrepublik damit begann, Anlagen und Passagierflugzeuge in den USA zu kaufen. Dieser Handel war für China defizitär, und weiteres Wachstum scheiterte neben einer nach wie vor restriktiven Pekinger Außenhandelspolitik an der Nichtexistenz diplomatischer Beziehungen, die etwa die Gewährung der Meistbegünstigung durch Washington nahezu unmöglich machte. Die 1973 in beiden Hauptstädten eingerichteten Verbindungsbüros waren nicht ermächtigt, amerikanischen Geschäftsleuten in der Volksrepublik einschlägige konsularische Dienstleistungen anzubieten. 1976 und 1977 verzeichnete das bilaterale Handelsvolumen einen spürbaren Rückgang.

Die im Mai 1978 aufgenommenen Normalisierungsverhandlungen führten zu einer Beendigung aller offiziellen Beziehungen zwischen den USA und Taiwan, der Aufkündigung des amerikanisch-taiwanesischen Vertrags über gegenseitige Verteidigung und dem Abzug aller amerikanischen Truppen von der Insel. In dem gemeinsamen Kommuniqué vom 15. Dezember 1978 anerkannte Washington Peking als „einzig legitime Regierung Chinas". In separaten Erklärungen insistierten die USA auf einer friedlichen Lösung der Taiwanfrage und auf ihrem Recht, nach Ablauf eines einjährigen Moratoriums in begrenztem Umfang wieder „Defensivwaffen" an die Inselrepublik zu liefern. Die chinesische Seite distanzierte sich von dieser Absichtserklärung und erklärte die Einzelheiten einer Vereinigung mit Taiwan zur inneren Angelegenheit. Wenn sie sich nichtsdestotrotz mit dem Erreichten zufriedengab, dann vor allem wegen des geplanten Feldzuges gegen Vietnam.

Im folgenden Monat besuchte Deng Xiaoping die USA, ließ sich mit einem Cowboyhut fotografieren und rief zur gemeinsamen Abwehr sowjetischer Expansionsbestrebungen auf. Mit der wiederholten Ankündigung einer „Strafexpedition" gegen Moskaus vietnamesischen „Stellvertreter" versuchte Deng, die Carter-Administration in dieser Frage zum Mitwisser und stillschweigenden Partner zu machen. In den folgenden Monaten erörterten beide Seiten auf chinesische Initiative den Bau amerikanischer

Abhöranlagen in Nordwestchina, um die Einhaltung der sowjetischen Abrüstungsverpflichtungen zu überwachen.

Unterdessen war das Kommuniqué vom 15. Dezember insbesondere unter konservativen Kongressmitgliedern auf Widerstand gestoßen, die der Administration einen Ausverkauf der Interessen Taiwans vorwarfen. Der Taiwan Relations Act (TRA) vom 10. April 1979 schuf die innerstaatliche Rechtsgrundlage für die Ausübung konsularischer Funktionen durch ein inoffizielles American Institute in Taiwan, die inoffizielle Wahrnehmung taiwanesischer Interessen in den USA und die fortgesetzte Tätigkeit der amerikanischen Overseas Private Investment Corporation in Taipei. Darüber hinaus erklärte er jegliche Bedrohung der Inselrepublik mit Gewalt oder Zwang zur Bedrohung des Friedens im westlichen Pazifik und damit zur „ernsten Sorge" Washingtons, das weiterhin „Defensivwaffen" an die Republik China liefern und sich der Ausübung von Druck oder Zwang entgegenstellen würde. Präsident Carter verzichtete angesichts der großen Mehrheiten, mit denen das Gesetz von beiden Häusern des Kongresses verabschiedet wurde, auf ein Veto, ließ aber China wissen, er werde den TRA immer im Lichte der zwischen den USA und der Volksrepublik getroffenen Vereinbarungen interpretieren.

Der Taiwan Relations Act (10. April 1979)

... Es ist die Politik der Vereinigten Staaten, (1) extensive, enge und freundliche kommerzielle, kulturelle und andere Beziehungen zwischen dem Volk der Vereinigten Staaten und den Menschen auf Taiwan, sowie den Menschen auf dem chinesischen Festland und allen anderen Völkern der westpazifischen Region, zu bewahren und zu fördern; (2) zu erklären, daß Frieden und Stabilität in diesem Gebiet im politischen, sicherheitspolitischen und wirtschaftlichen Interesse der Vereinigten Staaten liegen und Angelegenheiten von internationalem Belang sind; (3) klarzumachen, daß die Entscheidung der Vereinigten Staaten, diplomatische Beziehungen mit der Volksrepublik China herzustellen, von der Erwartung ausgeht, daß die Zukunft Taiwans mit friedlichen Mitteln entschieden werden wird; (4) jeden Versuch, die Zukunft Taiwans mit anderen als friedlichen Mitteln, darunter Boykotte oder Embargos, als eine Bedrohung des Friedens und der Sicherheit der westpazifischen Region und als ernste Sorge für die Vereinigten Staaten zu verstehen; (5) Taiwan Waffen defensiver Art zur Verfügung zu stellen; und (6) die Fähigkeit der Vereinigten Staaten aufrechtzuerhalten, sich jeder Gewaltanwendung oder anderen Formen des Zwangs entgegenzustellen, die die Sicherheit oder das gesellschaftliche oder wirtschaftliche System der Menschen auf Taiwan beeinträchtigen würden ...

... die Vereinigten Staaten werden Taiwan Verteidigungsgüter und Verteidigungsdienste in genügendem Umfang zur Verfügung stellen, um eine hinreichende Fähigkeit zur Selbstverteidigung aufrechtzuerhalten ... Der Präsident und der Kongreß stellen die Art und den Umfang solcher Verteidigungsgüter und -dienste ausschließlich auf

Grundlage ihrer Beurteilung der Bedürfnisse Taiwans in Übereinstimmung mit gesetzlich festgelegten Verfahren fest. Diese Feststellung der Verteidigungsbedürfnisse Taiwans schließt eine Prüfung durch militärische Instanzen der Vereinigten Staaten im Zusammenhang mit Empfehlungen an den Präsidenten und den Kongreß ein ...
   Der Präsident wird angewiesen, den Kongreß unverzüglich über jegliche Bedrohung der Sicherheit oder des gesellschaftlichen oder wirtschaftlichen Systems der Menschen auf Taiwan und jegliche Gefährdung für Interessen der Vereinigten Staaten, die sich daraus ergibt, zu unterrichten. Der Präsident und der Kongreß entscheiden in Übereinstimmung mit verfassungsgemäßen Verfahren über die angemessene Reaktion der Vereinigten Staaten als Antwort auf eine solche Gefährdung ...

Im Frühjahr 1979 legte sich Peking dahingehend fest, den Bündnisvertrag mit der Sowjetunion nach seinem Auslaufen im folgenden Jahr nicht mehr zu verlängern. Verhandlungen über ein Alternativ-Arrangement scheiterten an der chinesischen Forderung nach einem Rückzug vietnamesischer Truppen aus Kambodscha und sowjetischer Truppen von der gemeinsamen Grenze. Im Dezember kam es mit Moskaus Unterstützung zu einem Putsch in Afghanistan, gefolgt von einem Einmarsch der UdSSR in das blockfreie Nachbarland Chinas. Die Volksrepublik würdigte in den folgenden Jahren den Widerstand der afghanischen Mujaheddin und förderte ihrerseits zwei Widerstandsgruppen. Washington und Peking intensivierten ihren militärischen und nachrichtendienstlichen Austausch, und die USA verstärkten ihre *dual use*-Exporte nach China. In Xinjiang wurden zwei amerikanische Abhörstationen zur Überwachung sowjetischer Atom- und Raketentests errichtet. Die chinesisch-russischen Grenzverhandlungen wurden ausgesetzt.
   1980 gewährte Washington Peking erstmals die Meistbegünstigung. Diese musste fortan nach den Vorgaben des so genannten Jackson-Vanik Amendments jährlich erneuert werden und wurde von der Ausreisepraxis der Volksrepublik abhängig gemacht (eine Vorschrift, die von der Carter-Administration und den nachfolgenden Administrationen ignoriert wurde). Ebenfalls 1980 wurden Abkommen über Handel, See- und Luftverkehr, Postverbindungen, chinesische Textilexporte und amerikanische Getreideexporte unterzeichnet. Das bilaterale Handelsvolumen stieg von 1,1 Milliarden US-Dollar 1978 auf 4,8 Milliarden US-Dollar 1980. Der Studentenaustausch und die wissenschaftlich-technische Zusammenarbeit wurden intensiviert.

6.2 Äquidistanz und Primat der Wirtschaft

Wenn Kissingers „strategisches Dreieck" erst in den 80er Jahren eine gewisse operative Relevanz und politische Reife erlangte, dann vor allem aufgrund der außenpolitischen Kreativität eines durch Erfahrung klüger gewordenen Deng Xiaoping. Deng hatte verstanden, dass Washington die „chinesische Karte" nur für Notfälle brauchte und dass die USA als vital definierte Interessen nicht der Zusammenarbeit mit Peking unterordnen würden. Er betrachtete den Partner nun hauptsächlich als wirtschaftlich-technologischen Rückhalt in seinem Modernisierungsprojekt, akzeptierte die eigene Rolle als Juniorpartner und verzichtete darauf, diese durch weitere Drohgebärden etwa in der Taiwan-Straße aufs Spiel zu setzen. Ersatzweise versuchte er, die eigene Manövriermarge im Dreieck durch eine tendenzielle Wiederannäherung an die Sowjetunion zu vergrößern, ohne seinerseits eine „sowjetische Karte" auszuspielen. Deng konnte nicht wissen, dass die inhärenten Widersprüche seiner eigenen Entwicklungsstrategie dem Dreieck 1989 den Beinahe-Todesstoß versetzen sollten.

6.2.1 Öffnung und Kollaps

Nach Hua Guofengs Ausscheiden aus der politischen Führungsetage der Volksrepublik wurde Deng Xiaoping Chinas unangefochtener Führer, obgleich er von den drei Spitzenpositionen in Partei und Staat nur eine, den Vorsitz der Zentralen Militärkommission, innehatte. Im Ständigen Ausschuss des Politbüros gab es zwar noch Kontroversen über das Tempo der wirtschaftlichen Öffnung, nicht aber über die Öffnungspolitik an sich. 1984 wurden 14 weitere Küstenstädte und die Insel Hainan zu Sonderwirtschaftszonen erklärt. Die akkumulierten ausländischen Direktinvestitionen erreichten ein Rekordniveau von fast einer Milliarde US-Dollar. 1986 wurden Preiskontrollen für eine Reihe von Produkten aufgehoben. Die zunehmend exportgetriebene Volkswirtschaft wuchs in den 80er Jahren um nahezu 100 Prozent.

Chinas Bauern durften ihr Land nunmehr für 15 und mehr Jahre pachten und Überschüsse auf freien Märkten verkaufen. Chinas Staatsunternehmen konnten einen Teil ihrer Gewinne in eigener Verantwortung reinvestieren. In Stadt und Land entstanden Privatunternehmen und industrielle Kooperativen, und kleinere Staatsunternehmen konnten erstmals an private Geschäftsleute verkauft oder verpachtet werden. Die Verrechtlichung des Wirtschaftssystems wurde in Angriff genommen. Chinas Bürger wurden mobiler und änderten ihr in der Kulturrevolution geprägtes Bild vom Westen. Begleiterscheinungen in Gestalt westlicher kultureller Einflüsse oder politischer Kritik an der Basis sollten mit einer 1982 lancierten „Kampagne gegen geistige Verschmutzung" bekämpft werden. Andere Nebeneffekte wie Korruption oder Wirtschaftskriminalität wurden mehr oder minder als unvermeidbare Übel geduldet.

In der zweiten Hälfte der 80er Jahre zeichnete sich ab, dass die Politik nicht auf Dauer von der wirtschaftlichen Entwicklung abgeschottet werden konnte. Ende 1985 demonstrierten Studenten in Peking gegen Japans wachsende wirtschaftliche Dominanz. Ein Jahr später kam es zu Demonstrationen in Hefei, der Hauptstadt der Provinz Anhui, wo der Vizepräsident der Universität für Wissenschaft und Technologie, Fang Lizhi, eine Demokratiebewegung angestoßen hatte. Die Kundgebungen griffen auf Shanghai und Peking über, wo Tausende Studenten auf dem Platz des Himmlischen Friedens gegen Autoritarismus und für ein politisches System nach amerikanischem Vorbild eintraten. Die Demonstrationen wurden verboten und lösten sich gewaltfrei auf.

Im Januar 1987 kam es in Peking erneut zu Kundgebungen. Die Regierung lancierte nunmehr eine Kampagne gegen die „bourgeoise Liberalisierung" und für die Verteidigung der „vier Hauptprinzipien". Mehrere führende Dissidenten, darunter Fang Lizhi, wurden aus der KPCh ausgeschlossen. Der „liberale" Generalsekretär Hu Yaobang wurde für die Unruhen verantwortlich gemacht und zum Rücktritt gezwungen. Premierminister Zhao Ziyang wurde amtierender Parteichef.

Diese Personalentscheidung reflektierte zum einen Zhaos Anpassungsfähigkeit, zum anderen aber auch Dengs Entschlossenheit, die Kritiker seines Öffnungskurses nicht von der neuen Lage profitieren zu lassen. Im Oktober 1987 wurde Zhao Ziyang auf dem 13. Parteitag zum neuen Generalsekretär gewählt. Deng Xiaoping und seine konservativen Widersacher Chen Yun und Peng Zhen schieden aus dem Zentralkomitee und dem Politbüro aus, Deng behielt den Vorsitz der Zentralen Militärkommission. Zhao plädierte in seinem Bericht an den Parteitag nicht nur für weitere wirtschaftliche Reformen, sondern auch für eine allmähliche Trennung von Staat und Partei. Der neue Ständige Ausschuss bestand überwiegend aus reformorientierten Technokraten, darunter Zhou Enlais Adoptivsohn Li Peng. Li wurde im November zum Regierungschef bestellt.

Ende 1988 verzeichnete China ein elfprozentiges Wachstum und eine städtische Inflationsrate von durchschnittlich 25 Prozent. Während Parteifunktionäre die einhergehenden Verluste durch Korruption ausgleichen konnten, waren staatliche Angestellte wie Lehrer oder Ärzte am stärksten betroffen.

Am 15. April 1989 erlag Hu Yaobang einem Herzanfall. Auf dem Platz des Himmlischen Friedens demonstriertenen abermals Tausende Studenten. Sie forderten Hus Rehabilitierung, Maßnahmen gegen die Korruption, politische Reformen und bessere Studienbedingungen. In Shanghai und anderen Städten kam es zu ähnlichen Protesten.

Am 26. April erschien in der „Volkszeitung" ein Leitartikel, in dem den Demonstranten eine politische Verschwörung vorgeworfen wurde. Daraufhin wuchs deren Zahl in Peking trotz eines Versammlungsverbots auf über 100 000 an, darunter auch Sympathisanten aus den Reihen der Arbeiter und Angestellten. Am 13. Mai besetzten sie den Tiananmen-Platz und kündigten an, dort bis zur Erfüllung ihrer Forderungen bleiben zu wollen. Mehrere tausend Studenten traten in den Hungerstreik. Sie profitierten dabei von einem am 15. Mai beginnenden viertägigen Staatsbesuchs des sowjetischen Präsidenten Michail Gorbatschow und der entsprechend starken Präsenz internationaler Medien in der Hauptstadt.

Im Politbüro war es mittlerweile zu einem Machtkampf zwischen den Vertretern einer Kompromisslinie unter Zhao Ziyang und Hardlinern unter Li Peng gekommen, wobei Letztere von Deng und konservativen Parteiveteranen, darunter die zwei Jahre zuvor aus den Führungsgremien ausgeschiedenen Chen Yun und Peng Zhen, unterstützt wurden. Sowohl Zhao als auch Li besuchten hungerstreikende Studenten im Krankenhaus, aber anders als Zhao erweckte Li nicht den Eindruck, ihr Anliegen ernst zu nehmen. Die Demonstranten griffen Li Peng und Deng Xiaoping mittlerweile persönlich an, und ein Versuch, mit dem Premierminister ins Gespräch zu kommen, endete am 18. Mai desaströs. Am 19. Mai sprach Zhao Ziyang mit Studenten auf dem Tiananmen-Platz und erreichte eine Beendigung des Hungerstreiks. Am 20. Mai verhängte Li Peng mit Unterstützung Dengs und der Parteiveteranen aber gegen den Willen Zhaos das Kriegsrecht und befahl der VBA, den Platz zu räumen. Die Demonstranten errichteten Barrikaden, und die aus den Provinzen herangeführten Truppen zogen sich wieder an die Stadtgrenze zurück. Viele Studenten gingen nach Hause. Diejenigen, die blieben, errichteten die Statue einer „Göttin der Demokratie" in Anlehnung an die New Yorker Freiheitsstatue. Es kam zu neuen Hungerstreiks und neuen Kundgebungen.

In der Nacht vom 3. auf den 4. Juni besetzten die Streitkräfte den Platz des Himmlischen Friedens und töteten hier und in den umliegenden Straßen mindestens 1000 Personen, wobei mehrere Offiziere den Befehl verweigerten. Deng beglückwünschte die VBA dazu, China vor einer „konterrevolutionären Revolution" und vor der Einführung einer „dem Westen hörigen, bourgeoisen Republik" bewahrt zu haben. Er betonte, dass Reform und Öffnungspolitik fortgesetzt werden würden.

Gleichzeitig kam es zu einer Art Staatsstreich durch Deng und die Parteiveteranen, den das Zentralkomitee im Nachhinein absegnen musste. Zhao Ziyang wurde unter Hausarrest gestellt und durch den Parteisekretär von Shanghai, Jiang Zemin, ersetzt, der dort ein ähnliches Massaker verhindert hatte. Zhaos Mitarbeiter und zahlreiche Studenten wurden festgenommen, soweit sie nicht ins Ausland fliehen konnten. Es kam zu Hinrichtungen. Die Medien begannen eine breit angelegte Kampagne gegen „Konterrevolutionäre" und „Unruhestifter". Im November 1989 legte Deng mit dem Vorsitz der Zentralen Militärkommission sein letztes öffentliches Amt nieder. Sein Nachfolger wurde der neue Parteichef Jiang Zemin.

6.2.2 Unabhängige Außenpolitik

Carters Nachfolger Ronald Reagan hatte während des Wahlkampfes eine erneute Intensivierung der Beziehungen zu Taiwan angekündigt und erleichterte nach seinem Amtsantritt die offiziellen Kontakte mit Taipei auf mittlerer Ebene. Nichtsdestotrotz signalisierte er Peking Bereitschaft zu einer Fortentwicklung der amerikanisch-chinesischen Beziehungen. Außenminister Alexander Haig reiste im Juni 1981 in die Volksrepublik, schlug eine engere „strategische Partnerschaft" vor und stellte die Genehmigung bestimmter Rüstungslieferungen im Einzelfall in Aussicht. Exportbestimmungen für Spitzentechnologien sollten weiter gelockert werden.

Wenn China diese Angebote nicht umgehend aufgriff, dann vor allem wegen anhaltender Dissonanzen in der Taiwanfrage. Am 17. August 1982 unterzeichneten beide Seiten ein gemeinsames Kommuniqué, in dem die USA erklärten, dass ihre Waffenlieferungen an Taiwan „weder in qualitativer noch in quantitativer Hinsicht das Niveau der in den letzten Jahren seit Aufnahme diplomatischer Beziehungen zwischen den beiden Staaten ... überschreiten" würden und dass Washington diese Lieferungen schrittweise abbauen wolle. Der von Peking geforderte Zeitplan für Abbau und Einstellung der Lieferungen wurde nicht erwähnt, weshalb die Volksrepublik ihren militärischen Dialog mit den USA aussetzte. Diese stellten in einer einseitigen Erklärung einen Zusammenhang zwischen dem Abbau der Waffenlieferungen und einem Gewaltverzicht der Volksrepublik in ihren Bemühungen um eine Vereinigung mit Taiwan her.

Noch während der Verhandlungen gab die Reagan-Administration Taiwan über private Kanäle eine Reihe von Zusicherungen. Demnach würden die USA ihre Waffenlieferungen nicht befristen, Peking vor solchen Lieferungen nicht konsultieren, zwischen China und Taiwan nicht vermitteln, den TRA nicht revidieren, ihre Haltung zur Frage der Souveränität über Taiwan nicht verändern und Taiwan nicht zu Verhandlungen mit dem Festland drängen (vor dem Hintergrund dieser Entwicklung überraschte Deng Xiaoping die britische Premierministerin Margaret Thatcher mit der Forderung, Hongkong an China zurückzugeben. Die Heimholung der Kolonie sollte sowohl einen Beleg für die Ernsthaftigkeit territorialer Ansprüche als auch ein Modell für einen friedlichen Einigungsprozess liefern).

In den folgenden Jahren ging der Umfang regulärer, staatlich geförderter Waffenexporte der USA nach Taiwan in der Tat von 802 Millionen US-Dollar (1984) auf 720 Millionen US-Dollar (1987) zurück. Parallel hierzu ermöglichte Washington allerdings kommerzielle Transaktionen, deren Volumen sich über denselben Zeitraum verdoppelte.

Ein weiterer Grund für Pekings Zurückhaltung beim zügigen Ausbau der „strategischen Partnerschaft" mit den USA war der Eindruck eines veränderten weltweiten Kräftegleichgewichts. Während Washington unter Reagan neues Selbstbewusstsein ausstrahlte und Moskau ein neues Wettrüsten aufzwang, führte die Sowjetunion in Afghanistan einen Krieg, der nicht zu gewinnen war, und finanzierte in Indochina und Angola ähnliche Kriege. Moskau reagierte mit versöhnlichen Signalen Richtung Peking. So bescheinigte Leonid Breschnjew China im März 1982 in einer Rede in Taschkent ein sozialistisches Gesellschaftssystem und nahm die Volksrepublik ausdrücklich von seiner „Doktrin der begrenzten Souveränität" aus. Er forderte die chinesische Führung zur Wiederherstellung eines breiten Beziehungsspektrums und zur Wiederaufnahme der Grenzverhandlungen auf.

Diese reagierte mit Vorbedingungen. Im September 1982 erklärte Hu Yaobang vor dem 12. KPCh-Parteitag, Moskau solle zunächst seine Truppenpräsenz in der Äußeren Mongolei und an der gemeinsamen Grenze abbauen, die Unterstützung für die vietnamesische Besetzung Kambodschas beenden und sich aus Afghanistan zurückziehen. Gleichzeitig proklamierte er eine „unabhängige Außenpolitik", in deren Rahmen sich Peking keiner anderen Macht oder Gruppe von Mächten „anschließen", sondern seine Entscheidungen im Lichte der jeweiligen Umstände treffen werde. Europäische Abrüstungsinitiativen wurden erstmals gewürdigt. Während die UdSSR nun nicht mehr als „revisionistisch" beschimpft wurde, ein Vorwurf, den Moskau mittlerweile hätte zurückgeben können, sahen sich die USA einmal mehr zur interventionistischen Hegemonialmacht befördert, die sich arrogant über die Bedürfnisse der Entwicklungsländer hinwegsetzte.

1983 kam es zu einem ersten amerikanisch-chinesischen Handelskrieg, in dessen Rahmen die USA chinesische Textilimporte begrenzten, was die Volksrepublik zu reduzierten Getreideeinfuhren und einem Boykott amerikanischer Soyabohnen und Baumwolle veranlasste. Aufgrund solcher Spannungen und wachsender wirtschaftlicher Probleme auf beiden Seiten war der bilaterale Handel zwischen 1981 und 1983 erstmals wieder rückläufig. Ebenfalls erstmals verzeichnete die amerikanische Seite ein Handelsdefizit, das seither stetig zunahm.

Als Breschnjew im November 1982 starb, hatten Peking und Moskau ihre Verhandlungen wieder aufgenommen. Unter den Sowjetführern Juri Andropow (1982–1984) und Konstantin Chernenko (1984–1985) kam es zu Fortschritten beim Ausbau der Wirtschaftsbeziehungen und zu Angeboten der militärischen Vertrauensbildung, aber wie schon Breschnjew lehnten es beide ab, Fragen wie Afghanistan oder Kambodscha mit Peking zu diskutieren (China hätte sich zu dieser Zeit mit Fortschritt in einer dieser Fragen begnügt). Außerdem hatte die Sowjetunion damit begonnen, Langstreckenraketen vom Typ SS-20 im Fernen Osten zu dislozieren.

Eine Wende kündigte sich im Juli 1986 an, als Michail Gorbatschow (1985–1991) in einer in Wladiwostok gehaltenen Rede einen Teilrückzug aus Afghanistan und der Äußeren Mongolei ankündigte, die Einberufung einer Konferenz über Sicherheit und Zusammenarbeit in Asien vorschlug und China Gespräche „jederzeit und an jedem Ort" anbot. 1987 wurden die Grenzverhandlungen wieder aufgenommen und machten erstmals Fortschritte. 1988 verfügte Gorbatschow einen einseitigen Truppenrückzug von der chinesischen Grenze, mit dem Moskaus dortige Militärpräsenz in den folgenden sechs Jahren von 59 auf 34 Divisionen reduziert wurde. Im selben Jahr forderte er Vietnam zu einem umfassenden militärischen Rückzug aus Kambodscha auf. China bot dem ehemaligen Alliierten nunmehr „friedliche Koexistenz" an.

Im Mai 1989 besuchte der sowjetische Führer Peking und erneuerte die Parteibeziehungen zwischen der KPdSU und der KPCh. Der als Ausdruck von Chinas neuer „unabhängiger" Diplomatie geplante Besuch stand im Schatten der Demonstrationen auf dem Platz des Himmlischen Friedens, die gerade ihren Höhepunkt erreichten. Gorbatschow erzielte mit Zhao Ziyang eine weitreichende Übereinkunft hinsichtlich der Notwendigkeit politischer Reformen, die durch den weiteren Gang der Ereignisse in der Volksrepublik schnell obsolet werden sollten. Beide Seiten bekannten sich zu Truppenreduzierungen und Vertrauensbildenden Maßnahmen. Allerdings lehnte China sowohl engere Militärbeziehungen als auch eine Mitwirkung an Gorbatschows „asiatischer KSZE" ab und ließ eine Übereinstimmung in der Koreafrage dementieren.

Im Januar 1984 hatte Zhao die USA besucht, Meinungsverschiedenheiten mit Washington heruntergespielt und sich zur Nichtverbreitung von Atomwaffen bekannt. China wurde im selben Jahr Mitglied der Internationalen Atomenergie-Organisation (IAEO) und unterwarf Technologietransfers für die zivile Nutzung der Kernenergie und einige eigene Anlagen fortan grundsätzlich den Kontrollen der Organisation. Hauptmotiv für diesen Schritt waren Verhandlungen mit den USA über einen Vertrag über nukleartechnologische Zusammenarbeit, der im Dezember 1985 abgeschlossen wurde.

Ronald Reagan erwiderte den Besuch im April 1984. Bei dieser Gelegenheit würdigte er Zhao Ziyangs Reformvorhaben und betonte seinerseits „gemeinsame Interessen". Sowohl in China als auch in den USA hatte sich die Wirtschaft wiederbelebt, und der bilaterale Handel sollte sich in den folgenden fünf Jahren verdreifachen. Reagan kehrte mit dem Eindruck zurück, die Volksrepublik sei auf dem Weg zu Marktwirtschaft und Demokratie.

Auch die militärische und sicherheitspolitische Zusammenarbeit wurde weiter intensiviert. 1984 erhielt China Zugang zum staatlichen Rüstungsexportprogramm der USA. 1985 einigte man sich auf vier Bereiche (Panzerabwehr, Artillerie, Luftabwehr und U-Bootabwehr), in denen die Volksrepublik grundsätzlich amerikanische Waffen beziehen konnte. 1987 vereinbarten Washington und Moskau auf chinesischen und japanischen Druck, ihre Langstreckenraketen nicht nur in Europa, sondern auch im Fernen Osten abzubauen. Im Februar 1989 versicherte die chinesische Führung dem neuen amerikanischen Präsidenten George Bush (1988–

1991), der anstehende Gorbatschow-Besuch werde zu keiner Neuauflage der chinesisch-sowjetischen Allianz führen. Unter solchen Umständen und angesichts zeitgleicher sowjetischer Entspannungssignale nach Westen stieß die Annäherung zwischen Peking und Moskau nun auch in den USA auf Zustimmung.

Erste Verstimmungen auf dem Gebiet der Sicherheitspolitik kündigten sich an, als China im iranisch-irakischen Krieg (1980–1988) Waffen sowohl an Teheran als auch an Baghdad lieferte, darunter Antischiffsraketen, welche gegen amerikanische Kriegsschiffe eingesetzt werden konnten, die kuwaitische Tanker in den Golf eskortierten. Im Oktober 1987 kam es in diesem Zusammenhang erstmals zu Sanktionen, als Washington den Export von Spitzentechnologien in die Volksrepublik vorübergehend aussetzte. Peking lenkte ein, aber schon bald darauf meldeten amerikanische Geheimdienste den Verkauf chinesischer Langstreckenraketen nach Saudi-Arabien und chinesischer Mittelstreckenraketen nach Syrien sowie möglicherweise nach Pakistan, Libyen und in den Iran. Im September 1988 signalisierte China Bereitschaft, künftig auf solche Geschäfte zu verzichten.

Zu einem Beinahe-Bruch sollte es in der Frage der Menschenrechte kommen. Dieses Thema war von Nixon, Ford und der späten Carter-Administrationen aufgrund anders gelagerter Prioritäten heruntergespielt worden. Erst in der zweiten Hälfte der 80er Jahre sensibilisierten die Studentenproteste in China, das Schicksal der „Mauer der Demokratie", Zwangsabtreibungen und verschärfte Repression in Tibet eine breitere amerikanische Öffentlichkeit. Der Kongress gab den resultierenden Druck an die Reagan-Administration weiter, die daraufhin Fördergelder für Familienplanungsprogramme der Vereinten Nationen zurückhielt, hochrangige Vertreter auf Erkundungsmissionen nach Tibet schickte und sich für das Schicksal einzelner Dissidenten zu interessieren begann.

Hatte die Bush-Administration die wachsenden Spannungen in Peking und die Verhängung des Kriegsrechts im Mai 1989 zunächst mit Zurückhaltung verfolgt, so setzte sie am 5. Juni alle Rüstungsexporte und wichtigen militärischen Kontakte aus. Die Aufenthaltsgenehmigungen für chinesische Studenten in den USA wurden verlängert. Der Dissident Fang Lizhi erhielt Zuflucht in der amerikanischen Botschaft in Peking.

Zwei Wochen später untersagte Washington sämtliche hochrangigen Kontakte mit China, schränkte die wirtschaftlich-technische Zusammenarbeit ein (zu den ersten Opfern gehörte das Abkommen von 1985 über die nukleartechnologische Kooperation) und erwirkte in den internationalen Finanzinstitutionen eine Aussetzung weiterer Kredite für die Volksrepublik. Entsprechende Maßnahmen der EG und der Gruppe der sieben wichtigsten Industriestaaten (G-7) wurden begrüßt.

Gleichzeitig war die Administration besorgt über die Möglichkeit, Peking könne sich angesichts der Sanktionen wieder mit Moskau verbünden. Bush versuchte vergeblich, mit Deng Xiaoping zu telefonieren. Im Juli schickte er seinen Sicherheitsberater Brent Scowcroft und den stellvertretenden Außenminister Lawrence Eagleburger zu Geheimgesprächen in die chinesische Hauptstadt.

Deng Xiaoping über Kriegsgefahr, die Zukunft des Sozialismus in China, unabhängige Außenpolitik und Öffnungspolitik (September 1989)

... Was die internationale Lage angeht, so gibt es die Frage von Krieg (und Frieden). Wenn die Vereinigten Staaten und die Sowjetunion einander nicht bekämpfen, wird es keinen Weltkrieg geben, aber kleinere Kriege werden unvermeidlich sein. Die derzeitigen Kriege zwischen unterentwickelten Staaten sind tatsächlich das, was die entwickelten Staaten brauchen. Ihre Politik der Einschüchterung rückständiger Staaten hat sich nicht geändert. China muß seine Position behaupten; sonst werden sich andere gegen uns verschwören. Es gibt viele Menschen auf der Welt, die hoffen, daß wir uns entwickeln, aber es gibt genauso viele, die uns an den Kragen wollen. Wir selbst sollten wachsam bleiben. Wir sollten unseren Ruf als unabhängiger Akteur aufrechterhalten, der die Initiative in der eigenen Hand behält und sich weigert, Trugschlüssen aufzusitzen oder im Angesicht der Gefahr zu zittern. Unter gar keinen Umständen dürfen wir Schwäche zeigen. Je mehr Angst man hat und je mehr Schwäche man zeigt, desto aggressiver werden die anderen sich verhalten. Sie werden dich nicht freundlich behandeln, weil du schwach bist. Im Gegenteil, wenn du schwach bist, werden sie auf dich herabblicken. Wovor sollten wir Angst haben? Wir haben keine Angst vor Krieg. Wir glauben nicht, daß es einen Weltkrieg geben wird, aber selbst, wenn es einen geben würde, hätten wir keine Angst. Jeder, der es wagen würde, in China einzufallen, würde nie wieder herauskommen. China verfügt über reichlich Erfahrung im Widerstand gegen auswärtige Aggression. Wir würden die Invasoren zuerst schlagen und dann mit dem Wiederaufbau beginnen.

Ein anderer Aspekt der internationalen Lage ist der Aufruhr in einigen sozialistischen Staaten. Ich denke, daß der Aufruhr in Osteuropa und in der Sowjetunion unvermeidlich war. Es ist schwer vorherzusagen, wie weit er gehen wird; wir müssen die Entwicklung weiter ruhig beobachten. Wenn China sein Brutto-Inlandsprodukt planmäßig zum zweiten Mal real verdoppelt, während diese Staaten in Aufruhr sind, ist das ein Erfolg für den Sozialismus. Wenn wir die Modernisierung Mitte des nächsten Jahrhunderts im Großen und Ganzen abgeschlossen haben, haben wir zusätzliche Gründe zu sagen, daß der Sozialismus erfolgreich gewesen ist. Natürlich sollten wir nicht prahlen. Je entwickelter wir sind, desto bescheidener sollten wir sein. Aber wenn China seine Position behauptet und seine Entwicklungsziele erreicht, wird das ein Beweis für die Überlegenheit des Sozialismus sein.

Zweifellos wollen die Imperialisten, daß sich die Natur der sozialistischen Staaten ändert. Das derzeitige Problem besteht nicht in der Frage, wann das Banner der Sowjetunion fällt – es wird dort zwangsläufig zu Unruhen kommen – sondern in der Frage, ob das Banner Chinas fallen wird. Es ist deshalb am wichtigsten, daß es in China nicht zu Unruhen kommt, daß wir mit einer echten Reform fortfahren und uns weiter nach außen öffnen. Ohne eine solche Politik hätte China keine Zukunft. Wie haben wir erreicht, was wir in den vergangenen zehn Jahren erreicht haben? Durch Reform und Öffnung nach außen. Solange wir mit dieser Politik fortfahren und solange unser sozialistisches Banner fest in den Boden gepflanzt ist, wird China über enormen Einfluß verfügen. Natürlich wird das die entwickelten Staaten noch mißtrauischer gegen uns machen. Nichtsdestotrotz sollten wir den friedlichen Austausch mit ihnen beibehalten. Wir sollten sie als Freunde behalten, aber uns auch ein klares Verständnis ihrer Handlungen bewahren. Wir sollten andere Staaten nicht ohne guten Grund kritisieren oder verurteilen oder in unseren Worten und Taten zu Extremen neigen.

Das denke ich von der Gesamtlage. Für uns kommt es entscheidend darauf an, Unruhen zu vermeiden. Wir verfügen über solide Grundlagen, die in Jahrzehnten des Kampfes gelegt wurden. Wir sollten diesen Kampfgeist an künftige Generationen weitergeben, denn er ist unser Kapital. Was in anderen Staaten passiert, geht uns nichts an, aber wir sollten uns eins klar machen: in China wird sich der Sozialismus nicht ändern. China wird dem eingeschlagenen, sozialistischen Weg mit Gewißheit bis zum Ende folgen. Niemand kann uns überwältigen. Solange China nicht zusammenbricht, wird sich ein Fünftel der Weltbevölkerung weiter zum Sozialismus bekennen. Wir sind voller Zuversicht, daß der Sozialismus eine strahlende Zukunft hat.

Kurz gesagt, kann meine Sicht der internationalen Lage in drei Sätzen zusammengefaßt werden: Erstens sollten wir die Lage mit kühlem Kopf beobachten. Zweitens sollten wir unsere Position behaupten. Drittens sollten wir ruhig handeln. Seid nicht ungeduldig; es ist nicht gut, ungeduldig zu sein. Wir sollten ruhig, ruhig und nochmal ruhig sein und uns mit Ruhe in praktische Arbeit stürzen, um etwas zu erreichen, etwas für China ...

Weiterführende Literatur

„Strafexpedition" gegen Vietnam:
Kay Möller, *China und das wiedervereinte Vietnam – Pax Sinica contra Regionalhegemonie.* Bochum: Brockmeyer, 1984.
William J. Duiker, *China and Vietnam: The Roots of Conflict.* Berkeley CA: Institute of East Asian Studies, 1986.
King C. Chen, *China's War with Vietnam, 1979. Issues, Decisions, and Implications.* Stanford CA: Hoover Institution Press, 1987.
Steven J. Hood, *Dragons Entangled. Indochina and the China-Vietnam War.* Armonk NY: Sharpe, 1992.
James C. Mulvenon, The Limits of Coercive Diplomacy. The 1979 Sino-Vietnamese Border War, in: *Journal of Northeast Asian Studies*, Vol. 14, No. 3 (Fall 1995), S. 68–88.

Friedens- und Freundschaftsvertrag mit Japan:
Hidenori Ijiri, Sino-Japanese Controversy since the 1972 Diplomatic Normalization, in: *The China Quarterly*, No. 124 (December 1990), S. 639–661.

Christopher Howe (Hrsg.), *China and Japan. History, Trends, and Prospects*. Oxford: Clarendon, 1996.

„Strategisches Dreieck":

Harold C. Hinton, Teng Hsiao p'ing's Management of the Superpowers, in: Yu-ming Shaw (Hrsg.), *Changes and Continuities in Chinese Communism, Vol. 1*. Boulder CO: Westview Press, 1988), S. 306–317.

Joseph Y.S. Cheng, China's Relations with the two Superpowers in the Context of Modernization Diplomacy, in: *Asian Perspective* (Seoul), Vol. 12, No. 2 (Fall/Winter 1988), S. 157–191.

Harvey W. Nelsen, *Power and Insecurity. Beijing, Moscow, and Washington, 1949–1988*. Boulder CO: Lynne Rienner Publishers, 1989.

Shao Wenguang, China's Relations with the Super-Powers. Strategic Shifts and Implications, in: *Survival*, Vol. 32, No. 2 (March/April 1990), S. 157–172.

Joshua S. Goldstein/John R. Freeman, U.S.-Soviet-Chinese Relations. Routine, Reciprocity, or Rational Expectations?, in: *American Political Science Review*, Vol. 85, No. 1 (March 1991), S. 17–35.

Robert S. Ross (Hrsg.), *China, the United States, and the Soviet Union. Tripolarity and Policy Making in the Cold War*. Armonk NY: Sharpe, 1993.

Michael Mandelbaum (Hrsg.), *The Strategic Quadrangle. Russia, China, Japan, and the United States in East Asia*. New York: Council on Foreign Relations Press, 1994.

Gu Xuewu, *Ausspielung der Barbaren. China zwischen den Supermächten in der Zeit des Ost-West-Konfliktes*. Baden-Baden: Nomos, 1998.

Gu Xuewu, Die VR China zwischen den Supermächten: 1949–1989, in: Carsten Hermann-Pillath (Hrsg.), *Länderbericht China*. Bonn, Bundeszentrale für politische Bildung, 1998, S. 492–514.

7. 1990 – 2004: Virtuelle Großmacht

7.1 Isolation und Ausbruch

Die Krise von 1989 war erst der Auftakt zu einer dramatischen Umorientierung der chinesischen Außenpolitik, aber die Reaktionen der Bush-Administration bestärkten Deng Xiaoping in der Überzeugung, der Westen werde letztlich klein beigeben. Mit dem fortschreitenden Zerfall des Ostblocks, gefolgt vom Untergang des sozialistischen Mutterlands, sollte das „strategische Dreieck" allerdings seine *raison d'être* einbüßen. China suchte und fand einen Weg, sich der internationalen Gemeinschaft auf andere Weise als Partner zu empfehlen.

7.1.1 Offene Tür

Dengs nach dem Massaker vom Juni 1989 abgegebenes Bekenntnis zu einer Fortsetzung der wirtschaftlichen Öffnungspolitik war gleichzeitig politisches Kalkül und Reflex gewachsener, außenwirtschaftlicher Interdependenzen. Chinas Außenhandelsvolumen betrug 1989 über 100 Milliarden US-Dollar (1977: 20 Milliarden US$), das war mehr als ein Viertel des BIP. Die Summe aller realisierten ausländischen Investitionen belief sich auf 3,8 Milliarden US-Dollar (1983: 900 Millionen US$), und etwa die gleiche Summe wurde durch Exporte ausländischer Unternehmen und *joint ventures* in Drittstaaten erwirtschaftet. China war Mitglied im Internationalen Währungsfonds (IWF), in der Weltbank und in der Asiatischen Entwicklungsbank (Asian Development Bank, ADB) und hatte 1986 den Beitritt zum Allgemeinen Zoll- und Handelsabkommen (General Agreement on Tariffs and Trade, GATT) beantragt. Der Anteil der auf den internationalen Kapitalmärkten aufgenommenen Kredite am BIP belief sich 1989 bereits auf ein Prozent. Deng war 1976 wegen seines Bekenntnisses zur wirtschaftlichen Öffnung gestürzt worden und hatte sein eigenes politisches Schicksal seit 1978 erneut mit diesem Programm verknüpft.

Das Programm war nach dem „Staatsstreich" vom Juni 1989 nicht mehr unumstritten. Li Peng hatte angesichts der Überhitzung der Volkswirtschaft bereits im September 1988 ein Sparprogramm verordnet. Nach dem

Massaker war es zu Kapitalflucht und einem Einbruch der Zahlungsbilanz gekommen. Die neue Führung verfügte zwar keine Schließung der Märkte, aber Preiskontrollen für Konsumgüter und Nahrungsmittel. In amtlichen Verlautbarungen kam es zu einer Rehabilitierung der Planwirtschaft und sozialistischer Werte wie Sparsamkeit und „Verlassen auf die eigene Kraft". Der gesundheitlich angeschlagene Deng Xiaoping hatte zwischen Juli 1990 und Oktober 1992 keine öffentlichen Auftritte.

Im Oktober 1992 überlebte Deng einen weiteren Machtkampf, als Staatspräsident Yang Shangkun, einer der konservativen Parteiveteranen, bei dem Versuch scheiterte, seinem Halbbruder Yang Baibing auf dem 14. KPCh-Parteitag zu einem Sitz im Ständigen Ausschuss des Politbüros zu verhelfen. Yang Shangkun verlor seine Mitgliedschaft im Politbüro und den stellvertretenden Vorsitz der Zentralen Militärkommission und wurde als Staatschef durch Jiang Zemin ersetzt. Yang Baibing musste als Generalsekretär der Militärkommission zurücktreten. Die Hintergründe des Konflikts bleiben ungeklärt, aber die politische Aufwertung der Streitkräfte durch die Ereignisse des Juni 1989 scheint dabei eine Rolle gespielt zu haben. Im Anschluss an den Sturz Yang Shangkuns wurden 300 führende Offiziersposten neu- oder umbesetzt. Der Zivilist Jiang Zemin setzte diese Praxis in den folgenden Jahren fort, um sich eine unabhängige Machtbasis zu schaffen.

Mit dem stellvertetenden Premierminister und neuen „Superminister" für Wirtschaft und Handel, Zhu Rongji, zog ein Reformer in den Ständigen Ausschuss ein. Dort standen sich nunmehr zwei Konservative (Jiang Zemin, Li Peng) und zwei Deng-Anhänger (Zhu Rongji, Li Ruihuan) gegenüber. Im nichtdefinierten Mittelfeld bewegten sich der technokratische Admiral Liu Huaqing, der Geheimdienstler Qiao Shi und der Parteisekretär von Tibet, Hu Jintao.

Derart bestätigt und um den Reformern den Rücken zu stärken, besuchte Deng Xiaoping zum chinesischen Neujahrsfest 1993 unter großem propagandistischen Aufwand die halbkapitalistische Vorzeigestadt Shanghai und die Wirtschaftssonderzone Shenzhen bei Hongkong, um für eine „sozialistische Marktwirtschaft" zu werben. Dabei forderte er eine Verdoppelung des von Jiang und Li vorgegebenen Wachstumsziels auf zwölf Prozent.

Die Märkte reagierten umgehend, und die Politik hatte keine andere Wahl, als dem Patriarchen einmal mehr zu folgen. 1993–1995 erzielte die Volksrepublik doppelstelliges Wachstum, und die ausländischen Investoren kehrten in Scharen zurück. In den Städten kam es erneut zu Inflation,

Chinas Staatsgetriebe verzeichneten wachsende Verluste, und Frustrationen auf dem Lande entluden sich angesichts wieder rückläufiger Einkommen und von Beamtenwillkür in zahlreichen Unruhen. 100 bis 200 Millionen Landbewohner suchten ihr Glück in den boomenden Städten, wo aber nur wenige von ihnen eine dauerhafte Anstellung fanden. Unterdessen sorgte sich die Führung einmal mehr um eventuelle politische Begleiterscheinungen der neuen Öffnungspolitik: Im Rahmen einer Kampagne zur Verteidigung der „sozialistischen spirituellen Zivilisation" wurde die private Nutzung von Parabolantennen zum Empfang ausländischer Satellitenprogramme verboten. 1995 wurden mehrere Dissidenten verhaftet.

7.1.2 Das Ende des Weltkommunismus

China hatte den Untergang der kommunistischen Regime in Osteuropa erwartet. Dennoch wurden die Entwicklungen der Jahre 1989–1990 mit Sorge verfolgt, schienen die DDR und Rumänien doch den Beweis dafür zu liefern, dass eine Politik der harten Hand zu umso entschlossenerem Widerstand führte. Intern machte man Gorbatschows Reformen für das Debakel verantwortlich; nach außen versuchte man, den Kommunisten Gorbatschow in Hoffnung auf einen kommunistischen Nachfolger zu stützen. Anlässlich seines Moskau-Besuchs im Mai 1991 offerierte Jiang Zemin nicht weniger als eine Neuauflage der Kooperation der 50er Jahre, wenngleich ohne formal-militärische Komponente. Er vermied eine Begegnung mit Boris Jelzin.

Als Gorbatschows innerparteiliche Gegner drei Monate später ihren vergeblichen Putsch inszenierten, reagierte das chinesische Außenministerium mit der Aufforderung, „die Entscheidungen der Völker aller Staaten zu respektieren" und prognostizierte für die bilateralen Beziehungen „unaufhaltsamen Fortschritt". Peking hatte eine solche Entwicklung erhofft, manches sprach sogar dafür, dass die chinesische Führung zuvor unterrichtet worden war.

Von nun an blieb nicht viel mehr übrig, als den rasanten Gang der Ereignisse hinzunehmen. Im September 1991 anerkannte die Volksrepublik die Unabhängigkeit Estlands, Lettlands und Litauens, im Dezember die Russische Föderation und alle weiteren Mitglieder der späteren Gemeinschaft Unabhängiger Staaten (GUS). Vor dem Hintergrund der westlichen Sanktionen wurden die wirtschaftlichen und rüstungswirtschaftlichen Beziehungen insbesondere zu Moskau intensiviert. Im Rahmen eines im November 1993 unterzeichneten Abkommens über militärische Zusammenarbeit begann der Transfer russischer Rüstungsgüter in großem Maßstab, und es kam zu einem massivem Einsatz russischer Atom- und Raketenexperten in China.

Noch im Oktober 1989 hatte man sich auf eine vertragliche Festlegung der östlichen Grenze entlang von Amur und Ussuri verständigt, wobei mehrere hundert kleine Inseln und ein Stück bisher sowjetisches Territorium China zugesprochen worden waren. Im April 1990 wurde ein erstes Abkommen über den Abbau der grenznahen Truppen unterzeichnet. Im November 1992 kamen beide Seiten überein, das Gros ihrer Truppen um jeweils einhundert Kilometer von der gemeinsamen Grenze zurückzuziehen und im Grenzgebiet stationierte Offensivwaffen schrittweise abzubauen.

Im Dezember 1992 besuchte der russische Präsident Boris Jelzin (1991–1999) China und unterzeichnete 24 Abkommen, darunter eine Gemeinsame Erklärung über die Grundsätze der Beziehungen, die einen gegenseitigen Gewaltverzicht einschloss. Russland verzichtete förmlich auf den Ersteinsatz von Atomwaffen.

7.1.3 Rückkehr auf die internationale Bühne

Chinas beinahe schon instinktive Reaktion auf die 1989 vom Westen verhängten Sanktionen bestand in einem Rückzug in traditionelle ostasiatische Einflussgebiete und anfänglich einer Intensivierung der Beziehungen zu ähnlich isolierten Staaten. Kurz nach dem Massaker auf dem Platz des Himmlischen Friedens unterzeichnete man ein Kooperationsabkommen mit der birmanischen Junta, die in den folgenden Jahren in großem Umfang chinesische Rüstungsgüter bezog. Ein weiterer Abnehmer wurde Laos, nachdem ein Grenzvertrag im Oktober 1991 Grundlagen für ein besseres bilaterales Verhältnis gelegt hatte. Im September 1990 wurde die Normalisierung der Beziehungen zu Vietnam eingeleitet, nachdem Hanoi seine Truppen unter sowjetischem Druck aus Kambodscha abgezogen hatte. Chinas anschließende diplomatische Distanzierung von den Roten Khmer führte dazu, dass beide Seiten im Oktober 1991 wie auch die USA zu den Garanten der Pariser Friedensabkommen für Kambodscha zählten. Im Zusammenhang mit dem Friedensprozess hatten Indonesien und Singapur ihre Beziehungen zu Peking ein Jahr zuvor normalisiert.

Auch weiter nördlich sollte der Rückzug auf die eigene Nachbarschaft letztlich die regionale und damit die internationale Reputation der Volksrepublik reparieren helfen. Im September 1991 fügte sich Pyöngyang dem zeitgleichen Beitritt beider Koreas zu den Vereinten Nationen, nachdem China es abgelehnt hatte, einen entsprechenden südkoreanischen Antrag durch Veto im Weltsicherheitsrat zu Fall zu bringen. Im folgenden Jahr nahmen Peking und Seoul diplomatische Beziehungen auf. Anfang der 90er Jahre kam es sowohl zwischen Nordkorea und den USA als auch zwischen Nordkorea und Japan zu mehreren Verhandlungsrunden in der chinesischen Hauptstadt.

Im August 1991 war der japanische Premierminister Toshiki Kaifu (1989–1991) der erste Regierungschef eines führenden Industriestaates, der die Volksrepublik nach dem Juni 1989 besuchte. Während der Visite kündigte China seinen (im März 1992 vollzogenen) Beitritt zum Atomwaffensperrvertrag an. Unter deutlichen Anklängen an die „friedliche Koexistenz" der 50er Jahre bediente sich Peking mangels offener Kanäle nach Westen des eigenen Umfelds, um seine internationalen Beziehungen neu zu ordnen.

Das größte Problem blieben in diesem Zusammenhang die USA, wo die China-Euphorie der 70er Jahre einmal mehr der Ernüchterung gewichen war. Die Bush-Administration hatte dennoch Interesse an einer Fortführung der „strategischen Partnerschaft" signalisiert, und Bush selbst empfing den chinesischen Außenminister 1990 im Weißen Haus, nachdem Peking den alliierten Einmarsch im Irak durch Stimmenthaltung im Sicherheitsrat ermöglicht hatte. Im selben Zusammenhang beendete Washington seinen Widerstand gegen die Gewährung neuer Weltbankkredite an China. Daheim gab Deng Xiaoping die Maxime aus, sich auf der internationalen Bühne bedeckt zu halten und niemals die Führungsrolle zu übernehmen.

Präsident Bill Clinton (1993–2000) hatte seinen Vorgänger im Wahlkampf der „Umarmung von Diktatoren" geziehen und gleich nach Amtsantritt versucht, die jährlich fällige Erneuerung der Meistbegünstigung von menschenrechtlichem Fortschritt in der Volksrepublik abhängig zu machen. Die chinesische Führung entschloss sich, diese Drohung als Bluff zu verstehen und im Zweifel auf die Meistbegünstigung zu verzichten. Die Rechnung ging auf. Angesichts von Druck aus der Wirtschaft und Befürchtungen, die Volksrepublik könne nach dem Tod Deng Xiaopings von nationalistischen Hardlinern geführt werden, unterschrieb Clinton im September 1993 einen vertraulichen Aktionsplan zur Verbesserung der bilateralen Beziehungen mittels einer Politik der „Einbindung". Die Meistbegünstigung wurde im Mai 1994 unkonditioniert verlängert. Clinton und Jiang Zemin trafen sich erstmals im November 1993 auf dem Gipfeltreffen der Asiatisch-Pazifischen Wirtschaftszusammenarbeit (Asia-Pacific Economic Cooperation, APEC) in Seattle. Jiang signalisierte Bereitschaft zu Verhandlungen über chinesische Rüstungsexporte. Der sicherheitspolitische und militärische Dialog wurde wieder aufgenommen. 1994 verpflichtete sich Peking, oberhalb bestimmter Reichweiten keine ballistischen Raketen mehr zu exportieren. Washington hob darauf ein im Vorjahr verhängtes Hochtechnologieembargo wieder auf.

Bill Clinton über die Notwendigkeit, China einzubinden (Mai 1994)

... Unser Verhältnis zu China ist für alle Amerikaner bedeutsam. Wir haben an den dortigen Entwicklungen und den Entwicklungen in unseren Beziehungen ein beträchtliches Interesse. China hat ein Atomwaffenarsenal und Stimme und Vetorecht im Sicherheitsrat der Vereinten Nationen. Es ist ein wesentlicher Faktor der asiatischen und globalen Sicherheit. Wir teilen wichtige Interessen, etwa an einer atomwaffenfreien Koreanischen Halbinsel und am Schutz der globalen Umwelt. China ist auch die am schnellsten wachsende Volkswirtschaft der Welt. Im vergangenen Jahr haben amerikanische Exporte nach China im Wert von mehr als acht Milliarden US-Dollar über 150 000 amerikanische Arbeitsplätze erhalten.

Ich habe Außenminister Christophers schriftliche Vorschläge nach Maßgabe der Exekutivanweisung vom vergangenen Jahr erhalten, in denen er mir über relevante Entwicklungen Bericht erstattet. Ich stimme mit seiner Schlußfolgerung dahingehend überein, daß die Chinesen nicht jenen umfassenden und bedeutsamen Fortschritt auf allen Gebieten gemacht haben, die in dem Abschnitt der Exekutivanweisung, der sich mit Menschenrechten befaßt, beschrieben werden, auch wenn es in wichtigen Bereichen zu Fortschritt gekommen ist, darunter die Lösung aller Auswanderungsfälle, die Erstellung einer Absichtserklärung über eine Lösung des Problems der Gefangenenarbeit, die Beachtung der Allgemeinen Erklärung der Menschenrechte und andere Themen.

Nichtsdesotrotz gibt es in China weiterhin ernste Menschenrechtsverletzungen, darunter die Festnahme und Inhaftierung von Personen, die ihre Meinung friedlich kundtun und die Unterdrückung der religiösen und kulturellen Traditionen Tibets.

Angesichts der Tatsache, daß es Fortschritte gegeben hat, aber nicht alle Voraussetzungen der Exekutivanweisung erfüllt wurden, müssen wir uns jetzt fragen, wie wir der Sache der Menschenrechte und den anderen wichtigen Interessen am besten dienen, die die Vereinigten Staaten in unserer Beziehung zu China haben.

Ich habe entschieden, daß die Vereinigten Staaten den Handelsstatus der Meistbegünstigung für China erneuern sollen. Ich glaube, daß uns diese Entscheidung die beste Möglichkeit eröffnet, Grundlagen für einen langfristig aufrechterhaltbaren Fortschritt bei den Menschenrechten und für die Förderung unserer anderen Interessen in China zu legen. Indem wir die Meistbegünstigung verlängern, vermeiden wir es, China zu isolieren und ermöglichen wir es, die Chinesen nicht nur über wirtschaftliche Kontakte, sondern ebenso über kulturelle, bildungspolitische und andere Kontakte, sowie mit einer anhaltend aggressiven Bemühung um die Menschenrechte einzubinden. Ich

denke, daß dieser Ansatz die Wahrscheinlichkeit erhöht, daß China nach innen und nach außen eine verantwortliche Rolle spielt.
Ich entkopple daher die Frage der Menschenrechte von der jährlichen Erneuerung des Handelsstatus der Meistbegünstigung für China. Die Verbindung hat sich im vergangenen Jahr als nützlich erwiesen. Angesichts unserer aggressiven Kontakte mit den Chinesen in den vergangenen Monaten glaube ich jedoch, daß sich die Nützlichkeit dieser Politik erschöpft hat und daß es an der Zeit ist, zur Realisierung unserer konstanten Ziele einen neuen Pfad einzuschlagen. Wir müssen unser Verhältnis in einen weiteren und produktiveren Rahmen einordnen ...

7.2 Einbindung

Wenn sich Peking in der zweiten Hälfte der 90er Jahre grundsätzlich auf Clintons Einbindungsangebot einließ, dann aufgrund wachsender Einsicht in die eigenen ökonomischen Interdependenzen. China war seit 1993 Netto-Importeur von Öl und Getreide und angesichts rückläufiger Staatseinnahmen zunehmend auf Kapitalimporte angewiesen. Diese hatten nach dem Intervall von 1989–1990 sowohl in Gestalt ausländischer Direktinvestitionen als auch von Krediten internationaler Finanzinstitutionen wieder deutlich zugenommen, und die Volksrepublik belegte auf beiden Gebieten schnell Spitzenreiterpositionen. 1995 erreichte der Außenhandelsanteil am BIP (unter Berücksichtigung Hongkongs) 40 Prozent, wovon wiederum 40 Prozent auf die USA entfielen.

Gleichzeitig war Einbindung unkonditioniert und in Washington ausdrücklich als „Fächer" konzipiert worden, in dem sich Peking aussuchen konnte, wie viel Fortschritt auf welchem Gebiet gemacht werden sollte. Zwar entschied sich die Clinton-Administration für einen zeitgleichen Ausbau ihrer westpazifischen Allianzen, aber man war bemüht, keine unmittelbaren Bezüge zur Chinapolitik herzustellen. Das Motiv für die Volksrepublik, solche Querverbindungen schließlich selbst zu konstruieren, war ein Problem, von dem Deng 1978 geglaubt hatte, dass seine Lösung auf unbestimmte Zeit vertagt werden konnte: die Taiwanfrage.

7.2.1 Die „Ära Jiang Zemin"

Deng Xiaopings krankheitsbedingtes Ausscheiden aus der Tagespolitik führte 1995 zu einer pragmatischen Annäherung zwischen Parteichef Jiang Zemin und „Wirtschaftszar" Zhu Rongji, die die galoppierende Inflation einmal mehr mit Sparmaßnahmen bekämpften. Das Steuer wurde wieder herumgeworfen, als die Lage des Staatssektors angesichts der erneuten Kreditverknappung unhaltbar zu werden drohte. Diesmal konnte die Inflation unter Kontrolle gehalten werden, aber angesichts von Entlassungen, nichtausgezahlten Löhnen und einer ungewissen Zukunft kam es in zahlreichen Städten zu Arbeiterdemonstrationen.

Jiangs Machtbasis war weiterhin lückenhaft, und neben dem Schulterschluss mit Zhu und Bemühungen, führende Militärs an sich zu binden, versuchte er, Deng gleichzeitig in der Rolle des starken Mannes und des Vordenkers nachzuahmen. Auf dem sechsten Plenum des 14. Zentralkomitees im Oktober 1995 insistierte er auf der Notwendigkeit, „materiellen Fortschritt" mit Hilfe von „ethischem und kulturellem Fortschritt" auszubalancieren, womit der Propagandaabteilung der Vorwand für eine verschärfte Medienzensur geliefert wurde, die sich erstmals auch gegen das Internet richtete. „Konfuzianische" Werte wie der Respekt für Autorität erlebten eine Renaissance, und im Namen ihrer „spirituellen Zivilisation" lancierte die Volksrepublik unter dem Motto „hart zuschlagen" eine Kampagne gegen gewöhnliche Kriminelle und Separatisten in Tibet und Xinjiang. Prominente Dissidenten wurden zu langjährigen Haftstrafen verurteilt.

Am 12. Februar 1997 starb Deng Xiaoping im Alter von 92 Jahren. Im Juli präsidierte Jiang unter propagandistischem Trommelfeuer über die Heimführung Hongkongs. Im Oktober ließ er sich vom 15. KPCh-Parteitag als uneingeschränkter Führer bestätigen und entledigte sich seines Widersachers Qiao Shi.

Derart gestärkt, gab Jiang Zhu Rongji (der im März 1998 zum Regierungschef ernannt wurde) grünes Licht für eine neue Runde wirtschaftlicher Reformen, in deren Rahmen sich der Staat mittels Privatisierung, Teilprivatisierung und Hinnahme von Konkursen insbesondere aus kleineren und nichtprofitablen Unternehmen zurückziehen sollte. Die Folge war ein neuer Rekordstand der städtischen Arbeitslosigkeit, einhergehend mit neuen Demonstrationen. Als die Volksrepublik 1998 auch noch von den Auswirkungen der ostasiatischen Krise betroffen wurde, ging die Regierung erneut dazu über, kränkelnde Staatsunternehmen durch Geldinfusionen am Leben zu halten.

Der ökonomische Zickzackkurs fand seine Entsprechung im Umgang der Führung mit gesellschaftlicher Kritik. Auf eine kurze Phase relativer Meinungsfreiheit folgte ab Mitte 1998 wieder Repression. Besonders betroffen war eine „Demokratische Partei Chinas", die sich im Untergrund gebildet hatte. 1999 begann die Verfolgung der spirituell-konspirativen Falungong-Sekte, nachdem 10 000 Mitglieder den Gebäudekomplex der Staats- und Parteiführung in Peking im Rahmen eines schweigenden Protests umstellt hatten.

Die VBA war seit Verabschiedung eines Gesetzes über die Landesverteidigung vom März 1997 der KPCh und ihrem Vorsitzenden unterstellt. Jiang Zemin war vom 15. Parteitag als Vorsitzender der Zentralen Militärkommission bestätigt worden, wo es seither zu einem subtilen Tauziehen um Strategien, Einfluss und Pfründe kam. Bereits unter Deng Xiaoping war die Iststärke der VBA von ca. vier Millionen auf drei Millionen Mann abgesenkt worden. Zu dem ursprünglich ökonomischen Motiv traten in der Folgezeit strategische Erwägungen: Zum einen wurde spätestens mit dem Ersten Golfkrieg (1990–1991) erkennbar, dass Maos „Volkskriegsdoktrin" mit dem weltweiten technologischen Fortschritt obsolet geworden war. Zum anderen war die Bedrohung von Norden seit Ende der 80er Jahre rückläufig, während die Bedeutung strategischer Schiffahrtswege vor dem Hintergrund der wirtschaftlichen Öffnung zunahm. Jiang verfügte 1997 eine weitere Truppenreduzierung auf ca. 2,4 Millionen Soldaten bis zur Jahrtausendwende. Im Juli 1997 befahl er der VBA, sich aus ihren etwa 20 000 zivilwirtschaftlichen Unternehmen zurückzuziehen, die zu dieser Zeit nicht nur in den Ruch von Korruption und illegaler Aktivitäten geraten waren, sondern anscheinend einen beträchtlichen Teil der militärischen Aufmerksamkeit absorbierten. Dieser Rückzug war Ende 1998 in großen Teilen abgeschlossen. Die Kompensation bestand in doppelstelligen Zuwächsen im offiziellen Verteidigungshaushalt.

7.2.2 „Strategische Partnerschaft", zweiter Anlauf

Während sich die amerikanischen Unterhändler zunehmend frustriert über mangelnde Fortschritte auf den Gebieten Proliferation und militärische Transparenz zeigten, geriet Clintons Einbindungspolitik ab 1995 über die Taiwanfrage in eine Sackgasse. Der Präsident hatte nach seiner Meistbegünstigungs-Entscheidung vom Mai 1994 einige Erleichterungen für offizielle Kontakte mit Taipei verfügt und sich ein Jahr darauf der Forderung der neuen republikanischen Kongressmehrheit gebeugt, dem taiwanesischen Präsidenten Lee Teng-hui zum Besuch seiner Alma Mater Cornell in Ithaca, New York, ein Einreisevisum zu erteilen. Die chinesische Reaktion auf diesen Versuch, den Einsatz zu erhöhen, fiel unerwartet heftig aus. Im Juli und August 1995 führte die VBA im Ostchinesischen Meer Manöver durch und testete Kurzstreckenraketen und taktische Raketen in Zielgebieten weniger als 200 Kilometer nördlich von Taipei. Am Vorabend der taiwanesischen Parlamentswahlen vom November 1995 erfolgten weitere Manöver aller Teilstreitkräfte einschließlich eines amphibischen Landemanövers in der Taiwan gegenüberliegenden Provinz Fujian. Der chinesische Außenminister forderte die USA auf einer regionalen Sicherheitskonferenz auf, nicht mehr „den Retter des Ostens" zu spielen und „nach Hause zu gehen". Im Juli 1995 wurde der amerikanische Menschenrechtler Harry Wu in der Volksrepublik unter Spionageverdacht festgenommen, der chinesische Botschafter in Washington vorübergehend abberufen.

Nach Harry Wus Ausweisung im August und Hillary Clintons Auftritt auf der Pekinger Weltfrauenkonferenz der Vereinten Nationen im September wurde der Bruch im folgenden Monat mit einem Treffen Clintons und Jiang Zemins am Rande der VN-Vollversammlung in New York provisorisch geheilt. China machte klar, dass es die Taiwanfrage als zentrales Problem der bilateralen Beziehungen verstand. Washington erklärte, taiwanesische Politiker würden künftig eher selten und nur zu inoffiziellen Anlässen eine Einreiseerlaubnis erhalten, lehnte aber weitere Einschränkungen und die Unterzeichnung eines neuen Kommuniqués zu Taiwan ab.

Der Austausch von Unfreundlichkeiten ging jedoch weiter. Im Januar 1996 wurden ein amerikanischer und ein japanischer Militärattaché wegen Spionage aus der Volksrepublik ausgewiesen. Im Februar gab Clinton dennoch den Verkauf von Telekommunikationssatelliten an China frei. Etwa zur selben Zeit wurde bekannt, dass die Volksrepublik 1995 5 000 Ringmagneten an Pakistan geliefert hatte, die zur Anreicherung von Uran verwendet werden. Wenig später waren anscheinend chinesische Marschflugkörper, Komponenten für Mittelstreckenraketen und Anlagen zur Produktion von Giftgas in den Iran gelangt. Gleichzeitig entstand ein Konflikt um Urheberrechte und Markenpiraterie. Die staatliche amerikanische Außenhandelsbank stellte die Vergabe von Darlehen an China für einen Monat ein.

Im März 1996 kam es vor den ersten direkten Präsidentschaftswahlen in Taiwan zu neuen VBA-Manövern und Raketentests, woraufhin die USA zwei Flugzeugträgergruppen in umliegende Gewässer entsandten. Peking formulierte eine indirekte nukleare Drohung gegen Los Angeles.

Im August 1996 gelangten CIA-Berichte über chinesische Hilfen beim Bau einer pakistanischen Raketenfabrik an die Öffentlichkeit. Im Oktober wurde bekannt, dass China Hochtemperaturöfen und Diagnosegeräte an Pakistan geliefert hatte, die zum Bau von Atomwaffen benutzt werden konnten. Washington verzichtete einmal mehr auf Sanktionen.

Wie schon Eisenhower in den 50er Jahren, hielt Clinton es für kontraproduktiv, sich wegen Taiwan ständig am Rande eines bewaffneten Konflikts mit China zu bewegen. Im November 1996 schickte er seinen Außenminister Warren Christopher in die Volksrepublik. Dessen chinesischer Kollege machte die weitere Entwicklung der Beziehungen vom Verzicht auf „massive amerikanische Waffenverkäufe" an Taiwan abhängig und verlangte, die 1992 von Präsident Bush genehmigte Lieferung von F-16 Kampfbombern an die Inselrepublik zu verhindern.

Im Oktober 1997 reiste Jiang Zemin zu einem ersten Staatsbesuch nach Washington. Er kündigte eine Einstellung der atomaren Zusammenarbeit mit dem Iran und Verzicht auf den Export nuklearer Technologien in Staaten an, deren Anlagen nicht von der IAEO überwacht wurden. Im Gegenzug gaben die USA die Mitwirkung amerikanischer Firmen an Chinas zivilem Atomprogramm unter bestimmten Voraussetzungen frei. Beide Seiten vereinbarten einen regelmäßigen sicherheitspolitischen Dialog und die Einrichtung eines „heißen Drahtes". Jiang Zemin sprach von dem gemeinsamen Interesse an einer „konstruktiven, strategischen Partnerschaft mit Blick auf das 21. Jahrhundert".

Clinton erwiderte den Besuch im Juni 1998 und düpierte den japanischen Verbündeten, indem er weder vorher noch nachher Station in Tokyo machte. Während einer Podiumsdiskussion in Shanghai erklärte der amerikanische Präsident: „Wir unterstützen weder Unabhängigkeit für Taiwan, noch zwei Chinas, noch ein Taiwan – ein China, und wir glauben nicht, dass Taiwan Mitglied in Organisationen sein sollte, in denen Staatlichkeit Voraussetzung (für die Mitgliedschaft) ist." Der chinesischen Seite war zuvor vertraulich versichert worden, dass Washington nicht plane, Taiwan eine noch zu entwickelnde Technologie für die satellitengestützte Raketenabwehr zur Verfügung zu stellen. Damit ließen sich die USA erstmals auf eine Diskussion ihrer Rüstungslieferungen ein, wohl nicht zuletzt, weil Jiang Zemin ein indirektes Junktim zur Lieferung chinesischer Marschflugkörper an den Iran hergestellt hatte. Der chinesische Staats- und Parteichef konstatierte im Anschluss an den Gipfel einen „neuen und weitreichenden Konsens" sowie „gemeinsame Interessen".

7.2.3 Die multipolare Vision

Jiangs „strategische Partnerschaft" mit den USA war nicht die erste Konstruktion dieser Art. Im April 1996 hatte Boris Jelzin bei einem weiteren Chinabesuch 13 Abkommen unterzeichnet, darunter eines über Vertrauensbildende Maßnahmen im Grenzgebiet und ein weiteres über die Einrichtung eines „heißen Drahtes". Der russische Präsident wandte sich bei dieser Gelegenheit gegen (amerikanischen) „Hegemonismus" und bekräftigte die Zugehörigkeit Tibets und Taiwans zu China. Im Gegenzug sprach sich Jiang Zemin gegen die Osterweiterung der Nato aus und erklärte die russische Intervention in Tschetschenien zur „inneren Angelegenheit". Moskau und Peking vereinbarten eine „strategische Partnerschaft für das 21. Jahrhundert".

Das Partnerschaftskonzept war Teil einer veränderten chinesischen Weltsicht, in der neue „Pole" wie Russland, Japan und Europa die hegemoniale Ambition der USA ausbalancierten oder künftig ausbalancieren würden. Unter den EU-Mitgliedern machte sich insbesondere Frankreich diese Vision zu Eigen. So wurden in einer gemeinsamen Erklärung vom Mai 1997 Grundlagen für eine „langfristige, umfassende Partnerschaft" gelegt, mit deren Hilfe eine „neue, multipolare, vernünftige und gerechte politisch-ökonomische Weltordnung" geschaffen und Bestrebungen zu einer „Beherrschung internationaler Angelegenheiten" gemeinsam begegnet werden sollte. Dergleichen Untertöne fehlten im Verhältnis zu Japan. Hatte Tokyo noch Anfang der 90er Jahre angesichts anhaltender Handelskriege mit den USA und amerikanischer Überlegungen über einen militärischen Teilrückzug aus dem westlichen Pazifik mit China geflirtet, so führten Pekings wachsendes Selbstbewusstsein und beschleunigte chinesische Rüstungsanstrengungen in den folgenden Jahren zu einem erneuten japanischen Schulterschluss mit Washington.

„Strategische Partnerschaften" waren aus Sicht der Volksrepublik keine militärischen Allianzen, sondern temporäre und sektorale Zweckbündnisse unter Wahrung der eigenen Souveränität und territorialen Integrität. Wenn die diesbezügliche Kooperation mit Moskau am weitesten ging, dann weil Russland ein aktuell schwacher aber potenziell starker Nachbar mit ähnlichen Weltordnungsvorstellungen war. Auch war Russlands Einfluss in Zentralasien hinreichend stark, um hier gemeinsame Initiativen zur Erhaltung der Stabilität zu rechtfertigen. Der begrenzte Charakter dieser Partnerschaft wurde nichtsdestotrotz unter anderem daran erkennbar, dass Peking zunächst keinerlei Enthusiasmus bekundete, wann immer Moskau versuchte, etwa in Nordostasien eine wichtigere Rolle zu spielen.

7.3 Unipolarer Moment

Chinas multipolare Vision wurde mit den terroristischen Anschlägen in New York und Washington vom 11. September 2001 abrupt beendet. Peking musste sich nicht nur in die „Antiterror-Koalition" des Präsidenten George Bush Jr. einbinden lassen, sondern sah sich von einem Ring aus reaktivierten Allianzen und neuen militärischen Partnerschaften der USA eingekreist. Noch zehn Wochen vor dem 11. September hatte Jiang Zemin China in deutlicher Abkehr von Dengs Linie außenpolitischer Bescheidenheit zum „großen Land" proklamiert.

7.3.1 Staatskapitalismus

Gegen Ende der „Ära Jiang Zemin" hatten sich die Widersprüche der Dengschen Öffnungspolitik weiter verschärft. Jiang selbst lancierte Anfang 2000 unter dem Motto der „Drei Repräsentanten" eine Kampagne, die eine Fusion der Interessen der Werktätigen, der Intellektuellen und der neuen Unternehmerklasse proklamierte, tatsächlich aber nur die schleichende Machtübernahme der Ingenieure und Neureichen in der Einheitspartei nachvollzog. Dass dabei trotz einiger Mitte der 80er Jahre initiierter basisdemokratischer Experimente nicht an eine Aufgabe des Machtmonopols gedacht war, suggerierte auch Zhu Rongjis Wirtschaftsstrategie, die nicht etwa den Privatsektor in den Mittelpunkt stellte, sondern die Schaffung großer, politisch angebundener Mischkonzerne nach südkoreanischem Vorbild.

Eben dieses Modell war während der regionalen Krise von 1997–1998 in Südkorea selbst gescheitert, weil es zu riskanten Kreditgeschäften, Korruption und einer allgemeinen Fehlallokation von Ressourcen geführt hatte. Trotz einer Entspannung der wirtschaftlichen Lage und eines Rekordwachstums ausländischer Direktinvestitionen musste die Führung der Volksrepublik 2002 erstmals erhebliche Probleme bei der weiteren Öffnung der Märkte einräumen. Die zur Stimulierung der Binnennachfrage missbrauchten staatlichen Handelsbanken saßen auf notleidenden Krediten, die mittlerweile etwa die Hälfte aller vergebenen Kredite ausmachten. Trotzdem war das Heer der städtischen Arbeitslosen auf über 20 Millionen und das der ländlichen Wanderarbeiter auf bis zu 200 Millionen Personen angeschwollen. Während der (im Dezember 2001 vollzogene) Beitritt zur Welthandelsorganisation (World Trade Organisation, WTO) den Druck auf den Staatssektor kurzfristig weiter erhöhte, fehlte es zur Schaffung eines umfassenden Systems der sozialen Sicherheit sowohl an Geld als auch am politischen Willen.

Jiang Zemin legte seine Partei- und Staatsämter mit Ausnahme des Vorsitzes der Zentralen Militärkommission im November 2002 bzw. März 2003 nieder und entsprach damit den laufenden Bemühungen um einen berechenbaren Machtwechsel. Sein Nachfolger in den beiden Führungsämtern wurde der noch von Deng Xiaoping für Führungspositionen bestimmte Hu Jintao (die Führung der Zentralen Militärkommission ging im September 2004 an Hu über). Jiang gelang es allerdings, Hu im Ständigen Ausschuss des Politbüros mit einer Mehrheit eigener Anhänger aus der so genannten „Shanghai-Fraktion" zu umgeben. Hu und sein Premierminister Wen Jiabao versuchten daraufhin, sich bei den Verlierern der Reform in Arbeiter- und Bauernschaft propagandistisch zu profilieren.

7.3.2 „Strategischer Wettbewerber"

Schon kurz nach dem Gipfel von Peking waren am amerikanisch-chinesischen Horizont neue Wolken aufgezogen. Im September 1998 vereinbarten Washington und Tokyo gemeinsame Arbeiten an einem System der regionalen Raketenabwehr. Die Initiative richtete sich zwar konkret gegen Nordkorea, das am 31. August eine Langstreckenrakete über japanisches Territorium abgefeuert hatte, aber Peking bezog sie beinahe instinktiv auf Taiwan. Im März 1999 gelangten Einzelheiten eines Kongressberichts über chinesische Spionageaktivitäten in den USA an die Presse. Am 7. Mai schlug ein amerikanischer Marschflugkörper im Rahmen der Nato-Intervention im Kosovo in das Gebäude der chinesischen Botschaft in Belgrad ein, aus dem zuvor serbische Funksignale abgefangen worden waren. Drei Personen kamen ums Leben.

Die Volksrepublik hatte die Luftangriffe als Verletzung der Souveränität und territorialen Integrität Jugoslawiens kritisiert, und Jiang Zemin nahm einen Anruf des amerikanischen Präsidenten über den frisch installierten „heißen Draht" nicht entgegen. In China kam es zu landesweiten Studentendemonstrationen, bei denen das Konsulat der USA in Chengdu abgebrannt und die amerikanischen und britischen Botschaften in Peking beschädigt wurden. Amerikanische Anbieter auf dem chinesischen Markt wurden diskriminiert. Um den Schaden zu begrenzen, distanzierte sich Clinton im Juli von Taiwans Präsident Lee Teng-hui, nachdem dieser die Beziehungen zum Festland als „zwischenstaatlich" charakterisiert hatte. Die Opfer des Belgrader Bombardements erhielten eine Entschädigung. Washington entschuldigte sich mehrfach.

Präsident George W. Bush (2001–) hatte China im Wahlkampf als „strategischen Wettbewerber" bezeichnet und Sympathien für Taiwan signalisiert. Diese Tendenzen verstärkten sich weiter, nachdem ein chinesisches Kampfflugzeug am 1. April 2001 mit einem amerikanischen Aufklärungsflugzeug kollidiert, dieses auf der Insel Hainan notgelandet und die Crew festgesetzt worden war. Während der vermisste chinesische Pilot in Peking zum Nationalhelden stilisiert und die USA zu einer Entschuldigung für illegales Eindringen in chinesisches Territorium aufgefordert wurden, verlangte Bush die unverzügliche Herausgabe von Flugzeug und Mannschaft. Die Krise endete am 11. April mit einem Formelkompromiss, wobei China die Besatzung freiließ und die USA schriftlich Bedauern über den Tod des chinesischen Piloten äußerten.

Kurz darauf erteilten die USA Lee Teng-hui ein Einreisevisum. Präsident Bush bewilligte ein robustes Rüstungspaket für Taiwan und intensiverte in den folgenden Monaten die militärischen Kontakte zu Taipei. Ende April erklärte er in einem Interview die Bereitschaft, „alles Notwendige" zu tun, um Taiwan dabei zu helfen, sich gegen eine chinesische Invasion zu verteidigen und verabschiedete sich damit von Amerikas bisher in dieser Frage geübter „strategischer Ambiguität". Am 2. Mai 2001 ordnete Verteidigungsminister Donald Rumsfeld die Einstellung aller militärischen Kontakte zur Volksrepublik China an.

Jiang Zemin über China als „großes Land" (Juli 2001)

... Nach 1840 reduzierte die Invasion durch westlich-imperialistische Mächte China auf (den Status einer) halbkolonialen und halbfeudalen Gesellschaft und unterwarf das chinesische Volk der zweifachen Unterdrückung durch Imperialismus und Feudalismus. Die nationale und gesellschaftliche Krise war damals beispiellos. Von den Opiumkriegen über die Taiping-Bewegung, die Reformbewegung von 1898 und die Boxer-Bewegung führte das chinesische Volk unerschrockene Kämpfe, und zahlreiche Menschen mit hohen Idealen versuchten rastlos, einen Weg zur Rettung von Land und Nation zu finden. Aber all diese Initiativen endeten nacheinander mit Fehlschlägen, obwohl sie angesichts der historischen Bedingungen letztlich zum Fortschritt beitrugen. Die von Dr. Sun Yat-sen angeführte Revolution von 1911, die zum Sturz der autokratischen Monarchie führte, die China während mehrerer tausend Jahre beherrscht hatte, war von großer Bedeutung, weil sie den sozialen Fortschritt in China förderte. Andererseits scheiterte sie bei dem Versuch, die halbkoloniale und halbfeudale soziale Natur Chinas und die elende Abhängigkeit des chinesischen Volkes zu überwinden.

Die Fakten belegen, daß weder die Selbststärkungsbewegungen und der Reformismus, noch die alten Bauernkriege und die demokratische Revolution unter Führung bourgeoiser Revolutionäre an die Grundfesten des Feudalismus rühren. Auch andere Lösungen, die den westlichen Kapitalismus nachäfften, erfüllten nicht die historische Aufgabe, die Nation vor Unterdrückung zu retten, ihr Überleben sicherzustellen und den historischen Kampf gegen Imperialismus und Feudalismus zu führen. China wartete auf eine neue gesellschaftliche Kraft, die fortschrittliche Theorien entwickeln würde, die es einen Weg zur Rettung von Land und Nation finden lassen würde ... Von da an fiel die große historische Mission, den antiimperialistischen und antifeudalen revolutionären Kampf für nationale Unabhängigkeit, die Befreiung des Volkes und die Wiederbelebung der chinesischen Nation anzuführen, an die Kommunistische Partei Chinas ...

Wir haben ein sozialistisches System geschaffen und die weitreichendste und tiefgehendste soziale Transformation in der chinesischen Geschichte realisiert. Wir haben den Übergang von der Neuen Demokratie zum Sozialismus kreativ umgesetzt und ein grundlegendes, sozialistisches System umfassend geschaffen, womit dieses große Land im Osten, dessen Bevölkerung ein Viertel der Weltbevölkerung ausmacht, befähigt wurde, in die sozialistische Gesellschaft einzutreten. Dies war ein großer Sprung, was Chinas gesellschaftlichen Wandel und historischen Fortschritt betrifft und dient darüber hinaus als mächtige Unterstützung und Triebkraft für die sozialistische Sache weltweit.

Wir haben das Ziel eines Aufbaus des Sozialismus mit chinesischen Charakteristika formuliert und einen korrekten Weg zur großen Erneuerung der chinesischen Nation eingeschlagen. Unter dem Einfluß des Dritten Plenums des Elften Zentralkomitees der Kommunistischen Partei Chinas ist unser Land in eine neue Phase der Entwicklung der sozialistischen Sache eingetreten. Ausgehend von der langen Aufbauphase, haben wir eine neue Reformpolitik und Öffnung zur Außenwelt praktiziert und die grundlegende Theorie, die Linie und das Programm unserer Partei in der Frühphase des Sozialismus formuliert, nachdem wir sowohl die innere als auch die äußere historische Erfahrung mittels mühsamer Analyse zusammengefaßt hatten. Sogar in einer Situation, in der der internationale Sozialismus Brüche und Wendungen durchlaufen mußte und sich die auswärtige Lage dramatisch geändert hat, hat unsere Partei ihren Platz standhaft wie ein Felsen im Strom behauptet, und hat der Sozialismus in China seine Kraft und Vitalität bewiesen ...

Wir haben ein unabhängiges und relativ vollständiges nationales Wirtschaftssystem geschaffen, wobei unsere wirtschaftliche Macht und unsere umfassende nationale Stärke deutlich zugenommen haben ... Seit Gründung des Neuen China hat sich das jährliche Brutto-Inlandsprodukt versechsundfünfzigfacht. Die Stärke unserer Wirtschaft, nationalen Verteidigung, Wissenschaft und Technologie hat erkennbar zugenommen. Unser Land ist auf vielen Gebieten wie Industrie, Landwirtschaft, nationaler Verteidigung, Wissenschaft und Technologie in die vorderen Reihen der Welt vorgedrungen ...

Anders als nach der Bombardierung der Belgrader Botschaft wurden diesmal die Wirtschaftsbeziehungen nicht beeinträchtigt, und die Administration verwarf Forderungen nach Sanktionen. Ende Mai vereinbarten beide Seiten die Rückführung des amerikanischen Aufklärungsflugzeugs nach einer Zerlegung in Einzelteile. Anfang Juni bekannte sich der amerikanische Außenminister Colin Powell vor einem Senatsausschuss zur Fortsetzung der Einbindungspolitik.

Bushs erster Chinabesuch im Oktober 2001 stand bereits im Zeichen der „Antiterror-Koalition", der sich die Volksrepublik in der Erwartung angeschlossen hatte, nun wieder zum „strategischen Partner" einer USA zu werden, die im Sicherheitsrat und anderswo auf chinesische Hilfe angewiesen schien.

7.3.3 Koalitionär

Aller „Großstaatsrhetorik" zum Trotz symbolisierte Pekings Beteiligung am antiterroristischen Kampf der Bush Jr.-Administration ein unausgesprochenes Eingeständnis andauernder eigener Inferiorität. Auch 2001 absorbierte der amerikanische Markt ein Drittel aller chinesischen Exporte, und die USA waren die wichtigste Quelle für ausländische Direktinvestitionen in der Volksrepublik. Ein Wettrüsten mit Washington hätte fatale Folgen für Chinas zivile Entwicklung gehabt. Die USA hatten nicht nur Truppen in Zentralasien stationiert, das Peking als eine Art energiepolitischer Notreserve betrachtete, sondern auch ihre militärische Zusammenarbeit mit Japan, Taiwan und den Philippinen ausgebaut sowie eine entsprechende Zusammenarbeit mit Indien *und* Pakistan eingeleitet. Die „strategische Partnerschaft" mit Russland und die chinesisch-russische Kooperation in und mit Zentralasien hatten deutlich gelitten.

Gleichzeitig hatte Washington seine Pläne für die Errichtung von nationalen und regionalen Raketenschirmen nicht nur nicht aufgegeben, sondern intensiviert. Auf dem Gebiet der Proliferation von Raketen und Massenvernichtungswaffen hatte die Administration den Druck auf die Volksrepublik seit dem 11. September eher noch erhöht. Im März 2002 wurde bekannt, dass das Pentagon den Einsatz von Atomwaffen im Falle eines Krieges in der Taiwan-Straße nicht ausschloss. Grundsätzlich behielten sich die USA vor, in Konflikten Territorien zu besetzen und Regime auszuwechseln, eine für China unakzeptable Verletzung des Prinzips der Nichteinmischung.

Im Vergleich zu den ersten Monaten der Bush-Administration hatte sich allerdings die bilaterale Atmosphäre erheblich verbessert. Obwohl Chinas operative Beiträge zum internationalen Antiterrorkampf vergleichsweise bescheiden ausgefallen waren, wurden sie vom amerikanischen Präsidenten wiederholt gewürdigt. Während seines ersten Staatsbesuchs in Peking im Februar 2002 sprach Bush von einer „kooperativen und konstruktiven Beziehung". Die Volksrepublik bescheinigte Washington im Gegenzug einmal mehr legitime Interessen im Pazifik. Jiang Zemin und Hu Jintao erhielten Einladungen nach Washington. Im Dezember 2003 distanzierte sich Bush von dem Plan des taiwanesischen Präsidenten Chen Shuibian, die anstehenden Präsidentschaftswahlen mit einem Referendum gegen die chinesische Raketenrüstung zu verbinden. Der militärische und sicherheitspolitische Dialog zwischen Washington und Peking wurde im selben Jahr wieder aufgenommen.

Während die USA das Problem des „strategischen Wettbewerbs" angesichts dringlicherer Prioritäten einmal mehr vertagt hatten, erschien das chinesische Interesse an einem symbolischen Schulterschluss zunehmend innenpolitisch begründet. Jiang wie Hu mussten vor dem Hintergrund wachsender sozioökonomischer Probleme und eines problematischen Machtwechsels versuchen, jedenfalls optisch den Eindruck zu erzeugen, mit der Supermacht auf gleicher Augenhöhe zu verkehren. Deng Xiaoping war in dieser Rolle 1979 glaubwürdiger erschienen, aber Deng war gleichzeitig für viele der Widersprüche verantwortlich, mit denen sich seine Nachfolger zunehmend konfrontiert sahen. Zu diesen gehörte nach wie vor eine Kluft zwischen Anspruch und Wirklichkeit.

Gleichzeitig wurde die chinesische Außenpolitik in Korea, Südasien, Zentralasien und Südostasien aktiver, wobei es zu einer vorsichtigen Erprobung multilateraler Ansätze kam, die den eigenen Aufstieg regional verträglicher machen sollten. Peking verstand diese Politik langfristig auch als Versuch, an die USA verloren gegangenes Terrain neu zu besetzen und war bemüht, Multilateralismus aus einer Position der Stärke zu betreiben. Die resultierenden Widersprüche fanden 2004 ihren Ausdruck in einer Strategiedebatte um den friedlichen Charakter des eigenen „Aufstiegs".

China war in den 90er Jahren „virtuelle Großmacht", weil ihm zwar weiterhin die wirtschaftlichen und militärischen Möglichkeiten fehlten, um seine Interessen weltweit durchzusetzen, Drittstaaten sich aber zunehmend der Meinung ihrer Großunternehmer anschlossen, dass Chinas Aufstieg zur „Weltmacht" unabwendbar war. Sichtbarster Ausdruck dieser

Zuversicht war die Entscheidung des Internationalen Olympischen Komitees vom Juli 2001, Peking den Zuschlag für die Sommerspiele des Jahres 2008 zu erteilen. Wie so oft in der chinesischen Geschichte besteht auch hier die Gefahr, dass die einhergehende Symbolik ein Ausmaß innerer und äußerer Stabilität suggeriert, das durch die realen Entwicklungen nicht zwingend gerechtfertigt wird. Andererseits ist das wechselseitige Verhältnis zwischen Anspruch und Wirklichkeit vor dem Hintergrund beschleunigter Globalisierung komplizierter geworden, als dies noch in den 80er Jahren der Fall war. So ging man in Taiwan davon aus, jedenfalls bis 2008 unbehelligt zu bleiben und versuchte, die durch Bushs modifizierten Kurs partiell verlorengegangene chinapolitische Initative zurückzuerobern.

Weiterführende Literatur

Chinesisch-russische Beziehungen:
Kay Möller, Die Volksrepublik China und die Gemeinschaft Unabhängiger Staaten, in: Werner Draguhn (Hrsg.), *Asien nach dem Ende der Sowjetunion. Die Auswirkungen des Zerfalls der sowjetischen Großmacht auf Politik, Gesellschaft und Wirtschaft der asiatischen Staaten*. Hamburg: Institut für Asienkunde, 1993, S. 118–140.
Gudrun Wacker, Russland und China: Strategische Partner mit Blick auf das 21. Jahrhundert, in: *Der Osten Europas im Prozess der Differenzierung*. München: Hanser, 1997, S. 390–400.
Chen Qimao, Sino-Russian Relations after the Break-Up of the Soviet Union, in: Gennady Chufry (Hrsg.), *Russia and Asia*. Stockholm: Stockholm International Peace Research Institute, 1999, S. 288–300.
Aleksandr Vladimirovic Lukin, Russia's Image of China and Russian-Chinese Relations, in: *East Asia*, Vol. 17, No. 1 (Spring 1999), S. 5–39.
Michel Tatu, The Washington-Moscow-Beijing Triangle, in: *International Affairs*, Vol. 45, No. 2 (1999), S. 63–68.
Joachim Krüger, Russland und China: eine strategische Partnerschaft?, in: *Welttrends*, Nr. 24 (Herbst 1999), S. 169–180.

Chinesisch-amerikanische Beziehungen nach Tiananmen:
Michael Minkenberg, Zwischen Weltpolitik und Innenpolitik. Die amerikanisch-chinesischen Beziehungen nach dem Kalten Krieg, in: *Zeitschrift für Politikwissenschaft*, Bd. 9, Nr. 1 (1999), S. 73–100.
Murray Weidenbaum, The Future of Sino-American Relations, in: *Orbis*, Vol. 43, No. 2 (Spring 1999), S. 223–235.
Sheng Lijun, China and the United States. Asymmetrical Strategic Partners, in: *The Washington Quarterly*, Vol. 22, No. 3 (Summer 1999), S. 147–164.
Patrick Tyler, The (Ab)Normalization of US-Chinese Relations, in: *Foreign Affairs*, Vol. 78, No. 5 (September/October 1999), S. 93–122.
Martin Lassater, *The Taiwan Conundrum in US-China Policy*. Boulder CO: Westview, 2000.
Robert G. Sutter, *Chinese Policy Priorities and Their Implications for the United States*. Lanham MD: Rowman and Littlefield, 2000.

Huang Xiaoming, Managing Fluctuations in US-China Relations. World Politics, National Priorities, and Policy Leadership, in: *Asian Survey*, Vol. 40, No. 2 (March/April 2000), S. 269–295, S. 33–65.

Paul Heer, A House United. Beijing's View of Washington, in: *Foreign Affairs*, Vol. 79, No. 4 (July/August 2000), S. 18–24.

June Teufel Dreyer, US-China Security Relations. Past, Present, and Future, in: *Issues and Studies*, Vol. 36, No. 4 (July/August 2000).

Michael McDewitt, Beijing's Bind, in: *The Washington Quarterly*, Vol. 23, No. 3 (Summer 2000).

David Lampton, *Same Bed, Different Dreams. Managing US-China Relations, 1989–2000*. Berkeley CA: University of California Press, 2001.

Robert A. Pastor, China and the United States: Who Threatens Whom?, in: *Journal of International Affairs*, Vol. 54, No. 2 (Spring 2001), S. 427–443.

David Shambaugh, Sino-American Strategic Relations. From Partners to Competitors, in: *Survival*, Vol. 42, No. 1 (Spring 2001), S. 97–115, S. 177–186.

Evan A. Feigenbaum, China's Challenge to „Pax Americana", in: *The Washington Quarterly*, Vol. 24, No. 3 (Summer 2001), S. 31–43.

David Bachman, The United States and China: Rhetoric and Reality, in: *Current History*, Vol. 100, No. 647 (September 2001), S. 257–262.

David Lampton, *US-China Relations in a Post-September-11 World*. Washington DC: Nixon Center, 2002.

Aaron L. Friedberg, 11 September and the Future of Sino-American Relations, in: *Survival* (Oxford), Vol. 44, No. 1 (Spring 2002), S. 33–50.

Robert Sutter, The Bush Administration and US China Policy Debate. Reasons for Optimism, in: *Issues and Studies*, Vol. 38, No. 2 (June 2002), S. 1–30.

David Shambaugh, Sino-American Relations since September 11. Can the New Stability Last?, in: *Current History*, Vol. 101, No. 656 (September 2002), S. 243–249;

Multipolarität:

Zhao Suisheng, Beijing's Perception of the International System and Foreign Policy Adjustment in the Post-Cold War World, in: *Journal of Northeast Asian Studies*, Vol. 11, No. 3 (Fall 1992), S. 70–83.

Alexei D. Voskressenski (Hrsg.), *Russia-China-USA: Redefining the Triangle*. New York NY: Nova Science Publishers, 1996.

Rosemary Foot, Thinking Globally from a Regional Perspective. Chinese, Indonesian, and Malaysian Reflections on the Post-Cold War Era, in: *Contemporary Southeast Asia* (Singapur), Vol. 18, No. 1 (June 1996), S. 17–35.

Zhao Suisheng, *Power Competition in East Asia. From the Old Chinese World Order to Post-Cold War Regional Multipolarity*. New York NY: St. Martin's Press, 1997.

Raum

1. Natürliche, kulturelle und wirtschaftliche Grundlagen

1.1 Ein großes, altes Land

Seit 1949 bezieht sich die chinesische Führung auf die Größe des Landes und der Bevölkerung alternativ als Merkmal besonderer Resistenz gegen ausländische Einflüsse (Mao Zedong) oder mangelnder Eignung für westliche politische Modelle (Deng Xiaoping). Dabei ist diese Größe durchaus relativ. So muss die Volksrepublik mit etwa sieben Prozent der Weltanbaufläche 20 Prozent der Weltbevölkerung ernähren. Gleichzeitig sind über 95 Prozent der eigenen Bevölkerung auf ein östliches Kerngebiet konzentriert, das weniger als die Hälfte der Gesamtfläche ausmacht. Wichtige Rohstoffe finden sich vielfach an der dünn besiedelten Peripherie, an der gleichzeitig die größten ethnischen Minderheiten siedeln.

Seit der Zeit des Kaiserreiches bezieht sich jeder chinesische Führer auf eine aus mehrtausendjähriger, ununterbrochener Tradition erwachsene Besonderheit von Land und Volk. Dabei sind die Grenzen zwischen Staat und Zivilisation fließend, und es wird gern übersehen, dass es keine schlüssigen Beweise für die Existenz eines geeinten Staatswesens vor der Shang-Dynastie (1766–1050 v. Chr.) gibt und dass von etwa viertausend Jahren chinesischer Geschichte eintausend durch die Koexistenz mehrerer Einzelstaaten geprägt waren. Alter wird ähnlich wie physische Größe zur Legitimation des politischen Systems herangezogen. So erlebte in den 90er Jahren des 20. Jahrhunderts mit dem Konfuzianismus die „chinesischste" aller Ideologien nach langer Diffamierung unter Mao Zedong eine stille Renaissance.

Die chinesische Botschaft in den USA über das Alter der chinesischen Zivilisation (Mai 2002)

Eine Gruppe chinesischer Archäologen hat die orthodoxe Theorie, dass Chinas Zivilisation vor fünftausend Jahren entstand, revidiert und glaubt, dass die Ursprünge der

Nation achttausend bis zentausend Jahre zurückverfolgt werden können ... Sie haben in den Ruinen von Dadiwan in der nordwestchinesischen Provinz Gansu Chinas früheste Gemälde, Schriften, bemalte Töpferei, Saatgetreide und Gebäude ausgegraben. Diese bisher in Geschichtsbüchern unerwähnten frühen kulturellen Relikte gehörden zu fünf Perioden des Altertums, die sich auf achttausend Jahre zurückdatieren lassen ... Mit den Dadiwan-Ruinen liegen nun zusätzliche, zahlreiche und systematische Belege vor, die demonstrieren, dass die chinesische Geschichte viel länger als fünftausend Jahre ist.

Folgt man den üblicherweise im Westen angelegten Kriterien, so bestehen Zivilisationen aus einer Reihe von Komponenten wie Religion, Schriftsprache, Urbanisierung und Nationalität. Wie (der Archäologe) Lang Shude angemerkt hat, fehlen den Dadiwan-Ruinen zwar einige der Indizien, die die Existenz einer Zivilisation belegen. Andererseits müssten sich Zivilisationen im Osten nicht zwingend anhand westlicher Kriterien entwickelt haben. Seither hat (der Archäologe) Professor Li Xueqin akademische Kreise aufgefordert, die unterschiedlichen Methoden der Geschichtsschreibung in verschiedenen Staaten zu respektieren.

1.1.1 Territorium und Ressourcen

China ist mit 9,6 Millionen Quadratkilometern nach Russland und Kanada das drittgrößte Land der Welt und das größte Land in der gemäßigten Klimazone. Dabei liegt mehr als die Hälfte des Territoriums mindestens 1500 Meter über dem Meeresspiegel, und nur gut zehn Prozent können als Ebenen bezeichnet werden. Diese zehn Prozent sind in etwa mit der landwirtschaftlich nutzbaren Fläche identisch, die seit den 30er Jahren wegen Bevölkerungswachstums und seit den 80er Jahren wegen Verstädterung rückläufig ist. So ist die Anbaufläche für Getreide pro Kopf von 0,17 Hektar 1950 auf 0,07 Hektar 2003 zurückgegangen. Die Getreideproduktion stieg zwischen 1950 und 1998 von 90 Millionen Tonnen auf 390 Millionen Tonnen und war seither wegen Urbanisierung, Wassermangels etc. wieder rückläufig. Gleichzeitig hat die Nachfrage nach Getreide angesichts eines stetig wachsenden Fleischkonsums dramatisch zugenommen, und nach Aufzehrung ihrer Reserven dürfte die Volksrepublik ab 2005 auf erhebliche Importe angewiesen sein. Die wichtigsten Getreide-Exporteure sind die USA, Kanada, Australien und Argentinien.

Chinas Rohstoffvorkommen entsprechen in Umfang und Vielfalt etwa denen der USA oder Russlands. Das Land verfügt über ca. 15 Prozent der Weltkohlevorkommen und ca. fünf Prozent aller Eisenerzvorkommen. Vergleichsweise selten sind Kupfer, Aluminium, Nickel und Chrom.

China ist seit 1993 Netto-Importeur von Energie. Die Volksrepublik wird bei anhaltendem Wachstum 2015 ein knappes Viertel der weltweiten

Energieproduktion beanspruchen. Heute bezieht sie über 50 Prozent ihrer Ölimporte aus der Golfregion. Die wichtigsten Onshore-Eigenvorkommen sind entweder in absehbarer Zeit erschöpft oder nur schwer erschließbar. Umso mehr konzentriert sich das Interesse auf Offshore-Öl und -Gas, das vielfach in umstrittenen Seegebieten vermutet wird. Darüber hinaus hat Peking in Zentralasien und Südostasien, im Mittleren Osten, in Afika und Lateinamerika ganze Öl- oder Gasfelder erworben.

China ist seit den 90er Jahren der weltweit zweitgrößte Emittent von Schwefeldioxyd und Kohlendioxyd und könnte die USA bei anhaltendem Wachstum in einigen Jahren auf Rang eins ablösen. Bisher emitiert die Volksrepublik weltweit die meisten ozonmindernden Substanzen.

1.1.2 Bevölkerung und politische Geographie

China ist mit 1,3 Milliarden das bevölkerungsreichste Land der Welt. Trotz einer 1979 eingeführten „Ein-Kind-Politik" wird diese Bevölkerung in den nächsten 50 Jahren noch einmal um etwa 185 Millionen Menschen anwachsen, bevor sie abflacht. Die Bevölkerungsdichte ist halb so groß wie in Japan und zehnmal so groß wie in Russland. Mehr als 95 Prozent der Bevölkerung konzentrieren sich auf weniger als die Hälfte des Territoriums und hier wiederum auf einen relativ schmalen Küstenstreifen zwischen Shanghai und Hongkong. Heute leben noch knapp 60 Prozent der Chinesen in ländlichen Gebieten, ein Anteil, der sich in den nächsten 20 Jahren deutlich verringern dürfte.

Nur ca. acht Prozent der Bevölkerung bestehen aus insgeamt 56 „nationalen Minderheiten", deren grenznahe „autonome Regionen" über 60 Prozent der Gesamtfläche ausmachen. Auch in diesen Regionen werden die Städte als Ergebnis einer gezielten Ansiedelungspolitik heute mehrheitlich von Han-Chinesen bewohnt. Während die kleineren Minderheiten im Südwesten und Nordosten mittlerweile weitgehend assimiliert sind, versuchen die größten, ihre separate Identität zu wahren. Dazu zählen in erster Linie die Tibeter (ca. 85 Prozent der Bevölkerung in der heutigen „Autonomen Region Tibet", kleinere Anteile in den Nachbarprovinzen), Uighuren (ca. 47 Prozent der Bevölkerung im nordwestlichen Xinjiang), und Mongolen (weniger als 15 Prozent der Bevölkerung in der Inneren Mongolei). Kasachen, Uighuren und Mongolen siedeln auch in Zentralasien bzw. in der (äußeren) Mongolei. Den Sonderfall einer religiösen Minderheit verkörpern die so genannten Hui, ethnische Chinesen islamischer Religion, insgesamt knapp zehn Millionen Personen, die vornehmlich in den nördlichen und nordwestlichen Landesteilen leben.

Chinas Landgrenze erstreckt sich über 22 000 Kilometer, die Küste ist 18 000 Kilometer lang. Die Volksrepublik grenzt heute zu Land an 14 Staaten, zur See an acht. Anders als zu Zeiten des sino-sowjetischen Konflikts sind die meisten dieser Grenzen mittlerweile durchlässig und ist die Mehrzahl der betreffenden Staaten um geschäftsmäßige oder gute Beziehungen bemüht. Dennoch gibt es weiter substanzielle Territorialkonflikte mit Indien, Vietnam und anderen Nachbarn. Im Russischen Fernen Osten, aber auch etwa in Zentralasien oder in Birma kam es in den 90er Jahren angesichts chinesischer Immigration und chinesischer Handelsoffensiven vielfach zu Überfremdungsängsten.

China beansprucht im Süd- und Ostchinesischen Meer Seegebiete mit mehr als 5 000 zumeist unbewohnten Inseln, die zum Teil mit anderen Anrainern umstritten sind. Die größte dieser Inseln ist Taiwan, das vom Festland durch die so genannte Taiwan-Straße getrennt ist, die an ihrer engsten Stelle nur 130 Kilometer breit ist. Taiwan wurde 1624 von der niederländischen Ostindienkompanie besetzt, die 1661 von Loyalisten der untergegangenen Ming-Dynastie vertrieben wurde. 1683 wurde die Insel von der Qing-Dynastie erobert, 1895 im Vertrag von Shimonoseki an Japan abgetreten. Kurz zuvor hatte die Bevölkerung eine „Demokratische Nation Taiwan" ausgerufen, die von den Japanern mit Gewalt aufgelöst wurde. 1945 fiel Taiwan gemäß den alliierten Beschlüssen von Kairo (1943) und Potsdam (1945) an die Republik China, deren Regierung sich vier Jahre später auf die Insel zurückzog. 1947 kam es zu Aufständen der Einheimischen gegen das neue Regime, die blutig niedergeschlagen wurden. Der Anspruch der Republik, ganz China zu vertreten, wurde vor dem Hintergrund der Demokratisierung taiwanesischer Politik Ende der 80er Jahre faktisch aufgegeben.

1.2 Ein reiches Land

China verzeichnete im Durchschnitt der 80er und 90er Jahre ein jährliches nominales BIP-Wachstum von 9,7 Prozent. Spektakuläres Wirtschaftswachstum war der Beleg für das aus menschlichen und natürlichen Ressourcen sowie kulturell-technologischen Faktoren resultierende ökonomische Potenzial. Allerdings erfolgte solches Wachstum ausgehend von einem niedrigen Niveau. Betrug Chinas Anteil am weltweiten BIP 1890 noch ca. 13,2 Prozent, so lag er 1995 nur unwesentlich darüber. Auch der Anteil des chinesischen Prokopfeinkommens am globalen Prokopfeinkommen stagnierte zwischen 1890 und 1995 bei 50,3 Prozent bzw. 51,1 Prozent.

Zwar ist die Volksrepublik bei Anlegung eines Kaufkraftindikators heute die drittgrößte Volkswirtschaft der Welt nach den USA und Japan und könnte diese bei anhaltender Öffnungspolitik in 15 bis 20 Jahren überholen. Das derzeitige Prokopfeinkommen entspricht jedoch – ebenfalls auf Kaufkraftbasis – nur dem der Philippinen. Während Küste und Hinterland durch ein wachsendes Einkommensgefälle getrennt sind, hat die Politik der wirtschaftlichen Öffnung sowohl zentripetale als auch zentrifugale Tendenzen begünstigt. Zum einen wuchs das weltweite Interesse an der Volksrepublik als Produktionsstandort. Zum anderen entstanden insbesondere im Osten und Südosten grenzüberschreitende Wirtschaftsräume, die von Peking nicht mehr umfassend kontrolliert werden. Und schließlich wurden die Widersprüche zwischen Markt und Einparteienstaat im Laufe der wirtschaftlichen Öffnung immer offensichtlicher. Unabhängigkeit war nicht mehr Sicherheit und war nicht mehr möglich, hatte sich aber als Herrschaftsmythos gefährlich verselbstständigt.

Deng Xiaoping über den Einparteienstaat in Zeiten wirtschaftlicher Öffnung (Januar/Februar 1992)

Die Erfahrung anderer Staaten zeigt, daß einige von ihnen – zum Beispiel Japan, Südkorea und Teile von Südostasien – durch eine oder mehrere Phasen rapider Entwicklung gegangen sind. Da wir über die notwendigen inneren Voraussetzungen und ein günstiges internationales Umfeld verfügen, und weil wir unter dem sozialistischen System davon profitieren, unsere Kräfte auf ein Hauptziel zu konzentrieren, ist es für uns jetzt sowohl möglich als auch notwendig, in einem langfristigen Modernisierungsprozeß mehrere Phasen schnellen Wachstums mit guten wirtschaftlichen Ergebnissen zu realisieren. Wir brauchen diesen Ehrgeiz ...

Wir müssen an zwei Aufgaben weiterarbeiten: einerseits, der Prozeß aus Reform und Öffnung und andererseits der Kampf gegen das Verbrechen. Wir müssen in beider Hinsicht standfest sein. Beim Kampf gegen das Verbrechen und der Ausmerzung gesellschaftlicher Übel dürfen wir nicht nachgiebig sein. Kanton versucht, Asiens „vier kleine Drachen" in zwanzig Jahren einzuholen, und zwar nicht nur in Bezug auf Wirtschaftswachstum, sondern auch, was eine bessere öffentliche Ordnung und generelles soziales Verhalten angeht. Das heißt, wir sollten sie sowohl hinsichtlich des materiellen als auch des ethischen Fortschritts überholen. Nur das kann als Aufbau des Sozialismus mit chinesischen Charakteristika gelten. Dank einer strikten Verwaltung verfügt Singapur über eine gute öffentliche Ordnung. Wir sollten in dieser Hinsicht von ihm lernen und es überholen.

Seit China seine Tore zur Außenwelt geöffnet hat, sind unter anderem auch dekadente Dinge hereingekommen, und in einigen Gegenden haben wir es mit Übeln wie

Drogenmißbrauch, Prostitution und Wirtschaftsverbrechen zu tun. Man muß diesen Übeln besondere Aufmerksamkeit widmen und entschiedene Maßnahmen einleiten, um sie auszumerzen und an der Ausbreitung zu hindern. Nach Gründung des Neuen China brauchte man nur drei Jahre, um diese Dinge auszurotten. Wer in der Welt ist je in der Lage gewesen, den Mißbrauch von Opium und Heroin zu beenden? Weder die Kuomintang, noch die kapitalistischen Staaten. Aber die Fakten haben gezeigt, daß die Kommunistische Partei es konnte.

Während des Prozesses von Reform und Öffnung müssen wir die Korruption bekämpfen. Die Kader und die Parteimitglieder sollten dem Aufbau einer sauberen Regierung höchste Aufmerksamkeit widmen. Aber wir müssen auch mit dem Gesetz operieren, das eine feste Garantie abgibt. Kurz gesagt, solange wir unsere produktiven Kräfte entwickeln, ein vernünftiges Wirtschaftswachstum erhalten, Reform und Öffnung befördern und das Verbrechen bekämpfen, werden wir in der Lage sein, eine sozialistische Gesellschaft mit fortschrittlichen ethischen Normen zu errichten.

Während des Prozesses von Reform und Öffnung müssen wir auch die Vier Hauptprinzipien einhalten. Auf der Sechsten Plenartagung des Zwölften Zentralkomitees habe ich gesagt, daß der Kampf gegen die bourgeoise Liberalisierung zwanzig Jahre lang geführt werden muß. Jetzt sieht es so aus, daß er noch länger dauern wird. Die grassierende Ausbreitung der bürgerlichen Liberalisierung kann schwerwiegende Folgen haben. Die Wirtschaftssonderzonen haben mehr als zehn Jahre benötigt, um ihr derzeitiges Niveau zu erreichen. Sie können über Nacht zusammenbrechen. Zusammenbruch ist leicht, aber Aufbau ist schwer. Wenn wir die bürgerliche Liberalisierung nicht mit der Wurzel ausrotten, können wir Probleme bekommen ...

Die Imperialisten drängen in China auf eine friedliche Evolution hin zum Kapitalismus und setzen dabei auf die Generation, die uns nachfolgen werden. Genosse Jiang Zemin und seine Mitstreiter können als dritte Generation betrachtet werden, und es wird noch eine vierte und eine fünfte geben. Die feindlichen Kräfte begreifen, daß ein Wandel nicht möglich ist, solange wir von der älteren Generationen am Leben sind und Einfluß haben. Aber wer wird dafür sorgen, daß es keine friedliche Evolution gibt, wenn wir erstmal tot und dahingeschieden sind? Wir müssen also die Armee, die Leute, die in den Organen der Diktatur arbeiten, die Mitglieder der Kommunistischen Partei und das Volk inklusive der Jugend erziehen. Wenn es in China zu Problemen kommt, werden diese von innerhalb der Kommunistischen Partei kommen. Wir müssen einen klaren Kopf bewahren. Wir müssen darauf achten, daß wir Leute ausbilden, auswählen und in Führungspositionen befördern, die sowohl über Fähigkeiten als auch über politische Integrität verfügen, übereinstimmend mit dem Grundsatz, daß sie revolutionär, jung, gut ausgebildet und professionell kompetent sind. Dies ist von vitaler Bedeutung wenn wir gewährleisten wollen, daß die Grundlinie der Partei einhundert Jahre lang befolgt wird und daß wir langfristig Frieden und Stabilität bewahren. Es ist ausschlaggebend für Chinas Zukunft ...

Frieden und Entwicklung sind die beiden Hauptprobleme auf der Welt, und keins von beiden ist gelöst. Das sozialistische China sollte der Welt durch Taten beweisen, daß es gegen Hegemonismus und Machtpolitik ist und niemals nach Hegemonie streben wird. China ist eine verläßliche Kraft für die Aufrechterhaltung des Weltfriedens.

Wir werden auf dem Weg zum Sozialismus chinesischen Stils vorwärtsgehen. Der Kapitalismus hat sich über mehrere hundert Jahre entwickelt. Wie lange haben wir den Sozialismus aufgebaut? Außerdem haben wir zwanzig Jahre verschenkt. Wenn wir, von der Gründung der Volksrepublik an gerechnet, China binnen hundert Jahren zu einem mäßig entwickelten Land machen können, wäre das ein außergewöhnliches Ergebnis. Die Zeit zwischen jetzt und der Mitte des nächsten Jahrhunderts ist entscheidend. Wir müssen hart arbeiten: wir haben schwierige Aufgaben zu erfüllen und tragen eine schwere Verantwortung.

1.2.1 Industrielle Infrastruktur und Staatsverschuldung

Der chinesische Wirtschaftsraum ist seit den Reformen Deng Xiaopings in einen modernen, exportorientierten Sektor an der Küste, einen auf den mandschurischen Nordosten konzentrierten, schwerindustriellen Sektor und ein vornehmlich landwirtschaftlich geprägtes Hinterland geteilt. Das Prokopf-Einkommen in der Landwirtschaft betrug 2000 durchschnittlich 272 US-Dollar, in den Städten 763 US-Dollar. 100 bis 200 Millionen Landbewohner haben in den vergangenen Jahren in den großen Städten Arbeit gesucht, aber auch dort entstanden zwischen 1995 und 2002 nur noch 6,7 Millionen neue Arbeitsplätze, womit gerade noch der natürliche Zuwachs der Erwerbsbevölkerung gedeckt werden konnte. Chinas WTO-Beitritt im Dezember 2001 dürfte bei konsequenter Implementierung der Verträge zunächst eine weitere Vernichtung von Arbeitsplätzen bewirken.

Ursächlich für solche Probleme war in erster Linie das Überleben eines traditionellen Staatssektors, dessen 174 000 Betriebe 2001 ein 0,8-prozentiges Minuswachstum verbuchten, während die Volkswirtschaft insgesamt um 7,3 Prozent wuchs. Dieser Sektor repräsentiert bisher das soziale Netz für das Gros der ca. 80 Millionen Industriearbeiter in der Volksrepublik (ca. 25 Millionen Personen sind bereits arbeitslos; ein 1995 ins Leben gerufenes Rentensystem ist weitgehend auf die Städte beschränkt und bisher nur mit Mühe finanzierbar; seit Ende der 90er Jahre kommt es jährlich zu tausenden Demonstrationen gegen Entlassungen oder Nichtauszahlung von Löhnen). Um den Bereich am Leben zu halten und ein Absinken des BIP-Wachstums unter die sozialpolitisch als kritisch betrachtete Sieben-Prozent-Grenze zu vermeiden, vergab die Regierung seit Ende der 90er Jahre etwa zwei Drittel aller durch die vier großen Staatsbanken gewährten Kredite an Staatsunternehmen und Infrastrukturprojekte in ärmeren Landesteilen. Als Folge solcher Investitionen stieg der BIP-Anteil der Staatsausgaben von 11,6 Prozent 1996 auf 20,5 Prozent 2002. Addiert man Eventualverbindlichkeiten und insgesamt ca. 400 Milliarden US-Dollar an notleidenden Krediten, so stünden Devisenreserven in Höhe von ebenfalls etwa 400 Milliarden US-Dollar (2003) öffentliche Schulden in Höhe von ca. 800 Milliarden US-Dollar gegenüber. Das ist so lange kein Problem, als der Renminbi nicht konvertibel ist und Chinas Sparer keine alternativen Anlagemöglichkeiten haben. Während beides durch die WTO-Mitgliedschaft begünstigt wird, könnte ein Vertrauensverlust auch schon vor einer umfassenden Kapitalmarktöffnung zu „argentinischen Verhältnissen" führen.

1.2.2 Handel, Dezentralisierung und Seeorientierung

Chinas BIP wird weiterhin zu ca. 50 Prozent binnenwirtschaftlich generiert, aber das Land ist seit den 90er Jahren zur „Werkbank der Welt" und zur drittgrößten Handelsmacht geworden. Das führte zu stetig wachsenden Devisenreserven, mit deren Hilfe die Zentralbank den Wechselkurs des Renminbi stabil hielt. Um das einhergehende Inflationsrisiko gering zu halten, verkaufte die Regierung den Staatsbanken Anleihen, reduzierte so deren Kapazität zur Kreditvergabe und begünstigte deflationäre Tendenzen, die wiederum mit gigantischen Infrastrukturausgaben bekämpft werden mussten. Gleichzeitig wurde Deflation mit Hilfe fester Wechselkurse „exportiert", das heißt, Industriestaaten importierten immer mehr aus der kostengünstigen Volksrepublik und immer weniger aus Südostasien oder Südkorea. Der wichtigste dieser Importeure sind seit Anfang der 90er Jahre die USA, deren bilaterales Handelsdefizit 2002 mehr als 100 Milliarden US-Dollar erreichte. Die resultierenden Konflikte überzeugten Washington 2001 von der Notwendigkeit, Peking in das WTO-Regelwerk einzubinden. Bei der Implementierung der WTO-Vereinbarungen konstatierte die Bush-Administration seit 2002 zwar bedeutsame Fortschritte, bemängelte aber anhaltende Probleme in den sensitiven Sektoren Landwirtschaft, Dienstleistungen und Schutz geistigen Eigentums sowie eine generell mangelnde Transparenz. Die wichtigsten Marktöffnungsschritte stehen noch an.

Ein Teil dieser Probleme ging auf lokale und regionale Widerstände zurück, die ihrerseits Folgen der Öffnungspolitik waren. Dabei kam es Anfang der 90er Jahre zu protektionistischen Maßnahmen unter Nachbarprovinzen, deren Nachwirkungen noch heute etwa in Gestalt von Transportkostenbarrieren zu spüren sind.

Dengs „Revolution" hatte sowohl zu einer (fiskalischen und administrativen) Emanzipation der Provinzen von Peking als auch einen Bedeutungszuwachs der Küstenprovinzen und strategischen Schiffahrtswege geführt. Dieser generelle zentrifugale Trend hat Debatten über einen möglichen Zerfall des Landes inspiriert.

Der wirtschaftliche Aufstieg von Provinzen wie Kanton, Fujian und Shanghai ging nach dem Ende des Ost-West-Konflikts mit dem Entstehen eines „Großchinesischen Wirtschaftsraums" einher, der je nach Definition die Volksrepublik, Hongkong, Macau, Taiwan und auslandschinesische Gemeinschaften in Südostasien einschließt. So wuchs Hongkongs Handelsdefizit mit dem Festland während der Reformperiode stetig an, während das Territorium in seinem Handel mit Dritten Überschüsse verbuchte. Viele der für das Defizit verantwortlichen Re-Exporte stammten aus Taiwan, das Japan 1992 als zweitwichtigster Investor in der Volksrepublik hinter Hongkong ablöste. Folglich spielt jener ökonomische Imperativ, der in Peking und Teilen des Hinterlandes relativ unterentwickelt erschien, im „Größeren China" mit seiner ausgeprägteren Abhängigkeit von westlichen Märkten eine größere Rolle. Allerdings fehlt diesem Raum der politische Rahmen, so dass er jedenfalls nicht systematisch als Vermittler oder „Stachel im Fleisch" agieren kann.

Offensichtlich wurde diese Frage durch die unabhängige politische Existenz Taiwans und die latente Pekinger Neigung kompliziert, dem „Größeren China" eine politische Bedeutung zu geben. Deng Xiaoping hatte das Konzept „Ein Land, zwei Systeme" in den 80er Jahren nicht nur entwickelt, um vorteilhafte wirtschaftliche Beziehungen zu Hongkong über die Übergabe am 1. Juli 1997 hinaus zu gewährleisten, sondern auch, um Taiwan heimzuführen. 1990 gegen mehrere Südprovinzen eingeleitete Disziplinarmaßnahmen konnten also auch als Warnung verstanden werden, sich nicht als Mittler für demokratisches Gedankengut aus Hongkong und Taiwan „missbrauchen" zu lassen. Bemühungen um eine Konsolidierung der zentralen Steuerhoheit über diese Provinzen gingen ab 1994 mit schwierigen Beziehungen zu den USA einher, die 1995–1996 nahezu in der Taiwan-Straße eskalierten, wovor wiederum die Küstenprovinzen gewarnt hatten. Solche Widersprüche zwischen dem Aufstieg der Volksrepublik und dem Aufstieg des „Größeren China" entbehren nicht der unfreiwilligen Ironie.

Wenn es an den nordöstlichen Grenzen zu keinem vergleichbaren Phänomen kam, dann aufgrund komplexerer politischer Interdependenzen und der fortdauernden strategischen Bedeutung der Staatsbetriebe auf chinesischer Seite. Eine Öffnung der Mandschurei über den grenznahen Handel hinaus würde diese wenig wettbewerbsfähige Region den Unwägbarkeiten des Weltmarkts aussetzen, womit sich unter anderem der begrenzte Erfolg von Bemühungen erklärt, das Delta des Flusses Tjumen im Dreiländereck China-Nordkorea-Russland zu entwickeln. Um eine vergleichbare Kooperation in Zentralasien wäre es nicht viel besser bestellt, würden Peking, Moskau und die beteiligten zentralasiatischen Republiken nicht die Sorge vor einer Welle islamisch-uighurischen Nationalismus teilen.

Seit Mitte der 80er Jahre ging das dramatische Anwachsen des Überseehandels der Volksrepublik mit Bemühungen um den Aufbau einer Hochseemarine einher, die Anfang der 90er Jahre bei den (vornehmlich südostasiatischen) Regionalstaaten Zweifel am friedlichen Charakter der Modernisierung der Volksrepublik aufkommen ließen. Ein Seegefecht zwischen China und Vietnam im März 1988 trug zu solchen Vorbehalten bei. Peking schlug den übrigen Anrainern des Südchinesischen Meeres daraufhin die gemeinsame Entwicklung von umstrittenen Seegebieten vor. Während bisher nur zwei diesbezügliche Abkommen unterzeichnet wurden (s.u.), profitierte die Volksrepublik von der relativen Uneinigkeit und Schwäche der kleineren Nachbarn, um Inseln und Riffe zu besetzen und zu befestigen, die in hinreichender Entfernung zu größeren Schifffahrtswegen lagen, um eine amerikanische Intervention auszuschließen. Dabei zeichnete sich ein Trend zur Sicherung solcher Inseln ab, die zwar seerechtlich wenig bedeutsam waren, aber als militärische Brückenköpfe fungieren könnten, sobald China über hinreichende Fähigkeiten zur Machtprojektion verfügt, um die umliegenden Seegebiete gegen Dritte zu verteidigen. Die durch zivil-militärische Rivalitäten begünstigte Vorwärtsstrategie wurde Ende der 90er Jahre zurückgefahren.

Solche Rivalitäten spielten auch bei der Militärreform eine Rolle. Ende der 80er Jahre hatte Peking die Kontrolle über militärische Regionalkommandos erfolgreich konsolidiert. Regionaltruppen wurden abgeschafft, und Truppenbewegungen oberhalb der Bataillonsebene oder über die Grenzen der Militärbezirke hinweg mussten von der Zentralen Militärkommission vorab genehmigt werden. Gleichzeitig wuchs der zivilwirtschaftliche Komplex der VBA so dramatisch an, dass Jiang Zemin sich 1998 genötigt sah, hier einen jedenfalls partiellen Ausstieg anzuordnen. Auch weiterhin exportierten Firmen mit Beziehungen zu den Streitkräften Waffen und Atomtechnologie gelegentlich ohne Kenntnis oder Billigung durch die Kommission oder zuständige Zivilbehörden.

Nimmt man die zunehmende Öffnung der kontinentalen Grenzen der Volksrepublik für Menschen, Waren und Informationen hinzu, so erwies sich die Kombination aus „push"- und „pull"-Faktoren als sicherheitspolitisches Problem für eine chinesische Führung, die wachsende Probleme bei dem Versuch hatte, den Eindruck zentralisierter Kontrolle aufrechtzuerhalten. Dabei fielen Minderheitengebiete politisch weniger ins Gewicht als die reichen Südost-Provinzen. Eine Auflösung der Volksrepublik von der Peripherie her war eher unwahrscheinlich, aber Instabilität im Zentrum würde auch dort wieder zu eskalationsfähigen Unruhen führen.

In den 90er Jahren war die politische Macht horizontal in unterschiedlichem Ausmaß geteilt, und die „pull"-Faktoren wogen die „push"-Faktoren noch auf. Chinas militärische Expansion auf Hoher See war ein Beispiel für letztere, aber sie erfolgte hinreichend langsam, um die freie Schifffahrt nicht zu behindern und in den USA Warnsignale auszulösen. Zu den unmittelbaren grenzüberschreitenden Konsequenzen der Dezentralisierung zählten in zunehmenden Maße Schmuggel, Piraterie, illegale Migration, Drogenhandel und die Verbreitung des HIV-Virus. Einige dieser Phänomene entzogen sich zentraler Kontrolle, andere, darunter das Entstehen transnationaler Handelsnetzwerke, hatten erste Auswirkungen auf politische Entscheidungsprozesse. Und während solche Phänomene im regionalen Vergleich nicht außergewöhnlich waren, machte Chinas schiere Größe sie doch potenziell explosiv.

1.2.3 Außen- und sicherheitspolitische Folgerungen

Gewissermaßen als Reflex auf die inneren Widersprüche der Volksrepublik ergibt die Analyse der natürlichen und wirtschaftlichen Grundlagen chinesischer Außen- und Sicherheitspolitik ein widersprüchliches Bild. Während die Größe des Landes und der Bevölkerung China grundsätzlich gegen konventionelle Angriffe resistent machten, wurde die mit der wirtschaftlichen Öffnung wachsende Abhängigkeit von strategischen Rohstoffen als Bedrohung empfunden, und die Antworten waren nicht zwingend marktwirtschaftliche. So hatte die Herzlichkeit der Beziehungen zu Pinochets Chile und Mobutus Zaire in den 70er Jahren auch etwas mit dem Interesse der Volksrepublik am Weltkupfermarkt zu tun, und so wurden der Erwerb zentralasiatischer Erdölkonzessionen und der Verlauf möglicher nordostasiatischer Pipelines Ende der 90er Jahre zum Politikum. Schon zuvor war es unter anderem aus rohstoff- und handelspolitischen Erwägungen zu einer Aufrüstung der VBA zur See und dem Aufbau entsprechender Kapazitäten zur Machtprojektion gekommen. Weil diese insbesondere bei südostasiatischen Nachbarn Befürchtungen auslösten, betonte

China seit Anfang der 90er Jahre die Priorität der Zivilwirtschaft und den generell friedlichen Charakter seiner Entwicklung und bemühte sich seither um diesbezügliche Vertrauensbildung.

Gleichzeitig kam es zu substanzieller Vertrauens- und Sicherheitsbildung nur mit dem russischen Nachbarn, der die Eigenschaften eines potenziell ernst zu nehmenden Gegners mit denen einer absteigenden Macht verband. Diese Kombination aus absoluter Größe und relativer Schwäche wiesen weder die USA noch Japan auf, auf die die Volksrepublik wirtschaftlich weitaus mehr angewiesen war als auf Russland. Gleichzeitig wurden neben der pazifistischen Militärpräsenz der USA die amerikanische Atomwaffe und Washingtons atomarer Schirm für Japan (und implizit für Taiwan) in dem Maße zur Herausforderung, in dem Urbanisierung und Seeorientierung die Außenempfindlichkeit Chinas vergrößerten. Vor diesem Hintergrund waren in den 90er Jahren sowohl die chinesische Kritik an den nationalen und regionalen Raketenabwehrplänen der USA zu verstehen als auch Bemühungen um Ausbau und Sicherung der eigenen Atomwaffe, die möglicherweise eine Abkehr von der bisherigen Doktrin der Minimalabschreckung signalisieren.

Schließlich verstärkten die wachsenden sozioökonomischen Probleme im Innern grundsätzlich die Nachfrage nach Nationalismus als legitimatorischer Ersatzideologie. Die chinesische Führung nutzte dieses Instrument in den 90er Jahren nur selektiv und zurückhaltend, wohl wissend, dass nicht einzulösende Ansprüche gegenüber Washington, Tokyo oder Taipei letztlich zu neuen Frustrationen an der Basis führen konnten. Seither gibt es einen Trend zur weltweiten Demonstration eines neuen Selbstbewusstseins. Ob und wieweit sich solche Tendenzen in der Zukunft verselbständigen, hängt vornehmlich vom Erfolg des Modernisierungsprojekts insgesamt ab.

Weiterführende Literatur

Umfassende **Einführungen** in die Themenbereiche dieses Kapitels finden sich in:
Carsten Hermann-Pillath/Michael Lackner (Hrsg.), *Länderbericht China. Politik, Wirtschaft und Gesellschaft im chinesischen Kulturraum*. Bonn: Bundeszentrale für politische Bildung, 1998.
Karlheinz Zürl/Huang Jinmei, *Wirtschaftshandbuch China*. München: Oldenbourg, 2002.
Brunhild Staiger/Stefan Friedrich/Hans-Wilm Schütte, *Das große China-Lexikon*. Darmstadt: Wissenschaftliche Buchgesellschaft, 2003.

Ansonsten:
Sun Jingzhi (Hrsg.), *The Economic Geography of China*. Oxford: Oxford University Press, 1988.

Horst Klausing/Andrzej Maryanski, *China: Ökonomische und soziale Geographie*. Gotha: Haack, 1989.
Terry Cannon (Hrsg.), *The Geography of Contemporary China: The Impact of Deng Xiaoping's Decade*. London: Routledge, 1990.
Sylvie Démurger, *Geography, Economic Policy, and Regional Development in China*. Cambridge MA: National Bureau of Economic Research, 2002.

Zur Frage der chinesischen **Getreideproduktion und Versorgung des Landes mit Lebensmitteln** erschien 1995 ein kontrovers diskutiertes Buch:
Lester R. Brown, *Who Will Feed China? Wake-up Call for a Small Planet*. Washington DC: Worldwatch Institute, 1995. Der Autor formuliert dort die Warnung, dass „in einer integrierten Weltwirtschaft Chinas steigende Lebensmittelpreise die steigende Lebensmittelpreise der Welt werden, dass Chinas Bodenknappheit die Bodenknappheit von jedermann wird und dass Wasserknappheit in China die ganze Welt betreffen wird".

Umweltprobleme:
China's Environment, Sonderausgabe, The China Quarterly, No. 156 (December 1998).
Wilhelm Sager, Chinas Wasserprobleme – ein globales Problem, in: *Blätter für deutsche und internationale Politik*, Bd. 47, Nr. 6 (Juni 2002), S. 728–734.

Energieverbrauch der Volksrepublik und den strategischen Folgen:
Kent E. Calder, *Pacific Arms, Energy, and America's Future in Asia*. New York NY: William Morrow & Co., 1996.
Martin Walker, China and the New Era of Resource Scarcity, in: *World Policy Journal* (New York), Vol. 13, No. 1 (Spring 1996), S. 8–14.
Amy Myers Jaffe/Robert A. Manning, The Myth of the Caspian "Great Game": The Real Geopolitics of Energy, in: *Survival*, Vol. 40, No. 4 (Winter 1998/99), S. 112–131.

Zur Frage der **relativen internationalen Bedeutung** Chinas veröffentlichte Gerald Segal 1999 in der amerikanischen Zeitschrift „Foreign Affairs" einen vielbeachteten Aufsatz. Er kam zu dem Schluss: „Das Reich der Mitte ist nur eine Mittelmacht ... China ist für die Weltwirtschaft etwa so wichtig wie Brasilien. Es ist eine mittlere Militärmacht und verfügt über keinerlei politische Anziehungskraft. China ist vor allem für den Westen wichtig, weil es Unheil stiften kann, indem es entweder seine Nachbarn bedroht oder antiwestliche Kräfte in weiter entfernten Regionen unterstützt." Gerald Segal, Does China Matter?, in: *Foreign Affairs*, Vol. 78, No. 5 (September/October 1999), S. 24–36 (35).

„Greater China":
Robert F. Ash/Y.Y. Kueh, Economic Integration within Greater China: Trade and Investment Flows between China, Hong Kong and Taiwan, in: *The China Quarterly*, No. 136 (December 1993), S. 711–745.
Jean Joseph Boillot/Nicolas Michelon, *China, Hong Kong, Taiwan. Une nouvelle géographie économique de l'Asie*. Paris: Documentation Française, 2001.

Außenpolitische Folgen der wirtschaftlichen Öffnung:
Kenneth Lieberthal, Domestic Politics and Foreign Policy, in: Harry Harding (Hrsg.), *China's Foreign Relations in the 1980s*. New Haven CT: Yale University Press, 1984), S. 43–70.
Robert G. Sutter, *Chinese Foreign Policy. Developments after Mao*. New York NY: Praeger Publishers, 1986.
Chao Chien-min, Communist China's Independent Foreign Policy: The Link with Domestic Affairs, in: *Issues and Studies*, Vol. 22, No. 10 (October 1986), S. 13–32.

J. Richard Walsh, *Change, Continuity and Commitment. China's Adaptive Foreign Policy.* Lanham MD: University Press of America, 1988.
Melvin Gurtov, China: The Politics of the Opening, in: *Asian Perspective* (Seoul), Vol. 12, No. 1 (Spring/Summer 1988), S. 34–50.
Richard Evans, *Deng Xiaoping and the Making of Modern China.* London: Hamish Hamilton, 1993.
Edgar Bauer, *Die unberechenbare Weltmacht. China nach Deng Xiaoping.* Berlin: Ullstein, 1995.
Allen S. Whiting, Chinese Nationalism and Foreign Policy after Deng, in: *The China Quarterly*, No. 142 (June 1995), S. 295–316.
Jeffrey A. Bader, Prospects for Continuity or Change, in: *Asian Affairs* (Washington DC), Vol. 24, No. 2 (Summer 1997), S. 69–76;

Nationalismus:
Allen S. Whiting, Chinese Nationalism and Foreign Policy after Deng, in: *The China Quarterly*, No. 142 (June 1995), S. 295–316.
He Baogang/Guo Yingjie, *Nationalism, National Identity and Democratization in China.* Aldershot: Ashgate, 2000.
Maria Hsia Chang, *Return of the Dragon. China's Wounded Nationalism.* Boulder CO: Westview Press, 2001.
C.X. George Wei (Hrsg.), *Chinese Nationalism in Perspective. Historical and Recent Cases.* Westport CT: Greenwood Press, 2001.
Alexei Moskalev, Debates on Nationalism in the PRC, in: *Far Eastern Affairs* (Moskau). No. 3 (May/June 2001), S. 53–70.
Günter Schubert, Nationalism and National Identity in Contemporary China. Assessing the Debate, in: *Issues and Studies*, Vol. 37, No. 5 (September/October 2001), S. 128–156.
Suzanne Ogden, Chinese Nationalism. The Precedence of Community and Identity over Individual Rights, in: *Asian Perspective* (Seoul), Vol. 25, No. 4 (Winter 2001), S. 157–185.
Prasenjit Duara, Nationalism and Transnationalism in the Globalisation of China, in: *China Report* (New Delhi), Vol. 39, No. 1 (January/March 2003), S. 1–19.

2. Ostasien und der Pazifik

2.1 Nordostasien

Nordostasien war bis zum Ende des Pazifischen Krieges Schauplatz einer sino-japanischen Konkurrenz, die Japan mit der erfolgreichen Modernisierung des späten 19. Jahrhunderts für sich entschied. Auf den chinesisch-japanischen Krieg von 1894 folgten die japanische Kolonisierung Taiwans und die schleichende Kolonisierung Koreas, die die infrastrukturellen Grundlagen für den wirtschaftlichen Aufstieg der Republik China und der Republik (Süd-)Korea im folgenden Jahrhundert legten und dabei aufgrund einer sehr viel brutaleren kulturellen Assimilation im koreanischen Fall Ressentiments weckten, die in Taiwan nahezu fehlten. China selbst wurde als mindestens ebenbürtige Zivilisation ab 1937 Opfer gezielter Demütigungen.

Während sich Russland zwischen 1905 und 1972 etappenweise aus der regionalen Kräftegleichung verabschiedete, wurden die USA mit ihrem Sieg über Japan 1945 zur nordpazifischen Vormacht und beendeten die sino-japanische Rivalität, indem sie Tokyo 1068 mit ihrem Allianzvertrag militärisch „an die Kette legten". Unter dieser Voraussetzung konnte das Kaiserreich seine Außen- und Sicherheitspolitik weitreichend an Washington delegieren und sich auf einen ökonomischen Aufbau konzentrieren, der Japan binnen weniger Jahre zur wirtschaftlichen Vormacht in ganz Ostasien machen sollte. Beide Elemente – das Bündnis mit den USA und das wirtschaftliche Gewicht – strukturieren die Region bis heute und sind seit dem Ende des sino-sowjetischen Konflikts immer weniger mit Chinas Vorstellungen von der eigenen Rolle vereinbar.

2.1.1 Japan

Japan war bereits 1970, zwei Jahre vor der Aufnahme diplomatischer Beziehungen, der wichtigste Handelspartner der Volksrepublik China. Geographische Nähe, wirtschaftliche Komplementarität, der chinesisch-sowjetische Konflikt, anhaltende sino-amerikanische Irritationen und eine gezielte japanische Strategie zur Erschließung des chinesischen Marktes verhalfen dem Kaiserreich in den 70er Jahren zu einer monopolähnlichen Stellung. Anfang der 70er Jahre exportierte Japan Stahl und ganze Industrieanlagen und begann damit, chinesisches Rohöl einzuführen. Gleichzeitig entstand innerhalb der regierenden LDP eine China-Lobby in Konkurrenz zur traditionell einflussreichen Taiwan-Lobby.

Waren dem bilateralen Austausch zunächst durch politische Erwägungen und Pekings Unwilligkeit, sich im Ausland zu verschulden, noch Grenzen gesetzt, so erbrachte die diplomatische Anerkennung im September 1972 einen neuen Impuls. 1973 erreichte der beidseitige Handel einen Umfang von zwei Milliarden US-Dollar, beinahe doppelt so viel wie im Vorjahr. Dabei verbuchte Japan immer größere Handelsbilanzüberschüsse. Gleichzeitig kam es zu Irritationen um die anhaltend intensiven japanischen Wirtschaftsbeziehungen zu Taiwan und Tokyos Pläne für eine wirtschaftliche Erschließung Sibiriens.

1978 fiel die Unterzeichnung des japanisch-chinesischen Friedens- und Freundschaftsvertrags mit dem Beginn der „Ära Deng Xiaoping" und der chinesischen Öffnungspolitik zusammen. Deng wollte die „Vier Modernisierungen" wesentlich mit Hilfe japanischen Kapitals und japanischer Technologie realisieren, und Tokyo hoffte, durch die Erschließung des chinesischen Marktes der eigenen Rezession zu entkommen. Im Februar unterzeichneten beide Seiten ein Acht-Jahres-Handelsabkommen mit einem Volumen von 20 Milliarden US-Dollar, das massive japanische Importe chinesischer Kohle und chinesischen Erdöls und Exporte von Industrieanlagen und Baumaterialien vorsah. Die anfängliche Euphorie wich allerdings schnell einer realistischen Einschätzung der Aufnahmefähigkeit des chinesischen Marktes. Peking versuchte, die eigene Auslandsverschuldung in Grenzen zu halten, und 1979 wurden zahlreiche Verträge mit japanischen Lieferanten gekündigt. Außerdem blieben beide Seiten ideologisch inkompatibel, Tokyo hielt Spitzentechnologien zurück, und Japan sah sich in China zunehmend mit Konkurrenz konfrontiert. In der zweiten Hälfte der 80er Jahre verfügte Peking Begrenzungen für japanische Importe, um die wachsende Abhängigkeit und das eigene Defizit zu verringern. Eine einhergehende chinesische Exportoffensive führte ab 1988 zu einer negativen japanischen Handelsbilanz. Erst in den 90er Jahren wurde Japan wieder zu Chinas wichtigstem Lieferanten und 2002 sogar zum wichtigsten Handelspartner. Dieser Austausch wurde durch japanische Direktinvestitionen und massive staatliche Wirtschaftshilfen gefördert.

Chinas Handel mit Japan, 1987 – 2003
(Mio. US$, ausschließlich Zwischenhandel über Hongkong)

	1987	1990	1993	1995	1998	2001	2003
Exporte	7.478	12.057	20.651	35.922	37.079	57.780	61.704
Importe	8.337	6.145	17.353	21.934	20.182	30.948	39.900

Quelle: Direction of Trade Statistics Yearbook (Washington, Internationaler Währungsfonds), diverse Jahrgänge.

Wenn aus weitreichender wirtschaftlicher Komplementarität dennoch kein enges politisches Verhältnis wurde, dann aufgrund partiell gegenläufiger Agenden der beiden Herrschaftseliten. So wurde aus dem durch den Friedens- und Freundschaftsvertrag eingeläuteten bilateralen Hoch schon Mitte der 80er Jahre wieder ein Tief, als Tokyo sich an der Strategic Defence Initiative (SDI) Ronald Reagans beteiligte und einen Kabinettsbeschluss von 1975 aufhob, demzufolge die japanischen Verteidigungsausgaben ein Prozent des Bruttosozialprodukts nicht übersteigen durften. China hatte zu dieser Zeit mit der Normalisierung seiner Beziehungen zur Sowjetunion begonnen und sah Japans Verteidigungsanstrengungen nun in einem anderen Licht. In der offiziellen Propaganda tauchte der alte Militarismus-Vorwurf wieder auf, der erst 1990 zurückgenommen wurde, als Japan die Beziehungen zur Volksrepublik als erstes G-7-Mitglied nach dem Tiananmen-Massaker wieder normalisierte. Auslösend war neben dem ökonomischen Motiv die Furcht vor einem isolierten und aggressiven, aber auch vor einem zerfallenden China mit massiven Flüchtlingsbewegungen. Peking seinerseits interpretierte die ab 1990 zunehmenden amerikanisch-japanischen Handelskonflikte als Anzeichen für eine neue multipolare Weltordnung und versuchte, Tokyo nun auch politisch an sich zu binden. Japan schwankte zwischen der Hoffnung, zwischen der Volksrepublik und den USA als Vermittler auftreten zu können und dem Eindruck eines nachlassenden militärischen Engagements Washingtons im Westpazifik. Im Oktober 1992 besuchte Kaiser Akihito als erstes japanisches Staatsoberhaupt China.

Auf beiden Seiten blieb die Frage, ob ökonomische Interdependenz sicherheitspolitische Probleme entschärfen könnte, bis Mitte der 90er Jahre offen. Zwar verursachten 1992 Chinas Gesetz über das Küstenmeer mit namentlicher Nennung der Senkaku/Diaoyutai-Gruppe und chinesische Bemühungen um den Erwerb eines ukrainischen Flugzeugträgers japanische Irritationen, beide Initiativen blieben aber zunächst folgenlos. Peking kritisierte im selben Jahr ein japanisches Gesetz über die Teilnahme der „Selbstverteidigungskräfte" (Self Defence Forces, SDF) an Friedenserhaltenden Missionen der Vereinten Nationen, gab ihm aber letztlich seinen vorsichtigen Segen. Japans Kritik an den wachsenden Verteidigungsausgaben der Volksrepublik führte 1993 zur Aufnahme eines bilateralen sicherheitspolitischen Dialogs. Innerhalb der APEC wandten sich beide Seiten gegen die amerikanische Forderung nach einer umfassenden und zügigen Handelsliberalisierung.

Gleichzeitig erkannten Washington und Tokyo, dass anhaltende Handelskonflikte drohten, ihr Bündnis zu unterminieren. In dem Maße, in dem sich die Volksrepublik global und regional unkooperativ verhielt und Nachbarn wie Taiwan massiv bedrohte, nahm das japanische Interesse an einer Konsolidierung und Anpassung seiner Allianz mit den USA zu. Im April 1996 vereinbarten der amerikanische Präsident Clinton und der japanische Premierminister Ryutaro Hashimoto (1996–1998) die Beibehaltung der Truppenpräsenz der USA in Japan und unterzeichneten ein Abkommen über die logistische Unterstützung dieser Truppen in Friedenszeiten. Dieses wurde im September 1997 durch neue Richtlinien für die Zusammenarbeit im Konfliktfall ergänzt. Letztere ermöglichen „in Gebieten im Umfeld Japans" die Nutzung japanischer Flugplätze und Häfen durch die amerikanischen Streitkräfte und eine Unterstützung amerikanischer Operationen durch japanische Nachrichtendienste, Minenräumer und Nachschubeinheiten.

Peking bezog die „Gebiete im Umfeld Japans" auf Taiwan und begann eine Propagandakampagne gegen die revidierten Richtlinien. 1998 verstärkte sich das chinesische Misstrauen weiter, als Washington und Tokyo nach dem Test einer nordkoreanischen Langstreckenrakete über japanischem Territorium die gemeinsame Entwicklung eines regionalen Raketenschirms (Theatre Missile Defence, TMD) vereinbarten. Hatte China die amerikanisch-japanische Allianz bisher hingenommen, weil sie Japan an eigenen verteidigungspolitischen Anstrengungen hinderte, ergab sich nunmehr der Eindruck, dass das Bündnis solche Anstrengungen zunehmend förderte.

Im September 1998 verschob Jiang Zemin einen Japanbesuch kurzfristig, nachdem Tokyo es abgelehnt hatte, sich Clintons „drei Nein" (hinsichtlich der Zwei-China-Formel, der Unabhängigkeit Taiwans und der Vertretung Taiwans in internationalen Organisationen) zu Eigen zu machen. Als der Besuch im November nachgeholt wurde, warnte Jiang seine Gesprächspartner vor einer Unterstützung Taipeis und „hochrangige Personen" vor „Geschichtsfälschung". Es kam zu einer fruchtlosen Kontroverse um die von Peking verlangte schriftliche Entschuldigung für japanische Kriegsverbrechen. Das Chinabild in der öffentlichen Meinung Japans wurde zunehmend negativ.

2001 beteiligte sich Peking an einer regionalen Kontroverse um revisionistische Inhalte japanischer Schulbücher. Die Volksrepublik verurteilte die jährlichen Besuche des japanischen Premierministers Junichiro Koizumi (2001–) im so genannten Yasukuni-Schrein, in dem unter anderem japanische Kriegsverbrecher geehrt werden, und nahm diese zum Anlass, den sicherheitspolitischen Dialog mit Japan auszusetzen. Ein mehrmonatiger Handelskrieg signalisierte japanische Befürchtungen vor dem wirtschaftlichen Aufstieg der Volksrepublik. In diesem und anderen Zusammenhängen (so erstmals 1995 angesichts anhaltender chinesischer Atomwaffentests) ging Tokyo zunehmend dazu über, etwa durch Kürzungen bestimmter Wirtschaftshilfen symbolische Sanktionen zu verhängen. Chinas anfänglich leise Kritik an der Beteiligung der SDF-Marine an den amerikanischen Operationen in Afghanistan wurde 2002 lauter, als die Regierung Koizumi den Vorgang zum Anlass nahm, um über eine schrittweise Revision der japanischen „Friedensverfassung" von 1947 nachzudenken.

China selbst hatte seine multipolaren Ambitionen seit dem 11. September 2001 zurückgenommen und schien nach der Machtübernahme durch Hu Jintao bemüht, dem Verhältnis zu Japan eine längerfristige Perspektive zu geben. Hu und Koizumi trafen erstmals im Mai 2003 bei den Dreihundertjahrfeiern in St. Petersburg zusammen, und anders als sein Vorgänger verzichtete der neue chinesische Staats- und Parteichef auf eine historische Debatte. Im September besuchte der japanische Verteidigungsminister China und nahm den sicherheitspolitischen Dialog wieder auf. Zentrales Thema war die nordkoreanische Atomwaffenkrise, die Peking und Tokyo ähnlich betraf.

Wenn die Beziehungen dennoch angespannt blieben, so aufgrund der weiter intensivierten japanisch-amerikanischen Militärbeziehungen und eines anhaltenden Werbens Koizumis um konservative Wähler. Ende 2003 warnte die Volksrepublik angesichts der japanischen Entscheidungen, nichtkombattante Truppen in den Irak zu entsenden und ein amerikanisches Raketenabwehrsystem zu kaufen, vor einer „Wiederbelebung des Militarismus" und einer „Störung des weltweiten strategischen Gleichgewichts". Im Dezember 2004 verabschiedete Grundsätze für die japanische Verteidigungsplanung erwähnten China (und Nordkorea) erstmals namentlich als Bedrohungsfaktoren.

2.1.2 Die Koreanische Halbinsel

Nordkorea ist weltweit der letzte Staat, dessen Sicherheit von der Volksrepublik China garantiert wird. Der Vertrag über „Freundschaft, Zusammenarbeit und gegenseitigen Beistand" vom 11. Juli 1961 verpflichtet beide für den Fall eines bewaffneten Angriffs durch Dritte, „sofort mit allen Mitteln militärische und andere Hilfe zu leisten".

Hatte der sino-sowjetische Konflikt es Peking und Moskau unmöglich gemacht, ihre Verpflichtungen Pyöngyang gegenüber zugunsten diplomatischer Flexibilität zu relativieren, so gewannen beide Seiten mit Wegfall dieses Bezugsrahmens neue koreapolitische Bewegungsfreiheit. 1985 bewegte Moskau Pyöngyang dazu, dem Atomwaffensperrvertrag beizutreten. 1988 schlug der sowjetische Staatspräsident Gorbatschow Vertrauensbildende Maßnahmen für Nordostasien vor und kündigte die Aufnahme von Wirtschaftsbeziehungen zu Südkorea an. Ab 1989 baute die Sowjetunion ihre zivilen und militärischen Hilfsleistungen für die DVRK ab und bestand auf der Abwicklung des bilateralen Handels auf Devisenbasis. Im September 1990 nahm sie diplomatische Beziehungen zu Südkorea auf.

China, das sich an den olympischen Sommerspielen des Jahres 1988 in Seoul beteiligt hatte, forderte 1990 seinerseits Pyöngyang auf, den bilateralen Handel künftig in Devisen abzuwickeln und reduzierte seine Rohöllieferungen an Nordkorea, das mit der Bezahlung im Rückstand war. Das nordkoreanische Bruttosozialprodukt schrumpfte fortan jährlich um mindestens fünf Prozent. Hinzu kam 1996 eine Serie von Missernten, die in den folgenden sechs Jahren ein bis zwei Millionen Nordkoreanern das Leben gekostet haben dürfte. Die stalinistische DVRK lehnte es ab, dem chinesischen Beispiel wirtschaftlicher Öffnung zu folgen.

1988 begann in Peking eine Serie amerikanisch-nordkoreanischer Verhandlungen. 1991 fügte sich Pyöngyang dem gleichzeitigen Beitritt beider Koreas zu den Vereinten Nationen, nachdem China es abgelehnt hatte, einen entsprechenden südkoreanischen Antrag durch Veto im Sicherheitsrat zu Fall zu bringen. 1992 nahm Peking diplomatische Beziehungen zu Südkorea auf, das die eigenen Beziehungen zu Taiwan abbrach. Der chinesisch-südkoreanische Handel verfünffachte sich zwischen 1990 und 1994 und erreichte fast den 20-fachen Umfang des chinesisch-nordkoreanischen Handels. 1995 wurde bereits die Hälfte aller südkoreanischen Auslandsinvestitionen in der Volksrepublik getätigt. Heute ist China der größte Absatzmarkt der Republik Korea.

Chinas Handel mit Südkorea, 1991 – 2002
(Mio. US$, ausschließlich Zwischenhandel über Hongkong)

	1991	1993	1996	1998	2001	2002
Exporte	3.441	3.929	8.538	6.488	12.799	17.400
Importe	1.003	5.151	11.377	11.981	18.455	23.754

Quelle: Direction of Trade Statistic Yearbook, diverse Jahrgänge.

Die USA verfügten seit 1987 über Hinweise auf ein nordkoreanisches Atomwaffenprogramm in der Nähe eines Forschungsreaktors in Yongbyun nördlich von Pyöngyang. Auf dieser Grundlage führte die IAEO zwischen Juni 1992 und Februar 1993 sechs Inspektionen durch, die erste Belege für eine Wiederaufbereitung von Plutonium erbrachten.

Pyöngyang verweigerte den Inspektoren Zutritt zu den verdächtigten Anlagen und die Genehmigung einer Sonderinspektion. Am 12. März erklärte die DVRK ihren Austritt aus dem Atomwaffensperrvertrag und verhängte den „nationalen Alarmzustand". Sanktionen scheiterten im Sicherheitsrat an der Volksrepublik China. Am 11. Juni „setzte" Nordkorea seinen Austritt aus dem Atomwaffensperrvertrag „aus", nachdem die USA Angriffsabsichten dementiert hatten.

Im Oktober 1994 unterzeichneten Washington und Pyöngyang ein Rahmenabkommen, nach dessen Maßgabe Nordkorea im Atomwaffensperrvertrag verblieb und seine nuklearen Aktivitäten unter IAEO-Aufsicht einfror. Im Gegenzug stellte Washington die diplomatische Anerkennung und Wirtschaftshilfen in Aussicht und verpflichtete sich, gegen die DVRK keine Atomwaffen einzusetzen. Bis zur Einlösung dieser Zusagen würden die USA ein Konsortium gründen, das bis 2003 zwei Leichtwasserreaktoren finanzieren und errichten sollte und in der Zwischenzeit jährlich 500 000 Tonnen schweres Heizöl liefern würde. Peking hatte zu diesem Ergebnis mit einer Kombination aus Anreizen und Druck auf Pyöngyang beigetragen und nahm im Anschluss wieder Energie- und Lebensmittellieferungen in großem Maßstab auf.

Der Bau der Reaktoren verzögerte sich ab 1998 wegen anhaltender militärischer Provokationen und Raketenproliferation der DVRK und einer zunehmend kritischen Haltung der republikanischen Mehrheit im US-Kongress, die von einer nordkoreanischen Erpressungsstrategie sprach. Gleichzeitig initiierte der neue südkoreanische Präsident Kim Dae-chung (1998–2003) unter dem Motto „Sonnenscheindiplomatie" eine Entspannungsoffensive gegenüber dem Norden, die im Juni 2000 in einem Besuch in Pyöngyang gipfelte. China wollte sowohl einen unkontrollierten Kollaps Nordkoreas als auch einen neuen Koreakrieg an der eigenen Grenze verhindern und unterstützte Kims Politik.

Die Lage verkomplizierte sich weiter mit dem Amtsantritt von George Bush Jr. Dieser entschied sich zunächst dafür, Pyöngyang mit „wohlwollender Vernachlässigung" zu strafen, bezeichnete die DVRK aber nach dem 11. September 2001 neben dem Irak und dem Iran als Teil einer „Achse des Bösen". 2002 erklärte das Pentagon Nordkorea neben anderen Staaten zum potentiellen Ziel amerikanischer Atomangriffe. Pyöngyang erhöhte daraufhin den Einsatz und räumte einer amerikanischen Delegation gegenüber die Existenz eines Programms zur Anreicherung von Uran ein. Im November 2002 wurden die IAEO-Inspektoren des Landes verwiesen. Im Januar 2003 erklärte Nordkorea einmal mehr seinen Austritt aus dem Atomwaffensperrvertrag. Washington verlangte die sofortige, verifizierbare Beendigung aller Nuklearprogramme. Eine Verurteilung der DVRK scheiterte im Sicherheitsrat an China und Russland.

Fortan verfolgten die USA angesichts von Meinungsverschiedenheiten in der Administration eine Doppelstrategie. Zum einen drängten sie Peking als wichtigsten Verbündeten und Wirtschaftspartner Nordkoreas, Pyöngyang von der Notwendigkeit multilateraler Verhandlungen zu überzeugen. Zum anderen verstärkten sie ihre Militärpräsenz in und um Korea.

Unter dem Eindruck der Besetzung Baghdads durch amerikanische und britische Truppen gab Nordkorea seinen Widerstand gegen multilaterale Verhandlungen auf. Die im April 2003 in Peking veranstalteten Gespräche mit Vertretern der USA und Chinas führten allerdings zu einer weiteren Klimaverschlechterung. Nachdem die amerikanische Seite die nordkoreanischen Forderungen nach Sicherheitsgarantien, diplomatischer Anerkennung und Wirtschaftshilfen abgelehnt hatte, erklärten die Vertreter der DVRK, dass ihr Land im Besitz von Atomwaffen sei und mit der Wiederaufbereitung von Plutonium begonnen habe. Pyöngyang drohte für den Fall von Sanktionen mit Krieg.

Drei Monate später erklärte sich Nordkorea zu Sechsergesprächen in Peking unter Beteiligung der USA, Südkoreas, Chinas, Japans und Russlands bereit. Als auch diese im August keinen Fortschritt erbrachten, bekundete die DVRK ihr Desinteresse an weiteren Verhandlungen und teilte mit, dass die Aufbereitung von 8000 Plutonium-Brennstäben abgeschlossen sei. Im Februar 2004 kam es zu einer zweiten Runde, die in der Sache nichts Neues ergab.

Während die andauernde Krise Pekings Diplomatie zu beispiellosem Aktivismus und einer Akzeptanz des multilateralen Formats motiviert hat, ist daraus noch keine Interessenidentität mit Washington abzuleiten. China ging es 2003 in erster Linie darum, eine militärische Intervention der USA zu verhindern. Die VBA ist daran interessiert, Nordkorea als militärischen Puffer zu erhalten, und die Volksrepublik beherbergt schon heute 200 000 bis 300 000 nordkoreanische Flüchtlinge, eine Zahl, die sich im Falle eines Krieges deutlich erhöhen dürfte. Angesichts dieses Szenarios tritt das Interesse an einer zügigen und verifizierbaren atomaren Abrüstung der DVRK in den Hintergrund, das die Volksrepublik grundsätzlich teilt, weil sie Nachahmungseffekte in Japan, Südkorea oder Taiwan befürchtet. Gleichzeitig lehnt China Sanktionen als konfliktfördernd ab, und Sanktionen ohne eine Beteiligung Pekings wären wirkungslos.

Die Volksrepublik ist sich andererseits darüber im Klaren, dass das nordkoreanische Regime kaum überlebensfähig ist und eine Wiedervereinigung der Koreanischen Halbinsel letztlich unvermeidlich sein dürfte. Sie möchte allerdings, dass dieser Prozess unter Rahmenbedingungen verläuft, die sie selbst mitdefiniert und die möglichst einen militärischen Abzug der USA aus Südkorea beinhalten. Dabei glaubt man, von wachsendem Antiamerikanismus in der jüngeren und anhaltendem Antijapanismus in der älteren Bevölkerung der Republik Korea profitieren zu können. Unter solchen Gesichtspunkten ist Seoul in den 90er Jahren zu Pekings wichtigstem Ansprechpartner in Nordostasien geworden.

2.1.3 Taiwan

Taiwans unabhängige und mittlerweile demokratische Existenz ist die größte äußere Herausforderung für den Führungsanspruch der KPCh. Konfliktszenarien der VBA waren seit dem Ende des sino-sowjetischen Konflikts vornehmlich Taiwan-Szenarien, und die USA warnen seit Ende der 90er Jahre vor einer schleichenden Aushöhlung des Kräftegleichgewichts in der Taiwan-Straße. Angesichts dieser Vision intensivierte die Bush Jr.-Administration die militärischen Beziehungen zu Taipei auf beispiellose Weise.

Damit ist ein bewaffneter Konflikt noch nicht unvermeidlich. Peking gibt der eigenen Wirtschaftsentwicklung weiterhin Vorrang vor einem nationalistischen Abenteuer und glaubte jedenfalls bis 2003, dass Taiwan angesichts einer schnell wachsenden wirtschaftlichen Abhängigkeit letztlich die Hongkong-Formel „ein Land, zwei Systeme" und damit die politische Unterordnung akzeptieren würde.

Diese Formel war von Deng Xiaoping Anfang der 80er Jahre ausdrücklich mit Blick auf die Inselrepublik geprägt worden, und in gewisser Hinsicht stand Dengs ganzes Reformprogramm im Dienst des Vereinigungsprojekts. Seit 2002 ist die Volksrepublik Taiwans größter Absatzmarkt, und über 50 000 taiwanesische Unternehmen haben trotz einer restriktiven Politik der eigenen Regierung auf dem Festland investiert.

Angesichts viel versprechender Entwicklungen im chinesisch-amerikanischen Verhältnis, wachsender Isolation Taiwans[1] und Washingtons Zusicherungen, Rüstungslieferungen an die Insel schrittweise zu reduzieren, lag die taiwanpolitische Initiative zu Beginn der „Ära Deng Xiaoping" zunächst in Peking. 1979 veröffentlichte das führende KPCh-Mitglied Ye Jianying einen „Neunpunkteplan für die Wiedervereinigung", der einen Schritt weiter ging als das spätere Hongkong-Modell, indem er Taipei neben der Beibehaltung des Wirtschafts- und Gesellschaftssystems auch innenpolitische und sogar militärische Autonomie garantierte. Dennoch hieß das Motto auch hier „ein Land, zwei Systeme", und die taiwanesische Regierung wurde als Provinzregierung behandelt.

Taiwan legte Wert auf die Feststellung, dass die Republik China nicht aus der Volksrepublik China hervorgegangen, sondern unabhängig von dieser entstanden war. Die taiwanesische Formel „ein Land, zwei Gebiete" (später auch: „ein Land, zwei Regierungen") signalisierte ein Abrücken vom eigenen Alleinvertretungsanspruch und war ein Gesprächsangebot in Analogie zur deutschen Ostpolitik. 1981 hatte die KMT die bis dahin übliche Formulierung „kommunistische Banditen" durch „kommunistisch-chinesische Behörden" ersetzt. Offiziell blieb es bei der Ablehnung von Kontakten, Verhandlungen und Kompromissen, so lange Peking keinen Gewaltverzicht erklärte und weiter bemüht war, die Republik China international zu isolieren.

Taiwans Prokopf-Einkommen stieg zwischen 1951 und 1991 von 145 US-Dollar auf 8788 US-Dollar an. Die Herausbildung substantieller Mittelschichten vor dem Hintergrund einschneidenden Wandels im internationalen Umfeld motivierte Präsident Chiang Chingkuo (1978–1988) zur qualifizierten Aufhebung des Kriegsrechts und zur Legalisierung von Besuchen der Volksrepublik über Hongkong. Währenddessen verlor Peking

---

[1] Taipei unterhielt 2004 noch diplomatische Beziehungen zu 27 vornehmlich zentralamerikanischen, südpazifischen und afrikanischen Staaten.

die taiwanpolitische Initiative vorübergehend mit der Zerschlagung der eigenen Demokratiebewegung im Juni 1989. Zu dieser Zeit war Taiwan unter dem „einheimischen" (das heißt, nicht 1949 vom Festland emigrierten) Präsidenten Lee Teng-hui (1988–2000) auf dem Weg zur Demokratie. Lees Position war allerdings innen- und außenpolitisch nicht so gefestigt, dass er eine offizielle Unabhängigkeitserklärung hätte riskieren können. Er lancierte stattdessen eine Doppelstrategie. Zum einen entstand 1991 mit der Strait Exchange Foundation (SEF) eine halbamtliche Stiftung, die Peking als Ansprechpartner in technischen Fragen dienen sollte. Zum anderen initiierte Lee eine weltweite Offensive „flexibler Diplomatie", nach deren Vorgaben Beziehungen zu Drittstaaten nun auch unterhalb der diplomatischen Ebene gepflegt werden konnten. Schließlich begann er 1993 eine Kampagne zum Wiederbeitritt zu den Vereinten Nationen, die angesichts des Pekinger Vetos im Sicherheitsrat zur Erfolglosigkeit verdammt war, aber aus innenpolitischen Gründen unverzichtbar wurde.

Die Volksrepublik hatte ihrerseits 1991 eine so genannte Association for Relations across the Taiwan Strait (ARATS) gegründet, die 1993 mit der SEF erste Gespräche in Singapur führte. Insgesamt kam es zu sieben Gesprächsrunden über Investitionsschutz, Beurkundungen, illegale Einwanderung etc. Weitreichende Vereinbarungen scheiterten jeweils an Pekings Versuch, Einigkeit über die (politische) Interpretation des „Ein-China-Prinzips" zu unterstellen. China brach die Verhandlungen nach Lee Teng-huis USA-Besuch 1995 ab und ging zu militärischen Drohgebärden über. Diese hatten in der taiwanesischen Bevölkerung die gegenteilige Wirkung, und Lee erhielt in den ersten freien Präsidentschaftswahlen der Republik China 1996 ein klares Mandat. 1999 formulierte er erstmals eine Zweistaatenformel und handelte sich damit sowohl chinesischen als auch amerikanischen Protest ein.

Im März 2000 wurde Lee von dem Oppositionspolitiker Chen Shuibian abgelöst, dessen Democratic Progessive Party (DPP) in ihren Statuten die formale Unabhängigkeit vom Festland verlangte. Chen distanzierte sich zunächst öffentlich von dieser Forderung und der Zweistaatentheorie, wollte aber eine Unabhängigkeitserklärung für den Fall eines chinesischen Angriffs nicht ausschließen. Gleichzeitig lehnte er es ab, das „Ein-China-Prinzip" als Ausgangspunkt für neue Verhandlungen zu akzeptieren und wurde deshalb von der Volksrepublik ignoriert. Peking kehrte allerdings auch nicht zu der gescheiterten Strategie des Säbelrasselns zurück und umwarb ersatzweise taiwanesische Geschäftsleute und die KMT, die sich von ihrem Vorsitzenden Lee Teng-hui getrennt hatte. Das bedeutete allerdings nicht, dass die Volksrepublik deren chinapolitische Vorschläge (Gemeinsamer Markt, Konföderation) akzeptiert hätte. 2003 erreichte der Handel zwischen Taiwan und China ein Rekordvolumen von 52 Mrd. US-Dollar. Taiwanesische Firmen hatten seit Anfang der 90er Jahre über 100 Milliarden US-Dollar auf dem Festland investiert, ein Trend, der angesichts einer Rezession daheim weiter aufwärts deutete. Im Dezember 2001 bzw. Januar 2002 hatte dieses Verhältnis durch den Beitritt Pekings und Taipeis zur WTO zusätzliche Impulse erhalten.

China versuchte, Taiwans wachsende Abhängigkeit für die Herstellung direkter Handels-, Transport- und Postbeziehungen zu nutzen, die bisher weitgehend über Hongkong abgewickelt werden. Chen Shuibian stimmte grundsätzlich zu, verlangte aber diesbezüglich zwischenstaatliche Vereinbarungen, um die grundsätzliche Gleichberechtigung beider Seiten zu unterstreichen. Das wiederum war für die Volksrepublik nicht akzeptabel.

Chinas Handel mit Taiwan, 1990 – 2002 (Mio. US$)

	1990	1993	1996	1998	2000	2002
Exporte	320	1.461	2.804	3.866	5.040	6.590
Importe	2.254	12.934	16.186	16.694	25.494	38.082

Quelle: Direction of Trade Statistics Yearbook, diverse Jahrgänge.

Gleichzeitig führte Taiwan eine Politik der Nadelstiche gegenüber dem Festland fort, so etwa, als Vizepräsidentin Annette Lu 2002 überraschend nach Indonesien reiste, Chen 2003 die Zweistaatenformel seines Vorgängers wiederbelebte und entschied, die Präsidentschaftswahlen 2004 mit einem Referendum über verstärkte militärische Anstrengungen zu verbinden. Solche Initiativen waren vielfach Reaktionen auf Pekinger Versuche, Taipeis weltweite Manövriermarge zusätzlich zu beschneiden. China seinerseits erhöhte 2004 mit Beratungen über ein „Antisezessionsgesetz" den Einsatz und versuchte gleichzeitig mit relativ großem Erfolg, die Bush-Administration zu öffentlicher Kritik an Chen Shuibians Politik zu ermuntern.

Wenn die Volksrepublik grundsätzlich weiter davon ausgeht, in der Taiwanfrage die Zeit auf der eigenen Seite zu haben, könnte das ein Fehlkalkül sein und Taipei zusätzlich motivieren, seine internationale Bewegungsfreiheit weiter auszuloten. Auch ist die wachsende wirtschaftliche Abhängigkeit der Inselrepublik keine Einbahnstraße. Taiwan war seit Anfang der 90er Jahre der wichtigste ausländische Investor in der Volksrepublik, die die Insel nur dank solcher Investitionen als drittgrößter Exporteur von IT-Technologie ablösen konnte. Darüber hinaus war das Festland Re-Exportbasis für viele taiwanesische Firmen. Schließlich verdeutlichte eine Rezession in Taiwan 2001, dass die wirtschaftliche Zukunft der Insel eher auf dem Weltmarkt für Spitzentechnologien lag als auf einem chinesischen Markt, der weiterhin durch weniger fortschrittliche Technologien charakterisiert war.

Die militärische Bedrohung nahm allerdings zu. So wuchs das Taiwan gegenüber dislozierte Arsenal chinesischer Kurzstreckenraketen binnen weniger Jahre von 50 auf 500 an. Die Volksrepublik wäre schon heute in der Lage, eine Seeblockade zu verhängen und scheint sich in bestimmten technologischen Nischen auch auf eine Konfrontation mit den USA in der Taiwan-Straße vorzubereiten. Nichtsdestotrotz wirkt Washingtons seit April 2001 explizite Beistandsgarantie für Taipei hier auch zu solchen Zeiten abschreckend, in denen die USA es sich aufgrund von Entwicklungen auf der Koreanischen Halbinsel nicht mit der Volksrepublik verderben möchten.

Schließlich hat sich in Taiwan nach mehr als zehn Jahren Demokratisierung eine eigene Identität konsolidiert, die es keinem Präsidentschaftskandidaten erlauben würde, eine Vereinigung unter den Vorzeichen Pekinger Dominanz zu akzeptieren. Diese Diagnose gilt vermutlich auch für den unwahrscheinlichen Fall, dass es in China selbst in absehbarer Zeit zu Demokratisierung kommt.

2.1.4 Mongolei

In der Mongolei leben nur 2,5 Millionen – zumeist buddhistische – Bürger auf mehr als 1,5 Millionen Quadratkilometern. Die so genannte „Äußere Mongolei" war von 1691 bis 1911 chinesischer Vasall, von 1912 bis 1919 ein autonomer Staat unter russischem Schutz, von 1919 bis 1921 chinesische Provinz und von 1921 bis 1991 Satellitenstaat der UdSSR, die hier ab 1969 über 100 000 Soldaten stationiert hatte. 1990 vollzog die Mongolei einen friedlichen Übergang zur Demokratie. Moskau zog seine Truppen zwischen 1987 und 1992 zurück. Das Land ist seither blockfrei und bemüht sich um enge Beziehungen zum Westen und zu Japan.

In der „Autonomen Region Innere Mongolei" der Volksrepublik China leben etwa vier Millionen (weitgehend sinisierte) Mongolen, die nach gezielter Ansiedlung von Han-Chinesen in den Städten aber weniger als 15 Prozent der Gesamtbevölkerung ausmachen. Dort war in den 80er Jahren eine kleine, separatistische Gruppe aktiv. Mongolen leben darüber hinaus auch in Russland.

Abgeschnitten von sowjetischen Krediten, bemühte sich Ulanbaatar ab 1990 um eine Diversifizierung seiner Außenbeziehungen. Präsident Punsalmaagiyn Ochirbat (1990–1997) reiste als erstes Staatsoberhaupt seit 1962 in die Volksrepublik China.

Gleichzeitig hatte der mongolische Demokratisierungsprozess unmittelbare Auswirkungen auf die bilateralen Beziehungen. 1991 protestierten Studenten vor der chinesischen Botschaft in Ulanbaatar gegen Repression in der Inneren Mongolei. 1992 veröffentlichte die Agentur Reuter ein internes Dokument des Staatssicherheitsbüros der Inneren Mongolei, demzufolge die gesamte „mongolische Region" seit altersher Teil Chinas gewesen sei. Der Dalai Lama, japanische Akademiker und die USA unternähmen Versuche, die Mongolei, die Innere Mongolei und das russische Buryatskaya zu einer „Größeren Mongolei" zu vereinen.

1992 sicherten sich beide Seiten zu, ihre territoriale Integrität zu respektieren. Sie vereinbarten die Einrichtung neuer Grenzübergänge für den uneingeschränkten Waren- und Personenverkehr. China gewährte Finanzhilfen, unterzeichnete Projektverträge und sagte die Lieferung von 500 000 Tonnen Öl im Tausch gegen Kupferkonzentrat zu. 1993 wurde die Frage chinesischer Zuwanderung zum Gegenstand bilateraler Gespräche.

1994 unterzeichneten Peking und Ulanbaatar einen Vertrag über Freundschaft und Zusammenarbeit, der ein entsprechendes Abkommen aus dem Jahr 1960 ersetzte. Demzufolge würden sie sich weder an gegen den anderen gerichteten militärischen oder politischen Bündnissen beteiligen noch Dritten das eigene Territorium für Aktionen gegen den Vertragspartner zur Verfügung stellen. China formulierte eine Unterstützung der Anti-Atompolitik des Nachbarn, der noch zwei Jahre zuvor gegen chinesische Atomwaffentests in Xinjiang nahe der eigenen Grenze protestiert hatte.

1996 erklärte der liberale mongolische Premierminister Mendsaikhany Enksaikhan: „Wir interessieren uns für die Behandlung ethnischer Mongolen, von im Ausland geborenen Mongolen, durch Drittstaaten. Wir interessieren uns für wachsende historische und kulturelle Bindungen mit Mongolen im Ausland." Vor der chinesischen Botschaft in Ulanbaatar kam es wiederholt zu Demonstrationen gegen Menschenrechtsverletzungen in der Inneren Mongolei.

Diesbezügliche zwischenstaatliche Friktionen traten in den Hintergrund, als Ochirbat und Enksaikhan 1997 bzw. 2000 von Reformkommunisten abgelöst wurden. Dennoch blieb das Verhältnis unterschwellig angespannt. China löste Russland 2000 als wichtigsten Handelspartner der Mongolei ab, und das chinesische Tianjin wurde zum bedeutendsten Handelshafen des Landes. Seither kommen die meisten ausländischen Direktinvestitionen aus der Volksrepublik, die Rechte zum Abbau von Zinn und anderen Rohstoffen erworben hat. Der grenzüberschreitende Handel erzeugte insofern Ressentiments, als er zunehmend mit chinesischer Immigration einherging, die gegen mongolische Rohstoffe eingetauschten chinesischen Konsumgüter zumeist minderer Qualität waren und das Entstehen einer einheimischen Industrie verhinderten. Der Dalai Lama besuchte die Mongolei wiederholt unter chinesischem Protest, und Abgrenzung von China blieb ein essenzieller Teil mongolischer Identität. In den 90er Jahren knüpfte Ulanbaatar unter anderem Militärbeziehungen mit den USA, der Türkei, Japan und der Bundesrepublik Deutschland.

2.2 Südostasien

Südostasien ist Chinas „weicher Unterleib" und zugleich ein Glacis für die Projektion seiner außenpolitischen Interessen, eine hinreichend nahe und pluralistische Region, um als Sprungbrett auf die gesamtregionale und globale Bühne zu funktionieren, vorausgesetzt, sie wird nicht von Dritten dominiert. Diesbezügliche Erwartungen waren nach dem amerikanischen Rückzug vom südostasiatischen Festland zwischen 1969 und 1976 insofern enttäuscht worden, als sich das sozialistische Südostasien zunehmend nach Moskau orientierte, während der nichtsozialistische Teil der Region explizit oder implizit Teil der amerikanischen Sicherheitsarchitektur blieb. Schlimmer noch, in dem Maße, in dem sich Vietnam, Laos und Kambodscha nach dem Ende des kambodschanischen Bürgerkriegs (1978–1991) um bessere Beziehungen zu Peking bemühten, kam es innerhalb der Asean zu einer unterschiedlich ausgeprägten, diffusen Wahrnehmung von einem künftigen Machtvakuum, in das die Volksrepublik hineinstoßen könnte. China war seitdem bemüht, diesem Eindruck entgegenzuwirken und legte in jüngster Zeit sogar eigene Regionalismusprojekte vor. Gleichzeitig ging Pekings militärische Expansion auf dem südostasiatischen Festland und im Südchinesischen Meer weiter, und es kam in der Region zu einem subtilen Führungswettbewerb mit Japan.

2.2.1 Das Festland

China ist seit dem Ende des kambodschanischen Bürgerkriegs auf dem südostasiatischen Festland wieder schrittweise und in unterschiedlichem Ausmaß zu einem wichtigen Akteur geworden. Deng Xiaoping hatte die Voraussetzungen für diese Entwicklung mit Beendigung der Zusammenarbeit mit der KPT ab 1979 und der KPB ab 1988 geschaffen und die Beziehungen zu *Thailand* und *Birma* seither spürbar intensiviert. In beiden Fällen spielte die militärische Zusammenarbeit eine wichtige Rolle: Die VBA und die thailändischen Streitkräfte führten seit 1981 einen Dialog, der Ende der 80er Jahre in umfangreichen chinesischen Waffenlieferungen zu „Freundschaftspreisen" resultierte. Anfang der 90er Jahre wurde China zum wichtigsten Waffenlieferanten der vom Westen mit Sanktionen belegten Junta in Rangoon. Die Volksrepublik beteiligte sich am Bau von Marinestützpunkten, Straßen und anderer militärisch nutzbarer Infrastruktur in Birma. Zur selben Zeit entwickelte Thailand einen Plan für ein so genanntes „Goldenes Viereck", bestehend aus Birma, Laos, den eigenen Nordprovinzen und Chinas südwestlicher Provinz Yunnan. Peking beteiligte sich sowohl in diesem Rahmen als auch an der 1996 von der ADB initiierten Wirtschaftszusammenarbeit in der so genannten „Größeren Mekong-Subregion", an der neben Thailand und Birma auch Vietnam, Laos und Kambodscha mitwirkten. Seit 1995 kooperieren alle Genannten darüber hinaus bei der Drogenbekämpfung.

Vietnam war nach einer kostspieligen Intervention in Kambodscha und dem Entzug der sowjetischen Unterstützung durch Michail Gorbatschow Anfang der 90er Jahre nichts anderes übrig geblieben, als seine Beziehungen zum historischen Gegner im Norden zu normalisieren. Dieser Entspannungsprozess wurde durch den Umstand begünstigt, dass die Sozialistische Republik Vietnam (SRV) 1985 das chinesische Modell einer wirtschaftlichen Öffnung bei anhaltender politischer Abschottung übernommen hatte und dass eine sinophobe Kriegsgeneration die politische Führungsetage allmählich räumte. 1999 unterzeichneten beide Seiten ein Abkommen über ihre Landgrenze, auf das vier Jahre später eine Vereinbarung über die Seegrenze im Tonking-Golf folgte. Ungelöst blieb das weitaus größere Problem konfligierender Ansprüche im Südchinesischen Meer. 1974 hatte die VBA die südvietnamesische Marine aus dem Paracel-Archipel vertrieben, und 1988 war es zwischen China und dem wiedervereinten Vietnam zu einem Seegefecht in den Spratlys gekommen. Seither hatten beide Seiten Inseln und Riffe besetzt und befestigt. Hanois Versuch, mit seinem Asean-Beitritt 1995 in dieser Frage diplomatischen

Rückhalt aufzubauen, war nur bedingt erfolgreich (s.u.). Ein 1997 begonnener sicherheitspolitischer Dialog mit den USA wurde von Vietnam aus Rücksicht auf China mit nur geringer Intensität geführt.

Peking hatte seine Beziehungen zu Hanois Verbündetem *Laos* bereits 1988 normalisiert, als sich die Truppen der SRV aus dem Nachbarland zurückzogen. 1991 wurden ein Grenzvertrag unterzeichnet und politische Flüchtlinge aus der Volksrepublik zurückgeführt. Zwei Jahre später erfolgten die ersten chinesischen Waffenlieferungen an die Demokratische Volksrepublik Laos (DVRL). China nahm seine 1978 unterbrochenen Straßenbauaktivitäten im nordwestlichen Laos wieder auf und beteiligte sich unter anderem an laotischen Staudammprojekten.

Das neben Birma spektakulärste Beispiel für eine Renaissance des chinesischen Einflusses in Südostasien war das Königreich *Kambodscha*. Peking gehörte zu den Garanten der Friedensverträge von 1991 und hatte Phnom Penhs damals begründete Neutralität und Blockfreiheit durch substanzielle Finanzhilfen gestärkt. Diese Kredite waren an keinerlei Bedingungen geknüpft und schwächten so die Bemühungen anderer Geber im Kampf gegen die Korruption, bei der Reform der Verwaltung und der Verkleinerung der Armee. Letztere unterhält seit 1996 wieder Beziehungen zur VBA.

Während der Chinahandel unter den Staaten des südostasiatischen Festlandes nur in Birma eine signifikante Abhängigkeit begründete, wurden doch alle in den 90er Jahren zum Ziel chinesischer Grenzhandelskampagnen, die in unterschiedlichem Ausmaß mit chinesischer Zuwanderung einherging und in einigen Fällen neue Überfremdungsängste auslöste. Infrastrukturprojekte im Bereich der „Größeren Mekong-Region" sollten aus Pekinger Sicht dazu dienen, den Südwestprovinzen der Volksrepublik einen Zugang zum Indischen Ozean zu erschließen. Die strategische Bedeutung dieser Projekte wurde durch ihren *dual use*-Charakter und die vielfach einhergehende Intensivierung von Militärbeziehungen augenscheinlich.

2.2.2 Der Malaiische Archipel

Während die chinesische Außenpolitik ab 1978 auch in den Staaten des maritimen Südostasien von Hanois Einmarsch in Kambodscha profitierte, waren sowohl antichinesische Klischees als auch die Militärpräsenz der USA hier sehr viel fester verankert. *Indonesien* war nicht nur das größte und wichtigste Asean-Mitglied, sondern gleichzeitig auch der Staat mit den meisten historischen und kulturellen Vorbehalten gegenüber der Volksrepublik. Gegenseitiges Misstrauen überlebte auch die Normalisierung der Beziehungen im August 1990. Zwar erhob Jakarta im Südchinesischen Meer keine Territorialansprüche und versuchte hier ab 1990 sogar, eine vermittelnde Rolle zu spielen. Andererseits gab es einen latenten Konflikt mit China um erdgasreiche Seegebiete bei den indonesischen Natuna-Inseln. Indonesiens Auslandschinesen wurden in der Geschichte wiederholt zu Opfern pogromartiger Ausschreitungen; so zuletzt während des Sturzes von Präsident Ahmad Suharto (1967–1998) im Mai 1998. Peking und Jakarta waren bis Ende der 80er Jahre konkurrierende Anbieter auf dem Weltölmarkt, und der schnelle Zuwachs ihres bilateralen Handels nach der Aufnahme diplomatischer Beziehungen war eher die Folge einer politischen Entscheidung der Volksrepublik, den eigenen Markt für indonesische Produkte zu öffnen, als ein Zeichen weitreichender Komplementarität.

Das Verhältnis blieb auch nach dem Sturz Suhartos und der einhergehenden Schwächung Indonesiens als regionaler Akteur ambivalent. So ignorierte Peking die überambitionierten Vorschläge des Präsidenten Abdurrahman Wahid (1999–2001) für eine „Achse" Indonesien-China-Indien. 1999 stimmte die Volksrepublik im Weltsicherheitsrat für eine bewaffnete Intervention in Osttimor unter australischer Führung, nachdem indonesische Milizen dort ein Massaker angerichtet hatten. Peking beteiligte sich seither mit Zivil- und Militärhilfen am Aufbau des unabhängigen Osttimor. Nach dem 11. September 2001 verfolgte China mit Sorge, wie sich das Pentagon im Interesse der Eröffnung einer „zweiten antiterroristischen Front" um die Wiederanknüpfung von Militärbeziehungen mit Jakarta bemühte. Die Volksrepublik hat seither Kontakte zur Unabhängigkeitsbewegung in Papua (Irian Jaya) geknüpft.

Das ethnisch chinesische *Singapur* hatte die Normalisierung seiner Beziehungen zur Volksrepublik aus Rücksicht auf seine Asean-Nachbarn so lange aufgeschoben, bis Jakarta diesen Schritt vollzog (Brunei nahm 1991 als letztes Asean-Mitglied diplomatische Beziehungen zu China auf). Der Stadtstaat wurde seither zu Pekings wichtigstem Wirtschaftspartner in Südostasien. Singapurs langjähriger Premierminister Lee Kuan Yew (1959–1990) hatte schon zuvor über vielfache persönliche Beziehungen in die Volksrepublik und nach Taiwan verfügt. Er verteidigte Chinas autoritäres Regierungssystem wiederholt öffentlich und stellte sein Land 1993 als Gesprächsort für halboffizielle Kontakte zwischen Peking und Taipei zur Verfügung. Als sein Sohn Lee Hsien Loong kurz vor Übernahme der

Regierungsgeschäfte im Juli 2004 Taiwan besuchte, protestierte die Volksrepublik und brach den hochrangigen Besucherverkehr mit Singapur vorübergehend ab.

Ähnlich wie Peking kritisierte *Malaysia* unter der Führung des Ministerpräsidenten Mahathir Mohamad (1981–2004) Washingtons Neigung, sich in „innere Angelegenheiten" anderer Staaten einzumischen. Kuala Lumpur bestritt seit 1993 öffentlich, dass die Volksrepublik eine Gefahr für die Region sei. Die bilateralen Wirtschaftsbeziehungen intensivierten sich in den 90er Jahren spektakulär und umfassen seither auch eine rüstungswirtschaftliche Zusammenarbeit. 1992 unterzeichneten Malaysia und China ein Abkommen über die gemeinsame Ölsuche in einem der zwischen ihnen umstrittenen Seegebiete im Spratly-Archipel. Zwei Jahre später vereinbarten sie bilaterale Gespräche über überlappende Territorialansprüche. Diese sind bisher ergebnislos geblieben.

Chinas Verhältnis zu den *Philippinen* war lange Zeit durch den Spratly-Konflikt und Manilas inoffizielle Beziehungen zu Taiwan belastet. Präsidentin Corazon Aquino (1986–1992) hatte von ihrem diktatorischen Vorgänger Ferdinand Marcos ein ruiniertes Land übernommen und war für Investitions- und Hilfsangebote aus Taipei empfänglich. 1987 hatte Taiwan die Volksrepublik als fünftgrößten Handelspartner der Philippinen abgelöst, und nicht vor ihrem ersten Chinabesuch im Dezember 1988 erließ Aquino ein Verbot für Beamte, die Republik China zu besuchen. Noch 1991 unterzeichneten Taipei und Manila unter Pekinger Protest ein Fischereiabkommen, das fünf Jahre später von Aquinos Nachfolger Fidel Ramos (1992–1998) gekündigt wurde. Ramos seinerseits traf zwar 1994 mit dem taiwanesischen Präsidenten Lee Teng-hui zusammen, war aber ansonsten an einem besseren Verhältnis zu China interessiert.

Dem stand auch weiterhin der Konflikt um den Ostteil des Spratly-Archipels im Weg, wo Manila zwischen 1968 und 1972 mehrere Inseln besetzt und der philippinischen Provinz Palawan eingegliedert hatte. Während sich Ramos in dieser Frage um einen gemeinsamen Asean-Ansatz bemühte, ließ er auf den betreffenden Inseln Landebahnen bauen. China ging in den 90er Jahren dazu über, seine Fischereiflotte in die umstrittenen Seegebiete zu entsenden, und die Seeleute wurden wiederholt von der philippinischen Küstenwache festgenommen. Anfang 1995 entdeckten philippinische Fischer, dass die VBA-Marine auf der Spratly-Insel Mischief Reef Betonstrukturen mit Satellitenantennen und Radar installiert hatten. Als Ramos daraufhin chinesische Grenzsteine auf einer Reihe von

Inseln sprengen ließ, drohte die Volksrepublik mit Vergeltungsmaßnahmen. Manila verfügte eine Anhebung der Verteidigungsausgaben.

Da die Asean-Antwort unzureichend erschien (s.u.) und die USA bereits zuvor eine militärische Intervention zugunsten des Verbündeten ausgeschlossen hatten, bemühten sich die Philippinen fortan neben militärischen Vorbereitungen um einen sicherheitspolitischen Dialog mit Peking. 1996 wurde eine bilaterale Arbeitsgruppe für Vertrauensbildende Maßnahmen gegründet, die allerdings in der Mischief Reef-Problematik keinerlei Fortschritte erzielte. Die chinesische Seite lehnte es nicht nur ab, die dort errichteten Strukturen abzubauen, sondern fügte diesen schon 1998 weitere hinzu. Im folgenden Jahr versenkte die philippinische Marine zwei chinesische Fischerboote in der Nähe von Scarborough Shoal.

Vor diesem Hintergrund bemühte sich die Ramos-Administration um eine Wiederbelebung der Allianz mit den USA. Diese war 1992 beeinträchtigt worden, als der Senat in Manila die Schließung der amerikanischen Stützpunkte Clark und Subic verfügt hatte. Das 1998 unterzeichnete so genannte Visiting Forces Agreement (VFA) ermöglichte eine Rückkehr amerikanischer Truppen zu Übungs- und anderen Zwecken und wurde von prominenten philippinischen Politikern ausdrücklich in den Spratly-Kontext gestellt. Trotzdem blieb Washington diesbezüglich zurückhaltend (mit dem VFA wurde stattdessen ab 2001 eine Beteiligung der USA am antiterroristischen Kampf in den südlichen Philippinen ermöglicht). 2004 zog Präsidentin Gloria Macapagac-Arroyo (2001–) die Konsequenz aus diesem Dilemma. Sie vereinbarte mit ihrem chinesischen Kollegen Hu Jintao sowohl eine Zusammenarbeit bei der Erschließung von Ölquellen im Spratly-Archipel als auch eine militärische Kooperation.

2.2.3 Asean

Die Gemeinschaft Südostasiatischer Staaten war 1967 implizit als Abwehrfront gegen die regionale (vietnamesische) Variante des Weltkommunismus gegründet worden. Zwei ihrer Mitglieder (Thailand und die Philippinen) waren Verbündete der USA; zwei weitere (Malaysia und Singapur) gehörten mit Großbritannien, Australien und Neuseeland zu einem sicherheitspolitischen Pakt (den so genannten Five Power Defence Arrangements, FPDA), und auch das aktiv blockfreie Indonesien verfolgte unter Suharto eine grundsätzlich prowestliche Politik. Eine Neutralismusdebatte blieb Anfang der 70er Jahre ergebnislos. Stattdessen unterzeichneten die Mitglieder 1976 auf ihrem ersten Gipfeltreffen in Bali einen Vertrag über Freundschaft und Zusammenarbeit (Treaty on Amity and Cooperation, TAC), der das Prinzip der friedlichen Konfliktlösung verankerte und zur Schlichtung von Streitfällen einen Hohen Rat etablierte. Anhaltendes Misstrauen unter den Asean-Staaten führte allerdings dazu, dass dieser Rat seither niemals einberufen wurde. Stattdessen kooperierte man auf der Grundlage von Konsens und Nichteinmischung und nahm bilaterale Territorialkonflikte von einer gemeinschaftlichen Befassung aus.

Die resultierenden Defizite wurden nach Ende des Kalten Krieges deutlich, als die Gemeinschaft versuchte, ihre anhaltende Relevanz gleichzeitig durch Erweiterung und Vertiefung unter Beweis zu stellen. Vietnam wurde 1995 Mitglied, 1997 gefolgt von Laos und Birma und 1999 von Kambodscha. 1992 beschloss die Asean, binnen 15 Jahren eine Freihandelszone (ASEAN Free Trade Area, AFTA) zu gründen. 1993 initiierte sie mit dem Asean Regional Forum (ARF) einen gesamtpazifischen Sicherheitsdialog unter Beteiligung der USA und der Volksrepublik China. 1995 unterzeichneten die Asean-Mitglieder einen Vertrag über eine Nuklearwaffenfreie Zone in Südostasien (Southeast Asia Nuclear Weapons Free Zone, SEANWFZ). Die birmanische Mitgliedschaft provozierte in der Gemeinschaft einen Dauerkonflikt mit dem Westen um Menschenrechtsfragen, und in Indochina musste fortan auf deutlich weniger entwickelte Partner Rücksicht genommen werden. Während dieser Umstand, nationaler Protektionismus und der relativ geringe Umfang des innerregionalen Handels das AFTA-Projekt behinderten, kam das ARF aufgrund seines konsensualen Ansatzes in den folgenden Jahren nicht über eine Reihe freiwilliger Vertrauensbildender Maßnahmen hinaus. „Harte" Sicherheitsfragen wie Taiwan oder das Südchinesische Meer blieben aufgrund desselben Prinzips von einer Befassung ausgeschlossen. Bisher ist keine Atommacht dem SEANWFZ-Vertrag beigetreten.

China hatte sich der Asean in den 80er Jahren vor dem Hintergrund der vietnamesischen Invasion in Kambodscha und der anschließenden Bemühungen um eine Lösung des Kambodschakonflikts angenähert, und 1992 erörterten die Mitglieder, ob sie den vietnamesischen Beitritt durch das Angebot einer förmlichen Dialogpartnerschaft an die Volksrepublik ausbalancieren sollten (Peking hatte bereits 1991 als Gast der malaysischen Regierung an einem Außenministertreffen in Kuala Lumpur teilgenommen). Das Problem wurde durch den Umstand kompliziert, dass mit den bisherigen Asean-Dialogpartnern (USA, Kanada, Japan, Australien, Neuseeland, Südkorea, Europäische Gemeinschaft) seit geraumer Zeit auch sicherheitspolitische Fragen erörtert wurden. Singapur und Thailand machten den Vorschlag, den TAC für auswärtige Mächte zu öffnen und damit als Ausgangspunkt für ein regionales System gemeinsamer Sicherheit zu nutzen. Indonesien äußerte sich besorgt, dies würde diesen Akteuren (und insbesondere China) ein Tor zur Einmischung in Asean-Angelegenheiten öffnen und erzwang eine Vertagung der Debatte auf unbestimmte Zeit. Peking wurde (wie auch Moskau) 1992 als Gast der Gemeinschaft am Gipfel von Singapur beteiligt und erhielt dabei den Status eines „Konsultativpartners". Die Volksrepublik verlangte nunmehr einen separaten Dialog mit der Asean über wirtschaftlich-technische Zusammenarbeit und Sicherheitsfragen. Das erste Treffen in diesem Rahmen fand 1995 im südchinesischen Hangzhou statt. Bei dieser Gelegenheit sah sich Peking mit einer unerwartet geschlossenen Asean-Front konfrontiert, die gegen die Besetzung von Mischief Reef protestierte.

Vor dem zweiten Asean-China-Dialog im folgenden Jahr legte die Volksrepublik den Entwurf einer Gemeinsamen Erklärung über die Grundsätze der Beziehungen vor, die die Gemeinschaft auf das „Ein-China-Prinzip" und eine unabhängige Außenpolitik verpflichten sollte. Die Asean bat um Vertagung, gewährte Peking aber bei dieser Gelegenheit – wie parallel auch Russland und Indien – den Status eines vollwertigen Dialogpartners. 1997 kam es zu einem ersten informellen Gipfeltreffen in Kuala Lumpur. Dabei unterzeichneten beide Seiten eine vage Absichtserklärung über die langfristige Entwicklung ihrer Beziehungen. Zuvor hatte die Volksrepublik Indonesien und Thailand bilaterale Hilfen zur Überwindung ihrer Finanzkrisen gewährt.

1997 war auch das Jahr, in dem sich die Gemeinschaft angesichts der neuen regionalen Wirtschaftsprobleme und des in diesem Zusammenhang insbesondere vom IWF ausgeübten Reformdrucks zunehmend nach Nordostasien orientierte. Auf dem Gipfel von Kuala Lumpur geboren, war der so genannte Asean+3-Prozess, ähnlich wie zuvor das ARF, das unbeabsichtigte Ergebnis eines japanischen Vorschlags für regelmäßige Gipfeltreffen, die sich auf sicherheitspolitische Konsultationen erstrecken sollten. Mit Rücksicht auf China hatte die Asean den Rahmen einmal mehr erweitert und neben Tokyo auch Peking und Seoul einbezogen.

Während des ebenfalls 1997 abgehaltenen dritten Asean-China-Dialogs erklärte sich die Volksrepublik erstmals zu Gesprächen über die territorialen Ansprüche einzelner Asean-Staaten bereit und bot Verhandlungen über einen Verhaltenskodex für das Südchinesische Meer an. Konkrete Fortschritte, etwa hinsichtlich eines chinesischen Beitritts zum SEAN-

WFZ-Vertrag, blieben aus. Damit war einmal mehr das Problem des Südchinesischen Meeres berührt, das der Vertrag als Teil Südostasiens einbezog. Ausgerechnet hier kam es zu einer neuen Kontroverse, als die Volksrepublik 60 Meilen vor der vietnamesischen Küste eine Bohrplattform installierte. Diesmal konnten sich die Asean-Partner nicht auf eine gemeinsame Haltung verständigen. Die Plattform wurde im selben Jahr kurz vor dem vierten Dialogtreffen wieder abgezogen.

1999 formulierte Peking die Verhandlungsbereitschaft über einen Beitritt zum SEANWFZ-Vertrag, eine Ankündigung, der allerdings keine Taten folgten. Im selben Jahr vereinbarten die Asean+3-Mitglieder in Manila, sich fortan im Anschluss an jeden Asean-Gipfel zu treffen, um über Finanzen, Wirtschaft und Sicherheit zu reden. Eine gesamtregionale Freihandelszone, ein gemeinsamer Markt und eine Währungsunion wurden angesprochen. Während keines dieser Projekte einer Realisierung näher rückte, wurden innerhalb des größeren Rahmens schon bald Konturen eines chinesisch-japanischen Kampfs um die Vorherrschaft in der Region erkennbar. 2002 nahmen China und die Asean-Staaten Verhandlungen über die Gründung einer gemeinsamen Freihandelszone im Jahr 2010 auf. 2003 proklamierten Peking und die Gemeinschaft auf dem Gipfel von Bali eine „strategische Partnerschaft". Neben Indien unterzeichnete auch die Volksrepublik den TAC. Japan zog nach. 2004 setzte sich die Volksrepublik mit Vorschlägen für eine „Ostasiatische Gemeinschaft" (East Asian Community, EAC) selbst an die Spitze der Regionalismusdebatte.

In der Frage seiner Territorialansprüche im Südchinesischen Meer konnte China weitere Erfolge verbuchen. Die fünfjährigen Verhandlungen über einen Verhaltenskodex erbrachten 2002 nur eine Gemeinsame Erklärung über allgemeine Grundsätze. Der Geltungsbereich der Erklärung wurde offen gelassen, da Peking es ablehnte, die von Vietnam beanspruchten Paracel-Inseln einzubeziehen. Auch dem philippinischen Wunsch nach einem Verbot der Errichtung neuer Strukturen auf Inseln und Riffen wurde nicht entsprochen.

Chinas Handel mit den ASEAN-Staaten, 1987 – 2003
(Mio. US$, ausschließlich Zwischenhandel über Hongkong)

	1987	1990	1993	1995	1998	2001	2003
Exporte	2.416	3.854	4.684	9.605	11.034	18.384	23.567
Importe	2.057	3.020	5.991	9.741	12.638	23.229	31.205

Quelle: Direction of Trade Statistics Yearbook, diverse Jahrgänge.

2.3 Ozeanien

Für China war die südpazifische Inselwelt seit dem Ende des Kalten Krieges vorwiegend als Einflussgebiet Taiwans von Interesse. 2004 verfügte Taipei über diplomatische Beziehungen zu fünf Archipelstaaten, nachdem Nauru und Vanuatu die Volksrepublik und Kiribati Taiwan anerkannt hatten. 1999 unterhielt Papua-Neuguinea vorübergehend diplomatische Beziehungen zur Republik China, bis Peking den bankrotten Staat unter Einsatz erheblicher Finanzmittel zum erneuten Seitenwechsel bewegte. Das wachsende bilaterale und multilaterale Engagement der Volksrepublik im Südpazifik wurde insbesondere von der traditionellen Vormacht Australien als problematisch betrachtet.

Wie andere westliche Staaten auch, hatten Australien und Neuseeland 1972 nach Nixons Besuch in Shanghai diplomatische Beziehungen zu China aufgenommen. Beide hatten an der Seite der USA in Korea und Vietnam gekämpft, und beide waren in den 60er Jahren Teil der strategischen Inselkette, mit der Washington die Volksrepublik im Pazifik eindämmte. Insbesondere für Australien wurde China seit den 70er Jahren als Rohstoff-Importeur von großer Bedeutung. Während die neuseeländische Mitgliedschaft im so genannten ANZUS (Australia-New Zealand-United States)-Pakt ruhte, seit die Labour-Regierung in Wellington 1984 Besuche nuklear bewaffneter amerikanischer Kriegsschiffe untersagt hatte, war Australien unter konservativen und sozialdemokratischen Regierungen bemüht, seine Allianzverpflichtungen mit einem wachsenden Interesse am chinesischen Markt in Einklang zu bringen.

Hatte der konservative australische Premierminister Malcolm Fraser (1975–1983) die Beziehung zu Peking noch ganz in den antisowjetischen Kontext des „strategischen Dreiecks" eingeordnet, so verfolgten seine Labor-Nachfolger Bob Hawke (1983–1991) und Paul Keating (1991–1996) aus wirtschaftlichen Erwägungen eine unabhängigere Außenpolitik. Dabei traten menschenrechtliche Erwägungen Anfang der 90er Jahre zunehmend in den Hintergrund. Der Konservative John Howard (1996–) initiierte zwar eine Stärkung der Allianz mit Washington, war dabei aber bemüht, die Wirtschaftsbeziehungen zu China nicht zu schädigen. Peking versucht seither, Australiens (für legitim erklärte) subregionale Sicherheitsinteressen getrennt von weiterreichenden Ambitionen als Verbündeter der Supermacht zu betrachten. So erklärte der chinesische Premierminister Zhu Rongji 1997 anlässlich eines Canberra-Besuches, die Volksrepublik verstehe den ANZUS-Pakt nicht mehr als gegen sich gerichtet.

Ein Jahr zuvor war es zu Verstimmungen gekommen, weil die Regierung Howard Washingtons Entscheidung unterstützt hatte, während der Krise um Taiwan zwei Flugzeugträgergruppen in die Konfliktregion zu entsenden. 1999 stimmte China im Sicherheitsrat für die australisch geführte Intervention in Osttimor. Als Canberra sich wenig später als Mitglied der amerikanischen Antiterror-Allianz und schließlich im Irak als Washingtons „Hilfssherriff" profilierte und amerikanische Vorschläge für eine Koordinierung der militärischen Zusammenarbeit mit Japan und Südkorea prüfte, lancierte die Volksrepublik eine beispiellose diplomatische Offensive. Diese gipfelte 2002 in der Unterzeichnung eines 25-Jahres-Vertrag über den Import von australischem Gas und 2003 in einem Staatsbesuch Hu Jintaos in Canberra. In einer Rede vor dem dortigen Parlament gestand Hu Australien eine Rolle als „Peacekeeper" im Südpazifik und im pazifischen Asien zu und stellte diesbezüglich eine langfristige Partnerschaft in Aussicht. Beide Seiten vereinbarten Verhandlungen über ein Freihandelsabkommen.

Weiterführende Literatur

Nordostasien:
Wu Xinbo, Integration on the Basis of Strength. China's Impact on East Asian Security, in: Kyongsoo Lho/Kay Möller (Hrsg.), *Northeast Asia towards 2000*. Baden-Baden: Nomos Verlagsgesellschaft, 1999.
Ahn Soong-bum, China as Number One, in: *Current History*, Vol. 100, No. 647 (September 2001), S. 250–256.
Ahn Soong-bum, Rivalry or Cooperation. China and its Asia-Pacific Neighbours (II), in: *The Journal of Contemporary China*, Vol. 10, No. 29 (November 2001), S. 645–710.
Jonathan D. Pollack, Chinese Security in the Post-11 September World. Implications for Asia and the Pacific, in: *Asia-Pacific Review* (Tokyo), Vol. 9, No. 2 (November 2002), S. 12–30.
Werner Draguhn (Hrsg.), *Chinas und Japans Bedeutung für Ostasien und die Weltwirtschaft*. Hamburg, Institut für Asienkunde, 2003.
Ronald I. McKinnon/Gunther Schnabl, *China: A Stabilizing or Deflationary Influence in East Asia? The Problem of Conflicted Virtue*
(Stanford CA, http://www.econ.stanford.edu/faculty/worp/swp03007.pdf, 2003).

Chinesisch-japanische Beziehungen:
Robert S. Ross, *Managing a Changing Relationship. China's Japan Policy in the 1990s*. Carlisle Barracks PA: Strategic Studies Institute, 1996.
Robert Taylor, *Greater China and Japan. Prospects for an Economic Partnership in East Asia*. London: Routledge, 1996.
Shinkichi Eto, China and Sino-Japanese Relations in the Coming Decades, in: *Japan Review of International Affairs* (Tokyo), Vol. 10, No. 1 (Winter 1996), S. 16–34.
Deng Yong, Chinese Relations with Japan. Implications for Asia-Pacific Regionalism, in: *Pacific Affairs*, Vol. 70, No. 3 (Fall 1997), S. 373–391.

Stuart Harris, The China-Japan Relationship and Asia Pacific Regional Security, in: *The Journal of East Asian Affairs* (Seoul), Vol. 11, No. 1 (Winter/Spring 1997), S. 121-148.
Hisanori Kato, *China's Military Modernization and Japan-China Relations*. Tokyo: Institute for International Policy Studies, 1998.
Rex Li, Partner or Rivals? Chinese Perceptions of Japan's Security Strategy in the Asia-Pacific Region, in: *The Journal of Strategic Studies* (London), Vol. 22, No. 4 (December 1999), S. 1-25.
Japan and China: Rivalry or Cooperation in East Asia? Canberra: Asia-Pacific Press, 2000.
Wu Xinbo, The Security Dimension of Sino-Japanese Relations. Warily Watching One Another, in: *Asian Survey*, Vol. 40, No. 2 (March/April 2000), S. 296-310.
Greg Austin/Stuart Harris, *Japan and Greater China. Political Economy and Military Power in the Asian Century*. London: Hurst, 2001.
Chihiro Kato, The New Matrix of Japan-China Ties, in: *Japan Quarterly* (Tokyo), Vol. 48, No. 4 (October/December 2001), S. 62-71.
June Teufel Dreyer, Sino-Japanese Relations, in: *The Journal of Contemporary China* (Abingdon), Vol. 10, No. 28 (August 2001), S. 373-385.
Hanns Günther Hilpert, *Japan and China. Cooperation, Competition and Conflict*. Houndmills: Palgrave, 2002.
Marie Söderberg, *Chinese-Japanese Relations in the Twenty-First Century. Complementarity and Conflict*. London: Routledge, 2002.
Jonathan Lemco/Scott B. MacDonald, Sino-Japanese Relations. Competition and Cooperation, in: *Current History*, Vol. 101, No. 656 (September 2002), S. 290-293.
Dirk Nebers, Japan und China 30 Jahre nach der Normalisierung ihrer Beziehungen. Primat der Wirtschaft?, in: *Japan aktuell*, Bd. 10, Nr. 5 (Oktober 2002), S. 423-435.
Robert G. Sutter, China and Japan: Trouble Ahead?, in: *The Washington Quarterly*, Vol. 25, No. 4 (Autumn 2002), S. 37-49.
Benjamin Self, China and Japan: A Façade of Friendship, in: *The Washington Quarterly*, Vol. 26, No. 1 (Winter 2002-03), S. 77-88.
Reinhard Drifte, *Japan's Security Relations with China since 1989. From Balancing to Bandwagoning?* London: Routledge/Curzon, 2003.
Hideo Ohashi, China's External Economic Policy and Relations with Japan, in: *Japan Review of International Affairs*, Vol. 9, No. 2 (Spring 2003), S. 18-34.
Joachim Glaubitz, China und Japan - Partner oder Rivalen?, in: *Die Politische Meinung* (Osnabrück), Bd. 48, Nr. 401 (April 2003), S. 39-46.

Chinesisch-koreanische Beziehungen:
Kim Yongho, Forty Years of the Sino-North Korean Alliance. Beijing's Declining Credibility and Pyongyang's Bandwagoning with Washington, in: *Issues and Studies*, Vol. 37, No. 2 (March/April 2001), S. 147-176.
Andrew C. Scobell, China and North Korea. The Close but Uncomfortable Relationship, in: *Current History*, Vol. 101, No. 656 (September 2002), S. 278-283.
David Shambaugh, China and the Korean Peninsula. Playing for the Long Term, in: *The Washington Quarterly*, Vol. 26, No. 2 (Spring 2003), S. 43-56.
Choi Choon-heum, Pyongyang-Beijing Ties under the Hu Jintao Regime, in: *Vantage Point* (Seoul), Vol. 26, No. 4 (April 2003), S. 18-22.

Chinesisch-taiwanesische Beziehungen:
Shirley A. Kan, *Taiwan: Evolution of the ‚One China' Policy - Key Statements from Washington, Beijing, and Taipei*. Washington DC: Congressional Ressearch Service, 2001.

Sheng Lijun, *China and Taiwan. Cross-Strait Relations under Chen Shui-bian*. Singapur: Institute of Southeast Asian Studies, 2002.

Sheng Lijun, The China-Taiwan Relationship, in: *Orbis*, Vol. 46, No. 4 (Fall 2002), S. 695-766.

Taiwan Strait. Peking: International Crisis Group, 2003.

Tang Shaocheng, Das Dreiecksverhältnis zwischen den USA, der VR China und Taiwan, in: *Aus Politik und Zeitgeschichte*, B35-36 (25.8.2003), S. 16-24.

Chinesisch-mongolische Beziehungen:

Doris Götting, *Mongolisch-chinesische Beziehungen auf dem Prüfstand*. Köln: Bundesinstitut für Ostwissenschaftliche und Internationale Studien, 1992.

Kim Sun-ho, *Die Entwicklung der politischen Beziehungen zwischen der Mongolischen Volksrepublik und der Volksrepublik China (1952-1989)*. Hamburg: Institut für Asienkunde, 1992.

Valérie Niquet, China, Mongolia, Central Asia. China on the Edges of the Ex-USSR, in: *China News Analysis* (Hongkong), No. 1532 (April 1, 1995), S. 1-10.

Demcigzhavjn Molomzhanc/Tegszhargal Unenbat, Mongolian-Chinese Economic Relations, in: *Far Eastern Affairs* (Moskau), No. 6 (November/December 2000), S. 82-88.

Udo B. Barkmann, *Die Beziehungen zwischen der Mongolei und der VR China (1952-1996). Versuch einer Anamnese*. Hamburg: Institut für Asienkunde, 2001.

Südostasien:

Stéphanie Lautard, State, Party, and Market: Chinese Politics and the Asian Crisis, in: *International Political Science Review*, Vol. 20, No. 3 (July 1999).

Paul J. Bolt, *China and Southeast Asia's Ethnic Chinese. State and Diaspora in Contemporary Asia*. Westport CT: Praeger, 2000.

Niklas Swanström, *Foreign Devils, Dictatorship or Institutional Control. China's Foreign Policy towards Southeast Asia*. Uppsala: Uppsala Universitet, 2001.

Joseph Y.S. Cheng, Sino-ASEAN Relations in the Early Twenty-First Century, in: *Contemporary Southeast Asia* (Singapur), Vol. 23, No. 3 (December 2001), S. 420-451.

Frank Umbach, *Konflikt oder Kooperation in Asien-Pazifik? Chinas Einbindung in regionale Sicherheitsstrukturen und die Auswirkungen auf Europa*. München: Oldenbourg, 2002.

Andreas Ufen, Der 7. ASEAN-Gipfel und das Projekt einer ASEAN-China-Freihandelszone, in: *Südostasien aktuell*, Bd. 21, Nr. 1 (Januar 2002), S. 72-83.

Shin Myoung-ho, Asian Economic Cooperation in the New Millenium. China's Economic Presence, in: *Journal of Asian Economics* (Amsterdam), Vol. 13, No. 4 (July/August 2002), S. 441-446.

Suthipand Chirathivat, ASEAN-China Free Trade Area. Background, Implications and Future Developments, in: *Journal of Asian Economics*, Vol. 13, No. 5 (September/October 2002), S. 671-686.

Michael R.J. Vatikiotis, Catching the Dragon's Tail. China and Southeast Asia in the 21st Century, in: *Contemporary Southeast Asia*, Vol. 25, No. 1 (April 2003), S. 65-78.

Alice D. Ba, China and ASEAN. Renavigating Relations for a 21st Century Asia, in: *Asian Survey*, Vol. 43, No. 4 (July/August 2003) S. 622-647.

Festland:

Mathias Haase, Die Mekong-Region – Potenziale und Risiken aus chinesischer Perspektive, in: *China aktuell*, Bd. 31, Nr. 10, S. 1156-1170.

Malaiischer Archipel:
Lee Lai To, The South China Sea. China and Multilateral Dialogues, in: *Security Dialogue* (London), Vol. 30, No. 2 (June 1999), S. 165–178.
Nicole Schulte-Kulkmann, *Die Volksrepublik China und die ASEAN-Staaten im Streit um die Spratlys. Eine Analyse der Determinanten chinesischer Außenpolitik gegenüber der Region Südostasien.* Hamburg: Kovac, 2001.
Liselotte Odgaard, *Maritime Security between China and Southeast Asia. Conflict or Cooperation in the Making of Regional Order.* Aldershot: Ashgate, 2002).

Ozeanien:
Stuart Harris, Australia-China Political Relations. From Fear to Friendly Relations?, in: *Australian Journal of International Affairs* (Canberra), Vol. 49, No. 2 (1995), S. 237–248.
Tim Beal (Hrsg.), *New Zealand and China: Present and Future. Issues in NZ-China Relations.* Wellington: Centre for Asia-Pacific Law and Business, 1996.
Lachlan Strahan, *Australia's China. Changing Perceptions from the 1930s to the 1990s.* Cambridge MA: Cambridge University Press, 1996.
Ann Kent, Australia-China Relations, 1966–1996. A Critical Overview, in: *The Australian Journal of Politics and History* (St. Lucia), Vol. 42, No. 3 (1996), S. 365–384.
Colin Mackerras, Australia-China Relations at the End of the Twentieth Century, in: *Australian Journal of International Affairs* (Abingdon), Vol. 54, No. 2 (July 2000), S. 185–200.
Robert Sutter, Thirty Years of Australia-China Relations. An American Perspective, in: *Australian Journal of International Affairs*, Vol. 56, No. 3 (November 2002), S. 347–360.
Gough Whitlam, Sino-Australian Diplomatic Relations 1972–2000, in: *Australian Journal of International Affairs*, Vol. 56, No. 3 (November 2002), S. 323–336.
John Henderson/Benjamin Reilly, Dragon in Paradise. China's Rising Star in Oceania, in: *The National Interest*, No. 72 (Summer 2003), S. 94–104.

3. Nordamerika

Anfang der 90er Jahre übertraf das Volumen des transpazifischen Handels erstmals den Umfang des transatlantischen Warenaustauschs. Diese wachsenden Interdependenzen waren institutionell kaum unterfüttert. 1989 wurde die APEC als Ergebnis einer von Japan unterstützten australischen Initiative gegründet. Die USA und Kanada waren unter den Gründungsmitgliedern. Washington machte mit seinem APEC-Beitritt einen ersten Schritt in Richtung einer regionalisierten Wirtschaftspolitik und reagierte damit auf den wirtschaftlichen Aufstieg Ostasiens, den befürchteten eigenen wirtschaftlichen Abstieg und Probleme bei der globalen Handelsliberalisierung. Dies war allerdings nur eine Komponente amerikanischer Ostasienpolitik, die mit anderen koexistierte, darunter „managed trade", nordamerikanischer Regionalismus, Konditionierungsversuche und die Aufrechterhaltung einer 100 000 Mann starken Militärpräsenz im Pazifik. Sie kam dem ostasiatischen Wunsch entgegen, nicht durch europäische und nordamerikanische Integrationsprozesse von den dortigen Märkten ausgesperrt zu werden. Im Unterschied zu diskriminierenden Varianten wurde die APEC folglich von Anfang an als „offener Regionalismus" beschrieben, der auch zur globalen Handelsliberalisierung beitragen sollte. Während dieser Aspekt chinesischen Vorstellungen entgegenkam, wurden die sonstigen Elemente der amerikanischen Pazifikpolitik in Peking zunehmend skeptisch beurteilt.

3.1 Die USA

Die USA und China verkörpern einander entgegengesetzte politische und gesellschaftliche Idealtypen: Auf der einen Seite steht ein dezentral-pluralistischer *contrat social*, auf der anderen ein hierarchisch-monolithisches „Mandat des Himmels". Gleichzeitig haben sich chinesische Intellektuelle in ihrem Kampf gegen die Unterdrückung durch eigene Dynastien oder fremde Besatzer immer wieder an den USA orientiert. Das Ergebnis bestand in einem Wechselbad aus romantisierender Euphorie und antagonistischen Nationalismen, das bis heute andauert. Das Verhältnis wird durch den Umstand belastet, dass Chinapolitik in den USA aufgrund der Erfordernisse des politischen Systems zu großen Teilen Innenpolitik ist, während Amerikapolitik in China grundsätzlich die Domäne nichttransparenter Entscheidungsprozesse innerhalb der Herrschaftselite bleibt. Dabei haben sich nach dem Ende des „strategischen Dreiecks" vier Problemkomplexe als dauerhaft erwiesen: Wirtschaftsbeziehungen, Menschenrechte, Rüstungs- und Proliferationsfragen sowie Taiwan.

3.1.1 Wirtschaftsbeziehungen

Als Präsident Bill Clinton die Gewährung der Meistbegünstigung für China 1994 von menschenrechtlichen Kriterien „abkoppelte", rechtfertigte er diesen Schritt unter anderem damit, dass amerikanische Exporte in die Volksrepublik im Vorjahr über 150 000 amerikanische Arbeitsplätze gesichert hätten. 2000 war China der viertgößte Handelspartner der USA nach Kanada, Mexiko und Japan und löste Japan als Land mit dem größten Handelsüberschuss auf dem amerikanischen Markt ab. 2002 übertraf dieser Überschuss erstmals 100 Milliarden US-Dollar.

Chinas Handel mit den USA, 1987 – 2003
(Mio. US$, ausschließlich Zwischenhandel über Hongkong)

	1987	1990	1993	1995	1998	2001	2003
Exporte	6.910	16.296	33.730	48.521	75.109	109.392	139.184
Importe	3.497	4.807	8.767	11.749	14.258	19.235	25.098

Quelle: Direction of Trade Statistics Yearbook, diverse Jahrgänge.

In der ersten Hälfte der 90er Jahre standen Washington und Peking wegen Chinas Handelsbarrieren und Missachtung geistigen Eigentums mehrfach am Rande eines Handelskrieges. Die USA waren schon deshalb bemüht, solche Konflikte im Rahmen der Verhandlungen über einen chinesischen WTO-Beitritt beizulegen oder zu multilateralisieren, weil europäische Konkurrenten wiederholt Nutznießer gewesen waren. Die 1986 aufgenommenen Verhandlungen dauerten bis Ende 2001. Im Ergebnis verpflichtete sich die Volksrepublik, diverse Hemmnisse für Handel und Investitionen unverzüglich und andere (insbesondere in den sensitiven Sektoren Landwirtschaft, Kraftfahrzeugen und Dienstleistungen) über mehrere Jahre abzubauen. 2002 vermerkte der amerikanische Handelsbeauftragte in seinem ersten Implementierungsbericht zwar generellen

Fortschritt, aber anhaltend ernste Probleme auf den erwähnten sensitiven Gebieten und beim Schutz geistigen Eigentums. 2003 kam eine Debatte über den Wechselkurs des Renminbi hinzu, dessen amtlich niedrig gehaltener Kurs von zahlreichen Vertretern der amerikanischen Politik und Wirtschaft marktverzerrende Wirkung bescheinigt wurde. Nur fünf Jahre zuvor hatte die Clinton-Administration Peking dafür gelobt, die ostasiatische Krise nicht durch eigene Abwertungsschritte verschärft zu haben.

Im November 2003 quotierten die USA den Import chinesischer Textilien und belegten vier chinesische Firmen wegen „Dumpings" von Fernsehgeräten mit Sanktionen. Vorübergehend war ein Handelskrieg nicht auszuschließen, aber im Dezember verständigte man sich während eines Besuchs des chinesischen Premierministers Wen Jiabao auf Bemühungen um Kompromisse.

Dabei blieben weitere Missstimmungen insbesondere in amerikanischen Wahlkampfzeiten nicht ausgeschlossen. 2000 hatte der Kongress den Weg für die dauerhafte Gewährung der Meistbegünstigung für China freigemacht, aber gleichzeitig zwei Kommissionen gegründet, die alljährliche Berichte über die Auswirkung der bilateralen Wirtschaftsbeziehungen auf die nationale Sicherheit der USA („US-China Commission") bzw. über Menschenrechte und Rechtstaatlichkeit („Congressional Executive Commission on China") vorlegen sollte.

3.1.2 Menschenrechte

Die Frage der Menschenrechte war mit dem Abkoppelungsbeschluss von 1994 schon deshalb nicht vom Tisch, weil sie ein republikanisch dominierter Kongress im folgenden Jahr wieder auf die Tagesordnung setzte. Die Administration gründete ein „Radio Free Asia", Clinton empfing den Dalai Lama, und 1997 ernannte das State Department einen Sonderbeauftragten für Tibet. Die chinesische Führung hatte seit 1994 ein realistisches Verständnis für den sinkenden Grenzwert der Drohung mit dem Entzug der Meistbegünstigung gezeigt, erleichterte aber den Gipfelprozess von 1997 und 1998, indem sie prominente Dissidenten in die USA ausreisen ließ und die beiden Menschenrechtspakte der Vereinten Nationen zeichnete. Das wiederum ermöglichte es dem amerikanischen Präsidenten, 1998 darauf zu verzichten, in der Menschenrechtskommission der Vereinten Nationen den traditionellen chinakritischen Resolutionsentwurf miteinzubringen (die Europäische Union hatte sich von dieser Initiative bereits im Vorjahr distanziert). Wenn Washington 1999 und 2000 erneut einen Entwurf vorlegte, dann weil einer kurzen Phase der Toleranz in der Volksrepublik vor dem Hintergrund wachsender sozio-ökonomischer Probleme wieder neue Repression gefolgt war.

Die Bush Jr.-Administration nahm ihre Menschenrechtskritik gegenüber China im Gefolge des 11. September 2001 deutlich zurück. Noch im Oktober 2001 hatte der Präsident angesichts zunehmender Unterdrückung in Xinjiang erklärt, Pekings Mitwirkung an der internationalen Antiterror-Koalition dürfe niemals zum Vorwand für die Verfolgung ethnischer Minderheiten werden. Zehn Monate später qualifizierten die USA eine angeblich separatistische „Islamische Bewegung Ostturkestans" als terroristisch und stellten Peking für den Fall eines Fortschritts in Proliferationsfragen (s.u.) Hilfe bei der Unterbindung von Finanzflüssen an moslemische Separatisten in Xinjiang in Aussicht.

Ein 1991 initiierter, 1995 (wegen Spannungen um Taiwan) und 1999 (wegen der Bombardierung der chinesischen Botschaft in Belgrad) unterbrochener Menschenrechtsdialog mit China wurde im Oktober 2001 wieder aufgenommen. Das Treffen im Dezember 2002 erbrachte Pekinger Zusagen, den Sonderberichterstatter der Vereinten Nationen über religiöse Intoleranz, die VN-Arbeitsgruppe über willkürliche Verhaftungen und den VN-Sonderberichterstatter für Folter ohne Vorbedingungen einzuladen. Die Bush-Administration entschied sich daraufhin, im folgenden Jahr in Genf auf einen Resolutionsentwurf zu verzichten. Acht Monate später kritisierte der Menschenrechtsbeauftragte des State Department die Volksrepublik öffentlich dafür, dass keiner der vereinbarten Besuche realisiert worden war. Die chinesische Seite bestritt, diese oder andere Zusagen jemals gemacht zu haben. Nachdem die USA 2004 erneut einen Resolutionsentwurf eingebracht hatten, brach die chinesische Seite den Menschenrechtsdialog ab.

3.1.3 Proliferation und Rüstung

In Proliferationsfragen kam es zwischen China und den USA in den 90er Jahren zu einem Katz-und-Maus-Spiel mit folgenden Elementen: grundsätzliches chinesisches Entgegenkommen (1992: Beitritt zum Atomwaffensperrvertrag; 1996: Unterzeichnung des atomaren Teststoppabkommens; 1997: Erlass von Verwaltungsvorschriften für den Export von Spaltmaterial und nuklearer Technologie, Beitritt zum so genannten Zangger Ausschuss zur Erarbeitung von Regeln und Verfahren für solche Exporte), Indiskretionen amerikanischer Nachrichtendienste (betreffend die Lieferung von Raketen, Raketenteilen oder Nukleartechnologie nach Südasien und in den Mittleren Osten), amerikanische Sanktionen (betreffend die Lieferung von Spitzentechnologie in die Volksrepublik und die Zusammenarbeit mit den verantwortlichen chinesischen Unternehmen), mündliche chinesische Zusagen (hinsichtlich Einhaltung bzw. Respektierung internationaler Abkommen), neue Verstöße und neue Sanktionen. 1996 entschied sich die Clinton-Administration, diesen Teufelskreis zu durchbrechen und, wenn irgend möglich, auf Gegenmaßnahmen zu verzichten. Viele der sensitiven Exporte, zumal solche im Rahmen der Kooperation Chinas mit dem Iran oder Pakistan bei der zivilen Nutzung der Atomenergie, waren völkerrechtlich legal. Dennoch verpflichtete amerikanisches Recht den Präsidenten, Spitzentechnologielieferungen nach China erst dann zu genehmigen, wenn bestätigt werden konnte, dass die Volksrepublik die betreffenden Exporte künftig unterlassen und der Atomwaffensperrvertrag strikt eingehalten würde. 1996 gab der chinesische Außenminister diesbezüglich eine mündliche Zusicherung ab. Spätere Meldungen über den Verkauf von Hochtemperaturöfen und anderer nuklear nutzbarer Technologie an Pakistan wurden zwar bestätigt, die chinesische Seite erklärte aber, die Verkäufe seien bereits vor der Zusage des Außenministers erfolgt.

Zu Besuch in Washington, kündigte Jiang Zemin 1997 strengere Kontrollen für den Export chinesischer Nukleartechnologie an und verzichtete auf eine Fortsetzung der atomaren Zusammenarbeit mit dem Iran. Im Gegenzug hob Clinton ein nukleartechnologisches Embargo gegen die Volksrepublik teilweise auf. Peking sagte weiter zu, den Export von Antischiffsraketen in den Iran zu überprüfen. Dabei versuchte man anscheinend, einen Zusammenhang mit amerikanischen Rüstungsexporten nach Taiwan zu konstruieren.

2000 konstatierte der Nichtverbreitungs-Beauftragte des State Department, dass „chinesische Einheiten" weiterhin an den Raketenprogrammen Pakistans, des Iran und anderer Staaten beteiligt waren. Im November erklärte sich Peking bereit, keine Exporte mehr durchzuführen, die gegen das Trägertechnologie-Kontrollregime[1] verstießen, vorausgesetzt, amerikanische Satelliten dürften wieder mit chinesischen Raketen ins All geschossen werden und die USA verzichteten auf Sanktionen für vergangene Exporte.

---

[1] Das Missile Technology Control Regime von 1987 verbietet den Export ballistischer Raketen mit Reichweiten von mehr als 300 Kilometern und Sprengladungen von mehr als 500 Kilogramm. China ist bisher kein Mitglied.

Die Bush Jr.-Administration erhöhte den Druck auf die Volksrepublik einmal mehr und hielt an dieser Politik auch nach den Anschlägen von New York und Washington fest. So wurden zwischen 2001 und 2003 insgesamt 35 chinesische Firmen mit Sanktionen belegt, die Raketentechnologie nach Pakistan oder konventionelle Waffen und Kompenenten für biologische und chemische Waffen an den Iran geliefert hatten (in den acht Jahren der Clinton-Administration waren nur zwei Firmen von amerikanischen Sanktionen betroffen gewesen). Im August 2002 veröffentlichte Peking neue Richtlinien für den Export von Raketen- und ABC-Technologie. Ende 2003 beantragte China den Beitritt zur Nuclear Suppliers Group, die relevante Exporte überwacht.

Gleichzeitig forcierte die Bush-Administration ihre Pläne für die Errichtung eines nationalen bzw. nordostasiatischen Raketenabwehrsystems nach dem 11. September 2001. China verstand diese Anfang der 90er Jahre konzipierte Initiative nicht ganz zu Unrecht als gegen sich selbst gerichtet und war seither bemüht, das eigene strategische Arsenal auszubauen und zu modernisieren.[2] Der Volksrepublik gelang es dabei nicht, die eigene Raketenproliferation in Verhandlungen mit den USA zum Quidproquo zu machen, und anders als im russischen Fall zeigte Washington wenig Neigung, chinesischen Bedenken Rechnung zu tragen.

3.1.4 Taiwan

Während sich die amerikanischen und chinesischen Positionen zu Taiwan nach dem 11. September 2001 rhetorisch annäherten und sich die Bush-Administration in den folgenden Jahren von Überlegungen des taiwanesischen Präsidenten hinsichtlich der Ermöglichung von Volksbefragungen distanzierte, baute sie doch die Militärbeziehungen zu Taipei spektakulär aus. Dazu gehörten nicht nur amerikanische Hardwarelieferungen (so wurde 2001 unter anderem der Verkauf von acht dieselgetriebenen U-Booten und vier Zerstörern genehmigt), sondern auch Exporte militärischer Software, Bemühungen um eine bessere Interoperabilität beider Streitkräfte und die Aufnahme regelmäßiger militärischer und sicherheitspolitischer Kontakte. Und während die Administration ab Ende 2002 bemüht war, das Taiwan-Problem angesichts neuer Schwierigkeiten in

---

2 China lehnt es bis heute ab, seine Atomwaffe in multilaterale Abrüstungsverhandlungen einzubringen.

Nordkorea herunterzuspielen, appellierte sie wiederholt an die Führung der Inselrepublik, die Möglichkeit eines chinesischen Überraschungsangriffs mit Kurzstreckenraketen ernster zu nehmen. Die Volksrepublik war zwischenzeitlich zum größten Rüstungsimporteur der Welt geworden und bereitete sich anscheinend darauf vor, die USA notfalls auch vor Abschluss ihrer militärischen Modernisierung in technologischen Nischen mit einer Strategie der „asymmetrischen Verteidigung" herauszufordern.

3.1.5 Die latente Krise

Die seit Ende des Kalten Krieges deutlich gewordenen Schwierigkeiten jeder amerikanischen Administration bei der Formulierung einer kohärenten Chinapolitik sind in erster Linie auf den erwähnten Primat der Innenpolitik zurückzuführen. Dieser war regelmäßig dafür verantwortlich, dass das wahlkampfbedingte Werben um protektionistische Menschenrechts- und Taiwan-Lobbies jeweils nach wenigen Monaten im Amt in eine Annäherung an Peking umschlug, die sowohl von den Interessen der amerikanischen Exportwirtschaft als auch von regionalstrategischen Erwägungen diktiert war. Diese Politik wurde in der Regel so lange durchgehalten, wie die Volksrepublik ihrerseits die Erfordernisse der eigenen Wirtschaftsentwicklung sonstigen nationalen Zielen überordnete. Gleichzeitig konnte es sich keine amerikanische Administration leisten, die Menschenrechts- oder Taiwanfragen zu ignorieren.

In diesem vertrauten Muster kam es Anfang des 21. Jahrhunderts zu subtilen Veränderungen. Diese waren zuvörderst darin begründet, dass die außenpolitischen Eliten Chinas und der USA (insbesondere der Republikanischen Partei) in einem Punkt ihrer „realistischen" Weltsicht mehr und mehr übereinstimmten, nämlich Wettbewerb über Kooperation zu stellen. Sie ähnelten einander darüber hinaus im Glauben an den unvermeidlichen, wenn auch allmählichen, Aufstieg Chinas zur Großmacht. Wenn sich die bilaterale Atmosphäre seit dem 11. September 2001 erheblich verbesserte (der amerikanische Außenminister Colin Powell sprach 2003 vom „besten Stand der Beziehungen seit 1972"), dann aufgrund eines beiderseitigen, vielfach widerstrebenden Eingeständnisses gegenseitiger Abhängigkeit. Diese Abhängigkeit blieb asymmetrisch und begünstigte eindeutig die amerikanische Seite. Das wiederum erklärte, warum Washington in wichtigen Streitpunkten meist keine Zugeständnisse machte und den Druck auf Peking in einigen Fällen sogar noch erhöhte. Zusammenarbeit mit der Volksrepublik war zwar wichtig, wenn es darum ging, eine Eskalation in Nordkorea zu verhindern oder China in die Antiterror-Koalition einzubinden. Als Mitglied der Koalition fehlte Peking aber schlicht der Einfluss, um eine führende Rolle zu spielen.

Was blieb, war ein gegenseitiges Misstrauen, das seit dem Ende des Kalten Krieges die meisten, wenn nicht alle Einbindungsversuche ausgehebelt hatte. So erklärte CIA-Direktor George Tenet im Februar 2002 vor dem Kongress, Chinas Duldung der amerikanischen Antiterrorkampagne bedeute keineswegs, dass Peking sein „Hauptziel" aufgegeben habe, zur asiatischen Großmacht zu werden und die Vorherrschaft der USA in der Region herauszufordern. Etwa zur gleichen Zeit sprach sich Jiang Zemin in einer vertraulichen Sitzung mit chinesischen Diplomaten für eine Doppelstrategie aus Konzessionen im wirtschaftlichen Interesse und Maßnahmen gegen amerikanischen „Hegemonismus und Unilateralismus" aus.

Am 30. September 2001 veröffentlichte das Pentagon die im Anschluss an den 11. September umfassend revidierte Quadrennial Defence Review. Was China anging, waren darin folgende Punkte von Interesse:

1. „Asien" zwischen dem Mittleren Osten und Nordostasien wurde (im Unterschied zu Europa) als „Bogen der Instabilität" definiert, weil es dort eine „unbeständige Mischung aus aufsteigenden (ein Euphemismus für China) und absteigenden Regionalmächten" gebe, von denen viele „über große Streitkräfte verfügen und die Fähigkeit haben, Massenvernichtungswaffen zu entwickeln oder zu erwerben". Als besonders kritisch wurde „die ostasiatische Küste von der Bucht von Bengalen bis zum Japanischen Meer" beschrieben. Während diese Definition Taiwan einbezog, signalisierte sie gleichzeitig ein neues Interesse an Südostasien.

2. Die USA bekräftigten ihre Absicht, entlang dieser „Küste" Zugang und Nachschub („bases and stations") zu sichern und „Systeme zu entwickeln, die lang dauernde Operationen über große Distanzen bei minimaler Unterstützung auf dem Kriegsschauplatz" gewährleisten sollten. Zusätzliche Flugzeugträgergruppen würden im westlichen Pazifik disloziert werden.

3. Grundsätzlich würde man „Alliierten und Freunden" (wobei „Freunde" Taiwan einschloss) dabei helfen, „günstige militärische Kräftegleichgewichte zu schaffen ... um Angriffe und Zwang abzuwehren". Gleichzeitig sollten „neue Formen der Sicherheitszusammenarbeit" (antiterroristische Kooperation) und der Ausbau der Interoperabilität mit „Alliierten und Freunden" ermöglicht werden.

4. Die USA würden auf einem von zwei sich „überlappenden" Kriegsschauplätzen (in Nordost- und Südwestasien) den Sieg anstreben und sich dabei eine Option auf die Besetzung von Territorien und/oder das Auswechseln politischer Regime vorbehalten.
5. Raketenabwehr-Kapazitäten sollten entwickelt und mit dem Ziel ausgebaut werden, „Alliierten und Freunden" Schutz zu gewähren.

Während China solche Überlegungen als Rückfall in die Zeit des Kalten Krieges wertete und diesen Eindruck in seiner realen militärischen Einkreisung bestätigt finden konnte, schien sich die Volksrepublik doch mit der Tatsache abzufinden, die USA auf Jahre hinaus weder als regionale, geschweige denn als globale Macht herausfordern zu können. Ungeachtet dessen war man schon aus innenpolitischen Gründen daran interessiert, den Anschein zu erwecken, es handele sich hier um eine Partnerschaft von Gleichen. In diesem Sinne stellte sich die Volksrepublik mit ihrem ersten bemannten Weltraumflug im Oktober 2003 propagandistisch ausdrücklich auf eine Stufe mit Washington und Moskau. Dabei reflektierte die wirtschaftlich-technische Fragwürdigkeit des Unternehmens einmal mehr die Widersprüche chinesischer Außenpolitik.

3.2 Kanada

Kanada gehörte 1970 zu den ersten Verbündeten der USA, die diplomatische Beziehungen mit China aufnahmen. Anders als im australischen Fall provozierte die Allianz mit Washington zu dieser Zeit keine Irritationen mehr, weil Ottawa sie strikt im Rahmen der Nato interpretierte (und etwa 2003 eine Beteiligung an der Intervention im Irak ablehnte). Premierminister Pierre Trudeau (1968–1979) wollte die wirtschaftliche Abhängigkeit von den USA unter anderem mit mehr Chinahandel bekämpfen. Anfang der 70er Jahre war Kanada der wichtigste Weizenlieferant der Volksrepublik, und Trudeaus diplomatischer Vorstoß sicherte diese privilegierte Rolle vorübergehend ab.

Ottawas Hinwendung zum Pazifik, die ihren Ausdruck 1989 in der Veröffentlichung einer Zehn-Jahres-Strategie fand, überlebte die menschenrechtlichen Irritationen im Verhältnis zu Peking, zumal sie in die APEC und andere multilaterale Kontexte eingebettet wurde. Mit China wurde 1997 eine „umfassende kooperative Partnerschaft für das 21. Jahrhundert" proklamiert. Damit schienen die bilateralen Möglichkeiten ausgereizt. Kanadas Anteil am weltweiten Chinahandel war in den 90er Jahren rückläufig, die Beziehungen zu Washington rückten wieder in den Vordergrund, und die transpazifischen Formate wurden zunehmend durch ostasiatische Varianten abgelöst, die Ottawa ausschlossen. In dem Maße, in dem der 11. September 2001 und die Invasion im Irak Australien für die Volksrepublik wichtiger machten, machten sie Kanada unwichtiger.

Weiterführende Literatur

Beziehungen zu den USA:
Michael Minkenberg, Zwischen Weltpolitik und Innenpolitik. Die amerikanisch-chinesischen Beziehungen nach dem Kalten Krieg, in: *Zeitschrift für Politikwissenschaft* (Baden-Baden), Bd. 9, Nr. 1 (1999), S. 73–100.
Murray Weidenbaum, The Future of Sino-American Relations, in: *Orbis*, Vol. 43, No. 2 (Spring 1999), S. 223–235.
Peter R.R. Brooks, Strategic Realism: The Future of US-Sino Security Relations, in: *Strategic Review* (Boston MA), Vol. 27, No. 3 (Summer 1999), S. 53–56.
Sheng Lijun, China and the United States. Asymmetrical Strategic Partners, in: *The Washington Quarterly*, Vol. 22, No. 3 (Summer 1999), S. 147–164.
Patrick Tyler, The (Ab)Normalization of US-China Relations, in: *Foreign Affairs*, Vol. 78, No. 5 (September/October 1999), S. 93–122.
Kay Möller, Hegemoniale Herausforderung und wirtschaftliche Zusammenarbeit: Die USA und China, in: Peter Rudolf/Jürgen Wilzewski (Hrsg.), *Weltmacht ohne Gegner. Amerikanische Außenpolitik zu Beginn des 21. Jahrhunderts*. Baden-Baden: Nomos, 2000.
Robert G. Sutter, *Chinese Policy Priorities and Their Implications for the United States*. Lanham MD: Rowman and Littlefield, 2000.
David Shambaugh, Sino-American Strategic Relations. From Partners to Competitors, in: *Survival*, Vol. 42, No. 1 (Spring 2000), S. 97–115.
Philip C. Saunders, China's America Watchers. Changing Attitudes towards the United States, in: *The China Quarterly*, No. 161 (March 2000), S. 41–65.
Huang Xiaoming, Managing Fluctuations in US-China Relations. World Politics, National Priorities, and Policy Leadership, in: *Asian Survey*, Vol. 40, No. 2 (March/April 2000), S. 269–295.
Michael McDevitt, Beijing's Bind, in: *The Washington Quarterly*, Vol. 23, No. 3 (Summer 2000), S. 177–186.
Paul Heer, A House United. Beijing's View of Washington, in: *Foreign Affairs*, Vol. 79, No. 4 (July/August 2000), S. 18–24.
June Teufel Dreyer, US-China Security Relations. Past, Present and Future, in: *Issues and Studies*, Vol. 36, No. 4 (July/August 2000), S. 33–65.
David M. Lampton, *Same Bed, Different Dreams. Managing US-China Relations, 1989–2000*. Berkeley CA: University of California Press, 2001.
Robert A. Pastor, China and the United States: Who Threatens Whom?, in: *Journal of International Affairs* (New York), Vol. 54, No. 2 (Spring 2001), S. 427–443.
Evan A. Feigenbaum, China's Challenge to „Pax Americana", in: *The Washington Quarterly*, Vol. 24, No. 3 (Summer 2001), S. 31–43.
David Bachmann, The United States and China: Rhetoric and Reality, in: *Current History*, Vol. 100, No. 647 (September 2001), S. 257–262.

Deng Yong, Hegemon on the Offensive. Chinese Perspectives on US Global Strategy, in: *Political Science Quarterly*, Vol. 116, No. 3 (Fall 2001), S. 343–365.
Kerry B. Dumbaugh, *China-US Relations*. Washington DC: Congressional Research Service, 2002.
David M. Lampton/Richard Daniel Ewing, *US-China Relations in a Post-September 11th World*. Washington DC: Nixon Center, 2002.
Aaron L. Friedberg, 11 September and the Future of Sino-American Relations, in: *Survival*, Vol. 44, No. 1 (Spring 2002), S. 33–50.
Gu Xuewu, China und die USA. Eine Partnerschaft sucht ein strategisches Fundament, in: *Internationale Politik*, Bd. 57, Nr. 2 (Februar 2002), S. 7–16.
Robert Sutter, The Bush Administration and US China Policy Debate. Reasons for Optimism, in: *Issues and Studies*, Vol. 38, No. 2 (June 2002), S. 1–30.
Kay Möller, China und die USA: Washingtons Fernostpolitik nach dem 11. September 2001, in: *Aus Politik und Zeitgeschichte*, B 25 (21.7.2002).
David Shambaugh, Sino-American Relations since September 11. Can the New Stability Last?, in: *Current History*, Vol. 101, No. 656 (September 2002), S. 243–249.
Marsha Vande Berg, Partner oder Gegner China? Unilateralismus kontra Multilateralismus in den USA, in: *Internationale Politik*, Bd. 58, Nr. 2 (Februar 2003), S. 17–22.
Denny Roy, Rising China and US Interests. Inevitable vs. Contingent Hazards, in: *Orbis*, Vol. 47, No. 1 (Winter 2003), S. 125–137.

Rüstung und Proliferation:
Arthur S. Ding, China's Concerns about Theater Missile Defense. A Critique, in: *The Nonproliferation Review* (Monterey CA), Vol. 6, No. 4 (Fall 1999), S. 93–101.
Jenny Bates/Steven J. Nider, *US Non-Proliferation Policy and China*. Washington DC: PPI, 2000.
Cao Yunxia/Sheng Dingli, Die militärische Entwicklung Chinas und seine Position zur Abrüstung, in: *WeltTrends* (Berlin), Nr. 26 (Frühjahr 2000), S. 59–68.
Bates Gill/Evan S. Medeiros, Foreign and Domestic Influences on China's Arms Control and Nonproliferation Policies, in: *The China Quarterly*, No. 161 (March 2000), S. 66–94.
Charles Ferguson, Sparking a Buildup: US Missile Defense and China's Nuclear Arsenal, in: *Arms Control Today* (Washington DC), Vol. 30, No. 2 (March 2000), S. 13–18.
Gary Klintworth, China and Arms Control. A Learning Process, in: *The Journal of East Asian Affairs* (Seoul), Vol. 14, No. 1 (Spring/Summer 2000), S. 84–116.
Li Changhe, Major Powers and Arms Control. A Chinese Perspective, in: Ian Anthony (Hrsg.), *A Future Arms Control Agenda*. Oxford: Oxford University Press, Stockholm International Peace Research Institute, 2001.
Evan S. Medeiros, Rebuilding Bilateral Consensus. Assessing US-China Arms Control and Nonproliferation Achievements, in: *The Nonproliferation Review* (Monterey, CA), Vol. 8, No. 1 (Spring 2001), S. 131–141.
Rosa Gutschke, Hintergründe der chinesischen Position zur amerikanischen Raketenabwehr, in: *China aktuell*, Bd. 30, Nr. 5 (Mai 2001), S. 490–497.
Kay Möller, Theater Missile Defense in Nordostasien: Strategischer versus politischer Imperativ, in: *Die Friedens-Warte*, Bd. 76, Nr. 4 (2001), S. 435–452.
Edward Timperlake/William C. Triplett, *Red Dragon Rising. Communist China's Military Threat to America*. (Washington DC: Regnery Publishing, 2002).
Yuan Jing-dong, The Evolution of China's Nonproliferation Policy since the 1990s. Progress, Problems and Prospects, in: *The Journal of Contemporary China* (Abingdon), Vol. 11, No. 31 (May 2002), S. 209–233.

Taiwan:
Martin L. Lasater, *The Taiwan Conundrum in US China Policy*. Boulder CO: Westview Press 2000.

Chinesisch-kanadische Beziehungen:
Paul M. Evans (Hrsg.), *Reluctant Adversaries: Canada and the People's Republic of China, 1949–1970*. Toronto: University of Toronto Press, 1991.
Ronald C. Keith, China and Canada's „Pacific 2000 Strategy", in: *Pacific Affairs*, Vol. 65, No. 3 (Fall 1992), S. 319–333.
Peter S. Li, Chinese Investment and Business in Canada, in: *Pacific Affairs*, Vol. 66, No. 2 (Summer 1993), S. 219–243.
Errol Mendes (Hrsg.), *Bridging the Global Divide on Human Rights: A Canada-China Dialogue*. Burlington VT: Ashgate, 2003.

4. Russland und Zentralasien

Zwischen dem Karakorum-Gebirge im Westen und Wladiwostok im Osten erstreckt sich die Grenze zwischen der Volksrepublik China, der Mongolei und der GUS über 7 450 Kilometer. Davon entfallen im Nordosten ca. 2 600 Kilometer auf die Russische Föderation, westlich der Mongolei (abgesehen von 54 Kilometern chinesisch-russischer Grenze im Altai-Gebiet) ca. 1 800 Kilometer auf die zentralasiatischen Republiken Kasachstan, Kirgistan und Tadschikistan. Während sich sowohl die chinesisch-russischen Beziehungen als auch Pekings Verhältnis zu Zentralasien in den 90er Jahren spektakulär verbesserten, Grenzprobleme weitgehend gelöst und eine aktive Kooperation in Angriff genommen wurden, war dieses Beziehungsgeflecht nicht frei von Widersprüchen. So führten im russischen Fernen Osten und in geringerem Maße in Zentralasien demographischer Druck und ein wachsendes Entwicklungsgefälle zu chinesischer Immigration und chinesischen Exportoffensiven, die im grenznahen Bereich lokale Ressentiments schürten. International konkurrierten die Beteiligten um westliches Kapital und westliche Technologien. Demgegenüber standen zwar grundsätzlich chinesisch-russische Gemeinsamkeiten wie das Interesse an einer multipolaren Welt, der Stabilisierung der jungen zentralasiatischen Staaten und einer Erschließung sibirischer und zentralasiatischer Energiereserven, die aber ihrerseits unterschiedlich und abhängig von der internationalen Großwetterlage interpretiert wurden. Schließlich wurden die USA spätestens nach dem 11. September 2001 zu einem ernst zu nehmenden sicherheitspolitischen Akteur in Zentralasien.

4.1 Russland

Als die UdSSR 1991 unterging, entdeckte Peking Anzeichen für eine Hinwendung Russlands zum Westen und nach Taiwan. Zudem legte Präsident Boris Jelzin den Schwerpunkt seiner Ostasienpolitik zunächst auf Japan. Die chinesischen Befürchtungen erwiesen sich allerdings nach der Aufnahme diplomatischer Beziehungen im Dezember 1991 als unbegründet. Moskau nahm von anfänglicher Menschenrechtskritik Abstand, distanzierte sich von der unipolaren Welt, bekräftigte die Zugehörigkeit Taiwans zu China und orientierte sich nach einem fruchtlosen Streit mit Tokyo um die Kurilen-Inseln ab 1993 wieder Richtung Peking. Das bilaterale Grenzproblem wurde zwischen 1991 und 1997 weitgehend gelöst.[1] 1994 vereinbarte man Vertrauens- und Sicherheitsbildende Maßnahmen für das Grenzgebiet, die zwei Jahre später auf Kasachstan, Kirgistan und Tadschikistan ausgedehnt wurden. 1997 reduzierte Russland seine grenznahen Truppen um 15 Prozent und akzeptierte einen Abbau der dort dislozierten Waffensysteme. 1994 sprachen Jiang Zemin und Boris Jelzin von einer „kooperativen", 1996 von einer „strategischen Partnerschaft".

4.1.1 Wirtschaftsbeziehungen und Migration

Verglichen mit den vorangegangenen Jahrzehnten, kehrten sich die wirtschaftlichen Machtverhältnisse zwischen China und Russland in den 90er Jahren um. Während die russische Volkswirtschaft um mehr als ein Drittel schrumpfte, verdoppelte sich das chinesische BIP und war 2001 etwa dreimal so groß wie das russische. Einmal abgesehen vom Rüstungssektor, war der nördliche Nachbar für Peking allenfalls noch als Rohstofflieferant von Interesse. Das Wachstum des bilateralen Handels blieb angesichts der russischen Nachfrageschwäche hinter den Erwartungen zurück. Gleichzeitig verhinderten chinesische Konsumgüterexporte in den grenznahen Bereich dort Anfang der 90er Jahre das Entstehen entsprechender Industrien. 2003 machte grenznaher Handel 50 Prozent des russisch-chinesischen Gesamthandels aus.

Chinas Handel mit Russland, 1992 – 2003
(Mio. US$, ausschließlich Zwischenhandel über Hongkong)

	1992	1995	1998	2001	2003
Exporte	2.570	865	1.146	1.611	6.030
Importe	3.193	3.377	3.144	4.021	9.730

Quelle: Direction of Trade Statistics Yearbook, diverse Jahrgänge.

Das Wachstum dieses Handels ging seit Anfang der 90er Jahre mit chinesischer Zuwanderung einher, die ihrerseits russische Ressentiments er-

---

1 Die ungelösten Fragen betrafen vornehmlich die Zuordnung von drei größeren Inseln in den Grenzflüssen Argun und Ussuri.

zeugte. Die Zahlenangaben variierten dabei von einigen Hunderttausend bis zu mehreren Millionen Personen. In jedem Fall produzierte die Nachbarschaft von nur noch acht Millionen Russen und 120 Millionen Chinesen in der betreffenden Region eine beträchtliche Sogwirkung, der beide Seiten ab 1993 mit verschärften Visabestimmungen Herr zu werden versuchten.

Wichtigste Komponente des sonstigen bilateralen Handels waren Waffensysteme, die entweder von Russland geliefert oder in Lizenz in der Volksrepublik produziert wurden, darunter Kampfbomber, Zerstörer, Flugabwehrsysteme und konventionelle U-Boote. Westliche Quellen schätzten das Volumen solcher Transaktionen in den 90er Jahren auf über zehn Milliarden US-Dollar, entsprechend nahezu 90 Prozent aller russischen Rüstungsexporte. Seit 1999 war ein deutlicher Anstieg zu verzeichnen, und 2000 wurde China zum größten Rüstungsimporteur weltweit. Moskau verfügte zwar gewisse Begrenzungen für modernste Systeme, um das fernöstliche Kräftegleichgewicht nicht zum eigenen Nachteil zu verändern; gleichzeitig aber war China Garant für das Überleben des russischen militärisch-industriellen Komplexes.

Weniger spektakulär entwickelten sich Projekte für die gemeinsame Erschließung sibirischer Erdöl- und Gasvorkommen. 1997 unterzeichneten beide Seiten ein diesbezügliches Abkommen. 2000 vereinbarte Präsident Wladimir Putin (1999–) anlässlich eines Chinabesuchs Machbarkeitsstudien für den Bau von Pipelines. Während die Realisierung solcher Großprojekte seither durch Finanzierungsprobleme und politische Dissonanzen (z.B. Pekings Widerstand gegen die Verlegung einer Pipeline durch die Mongolei, Befürchtungen des russischen Militärs vor der weiteren Stärkung eines potenziellen Gegners) behindert wurde, traten zunehmend Mitbewerber auf. So gelang es dem japanischen Premierminister Koizumi in Gesprächen mit Putin im Januar 2003, den Abschluss einer russisch-chinesischen Vereinbarung über den Bau einer Pipeline von Angarsk in der Baikal-Region nach Nordostchina zugunsten der Prüfung einer Alternativstrecke über den russischen Hafen Nachodka nach Japan aufzuhalten.

4.1.2 Weltordnung

Auch auf der internationalen Ebene war es vornehmlich Russlands relative Schwäche, die einer Optimierung der „strategischen Partnerschaft" im Wege stand. Regelmäßige Gipfeltreffen seit 1998, die Unterzeichnung eines Vertrags über Freundschaft und Zusammenarbeit 2001 und eine wachsende administrative Verflechtung konnten resultierende Defizite nur unzulänglich ausgleichen. So war Moskau trotz der Formulierung gemeinsamer ablehnender Standpunkte zur Nato-Osterweiterung und zur Modernisierung der amerikanisch-japanischen Allianz (1997), der Nato-Intervention im Kosovo und zu Washingtons Raketenabwehrplänen (1999) zumeist bereit, sich seine Gegnerschaft von den USA bzw. Japan abhandeln zu lassen. Indien bezog seit Mitte der 90er Jahre auch solche russischen Waffensysteme, die China verweigert wurden. In Peking stießen sowohl Russlands Versuche, sich in die Verhandlungen zum nordkoreanischen Atomproblem einzubringen, als auch Vorschläge für eine trilaterale Zusammenarbeit mit Indien in der zweiten Hälfte der 90er Jahre auf große Zurückhaltung. Seit 2001 wurden in diesem Rahmen zwar regelmäßige Konsultationen zu internationalen Fragen durchgeführt, aber die jeweiligen bilateralen Beziehungen blieben sehr viel bedeutsamer. Schließlich könnte die laufende Modernisierung der chinesischen Atomwaffe bei anhaltenden Moskauer Budgetproblemen im nächsten Jahrzehnt auch das letzte Symbol russischer Überlegenheit entwerten.

Entwicklungen seit dem 11. September 2001 haben diese Ausgangsposition in zweierlei Hinsicht modifiziert: Zum einen vollzog Russland eine sehr viel deutlichere Annäherung an Washington als China, das den USA keine Überflugrechte einräumte. Zum anderen waren Peking und Moskau bemüht, ihrer Zusammenarbeit in Zentralasien neue Impulse zu geben, wo die Interessenidentität vergleichsweise groß war.

4.2 Zentralasien

Die heute als Shanghaier Organisation für Zusammenarbeit (SOZ) bekannte Kooperation zwischen China, Russland und (mittlerweile) vier zentralasiatischen Republiken begann 1991 mit dem Bemühen um eine gemeinsame Lösung der ungelösten Probleme an der Grenze zwischen der Volksrepublik und der ehemaligen UdSSR. 1996 und 1997 vereinbarten die damals nach dem Veranstaltungsort ihres ersten Gipfels „Fünf von

Shanghai" genannten Partner Vertrauens- und Sicherheitsbildende Maßnahmen. Schon bald identifizierten sie aber das Aufkommen eines islamischen Radikalismus als gemeinsame Herausforderung, der sich insbesondere in Tadschikistan, aber auch im (Noch-)Nichtmitgliedstaat Usbekistan manifestierte. Querverbindungen der betreffenden Bewegungen zu den afghanischen Taliban und bis nach Tschetschenien weckten in Russland und China die Sorge vor einem zentralasiatischen Machtvakuum.

4.2.1 Gemeinsame strategische Interessen

China hatte den jungen zentralasiatischen Republiken gleich nach Aufnahme diplomatischer Beziehungen 1991 „Hilfe bei der Aufrechterhaltung der nationalen Unabhängigkeit", dem wirtschaftlichen Aufbau und dem Beitritt zu den Vereinten Nationen angeboten. Dazu gehörten verkehrsmäßige und andere Alternativen zur traditionellen Anbindung der Rohstoffökonomien an Moskau genauso wie Zusammenarbeit mit postkommunistischen Regimen, die im chinesischen Modell einer Perestroika ohne Glasnost bessere Überlebenschancen sahen als im russischen „Chaos". Diese Interessenidentität war allerdings insofern beeinträchtigt, als zentralasiatische Führer, ähnlich wie ihre sibirischen Kollegen, Rücksicht auf Überfremdungsängste ihrer Bürger nehmen mussten (auch in Zentralasien kam es Anfang der 90er Jahre verstärkt zu chinesischer Immigration und grenznahem Handel).

Gleichzeitig respektierte Peking eine militärische und politische Zuständigkeit Russlands (Kasachstan, Kirgistan und Tadschikistan waren Mitglieder des GUS-Vertrags über Kollektive Sicherheit von 1992, dem bis 1999 auch Usbekistan angehörte) und akzeptierte während des tadschikischen Bürgerkriegs (1992–1997) eine Rückkehr des russischen Militärs in das Nachbarland.

Nichtsdestotrotz konstatierte China Verbindungen zwischen islamischen oder uighurischen Bewegungen in den betroffenen Staaten und der Unabhängigkeitsbewegung in Xinjiang, die ab Mitte der 90er Jahre zur Zielscheibe verschärfter staatlicher Repression wurde. In diesem Zusammenhang vereinbarte Peking 1995 eine militärische und nachrichtendienstliche Zusammenarbeit mit Kasachstan und Kirgistan. 2000 folgte ein entsprechendes Abkommen mit Usbekistan, wo eine bewaffnete islamische Bewegung aktiv war.

Gleichzeitig verweigerte China dem afghanischen Taliban-Regime (1996–2002) die Anerkennung, weil es den Unabhängigkeitskampf der Uighuren in Xinjiang mit Geld, Waffen und Ausbildungsmaßnahmen unterstützte. Man war allerdings auch nicht daran interessiert, ein pro-russisches oder pro-amerikanisches Regime an ihrer Stelle zu sehen und unterhielt deshalb sporadisch Kontakt nach Kabul.

Die weitere sicherheitspolitische Entwicklung der „Fünf von Shanghai" trug zunehmend die Handschrift der Volksrepublik. 1998 distanzierte sich der Gipfel von Almaty von jeglicher Form des Separatismus und religiösen Extremismus. 1999 vereinbarten die Mitglieder konkrete Maßnahmen gegen diese Phänomene und Begleiterscheinungen wie Drogen- und Waffenschmuggel sowie illegale Migration. 2000 wurde die Gründung eines gemeinsamen Zentrums zur Bekämpfung des Terrorismus beschlossen. 2001 wurde Usbekistan aufgenommen. 2002 veranstalteten China und Kirgistan unter dem Dach der SOZ ein gemeinsames Militärmanöver. Im folgenden Jahr übten alle Mitglieder mit Ausnahme Usbekistans gemeinsam in Kasachstan und Sinkiang. Die Volksrepublik drängte auf die Schaffung eines „Antiterror-Mechanismus" für Ausnahmesituationen, die 2004 erfolgte.

4.2.2 Institutionalisierung und divergierende strategische Interessen

Seit dem ersten Gipfel der „Fünf von Shanghai" 1996 wurden in diesem Rahmen alljährlich Gipfel und Außenministertreffen abgehalten. Die Verteidigungsminister kamen seit 2002 regelmäßig zusammen. Die Zusammenarbeit soll künftig auf wirtschaftliche und kulturelle Themen erweitert werden.

Gleichzeitig war die Gruppe bemüht, sich auch jenseits ihrer Grenzen als ordnungspolitischer Akteur zu etablieren. So distanzierte man sich auf dem Gipfel von Duschanbe 2000 vor dem Hintergrund der Entwicklungen im früheren Jugoslawien von menschenrechtlich begründeter Intervention, Zwangsmaßnahmen ohne Beteiligung des VN-Sicherheitsrats und einer „Monopolisierung" globaler oder regionaler Angelegenheiten. In diesem Zusammenhang wurden insbesondere amerikanische Bemühungen um die Entwicklung und Stationierung nationaler und regionaler Raketenabwehrsysteme erwähnt.

Die Institutionalisierung der Gruppe hat mit diesen Ambitionen Schritt gehalten. 2000 wurde ein „Rat Nationaler Koordinatoren" gegründet.

2002 paraphierten die Mitglieder eine SOZ-Charta. 2003 wurde in Peking ein Generalsekretariat eröffnet.

Vorangegangen war allerdings der Schock des 11. September 2001, der die Organisation monatelang lähmte. Mit Moskaus Duldung etablierten die USA Militärstützpunkte in allen zentralasiatischen Republiken, die auch nach der Vertreibung der Taliban aus Kabul beibehalten wurden. 2002 ließ eine parallel zur SOZ-Charta veröffentlichte Erklärung auf Betreiben Usbekistans die Möglichkeit einer Mitgliedschaft in Bündnissen offen, die sich nicht gegen andere SOZ-Partner richteten. Meinungsverschiedenheiten innerhalb der Organisation verhinderten seit 2001 die Aufnahme weiterer Mitglieder.

Gleichzeitig sprachen mangelnde oder stark asymmetrische wirtschaftliche Interdependenzen gegen den von China im selben Jahr verlangten Ausbau der Organisation zur Freihandelszone. Pekings zentralasiatische Erdölgeschäfte und Pipelineprojekte bleiben bilateralisiert. Es muss offen bleiben, ob die derzeitige Konvergenz russischer und chinesischer Interessen in der Region langfristig stärker wird als die erwähnten strukturellen Differenzen.

Weiterführende Literatur

Chinesisch-russische Beziehungen:
Chen Qimao, Sino-Russian Relations after the Break-up of the Soviet Union, in: Gennady Chufrin (Hrsg.), *Russia and Asia*. Oxford: Oxford University Press, 1999.
Mii Mitsuo, Russian-Chinese Relations and Arms Exports, in: Gennady Chufrin (Hrsg.), *Russia and Asia*. Oxford: Oxford University Press, 1999, S. 123–127.
Dmitrij Vitalevic Trenin, *Russia's China Problem*. Washington DC: Carnegie Endowment for International Peace, 1999.
Aleksandr Vladimirovic Lukin, Russia's Image of China and Russian-Chinese Relations, in: *East Asia* (Piscataway NJ), Vol. 17, No. 1 (Spring 1999), S. 5–39.
Thomas W. Zarzecki, Arming China or Arming India. Future Russian Dilemmas, in: *Comparative Strategy* (London), Vol. 18, No. 3 (July/September 1999), S. 261–281.
Joachim Krüger, Russland und China: eine strategische Partnerschaft?, in: *WeltTrends* (Berlin), Nr. 24 (Herbst 1999), S. 169–180.
Sherman W. Garnett (Hrsg.), *Rapprochement or Rivalry? Russia-China Relations in a Changing Asia*. Washington DC: Carnegie Endowment for International Peace, 2000.
Li Jingjie, Pillars of the Sino-Russian Partnership, in: *Orbis*, Vol. 44, No. 4 (Fall 2000), S. 527–539.
Gilbert Rozman, A New Sino-Russian-American Triangle?, in: *Orbis*, Vol. 44, No. 4 (Fall 2000), S. 541–555.
Alexandr Larin, The American Factor in Russian-Chinese Strategic Partnership, in: *Far Eastern Affairs* (Moskau), No. 6 (November/December 2000), S. 11–27.
Elizabeth Wishnick, *Mending Fences. The Evolution of Moscow's China Policy from Brezhnev to Yeltsin*. Seattle WA: University of Washington Press, 2001.

Michail Grigorevic Nosov, Zwei Seiten eines Dreiecks. Das Duo Russland-China (und die USA), in: *Internationale Politik* (Bielefeld), Bd. 56, Nr. 4 (April 2001), S. 17–24.

Alexander Larin, Russia's Chinese Policy under President Vladimir Putin, in: *Far Eastern Affairs*, No. 3 (May/June 2001), S. 3–18.

Lowell Dittmer, The Sino-Russian Strategic Partnership, in: *The Journal of Contemporary China* (Abingdon), Vol. 10, No. 28 (August 2001), S. 399–413.

Sherman Garnett, Challenges of the Sino-Russian Strategic Partnership, in: *The Washington Quarterly*, Vol. 24, No. 4 (Autumn 2001), S. 41–54.

Elizabeth Wishnick, Russia and China: Brothers Again?, in: *Asian Survey*, Vol. 41, No. 5 (September/October 2001), S. 797–821.

Andrew C. Kuchins, Limits of the Sino-Russian Strategic Partnership, in: Andrew C. Kuchins (Hrsg.), *Russia after the Fall*. Washington DC: Carnegie Endowment for International Peace, 2002.

Jeanne L. Wilson, Strategic Partners: Russian-Chinese Relations and the July 2001 Friendship Treaty, in: *Problems of Post-Communism* (London), No. 3 (May/June 2002), S. 3–13.

Elizabeth Wishnick, Sino-Russian Relations in a Changed International Landscape, in: *China Perspectives* (Hongkong), No. 43 (October 2002), S. 4–16.

Aleksandr Vladmirovic Lukin, *The Bear Watches the Dragon. Russia's Perceptions of China and the Evolution of Russian-Chinese Relations since the Eighteenth Century*. Armonk NY: Sharpe, 2003.

Konstantin Makienko, Les ventes d'armes de la Russie à la Chine. Aspects stratégiques et économiques, in: *Le Courrier des pays de l'Est* (Paris), no. 1032 (février 2003), S. 29–39.

Gudrun Wacker, China und Russland. Freunde auf ewig?, in: *China aktuell*, Bd. 32, Nr. 4 (April 2003), S. 468–474.

Isaak Zulkarnaen, Russia-China Defence Technology Cooperation and Her Emerging Military Capability, in: *Asian Defence Journal* (Kuala Lumpur), Nos. 7–8 (July/August 2003), S. 4–5.

Chinas Interessen in Zentralasien:

Mark Burles, *Chinese Policy toward Russia and the Central Asian Republics*. Santa Monica CA: Rand 1999.

Dru C. Gladney, China's Interest in Central Asia. Energy and Ethnic Security, in: Robert Ebel (Hrsg.), *Energy and Conflict in Central Asia and the Caucasus*. Lanham MD: Rowman and Littlefield, 2000, S. 209–233.

Tang Shiping, Economic Integration in Central Asia. The Russian and Chinese Relationship, in: *Asian Survey*, Vol. 40, No. 2 (March/April 2000), S. 360–376.

Philip Andrews-Speed/Sergej Vinogradov, China's Involvement in Central Asian Petroleum. Convergent or Divergent Interests, in: *Asian Survey*, Vol. 40, No. 2 (March/April 2000), S. 377–397.

Amalendu Misra, Shanghai 5 and the Emerging Alliance in Central Asia. The Closed Society and Its Enemies, in: *Central Asian Survey* (Abingdon), Vol. 20, No. 3 (September 2001), S. 305–321.

Philip H. Loughlin/Clifton W. Pannell, Growing Economic Links and Regional Development in the Central Asian Republics and Xinjiang, China, in: *Post-Soviet Geography and Economics* (Silver Spring MD), Vol. 42, No. 7 (October/November 2001), S. 469–490.

Gregory Gleason, Inter-State Cooperation in Central Asia from the CIS to the Shanghai Forum, in: *Europe-Asia Studies* (Abingdon), Vol. 53, No. 7 (November 2001), S. 1077–1095.

Thierry Kellner, *La Chine et la nouvelle Asie centrale. De l'indépendance des républiques centrasiatiques à l'après-11 septembre*. Brüssel: Groupe de Recherche et d'Information sur la Paix et la Sécurité, 2002.
Konstantin Syroezkin, Central Asia between the Gravitational Poles of Russia and China, in: Boris Rumer (Hrsg.), *Central Asia: A Gathering Storm?* Armonk NY: Sharpe, 2002.
Birgit Brauer, Machtrivalitäten in der zentralasiatischen Region. Chinas Einfluss bleibt begrenzt, in: *Internationale Politik*, Bd. 57, Nr. 2 (Februar 2002), S. 19–24.
Boris Z. Rumer, The Powers in Central Asia, in: *Survival*, Vol. 44, No. 3 (Autumn 2002), S. 57–68.
Gudrun Wacker, Russland und China in Zentralasien. Partner oder Konkurrenten?, in: Olga Alexandrova (Hrsg.), *Russland und der postsowjetische Raum*. Baden-Baden: Nomos, 2003, S. 498–516.

5. Süd- und Westasien/Nordafrika

5.1 Südasien

China und Indien trugen nach dem Zweiten Weltkrieg drei Mal (1962, 1975 und 1986) an ihrer Landgrenze bewaffnete Konflikte aus. Während des sino-sowjetischen Konflikts stand Delhi auf der Seite der UdSSR, mit der es 1971 einen „Vertrag über Frieden, Freundschaft und Zusammenarbeit" schloss. Seit dem Ende des Kalten Krieges gab es in Chinas Indienpolitik und in Indiens Chinapolitik zwei gegenläufige Tendenzen: Da waren zum einen Bemühungen um normale bis gute Beziehungen einschließlich der Möglichkeit, amerikanischen Weltordnungsvorstellungen gemeinsame Konzepte entgegenzusetzen. Zum anderen verstanden sich Peking und Delhi als strategische Wettbewerber um fernöstliche Einflusszonen. Hierbei spielten strukturelle Unterschiede zwischen der pluralistischen Demokratie auf der einen Seite und dem leninistischen Zentralstaat auf der anderen eine zunehmend wichtige Rolle. Vor allem aber scheiterte eine „strategische Partnerschaft" an Chinas Unfähigkeit, sich hinreichend vom „alten Freund" Pakistan zu distanzieren und sich so in Südasien als ehrlicher Makler zu qualifizieren.

5.1.1 Die bilateralen Beziehungen zu Indien und das Grenzproblem

Nach dem Himalayakrieg von 1962 beschränkte sich der chinesisch-indische Dialog über 15 Jahre auf Polemik, wenngleich die diplomatischen Beziehungen nie abgebrochen wurden. In den 60er und 70er Jahren unterstützte die Volksrepublik ethnische Unabhängigkeitskämpfer in Indiens Nordosten und die maoistische Bewegung der „Naxaliten" in Westbengalen. 1975 führte Delhis Annexion Sikkims zu verschärften Spannungen an der nordöstlichen Grenze. Erst nach dem Tode Mao Zedongs tauschten beide Seiten 1976 wieder Botschafter aus. Vier Jahre später einigten sie sich auf Grenzverhandlungen, wobei Indien nicht mehr auf einem vorherigen chinesischen Rückzug und China nicht mehr grundsätzlich auf einem Gesamtpaket zur Regelung sämtlicher Territorialansprüche bestand.

Die indische Premierministerin Indira Gandhi (1966–1977/1980–1984) war nicht zuletzt deshalb verhandlungsbereit, weil die USA vor dem Hintergrund des afghanischen Bürgerkriegs einmal mehr zum wichtigsten Waffenlieferanten Pakistans geworden waren. Ihre Konzessionen stießen allerdings auf den Widerstand wichtiger Teile des Beamtenapparats und der indischen Öffentlichkeit.

Mit dem Ende der Ära Indira Gandhis und der Wahl ihres Sohnes Rajiv zum Premierminister (1984–1989) erfolgte eine neue diplomatische Initiative der Volksrepublik: Der chinesische Ministerpräsident Zhao Ziyang schlug Gandhi vor, zunächst eine Verbesserung der Gesamtbeziehungen in Angriff zu nehmen und darüber letztlich auch zu Fortschritten in der Grenzfrage zu kommen. Gandhi lehnte ab und blieb bei dem Standpunkt, ohne Lösung des Grenzproblems sei an eine umfassende Normalisierung nicht zu denken. Das Grenzproblem wiederum könne nur durch getrennte Behandlung der drei umstrittenen Sektoren (Ost, Mitte, West) gelöst werden.

Als im Juli 1986 chinesische Übergriffe auf den Ostsektor der umstrittenen Grenze gemeldet wurden, lag der Zusammenhang auf der Hand: Peking machte deutlich, dass China bei einem Vorgehen nach Sektoren seinerseits umfassende Gebietsansprüche in jedem der drei Abschnitte geltend machen würde. Im März 1987 drohte die Volksrepublik für den Fall fortgesetzter indischer Übergriffe mit einer „Strafexpedition". Die Spannungen im Himalaya nahmen bis Mitte 1987 zu.

Delhi erlebte einen weiteren Rückschlag, als Michail Gorbatschow in seiner Rede in Wladiwostok am 28. Juli 1986 Zugeständnisse hinsichtlich der sino-sowjetischen Grenze signalisierte. Damit eröffnete er China die Möglichkeit, zunächst zu Vereinbarungen mit Moskau zu kommen, die letztlich nicht ohne Auswirkungen auf Verbündete der Sowjetunion bleiben konnten. Tatsächlich empfahl Gorbatschow seinen indischen Gesprächspartnern bei einem Besuch im November 1986 die Übernahme seines „politischen Ansatzes" im Dialog mit China.

Nachdem sich Moskau und Peking 1987 auf die Grundsätze der Festlegung ihrer sibirischen Grenze verständigt hatten, zog Delhi nach. Der indische Außenminister besuchte Peking; unmittelbar nach seiner Rückkehr wurden die Truppen beider Seiten im Ostsektor der Grenze auseinandergezogen. Am 13. November 1987 begann eine neue Runde von Grenzverhandlungen.

Ab 1988 entwickelten sich die bilateralen Beziehungen im Sinne des ursprünglichen chinesischen Angebots. Lösbare Probleme wurden vorgezogen, die Grenzfrage wurde zurückgestellt. Im Februar einigten sich beide Seiten auf ein Luftfahrtabkommen, ein Ausführungsprogramm für ihr Kulturabkommen und die Wiedereröffnung von Generalkonsulaten in Shanghai und Bombay. Der bescheidene bilaterale Handel nahm zu. Zu neuen Irritationen kam es, als Peking seinen Anspruch auf die Spratly-Inseln im Südchinesischen Meer Vietnam gegenüber mit Gewalt durchzusetzen begann. Als Washington Indien und Pakistan ebenfalls 1988 zum nuklearen Gewaltverzicht aufforderte, erklärte Indien, eine solche Selbstverpflichtung sei ohne Einbeziehung des chinesischen Arsenals sinnlos. Peking beließ es bei der unverbindlichen grundsätzlichen Befürwortung einer atomwaffenfreien Zone in Südasien.

Rajiv Gandhi reiste im Dezember 1988 als erster indischer Regierungschef seit 34 Jahren in die Volksrepublik China. Unmittelbar vorangegangen war ein weiterer Gorbatschow-Besuch in Indien. Gandhis Reise brachte den Entspannungsprozess zumindest auf der atmosphärischen Ebene beträchtlich voran. Erstmals akzeptierte Delhi ausdrücklich den chinesischen Vorschlag, die Erörterung der Grenzfrage einer Verbesserung der Gesamtbeziehungen unterzuordnen. Der indische Regierungschef bekräftigte die traditionelle Politik der Nichteinmischung in Tibet und wurde dafür von der heimischen Presse kritisiert, da sich die chinesische Seite nicht mit Zugeständnissen in Fragen wie Kashmir und Sikkim oder im Ostsektor der Grenze revanchiert hatte. Man vereinbarte jährliche Konsultationen der Außenminister und setzte eine neue, hochrangigere Arbeitsgruppe zur Behandlung der Grenzfrage ein. Bis zu einer endgültigen Lösung wurden Vertrauensbildende Maßnahmen für das Grenzgebiet beschlossen, darunter die Vorankündigung von Manövern. Die indische Regierung verzichtete nach dem Massaker auf dem Tiananmen-Platz auf Kritik an China und sprach sich stattdessen gegen die Einmischung Dritter in innere Angelegenheiten aus.

Im Februar 1990 wurde ein Abkommen über den Truppenabbau mit Schwerpunkt auf dem Ostsektor der Grenze unterzeichnet. Im September wurde ein Verfahren für Konsultationen zwischen den Grenztruppen vereinbart, und im Februar 1991 einigte man sich auf die Öffnung einiger Grenzübergänge im Ost- und Westsektor und die Wiederbelebung des grenznahen Handels. Wenn die Entwicklung daraufhin einmal mehr stagnierte, dann wegen der innenpolitischen Dynamik in Indien, einer erneuten Verschlechterung des indisch-pakistanischen Verhältnisses und einer neuen Globalkonstellation.

Im November 1989 verlor Gandhis Kongresspartei die Parlamentswahlen an ein Mitte-Linksbündnis unter V.P. Singh von der Janata Dal-Partei. Singh bekundete zwar den „politischen Willen" zu einem Durchbruch in den Grenzverhandlungen mit China und erzielte die erwähnten technischen Fortschritte, stand aber einer zunehmend in sich zerstrittenen Regierung vor, die sich die entscheidenden Konzessionen an Peking noch weniger leisten konnte als eine Regierung Gandhi. Singh stürzte im November 1990 über ein Misstrauensvotum. Die nachfolgende Regierung Chandra Shekhar akzeptierte im Februar 1991 vertraulich die ursprünglichen chinesischen Vorstellungen hinsichtlich einer „Paketlösung" für die Grenzfrage. Sie stürzte aber bereits im folgenden Monat. Rajiv Gandhi wurde im Mai 1991 während des Wahlkampfs ermordet.

Noch vor Singhs Amtsantritt war es im Januar 1990 zu neuen Unruhen in Kashmir gekommen, die mit Spannungen zwischen Indien und Pakistan einhergingen, in deren Verlauf Delhi neun Divisionen von der chinesischen Grenze abziehen musste. Peking hatte sich in der Kashmir-Frage seit 1980 auf eine neutrale Haltung zubewegt. Es unterstützte seither nicht mehr die pakistanische Forderung nach einem Plebiszit unter Aufsicht der Vereinten Nationen, sondern erklärte den Disput 1993 zur bilateralen Frage und empfahl eine friedliche Beilegung auf Grundlage der bestehenden Demarkationslinie. Mit Ausbruch des neuen Konflikts drängte die Volksrepublik beide Seiten zu Zurückhaltung und Gesprächen, wohl auch, um dem Übergreifen einer islamisch-nationalistischen Bewegung auf das benachbarte Xinjiang vorzubeugen.

Im Februar 1992 installierten China und Indien „heiße Drähte" zwischen ihren grenznahen Kommandoposten. Es gab Abmachungen über halbjährliche Treffen der Kommandeure im Ost- und Westsektor, die Vorankündigung grenznaher Manöver und Regelverfahren für Luftraumverletzungen. Indien scheiterte mit dem Vorschlag, die Truppenstärken auf existierendem Niveau einzufrieren. Im September 1993 besuchte der indische Preminister Narasimha Rao (1991–1996) Peking und vereinbarte gemeinsame Maßnahmen zur Aufrechterhaltung von „Frieden und Ruhe" an der Himalaya-Grenze. Zu diesem Zweck sollten die Grenztruppen auf niedrigstmöglichem Niveau gehalten und schrittweise in gemeinsam festzulegenden Abschnitten reduziert werden. Meinungsverschiedenheiten resultierten aus dem chinesischen Wunsch nach einem ausgewogenen Truppenabbau. Delhi verlangte, terrainbedingte Nachteile auf der indischen Seite in Rechnung zu stellen. Im Juli 1992 reiste der indische Verteidigungsminister nach China und vereinbarte Flottenbesuche sowie

Kontakte zwischen den beiden Militärakademien. Der chinesische Botschafter wurde auf den indischen Marinestützpunkt Port Blair in der Andamanensee eingeladen. Im Dezember 1993 besuchte die erste hochrangige chinesische Militärdelegation seit dreißig Jahren den Subkontinent. Damit war der Spielraum für Vertrauensbildung zunächst ausgeschöpft. Im September 1994 gerieten die Grenzverhandlungen über Meinungsverschiedenheiten hinsichtlich des Verlaufs der Kontrollinie in einigen Sektoren in eine Sackgasse. Auch in der Frage der Truppenreduzierungen gab es keine Fortschritte. Erst im August 1995 wurde die Auflösung von vier Armeeposten im Ostsektor vereinbart, deren geringer Abstand voneinander als kritisch beurteilt worden war. Strittige Sektoren wurden aufgelistet. Im Juli 1996 äußerte sich der indische Verteidigungsminister besorgt über den Ausbau von Start- und Landebahnen auf elf chinesischen Luftwaffenstützpunkten in Tibet.

Im Mai 1996 verlor die Kongresspartei ihre Parlamentsmehrheit, und Rao wurde durch Atal Behari Vajpayee von der hinduistisch-nationalistischen Bharatiya Janata-Partei (BJP) abgelöst, dessen Koalitionsregierung bereits nach zwei Wochen zerfiel. Die folgende Mitte-Linkskoalition unter Deve Gowda und seinem Anfang 1997 installierten Nachfolger Inder Kumar Gujrat hielt am Normalisierungsprozess mit der Volksrepublik fest, betrieb aber gleichzeitig eine Annäherung an die USA. Im November 1996 besuchte der chinesische Staatspräsident Jiang Zemin Neu Delhi. Bei dieser Gelegenheit schlossen Indien und China einen Nichtangriffspakt und vereinbarten im Grundsatz den Rückzug einer nichtspezifizierten Anzahl von Truppen von der Kontrollinie im Himalaya. Nach indischen Quellen sollten grenznahe Potenziale auf ein Minimum heruntergefahren, schwere Waffensysteme abgezogen und Manöver auf Divisionsebene künftig nur noch nach Vorankündigung durchgeführt werden. Kampfflugzeuge würden innerhalb eines Grenzkorridors von zehn Kilometern Tiefe nicht mehr zum Einsatz kommen. Keine Fortschritte gab es hinsichtlich der rüstungs- und nukleartechnischen Zusammenarbeit zwischen Peking und Islamabad sowie nicht präzisierter Meinungsverschiedenheiten zu Tibet.

Zu einer dramatischen Zäsur kam es im März 1998, als die BJP unter Vajpayee an die Macht zurückkehrte, nachdem die Kongresspartei Gujrat die Unterstützung entzogen hatte. Gleich mit Antritt der neuen Regierung schien der nun zehnjährige indisch-chinesische Normalisierungsprozess in Frage gestellt. Am 3. Mai erklärte Verteidigungsminister George Fernandes in einem Interview, China, nicht Pakistan, sei die größte potenzielle Bedrohung für Indien. Unter Verweis auf chinesische Abhöranlagen auf der birmanischen Great Coco-Insel sowie angebliche Pläne, diesen Stützpunkt zu einer chinesischen Marinebasis auszubauen, sprach Fernandes von einer „Einkreisung" Indiens zu Lande und zur See. Er bezog sich in diesem Zusammenhang erstmals auf eine eigene „nukleare Option". Eine Woche später führte Indien in der Wüste von Rajasthan drei unterirdische Atomwaffentests durch. Premierminister Vajpayee schrieb gleichlautende Briefe an Bill Clinton und die übrigen Staats- und Regierungschefs der G-8, in denen die Tests mit Chinas Aggression im Himalaya 1962 und einer generellen „bilateralen Atmosphäre des Misstrauens" gerechtfertigt wurden. Peking setzte daraufhin die Kontakte zu Indien für dreizehn Monate aus.

Im Juni 1998 begann Vajpayee (1998–2004) damit, die chinesische Gefahr wieder herunterzuspielen, und die indische Regierung versuchte, die bilateralen Beziehungen wieder auf das Grenzproblem und chinesische Rüstungstransfers nach Pakistan zu fokussieren. Der indische Außenminister bekannte sich Anfang 1999 zur Entwicklung „freundlicher und gutnachbarschaftlicher Beziehungen zu China auf Grundlage der (1954 von Peking und Delhi gemeinsam definierten) Fünf Prinzipien der Friedlichen Koexistenz". Wenig später besuchte er die Volksrepublik und vereinbarte die Wiederaufnahme der Grenzverhandlungen sowie einen separaten sicherheitspolitischen Dialog zu regionalen und internationalen Themen. Er erklärte, dass „Indien für die Volksrepublik China keine Bedrohung darstellt und (dass) wir die Volksrepublik China nicht als Bedrohung behandeln".

Im Dezember 1998 war der Vorschlag des russischen Außenministers Jewgenij Primakow für eine außen- und sicherheitspolitische Abstimmung zwischen Moskau, Peking und Delhi vornehmlich an chinesischem Widerstand gescheitert. An Stelle der neuen Dreieckspartnerschaft kam es 2000 zu einer bemerkenswerten Annäherung zwischen Delhi und Washington, die China sowohl grundsätzlich als auch in Fragen der indischen Atomrüstung als gegen sich selbst gerichtet verstand. Anlässlich eines Indienbesuchs im März warnte der amerikanische Präsident Bill Clinton Islamabad vor einer weiteren Eskalation des Kashmirkonflikts und bot Delhi einen Ausbau der Zusammenarbeit auf allen Gebieten an, ohne Indien in der Frage seiner atomaren Rüstung zu wichtigen Zugeständnissen bewegt zu haben (Peking hatte Washington im Vorfeld gedrängt, in dieser Frage standhaft zu bleiben und sich dafür eingesetzt, dass Clinton neben Indien auch Pakistan besuchte). Die USA und Indien hatten erstmals 1995 gemeinsame Marinemanöver in der Nähe der Malakka-Straße durchgeführt, und Clintons Besuch war der Auftakt zu einer weiteren Intensivierung der sicherheitspolitischen und militärischen Beziehungen, die nach dem 11. September 2001 einen neuen Höhepunkt erreichten.

Diese Entwicklungen motivierten Peking zu weiterem Entgegenkommen gegenüber dem ungeliebten indischen Partner. Nach dem Angriff kashmirischer Separatisten auf das Parlament in Neu Delhi im Dezember 2001 forderte China Indien und Pakistan zur Zurückhaltung auf und appellierte dem Vernehmen nach an den pakistanischen Präsidenten Pervez Musharraf (1999–), Verbindungen zwischen seinen Sicherheitskräften und der Untergrundbewegung in Kashmir zu kappen. Im Januar 2002 besuchte der chinesische Premierminister Zhu Rongji Indien, rückte Wirtschaftsthemen in den Vordergrund, spielte die Militärbeziehungen der Volksrepublik zu Pakistan herunter und versprach eine künftig ausgewogenere chinesische Südasienpolitik. Im Juni bemühten sich Jiang Zemin und Wladimir Putin auf einer Regionalkonferenz in Kasachstan vergeblich, Delhi und Islamabad zu bilateralen Gesprächen über die neuen Spannungen in Kashmir zu bewegen.

Im November 2003 drängte China Musharraf, ein neues indisches Angebot für die Normalisierung der Beziehungen positiv aufzunehmen und erleichterte seine Entscheidung durch eine Bekräftigung der historischen Freundschaft zu Islamabad und Wirtschaftshilfen. Im Juni ernannten Peking und Delhi Sonderbeauftragte für die Grenzverhandlungen. Vajpayee bekräftigte Indiens traditionelle Achtung der chinesischen Souveränität über die „Autonome Region Tibet" und sprach sich gegen antichinesische Aktivitäten des tibetischen Exils auf indischem Boden aus. Im Gegenzug signalisierte die Volksrepublik mit der Genehmigung des grenznahen Handels mit Sikkim ihre Akzeptanz der indischen Annexion von 1975. Zum Jahresende führten beide Seiten ein gemeinsames Flottenmanöver durch. Im Mai 2004 wurde die BJP-Regierung durch eine Mitte-Links-Koalition unter Manmohan Singh abgelöst, die die Politik der Annäherung an China fortsetzte. Peking revanchierte sich, indem es Sikkim in seinen offiziellen Äußerungen nicht mehr als „unabhängig" bezeichnete. Der Umfang des bilateralen Handels stieg auf über 10 Milliarden US-Dollar an.

5.1.2 Die „Achse" Peking – Islamabad

Sonderbeziehungen zwischen China und Indiens „Erbfeind" Pakistan waren das nahezu zwangsläufige Ergebnis der Entwicklungen im Dreieck

Moskau-Delhi-Peking seit Ende der 50er Jahre gewesen. Im indisch-pakistanischen Kashmir-Krieg des Jahres 1965 hatte die Volksrepublik nicht nur die Partei Islamabads ergriffen, sondern Indien gleichzeitig wegen angeblicher Grenzverletzungen in Sikkim mit einem neuen Waffengang im Himalaya gedroht. Nach Kriegsende war zwischen China und Pakistan ein Netzwerk strategischer Straßenverbindungen entstanden. Als 1971 ein weiterer Konflikt zwischen den beiden südasiatischen Nachbarn ausbrach, soll erst eine sowjetische Warnung Peking von einer militärischen Intervention abgehalten haben. Pekings erstes Veto im Weltsicherheitsrat galt 1972 dem Aufnahmeantrag des von Pakistan abgefallenen Bangladesh. Von 1965 bis zum amerikanisch-pakistanischen Vertrag über Rüstungslieferungen 1982 war die Volksrepublik China Islamabads wichtigste Bezugsquelle für konventionelle Waffen und Militärtechnologie.

Das chinesisch-pakistanische Verhältnis überstand den Zusammenbruch der UdSSR ähnlich unbeschadet wie die Machtübernahme durch pakistanische Militärs im Oktober 1999. Laut CIA-Berichten hatte China Pakistan bereits Anfang der 80er Jahre mit Blaupausen für eine Atombombe, hoch angereichertem Uran, Tritium und zentralen Komponenten für den Bau einer Nuklearwaffenfabrik versorgt und eigene Wissenschaftler zur Beratung entsandt. Zwischen 1990 und 1998 baute Pakistan mit Hilfe der chinesischen Fachleute und chinesischen Technologien sieben bis zwölf Atomsprengköpfe. Noch Mitte der 90er Jahre lieferte Peking Ringmagneten zur Produktion von waffenfähigem Uran, einen Hochtemperaturofen, in dem das Uran zu einem Bombenkern geformt wird, und hochsensible Diagnosegeräte für Kernwaffentests. Seit Anfang der 90er Jahre hatte die CIA wiederholt über den Verkauf chinesischer Raketen oder von Raketenteilen an Pakistan berichtet. Ende Mai 1998 reagierte Islamabad auf die indischen Atomwaffentests mit sechs eigenen unterirdischen Explosionen.

Gleich nach der indischen Testserie hatten die Präsidenten Clinton und Jiang über ihren gerade eingeweihten „heißen Draht" telefoniert. Auf Clintons Bitte schrieb Jiang Zemin einen Brief an die pakistanische Regierung, in dem er sie aufforderte, von eigenen Tests abzusehen. Gleichzeitig nach Pakistan entsandte chinesische Unterhändler waren allerdings nicht autorisiert, Islamabad die gewünschte nukleare oder konventionelle Sicherheitsgarantie zu geben. Aus pakistanischen Regierungskreisen verlautete, die chinesische Seite habe Islamabad nicht nur nicht gedrängt, von eigenen Tests Abstand zu nehmen, sondern weitere enge militärische Zusammenarbeit sowie uneingeschränkte diplomatische Unterstützung zugesagt.

Am 4. Juni 1998 forderten die Ständigen Mitglieder des Weltsicherheitsrats Indien und Pakistan in einer gemeinsamen Erklärung auf, von weiteren Kernwaffentests, der Produktion von waffenfähigem Material und der weiteren Dislozierung von Kernwaffen Abstand zu nehmen, Atomwaffensperrvertrag und Teststoppabkommen unverzüglich beizutreten und Gespräche über bilaterale Konflikte, darunter Kashmir, aufzunehmen. Die Fünf vereinbarten, kein Material an Indien oder Pakistan zu liefern, das zur Herstellung von Kernwaffen oder Trägerraketen verwendet werden konnte. Pakistan äußerte sich befriedigt, Indien wies die Erklärung zurück und lehnte Vermittlungsversuche in der Kashmirfrage ab.

China hatte es immer abgelehnt, sein eigenes nukleares Arsenal in eventuelle Verhandlungen über eine Südasiatische Atomwaffenfreie Zone einzubringen, wohl wissend, dass Indien seinerseits eine Einbeziehung Pekings zur Vorbedingung für entsprechende Verhandlungen machte. Andererseits hatte die Volksrepublik Delhi vor dem Mai 1998 nie zu einem Beitritt zu einschlägigen internationalen Regimen gedrängt. Dagegen sprachen die eigene – enge – Interpretation des Völkerrechts und der Staatensouveränität sowie möglicherweise die eigene Verwicklung in das pakistanische Kernwaffenprogramm.

Als einziger Schönheitsfehler in den engen Beziehungen zwischen Peking und Islamabad erwiesen sich Pakistans ähnlich enge Beziehungen zu den Taliban in Afghanistan und deren Zusammenarbeit mit uighurisch-islamischen Separatisten in Chinas Nordwestregion Xinjiang. 1990 konfrontierte die chinesische Seite den damaligen pakistanischen Präsidenten mit der Erkenntnis, dass die dortigen Unabhängigkeitskämpfer unter anderem an Koranschulen in Pakistan ausgebildet worden waren. Es waren zunächst diese Verwicklungen, die Peking 1993 veranlassten, in der Kashmir-Frage eine neutrale Haltung zu beziehen, ohne dabei eine Vermittlerrolle anzustreben. Während der indisch-pakistanischen Kargil-Krise von 1999 verzichtete die Volksrepublik erstmals darauf, die indische Armee durch Drohgebärden an der Himalayagrenze zu binden. 2001 wurde das Xinjiang-Problem mit Islamabads Beitritt zur amerikanischen Antiterror-Allianz entschärft, und im Dezember unterstützte Präsident Musharraf Chinas Vorgehen in der „Autonomen Region" erstmals ausdrücklich (im März 2003 lieferte Pakistan einen uighurischen Unabhängigkeitskämpfer an die Volksrepublik aus). Gleichzeitig führten die Stationierung amerikanischer Truppen in Pakistan und die strategische Annäherung zwischen Washington und Delhi zu den erwähnten chinesischen Vermittlungsbemühungen in Kashmir, die ausdrücklich nicht auf

Kosten der traditionellen Freundschaft mit Islamabad gehen sollten. So soll Musharraf anlässlich eines Peking-Besuchs im Januar 2002 Zusicherungen hinsichtlich einer Unterstützung durch die Volksrepublik im Fall eines eskalierenden Konflikts mit Indien erhalten haben. Im März unterzeichneten China und Pakistan eine Absichtserklärung über ihre künftige militärische und rüstungswirtschaftliche Zusammenarbeit.

5.1.3 Der strategische Wettbewerb

Zu Besuch in Pakistan, kritisierte der chinesische Verteidigungsminister im Juli 1994 Indiens „irrationalen Versuch, eine Regionalmacht zu werden" und bekundete Betroffenheit über Delhis „hegemonistische Pläne" im Indischen Ozean. Ein Jahr zuvor hatte der Leiter der VBA-Logistikabteilung angekündigt, die chinesische Marine were künftig auch im Indischen Ozean Flagge zeigen, weil dieser nicht zu „Indiens Ozean" werden dürfe.

Peking reflektierte damit eine langjährige pakistanische Polemik über den indischen Hegemonialanspruch in Südasien, aber auch jüngere Überlegungen in Delhi, nach dem Wegfall des sowjetischen Partners und mangels weitreichender Annäherung an die USA eine eigene Einflusszone in einem „südlichen Asien" zu schaffen, das von der Malakka-Straße bis nach Zentralasien reichen sollte. Chinas eigenes Interesse galt seit dem Wegfall der sowjetischen Bedrohung zwar eher maritimen Regionen im Osten und Südosten, aber gleichzeitig überlappten die jeweiligen Ambitionen zunehmend in Südost- und Zentralasien, und die wachsende Abhängigkeit der Volksrepublik von Erdölimporten aus der Golfregion machte den Indischen Ozean für Peking zu einer wichtigen Transitroute.

In denselben Zusammenhang gehörten Chinas Bemühungen um intensive Beziehunge zu Indiens kleineren Nachbarn[1] und Partnern in der Südasiatischen Gemeinschaft für Regionale Zusammenarbeit (South Asian Association for Regional Cooperation, SAARC). Anfang der 90er Jahre wurde die Volksrepublik wichtigster Waffenlieferant Sri Lankas und Birmas; sie verfügte über politische und militärische Beziehungen zu Bangladesh und den Seychellen. Vor diesem Hintergrund wurden auch Konturen eines maritimen Wettrüstens erkennbar. 2004 kaufte Delhi einen russi-

---

1 Im Himalaya war Nepal seit Ende der 80er Jahre bemüht, seine Abhängigkeit von Indien durch eine intensivere wirtschaftliche Zusammenarbeit mit China zu mindern. Unterdessen suchte Bhutan Indiens Schutz gegen den nördlichen Nachbarn.

schen Flugzeugträger. Die VBA-Marine prüfte seit Anfang der 90er Jahre die Möglichkeit einer entsprechenden Eigenentwicklung. 1998 richtete Indien in der Andamanensee ein viertes Flottenkommando ein.

Bemühungen Delhis um engere sicherheitspolitische und rüstungswirtschaftliche Beziehungen zu Südostasien datiertn aus der ersten Hälfte der 90er Jahre. 1992 wurde Indien ein „sektoraler Dialogpartner" der Asean. 1996 entstand daraus eine volle Dialogpartnerschaft, einhergehend mit Mitgliedschaft im ARF. In den 90er Jahren veranstaltete die indische Marine wiederholt gemeinsame Manöver mit Singapur, Indonesien, Thailand und Malaysia. Im April 2000 vereinbarten die Verteidigungsminister Indiens und Vietnams eine enge militärische und rüstungswirtschaftliche Zusammenarbeit. Ende 2000 führte Delhi mit Hanoi im Südchinesischen Meer sowie mit Tokyo bzw. Seoul im Japanischen Meer gemeinsame Manöver durch. Mit Japan wurden hochrangige sicherheitspolitische Kontakte vereinbart. Seit Ende 2001 eskortierten indische Kriegsschiffe im Rahmen der Antiterror-Operation „Enduring Freedom" amerikanische Schiffe durch die Malakka-Straße.

Sollte sich die indisch-amerikanische Partnerschaft weiter konsolidieren, könnte sich aus solchen Ansätzen längerfristig wieder eine Rivalität zwischen den beiden größten Staaten im Fernen Osten entwickeln. Verglichen mit diesem Szenario beschränkt sich die Dreieckskooperation zwischen Peking, Delhi und Moskau auf Grundsatzfragen und wird bereits durch den Umstand behindert, dass Indien bisher auch solche russischen Waffensysteme bezieht, die der Volksrepublik weiterhin versagt bleiben. Gleichzeitig hat sich das konventionelle Kräftegleichgewicht im Himalaya seit den 80er Jahren zugunsten Indiens verschoben, und Peking verfügt derzeit weder über eine ausreichende Zahl an Mittelstreckenraketen noch über eine entsprechende Strategie, um der atomaren Herausforderung durch Delhi überzeugend zu begegnen.

In den 50er und 60er Jahren spekulierten westliche Autoren gerne darüber, ob Indien oder China die kommende fernöstliche Vormacht werden würde. Für ausländische Unternehmer scheint diese Frage mittlerweile entschieden. 2001 investierten sie fast 50 Milliarden US-Dollar in der Volksrepublik, aber nur 3,6 Milliarden in Indien. Verfügten beide Staaten noch Anfang der 90er Jahre über annähernd gleich starke Volkswirtschaften, so ist das chinesische BIP pro Kopf heute doppelt so groß wie das indische. Sogar auf dem Gebiet der Informations-Software, bei der Indien bisher führend ist, scheint die Volksrepublik zügig aufzuholen. All das, obwohl Delhi seit 1991 marktwirtschaftliche Reformen betreibt.

Während insbesondere chinesische Beobachter gern auf angebliche Zusammenhänge zwischen dem ausbleibenden wirtschaftlichen Erfolg und Indiens demokratischem System verweisen, ist nicht von der Hand zu weisen, dass die indische Demokratie das Riesenland nach dem Ende der Kolonialzeit zusammengehalten hat, während Chinas gesellschaftlichen Gruppen institutionelle Kanäle fehlen, um ihre Anliegen friedlich zu vertreten. Gerade weil die indische Volkswirtschaft langsamer wächst als die chinesische, könnten Staat und Gesellschaft jene Verwerfungen erspart bleiben, die sich seit geraumer Zeit in der Volksrepublik ankündigen.

Darüber hinaus gibt es empirische Hinweise dahingehend, dass Demokratien bei der Lösung ihrer bilateralen Konflikte Autokratien gegenüber eher zu Gewalt greifen als gegenüber anderen Demokratien. Delhi hat Chinas wachsende Macht und maritime Präsenz seit den frühen 90er Jahren als gegen sich selbst gerichtet verstanden und letztlich mit einer gewissen Zwangsläufigkeit die Nähe zu der anderen großen Demokratie in Nordamerika gesucht, die Indien heute jedenfalls rhetorisch als gleichberechtigten Partner behandelt. Die indischen und amerikanischen Interessen in Südostasien, Zentralasien und am Golf sind heute weitgehend deckungsgleich. Gerade deshalb wird China den „alten Freund" Pakistan nicht fallen lassen, was wiederum Vorbedingung für eine dauerhafte Partnerschaft an Delhi wäre.

Gleichzeitig bleibt eine Eskalation der indisch-chinesischen Spannungen auch im Falle entsprechender Entwicklungen zwischen Indien und Pakistan unwahrscheinlich. China wird im Himalaya wieder militärischen Druck ausüben, wenn es die eigenen Interessen diktieren, aber diesmal schwerlich zugunsten Islamabads. In diesem Zusammenhang könnten Entwicklungen in Tibet eine zunehmend wichtige Rolle spielen.

5.2 Westasien und Nordafrika

Chinas Interesse an Westasien konzentriert sich seit Mitte der 90er Jahre auf die Golfregion, auf die Anfang des 21. Jahrhunderts über 50 Prozent der chinesischen Ölimporte entfielen, Tendenz schnell zunehmend. Dabei verfügt die Volksrepublik über keinerlei Möglichkeit, die Ölquellen selbst oder die Schiffahrtswege zwischen dem Golf und Ostasien militärisch zu sichern. Sie ist in dieser Hinsicht abhängig von den USA, die gleichzeitig als strategischer Konkurrent gesehen werden. Pekings Reaktion auf dieses Dilemma bestand in Bemühungen um eine Diversifizierung der Importquellen sowie in verstärktem diplomatisch-wirtschaftlichen Werben um die Golfstaaten selbst.

Dieser neue Pragmatismus kontrastierte mit einem vornehmlich ideologischen Ansatz in den 60er und 70er Jahren, in dessen Zentrum zwangsläufig der Palästinakonflikt stand, dessen Wechselwirkungen mit dem Kalten Krieg Peking vor dem Hintergrund des sino-sowjetischen Konflikts schnell in die Defensive brachten. Diese Schattenkämpfe endeten mit der Ära Mao Zedong und der beginnenden Aufweichung des politischen Imperativs durch einen ökonomischen Imperativ.

5.2.1 Der Palästina-Komplex und Israel

Chinas Hinwendung zur PLO ab Ende der 60er Jahre war nicht zuletzt im Fehlschlag des Konzepts einer Einheitsfront mit staatlichen Partnern wie Ägypten, dem Irak und Syrien[2] begründet, die es sich mit der Sowjetunion nicht verderben wollten. Die Volksrepublik war der erste Staat, der Arafats Fatah-Guerilla mit Handfeuerwaffen ausrüstete. Als die Fatah im Sommer 1968 die Übernahme des existierenden PLO-Apparats vorbereitete, der bis dahin erfolglos und abhängig von arabischen Regierungen agiert hatte, fanden die entscheidenden Verhandlungen in der chinesischen Botschaft in Kairo statt. Beim offiziellen Zusammenschluss auf der vierten Sitzung des Palästinensischen Nationalrats im Juli 1968 war China als einziger nichtarabischer Staat mit einer Delegation zugegen und wurde für die gewährte Unterstützung gewürdigt. 1970 ermutigte die Volksrepublik die Palästinenser zum Aufstand gegen Jordanien.

Bis in die 70er Jahre sprach sich Peking gemeinsam mit der PLO gegen Friedenspläne der Supermächte und der Vereinten Nationen aus. Umso misstrauischer reagierte die Volksrepublik, als es 1969 zu einer Annäherung zwischen Yassir Arafat und Leonid Breschnjew kam, konnte Moskau doch die chinesischen Waffenlieferungen an die Palästinenser mit Hilfe Syriens und des Irak zu einem gewissen Grad kontrollieren. 1971 konfiszierte Syrien 200 Panzer, die Peking der PLO zugedacht hatte.

Mit Chinas Beitritt zu den Vereinten Nationen erhielten zwischenstaatliche Beziehungen und internationale Fragen mehr Gewicht in Pekings Außenpolitik. Die Volksrepublik begrüßte die Friedensinitiative des

---

2 Ägypten hatte 1955 als erster arabischer Staat diplomatische Beziehungen zu China aufgenommen. Gefolgt waren Syrien (1956), Marokko (1957), der Irak und die „Provisorische Regierung der Algerischen Republik" (1958) sowie der Sudan (1959).

ägyptischen Präsidenten Anwar al-Sadat (1970–1981), zumal dieser gleich nach Amtsantritt eine Abkühlung in den ägyptisch-sowjetischen Beziehungen herbeigeführt hatte. Bei Ausbruch des Yom Kippur-Krieges im Oktober 1973 sah sich Kairo allerdings genötigt, diesen Schritt zu überdenken, denn China verfügte über keine Möglichkeit, Moskaus massive Militärhilfen zu ersetzen. Nach Kriegsende begann die Volksrepublik damit, ihre rüstungswirtschaftlichen Beziehungen zu Kairo schrittweise auszubauen.

Zum Friedensschluss zwischen Ägypten und Israel äußerte sich Peking 1979 weder kritisch noch enthusiastisch. Die einseitig pro-israelische Haltung der USA verschärfte in China den Eindruck, dass die Sowjetunion im arabischen Lager an Boden gewann. Die Abkommen von Camp David stießen in der Volksrepublik auf milde Kritik, weil sie keine „umfassende Lösung der Probleme des Mittleren Ostens" bedeuteten.

Im Oktober 1981 besuchte Arafat Peking. China befürwortete mittlerweile eine politische Lösung für Palästina und verzeichnete Arafats Attacken auf den gerade ermordeten Sadat mit Unbehagen.

Ebenfalls vom Ende der 70er Jahre datiert die Herstellung von Handelsbeziehungen zu Jordanien, das in der Folgezeit gelegentlich als Mittler zwischen der Volksrepublik und der PLO auftrat und – spektakulärer und unter strenger Geheimhaltung – zu Israel.

Israel hatte China 1950 als erster mittelöstlicher Staat anerkannt und sich für seine Aufnahme in die Vereinten Nationen eingesetzt. Peking selbst hatte mit der Aufnahme von Beziehungen bis zur Suezkrise von 1956 gezögert und sich schließlich für Ägypten und die PLO entschieden.

Erste Berichte über chinesische Bemühungen um einen Zugang zu israelischer Technologie, insbesondere im Rüstungsbereich, stammen aus dem Jahr 1976. Amerikanische Beobachter schätzten das Gesamtvolumen der Technologietransfers zwischen 1976 und 1988 auf vier Milliarden US-Dollar. Im März 1978 verlautete aus Peking, eine Anerkennung Israels sei nicht ausgeschlossen, vorausgesetzt, man verhalte sich dort „weniger aggressiv". Gemeint waren die israelische Siedlungspolitik, die Intervention im südlichen Libanon und die Bombardierung eines irakischen Atomreaktors 1980.

1979 wurde bekannt, dass China und Israel die Lieferung israelischer Panzerwaffen und die Lizenzproduktion der See-See-Rakete *Gabriel* in der Volksrepublik vereinbart hatten. In diesem Zusammenhang hatte Israel Militärberater entsandt.

1982 unterzeichneten China und Israel ein Abkommen über ihre technische Zusammenarbeit. Seither wurden israelische Panzerwaffen und Radar anscheinend regelmäßig über Singapur geliefert.

1984 wurde von einem Rüstungsexportabkommen im Wert von mehr als drei Milliarden US-Dollar berichtet, auf dessen Grundlage unter anderem über den Verkauf von Kampfflugzeugen verhandelt wurde. Möglicherweise half Jerusalem auch bei der Entwicklung chinesischer Raketenlenksysteme, die später zurück in den Mittleren Osten gelangten. 1991 war Israel Chinas wichtigste Bezugsquelle für moderne Rüstungstechnologien.

Dass diese Technologien zum Teil amerikanischer Herkunft waren, war in den USA seit 1983 bekannt. Zu ersten öffentlichen Dissonanzen kam es allerdings erst zehn Jahre später, als Washingtons Geheimdienste von der Belieferung Chinas mit dem Raketenabwehrsystem *Patriot* oder Teilen dieses Systems durch Israel erfahren hatten und einen Zusammenhang zwischen dem von Israel mitentwickelten chinesischen Kampfbomber J-10 und dem von den USA kofinanzierten *Lavi*-Projekt konstruierten, das zwischenzeitlich eingestellt worden war. Das State Department sprach von „systematischen" unautorisierten Transfers. 1999 untersagte die Clinton-Administration Israel den Verkauf des luftgestützten Frühwarnsystems *Phalcon* an die Volksrepublik, das zwar keine amerikanische Technologie enthielt, aber aus amerikanischer Sicht zu einer Verschiebung des Kräftegleichgewichts in Nordostasien beitragen würde. 2003 stellte Jerusalem seine Rüstungsexporte nach China unter amerikanischem Druck vorübergehend ein.

Ende 1985 hatte Israel nach 16 Jahren wieder ein Generalkonsulat in Hongkong eröffnet und von dort aus die fünf Jahre später realisierte Einrichtung eines Verbindungsbüros in Peking betrieben. China hatte im Gegenzug ein „amtliches Reisebüro" in Tel Aviv eröffnet. 1987 und 1989 trafen sich die Außenminister beider Seiten in New York. Im November 1991 besuchte der israelische Verteidigungsminister unter Geheimhaltung Peking, im Dezember war der stellvertretende chinesische Außenminister in Jerusalem. Einen Monat später erfolgte die diplomatische Anerkennung. Im Oktober 1993 reiste der israelische Premierminister Yitzhak Rabin (1992–1995) in die Volksrepublik und begründete unter anderem offizielle Beziehungen zwischen den Streitkräften beider Seiten. 2002 erhielt Jerusalem die Zusage, dass China keinem Staat zum Besitz von Massenvernichtungswaffen verhelfen werde, der diese gegen Israel zum Einsatz bringen könnte.

Meinungsverschiedenheiten in Bezug auf das Palästinaproblem blieben bestehen, wo Peking seit den 80er Jahren eine internationale Lösung angemahnt hatte. Dabei galt die Maxime, nur dann selbst aktiv zu werden, wenn arabische Staaten zuvor die Initiative ergriffen hatten. Insofern entfiel ein Engagement für den Reagan-Plan von 1982, der eine Verknüpfung der Probleme Palästina und Jordanien vorsah.

1982 unterstütze der chinesische Außenminister Huang Hua vor der Vollversammlung der Vereinten Nationen den so genannten zweiten Fez-Plan Saudi-Arabiens, der im Gegensatz zum Reagan-Vorschlag eine aktive Rolle der PLO vorsah. China ignorierte eine gleichzeitig lancierte Breschnjew-Initiative. 1985 forderte Yassir Arafat in Peking mit chinesischer Zustimmung die Einberufung einer internationalen Palästinakonferenz im Rahmen der Weltorganisation. Diesmal war Moskau dagegen.

Im Herbst 1988 anerkannte die Volksrepublik China den neu proklamierten palästinensischen Staat. Als Ende 1991 tatsächlich eine internationale Palästina-Konferenz in Madrid eröffnet wurde, beanspruchte Peking für sich, die ausschlaggebende syrische Zustimmung erwirkt zu haben. China war allerdings das einzige Ständige Mitglied des Weltsicherheitsrats, dem die Teilnahme an der Konferenz zunächst verwehrt blieb. Israel hatte eine chinesische Mitwirkung von seiner vorherigen diplomatischen Anerkennung abhängig gemacht. Als diese erfolgt war, konnte die Volksrepublik an der zweiten Verhandlungsrunde im Frühjahr 1992 in Moskau teilnehmen.

China begrüßte das Gaza-Jericho-Abkommen vom September 1993 und sagte Arafat umgehend politische und wirtschaftliche Unterstützung zu. Zum einen hoffte man, die Beziehungen zu Israel nunmehr ohne ständige Rücksichtnahme auf arabische Befindlichkeiten ausbauen zu können, zum anderen war man besorgt über die Möglichkeit einer fundamentalistischen Gegenströmung mit Auswirkungen auf Xinjiang. Nichtsdestotrotz hielt sich die Volksrepublik mit eigenen Initiativen zurück, und erst unter dem Eindruck des 11. September 2001 bestellte Peking einen eigenen „Friedensbeauftragten" für den Mittleren Osten.

5.2.2 Der Persische Golf

Als die Organisation Erdölexportierender Staaten (Organisation of Petroleum-Exporting Countries, OPEC) 1971 eine deutliche Anhebung des Ölpreises verfügte, sah China darin einen „Triumph über den Großmacht-

Hegemonismus". Aus derselben Logik heraus begrüßte Peking die Ölkrise des Jahres 1973 und half den betroffene Staaten in Fernost mit eigenen Exporten aus.

China unterstützte die Volksrepublik (später: Demokratische Volksrepublik) Yemen ab 1967 moralisch in ihrem Kampf um das britische Aden, aber Pekings einziger Versuch eines Revolutions-Exports an den Golf bestand 1968 in Hilfen für die marxistisch geführte „Befreiungsfront von Dhofar" (Dhofar Liberation Front, DLF) im Sultanat Oman, die auch von Moskau gefördert wurde, aber wenig später in rivalisierende Fraktionen zerfiel. 1974 beendete die Volksrepublik die Zusammenarbeit im Interesse der Herstellung diplomatischer Beziehungen mit dem Iran, der Oman zu stabilisieren versuchte. China seinerseits betrachtete das Shah-Regime mittlerweile als Gegengewicht zum sowjetischen Expansionismus.

Schwerpunkte chinesischer Diplomatie am Golf waren seit Anfang der 70er Jahre der Iran und Kuwait, die als Lieferanten von Erdöl und Erdölprodukten sowie später auch von Fördertechnologie von Interesse waren. Hinzu kam ein politisches Moment: Großbritanniens Rückzug „östlich von Suez" hatte 1968 in chinesischer Sicht ein Vakuum hinterlassen, das Moskau sich auszufüllen anschickte. Deshalb hatte die Volksrepublik den Baghdad-Pakt unterstützt, und deshalb hatte man zu einer Interessenidentität mit Shah Reza Pahlevi (1941–1979) gefunden. 1971 nahmen Peking und Teheran diplomatische Beziehungen auf, die zunächst zu einer deutlichen Zunahme des bilateralen Handels führten. Ab 1974 kaufte China wegen eigener Engpässe iranisches Rohöl. 1975 entsandte Kuwait seinen ersten Botschafter nach Peking. 1977 unterzeichneten die Volksrepublik und das Emirat einen Handelsvertrag.

Das Verhältnis zum Irak hatte sich aufgrund des irakisch-sowjetischen Freundschaftsvertrags von 1972 zunächst schwierig gestaltet. Nach ersten Anzeichen für eine Verstimmung zwischen Baghdad und Moskau wurden 1975 diplomatische Beziehungen mit einer starken ökonomischen Komponente hergestellt. China engagierte sich seither insbesondere in irakischen Infrastrukturprojekten.

Spätestens 1978 stand Pekings Golfpolitik unter den Vorzeichen der eigenen wirtschaftlichen Modernisierung, wobei ideologische Grundsätze zunehmend pragmatischen Erwägungen wichen. Gleichzeitig machten unerwartete regionale Entwicklungen politische Anpassungmanöver erforderlich. So hatte KPCh-Chef Hua Guofeng noch im September 1978 den Iran auf Einladung des Shah besucht und dort unter anderem die Gründung eines Militärpakts der Anrainer des Persischen Golfs vorgeschlagen.

Vier Monate später bereitete der Imam Ruhollah Khomeiny in Teheran die Machtübernahme durch die schiitische Geistlichkeit vor, eine Entscheidung, auf die die chinesische Führung anfänglich verunsichert reagierte. Zunächst meldeten die Pekinger Presseorgane, die noch vom Shah eingesetzte Regierung Shapur Bakhtiar sei entschlossen, „dem Chaos und den zweifelhaften Elementen Widerstand zu leisten". Als Hauptverantwortlicher für die „Destabilisierungskampagne gegen den Shah" wurde der KGB identifiziert. Am 14. Februar 1979 gratulierte Hua Guofeng Mehdi Bazargan zur Übernahme der Regierungsgeschäfte, und nicht vor dem 26. Februar versuchte man es mit einer zaghaften Shah-Kritik. Später meldeten westliche Agenturen, Hua habe über einen pakistanischen Vermittler bei Khomeiny für seinen Besuch vom Vorjahr um Entschuldigung gebeten.

Das Khomeiny-Regime empfahl sich der Volksrepublik insbesondere durch seine Ablehnung sowjetischer Militärhilfen. Peking beteiligte sich nicht an den antiiranischen Sanktionen der USA und mahnte Washington in der Geiselfrage zur Zurückhaltung. Bei Ausbruch des iranisch-irakischen Krieges 1980 erklärte China seine Neutralität und bot sich später als Vermittler an.

Die Entwicklung im Iran hatte das Interesse der Volksrepublik an Kuwait noch verstärkt, zum einen wegen der selbstbewussten Haltung des Emirats gegenüber westlichen Ölkonzernen, zum anderen wegen wachsenden Interesses an kuwaitischen Petrodollars. Demgegenüber fielen Kuwaits traditionell gute Beziehungen zu Moskau und seine Waffenkäufe in der UdSSR kaum ins Gewicht. Seit Anfang der 80er Jahre waren mehrere Zehntausend chinesische Arbeiter in Infrastrukturprojekten des Emirats tätig.

Chinesische Arbeitskräfte wurden auch in den Irak exportiert, dessen Position im Krieg mit dem Iran sich mittlerweile verschlechtert hatte. Trotz seiner erklärten Neutralität lieferte Peking 100 Kampfflugzeuge und 200 Kampfpanzer über Ägypten, dann angeblich noch einmal 300 Kampfpanzer über Nordkorea. Nach amerikanischen Schätzungen erreichte das Volumen chinesischer Rüstungslieferungen an den Irak 1981–1985 fast drei Milliarden US-Dollar.

Mit dem Iran war man gleichzeitig über Waffenlieferungen im Wert von 1,6 Milliarden US-Dollar übereingekommen, darunter zwölf Kampfflugzeuge, 200 Kampfpanzer, Raketenwerfer, Boden-Luft-Raketen und Artillerie. Kurz darauf wurde von Verträgen über den Verkauf von Kurzstreckenraketen der sowjetischen Baureihen *Scud* I-A und I-B berichtet.

Peking dementierte solche Meldungen, aber 1987 wurde eine Variante der chinesischen *Silkworm*-Rakete geliefert und in der Nähe der Straße von Hormuz stationiert. Im Oktober traf ein solches Geschoss einen kuwaitischen Tanker, der von amerikanischen Kriegsschiffen durch den Golf eskortiert wurde. Das Gesamtvolumen chinesischer Rüstungslieferungen an den Iran soll während des Krieges 3,1 Milliarden US-Dollar betragen haben, womit gewissermaßen Parität zum Irak hergestellt war.

Deutlicher war Chinas kommerzielles Motiv kaum zu belegen. Peking ging es um Devisen, und als die iranischen Reserven aufgezehrt waren, akzeptierte man auch Rohöl. Erst als die Auslieferung von Waffen ab Sommer 1987 durch amerikanische Konvois im Golf erschwert wurde und die Reagan-Administration weitere Technologietransfers an die Volksrepublik ausdrücklich von der Einstellung solcher Geschäfte abhängig machte, erhielt die zivile Komponente des Handels wieder größere Bedeutung. Waffenlieferungen erfolgten jedoch – wenngleich auf niedrigerem Niveau – weiterhin, nahmen aber nun schwer nachzuvollziehende Umwege über Nordkorea, Pakistan, Ägypten und Jordanien sowie möglicherweise Syrien und Libyen.

Zu den vorübergehend Irritierten zählte Saudi-Arabien. Das Königreich unterhielt in den 80er Jahren als letzter mittelöstlicher Staat Beziehungen zu Taiwan, was es jedoch nicht hinderte, seine inoffiziellen Beziehungen zu Peking zügig auszubauen. 1977–1982 trafen sich saudische und chinesische Interessen hinsichtlich der Abwehr sowjetischer Subversion auf der arabischen Halbinsel und am Horn von Afrika. Gleichzeitig waren beide Seiten besorgt über unzureichende Reaktionen seitens der USA.

Ab 1982 war Saudi-Arabien der wichtigste Markt für chinesische Konsumgüter am Golf. Fünf Jahre später begann Riyadh damit, zu Re-Exportzwecken in Chinas arbeitsintensiven Industrien zu investieren.

Im März 1988 wurde die Lieferung von 15 chinesischen Langstreckenraketen nach Saudi-Arabien bekannt. Ein Jahr zuvor hatten sich westliche Staaten auf das MTCR (Trägertechnologie-Kontrollregime [Missile Technology Control Regime]) verständigt, das den Export ballistischer Raketen mit Reichweiten über 300 Kilometer und Sprengladungen über 500 Kilogramm untersagte.

Ab 1984 entwickelte China die so genannte „M-Serie" von Kurzstreckenraketen für den Export. Die Reichweite der M-9 lag bei 600 Kilometern und damit oberhalb der im MTCR festgelegten Grenze. Die M-11 fiel mit Reichweiten von etwa 300 Kilometern und einer Sprengladung von bis zu 800 Kilogramm in die Grauzone. Syrien sicherte sich bereits

1988 ein Vorkaufsrecht auf die M-9. Einige Quellen behaupten, die gesamte M-Serie sei von Pakistan, Syrien und dem Iran finanziert worden.

Nach dem Massaker auf dem Platz des Himmlischen Friedens beteiligte sich kein Regionalstaat an gegen China gerichteten Sanktionen. Im Gegenteil, 1990 verabschiedete sich Saudi-Arabien von Taipei und nahm diplomatische Beziehungen zur Volksrepublik auf.

Saddam Husseins Einmarsch in Kuwait im August 1990 konfrontierte Peking mit einer Kombination aus Chancen und Dilemmata. China verurteilte die Invasion und verlangte den sofortigen irakischen Rückzug. Als ständiges Sicherheitsratsmitglied hatte die Volksrepublik über Sanktionen und eine amerikanisch geführte Gegenoffensive mitzuentscheiden. Da sich die Mehrzahl der arabischen Staaten und der Iran schnell gegen Baghdad entschieden, bestand kaum Gefahr, sich bei wichtigen Partnern in der Region unbeliebt zu machen. China fiel die Zustimmung zu einem Wirtschaftsembargo daher leicht, zumal es Zeit für diplomatische Initiativen zu schaffen schien.

Zwei Wochen vor Beginn der Operation „Desert Storm" scheiterte der chinesische Außenminister in Baghdad bei dem Versuch, Saddam Hussein zum Rückzug aus Kuwait zu bewegen. Mit Enthaltung bei der Abstimmung zur Sicherheitsratsresolution vom 29. November 1990, die den alliierten Angriff ermöglichte, durchbrach Peking seine Nach-Tiananmen-Isolation: Präsident Bush sah sich genötigt, den chinesischen Außenminister trotz eines bestehenden Kontaktverbots in Washington zu empfangen und ein Ende der amerikanischen Blockade von Weltbankkrediten an die Volksrepublik anzukündigen.

Nach Beginn von „Desert Storm" war die Volksrepublik kaum noch in der Lage, Einfluss auf den weiteren Verlauf zu nehmen. Jordanische Diplomaten und Yassir Arafat versuchten vergeblich, Peking zu Gegenmaßnahmen zu bewegen; Saudis und Kuwaitis démarchierten mit entgegengesetztem Ziel. Die chinesische Presse appellierte an die Kriegsparteien, eine Eskalation zu verhindern. Vorübergehend kam es sogar zu sino-sowjetischen Beratungen über eine gemeinsame diplomatische Initiative.

China glaubte nicht an einen schnellen amerikanischen Sieg und war überzeugt, dass der Krieg allein aus der Luft nicht zu gewinnen war und dass sich die USA schließlich aufgrund innenpolitischen Drucks zurückziehen würden. Der tatsächliche Kriegsverlauf hatte entscheidende Auswirkungen auf Pekings eigene Militärdoktrin, vor allem aber auf die Beurteilung der globalen Kräftekonstellation. Die chinesische Führung verstand den Konflikt als „Kampf zwischen globalen und regionalen Hegemonismen" und unterstellte den USA Ambitionen auf Weltherrschaft. Man war davon überzeugt, dass Washington nach dem Sieg auch mehr Druck auf die Volksrepublik ausüben werde.

Nach Kriegsende stand die Wiederbelebung der Wirtschaftsbeziehungen ganz oben auf der chinesischen Agenda. Der Emir von Kuwait besuchte Peking und vereinbarte eine Mitwirkung der Volksrepublik am Wiederaufbau seiner Raffinerien. Die Vereinigten Arabischen Emirate und Saudi-Arabien wurden zu den wichtigsten Abnehmern von chinesischen Fertig- und Halbfertigwaren. Im Iran wollte China nach dem Ausfall westlicher Firmen beim Bau von Atomreaktoren einspringen, ein Projekt, das 1998 an amerikanischem Einspruch scheiterte. Insgesamt verdoppelten sich die chinesischen Exporte in den Mittleren Osten binnen zweier Jahre, und der Handel mit der Region erreichte 1992 ein Volumen von 2,3 Milliarden US-Dollar. Ein wachsender Anteil dieses Handels entfiel auf Pekings Erdölimporte, wobei der Iran zum wichtigsten Lieferanten wurde.

Trotz insgesamt rückläufiger Waffenexporte blieb der Golf auch nach Kriegsende wichtigster Markt für Rüstungsgüter aus der Volksrepublik China. Hauptabnahmer war weiterhin der Iran, der Panzer und Raketen bezog, Hilfe bei der Produktion von Ersatzteilen für Kampfflugzeuge erhielt und im Rahmen eines Dreiecksgeschäfts mit Peking und Islamabad Kampfpanzer herstellte.

Dieser Rüstungshandel verschärfte die seit 1989 im amerikanischen Kongress vorherrschende antichinesische Grundstimmung. Als Inspektoren der Vereinten Nationen im Sommer 1991 feststellten, dass Peking an Saddam Husseins Atomwaffenprogramm beteiligt gewesen war und wenig später Spekulationen über eine diesbezügliche sino-iranische Zusammenarbeit angestellt wurden, erklärte China erstmals seine Bereitschaft, dem Atomwaffensperrvertrag beizutreten. Für den Mittleren Osten verlangte die Volksrepublik die Einrichtung einer ABC-waffenfreien Zone. Anfang 1991 stellte Peking eine „Beachtung" des MTCR in Aussicht, um sich den Zugriff auf amerikanische Spitzentechnologien zu sichern.

Im August 1993 erzwangen amerikanische Kriegsschiffe die Inspektion eines chinesischen Frachters, der nach CIA-Berichten für den Iran bestimmte Senf- und Nervengas-Komponenten transportierte. Die Inspektion durch ein saudi-chinesisches Team in Dubai bestätigte diesen Verdacht nicht.

Im Oktober 1991 hatten sich die fünf Ständigen Mitglieder des Weltsicherheitsrats verständigt, bei der Lieferung konventioneller Rüstungsgüter in Staaten des Mittleren Ostens Zurückhaltung zu üben. Anlässlich einer Überprüfung dieser Absprache im Mai 1992 lehnte China es zunächst ab, noch anstehende Waffenlieferungen in die Region publik zu machen und verlangte eine Begrenzung westlicher Exporte.

Die Volksrepublik sah sich durch die anderen vier Sicherheitsratsmitglieder übervorteilt, die ein Vielfaches der chinesischen Exporte in den Mittleren Osten lieferten. Über solche konkreten Erschwernisse hinaus schien das Ergebnis des Ersten Golfkrieges den von Peking befürchteten Zusammenbruch der Ordnung von Yalta zu bestätigen. Die von Bush nach dem Sieg über Saddam skizzierte Vision einer Neuen Weltordnung trug aus chinesischer Sicht bedrohlich unipolare Züge. Dem setzte man ein eigenes multipolares Modell entgegen, das die Grundsätze Souveränität und Nichteinmischung hervorhob und eine wichtigere Rolle für die Vereinten Nationen vorsah. Solche Vorstellungen prädestinierten für eine „strategische Partnerschaft" mit China in Westasien insbesondere den Iran, der seit Khomeinys Machtergreifung von den USA geschnitten wurde. Erstmals im Dezember 1992 diskutierten Vertreter beider Seiten in Teheran die Gründung einer „Organisation asiatischer Staaten" zur gemeinsamen Analyse und Abwehr westlicher Einmischungsversuche. Als weitere Partner wurden Pakistan, Indien und die zentralasiatischen Republiken in Aussicht genommen. 1993 vereinbarte der Kommandeur des Gardekorps der Islamischen Republik einen verteidigungspolitischen „Erfahrungsaustausch" mit Peking und Pjöngjang, um einer „abenteuerlichen Politik" der Weltmächte vorzubeugen. Im März 1994 trafen sich die Außenminister Chinas, des Iran und Indiens in Teheran und diskutierten über ein gemeinsames Vorgehen gegen amerikanischen „Hegemonismus" und über „Einmischungsversuche" in Menschenrechtsfragen.

Während Pekings wirtschaftliche Abhängigkeit von den USA und mangelnde militärische Potenz weitreichende Folgerungen verhinderten (1997 verzichtete Jiang Zemin während seines Washington-Besuchs auf die Lieferung von Marschflugkörpern an den Iran), sprachen auch kulturelle Unvereinbarkeiten mit vielen Regionalstaaten gegen die Herstellung allianzähnlicher Beziehungen. So konstatierte das Institut des Chinesischen Volkes für Auswärtige Angelegenheiten 1994 die Existenz einer „islamistischen Halbmondzone" von Zentralasien über Westasien bis Nordafrika, für deren Entstehen Demokratisierungsinitiativen des Westens und die arabisch-israelischen Friedensverhandlungen verantwortlich gemacht wurden. Negative Auswirkungen wurden nicht nur für das „strategische Ziel" der USA im Mittleren Osten, sondern auch für die ökonomische und sicherheitspolitische Stabilität der Region (und implizit für Chinas Westgrenze) hervorgesagt. Pekings Konsequenz bestand in dem Versuch, säkular orientierte Regionalstaaten durch wirtschaftliche und politische Initiativen zu stärken, so Ägypten, mit dem 1999 ein „Protokoll über die strategische Kooperation" unterzeichnet wurde, und Irak, wo sich China nach Kriegsende gegen die Einrichtung von Flugverbotszonen und für eine Aufhebung des Wirtschaftsembargos einsetzte (2001 beschuldigte die Bush-Administration die Volksrepublik, das Embargo mit dem Export militärisch nutzbarer Glasfaserkabel durchbrochen zu haben). In dieser Hinsicht fielen die Beziehungen zu Teheran aus dem Rahmen, weshalb die saudische Regierung die Frage chinesischer Rüstungsexporte an den Iran 1999 während eines Jiang Zemin-Besuchs in Riyadh ansprach. Während Pekings Haltung zum Iran nach dem 11. September 2001 vorübergehend etwas distanzierter erschien, wurde das säkulare Saddam-Regime von der Volksrepublik im Vergleich mit einer Mullah-Republik als kleineres Übel angesehen. Ab Ende 2002 engagierte sich Peking gemeinsam mit Frankreich und Russland für eine friedliche Lösung des neuen Konflikts, bis der britisch-amerikanische Einmarsch die diesbezüglichen Hoffnungen zunichte machte. Seither nahm der chinesische Einfluss in jenen Regionalstaaten weiter zu, die sich irritiert über die Interventionspolitik der USA geäußert hatten. Bereits Ende 2001 hatte China verlauten lassen, dass es den Terrorismus nicht mit einer bestimmten Religion identifizierte und eine engere Antiterror-Zusammenarbeit mit islamischen Staaten anstrebe.

Weiterführende Literatur

Südasien:
Heinrich Kreft, Indien und China zwischen Rivalität und Gegnerschaft. Die indischen Atomtests und die Folgen für das indisch-chinesische Verhältnis, in: Werner Draguhn (Hrsg.), *Indien 1999: Politik, Wirtschaft, Gesellschaft.* Hamburg, Institut für Asienkunde, 1999.
Richard Hu Weixing, India's Nuclear Bomb and Future Sino-Indian Relations, in: *East Asia* (Piscataway NJ), Vol. 17, No. 1 (Spring 1999), S. 40–68.
Oskar Weggel, „Treuloses China"? Pakistans Enttäuschung über Beijings ausgebliebene Unterstützung im Kaschmir-Konflikt, in: *China aktuell*, Bd. 28, Nr. 6 (Juni 1999), S. 591–595.
Maqsud-ul-Hasan Nuri, China and South Asia in the 21st Century, in: Regional Studies (Islamabad), Vol. 17, No. 4 (Autumn 1999), S. 3–30.
Kanti Bajpai (Hrsg.), *The Peacock and the Dragon. India-China Relations in the 21st Century.* New Delhi: Har Anand Publications, 2000.

C.V. Ranganathan/Vinod C. Khanna, *India and China. The Way Ahead after „Mao's India War"*. New Delhi: Har-Anand Publishers, 2000.

Swaran Singh, Sino-South Asian Ties. Problems and Prospects, in: *Strategic Analysis* (New Delhi), Vol. 24, No. 1 (April 2000), S. 31–50.

Erich Weede, Wachsende Rivalitäten. China und Indien auf dem Vormarsch zur Weltmacht, in: Internationale Politik (Bonn), Bd. 55, Nr. 7 (Juli 2000), S. 39–45.

Mohammed Ehsan Ahrari, China, Pakistan, and the „Taliban Syndrome", in: *Asian Survey*, Vol. 40, No. 4 (July/August 2000), S. 658–671.

John W. Garver, *Protracted Contest. Sino-Indian Rivalry in the Twentieth Century*. Seattle/ Wash.: University of Washington Press, 2001.

Waheguru Pal Singh Sidhu/Yuan Jing-dong, Resolving the Sino-Indian Border Dispute. Building Confidence through Cooperative Monitoring, in: *Asian Survey*, Vol. 41, No. 2 (March/April 2001), S. 351–376.

Damon Bristow, Triebfeder für die regionale Sicherheit. Das Verhältnis zwischen Indien, China und Pakistan, in: *Internationale Politik*, Bd. 56, Nr. 4 (April 2001), S. 53–58.

Du Youkang, South Asian Security and Its Impact on China, in: *China Report* (New Delhi), Vol. 37, No. 2 (April/June 2001), S. 141–163.

Fazal-ur Rahman, Pakistan-China Relations in a Changing Geo-Strategic Environment, in: *Strategic Studies* (Islamabad), Vol. 22, No. 2 (Summer 2002), S. 37–61.

Devin T. Hagerty, China and Pakistan. Strains in the Relationship, in: *Current History* (Philadelphia), Vol. 101, No. 656 (September 2002), S. 284–289.

John W. Garver, Asymmetrical Indian and Chinese Threat Perceptions, in: *The Journal of Strategic Studies* (London), Vol. 25, No. 4 (December 2002), S. 109–134.

Waheguru Pal Singh Sidu/Yuan Jing-dong, *China and India. Cooperation or Conflict?* Boulder CO: Lynne Rienner, 2003.

Maqbool Ahmad Bhatty, China and South Asia, in: *Strategic Studies* (Islamabad), Vol. 23, No. 1 (Spring 2003), S. 90–122.

Neville Maxwell, Forty Years of Folly. What Caused the Sino-Indian Border War and Why the Dispute is Unresolved, in: *Critical Asian Studies* (Cedar/Mich.), Vol. 35, No. 1 (March 2003), S. 99–112.

Westasien/Nordafrika:

John Calabrese, China and the Persian Gulf: Energy and Security, in: *The Middle East Journal* (Washington DC), Vol. 52, No. 3 (Summer 1998), S. 351–366.

Zhang Xiaodong, China's Interest in the Middle East. Present and Future, in: Middle East Policy (Washington DC), Vol. 6, No. 3 (February 1999), S. 150–159.

Barry Rubin, China's Middle East Strategy, in: *Middle East Review of International Affairs* (Ramat-Gan), Vol. 3, No. 1 (March 1999), S. 34–42.

Sigrid Faath, Nordafrika/Nahost und die VR China. Pragmatische Beziehungen auf Erfolgskurs, in: *Nahost-Jahrbuch 2001*. Opladen: Leske und Budrich, 2002.

Mohamed Bin-Huwaidin, *China's Relations with Arabia and the Gulf 1949–1999*. Lodon: Routledge Curzon 2002.

Hanspeter Mattes, Die Kooperationsinteressen der Staaten Nordafrikas, des Nahen und Mittleren Ostens gegenüber der VR China, in: Sigrid Faath (Hrsg.), *Neue geopolitische Konstellationen im Nahen Osten nach dem 11. September 2001*. Hamburg: Deutsches Orient-Institut, 2003.

Günter Schucher/Pia Kleis, Die VR China, die Golfregion und das Erdöl, in: *China aktuell*, Bd. 32, Nr. 2 (Februar 2003), S. 217–224.

6. Europa

Wenn die Volksrepublik China, die Europäische Union und deren wichtigste Mitgliedstaaten einander heute vielfach als „strategische Partner" behandeln, dann als Reflex auf partiell überlappende multipolare Visionen, die allerdings derzeit weder in den internationalen Rahmenbedingungen noch in den jeweiligen außen- und sicherheitspolitischen Instrumenten eine hinreichende Basis für gemeinsames Handeln finden. Jenseits von offizieller Rhetorik beschränkt sich die Partnerschaft folglich im Wesentlichen auf ein europäisches Interesse am chinesischen Markt und ein chinesisches Interesse an europäischem Kapital und europäischer Technologie. Das war nicht immer so. In den 50er Jahren pflegte die Volksrepublik intensive Beziehungen zu allen Warschauer Pakt-Staaten, und zwischen 1972 und 1989 war sie bemüht, neben den USA auch Westeuropa gegen den sowjetischen „Hegemonismus" in Stellung zu bringen. Seither wurden chinesische Erwartungen an den Aufstieg Europas zum eigenständigen internationalen Akteur genauso enttäuscht wie europäische Hoffnungen auf eine umfassende Einbindung der Volksrepublik in internationale Regime.

6.1 Osteuropa

In den 70er Jahren war Chinas Verhältnis zu den osteuropäischen Staaten von zwei tendenziell gegenläufigen Wahrnehmungen geprägt: Zum einen verstand man die westeuropäischen Entspannungsangebote an die UdSSR und ihre osteuropäischen Verbündeten als Schwächung der weltweiten antisowjetischen Front. Zum anderen konstatierte man in den osteuropäischen Staaten und Gesellschaften ein unterschiedlich ausgeprägtes Bedürfnis, sich vom sowjetischen „Kolonialismus" zu emanzipieren und war deshalb an wirtschaftlichen und politischen Kontakten interessiert. So begrüßte die Volksrepublik 1980 die Gründung der unabhängigen polnischen Gewerkschaft „Solidarität" und warnte die Sowjetunion vor einer bewaffneten Intervention in Polen, aber schon wenig später distanzierte man sich von der polnischen Opposition und solidarisierte sich mit Staat und Partei (1986 nahm sich Deng Xiaoping den unblutigen Staatsstreich des Generals Wojciech Jaruzelski von 1981 in einem internen Dokument gar zum Vorbild). Mitte der 80er Jahre trat die entspannungskritische Position im Rahmen von Pekings neuer „unabhängiger" Politik gegenüber den Supermächten in den Hintergrund. China vollzog zu diesem Zeitpunkt eine Annäherung an die reformkommunistischen Staaten Osteuropas, die auch den eigenen Öffnungsprozess befördern sollte. Nachdem man Jugoslawiens Föderalismus und Arbeiterselbstverwaltung als Modell verworfen hatte, orientierte sich die Volksrepublik dabei zunehmend am ungarischen Modell.

Gleichzeitig nahm Chinas Handel mit den industrialisierten osteuropäischen Staaten vorübergehend zu, bis Finanzierungsprobleme auf beiden Seiten und Pekings Hinwendung zum Westen seine Grenzen aufzeigten. Ähnliche Grenzen ergaben sich bald für die politische Vermittlerrolle, die die Volksrepublik der Region nach Beginn der Reformen Michail Gorbatschows in Europa zugedacht hatte.

Zu Ende des Jahrzehnts erlosch Chinas Enthusiasmus für die osteuropäischen Reformstaaten. Verantwortlich waren innenpolitische Entwicklungen in der Volksrepublik. So war Osteuropa im Juni 1989 in konservative Regime gespalten, die das Massaker auf dem Platz des Himmlischen Friedens begrüßten und in solche, die das Blutbad offen kritisierten. Sechs Monate später wurde die Hinrichtung des langjährigen chinesischen Partners Nicolae Ceaucescu (1965–1989) in Peking als Menetekel gedeutet.

Anfang der 90er Jahre brach Chinas Handel mit Osteuropa nach der Umstellung auf Devisen ein, bevor auch die dortigen Staaten den chinesischen Markt nach dem Wegfall des sowjetischen Markts für sich zu entdecken begannen. Gleichzeitig etablierten die neuen Demokratien inoffizielle Beziehungen zu Taiwan, das diese Entwicklung durch großzügige Wirtschaftshilfen beförderte.[1]

Peking befürwortete den EU-Beitritt der osteuropäischen Staaten, wandte sich aber aus Rücksicht auf den „strategischen Partner" Moskau, sowie aus generellen Erwägungen gegen deren Nato-Mitgliedschaft. 1995 kritisierte die Volksrepublik die Luftangriffe der Nato in Bosnien, aller-

---

1 Der einzige osteuropäische Staat, der diplomatische Beziehungen zu Taiwan aufnahm, war im Januar 1999 Makedonien. Skopje brach die Beziehungen 2001 wieder ab, nachdem China die Verlängerung der VN-Mission in Makedonien durch Veto im Weltsicherheitsrat über mehrere Monate blockiert hatte.

dings auf einem niedrigeren propagandistischen Niveau als Russland. Nach Abschluss der Dayton-Abkommen im Dezember 1995 ermöglichte China die Intervention der Allianz durch Enthaltung im Weltsicherheitsrat. Bei Ausbruch des Kosovo-Konflikts Anfang 1998 erklärte Peking den Disput zur „internen Angelegenheit Jugoslawiens", bezeichnete die Kosovo-Albaner als „Separatisten und Terroristen" und wandte sich gegen eine Befassung des Sicherheitsrats. Im März 1999 protestierte die Volksrepublik gegen die Luftangriffe der Nato ohne VN-Mandat. Chinas Medien berichteten von Antikriegsdemonstrationen in Westeuropa und sagten einen lang währenden Guerillakrieg voraus. Einige Quellen ergingen sich darüber hinaus in Andeutungen, die Volksrepublik selbst könne eines Tages das Opfer einer ähnlichen „Aggression" werden.

6.2 Westeuropa

Westeuropa hatte die Volksrepublik China in den 70er Jahren im Gefolge der USA entdeckt, aber die strategischen Interessen der westeuropäischen Staaten konzentrierten sich auf den eigenen Kontinent und die UdSSR, der man Entspannung angeboten hatte. Gleichzeitig erschien der chinesische Markt in den 70er Jahren weniger attraktiv als der taiwanesische. In dem Maße, in dem sich diese Situation in den folgenden Jahren änderte, war man bereit, der Volksrepublik etwa in der Taiwanfrage symbolische Zugeständnisse zu machen, die Peking seinerseits im konkreten Fall einzulösen entschlossen war. 1981 zog China seinen Botschafter aus den Niederlanden ab, die der Inselrepublik zwei U-Boote geliefert hatten. 1992 musste Frankreich sein Generalkonsulat in Kanton schließen und Nachteile auf dem chinesischen Markt in Kauf nehmen, nachdem man Taipei sechs Fregatten und 60 Kampfbomber verkauft hatte. 1993 entschied sich Deutschland gegen U-Bootlieferungen an Taiwan und durfte dafür die U-Bahn in Kanton bauen, wo die französischen Mitbewerber ausgefallen waren. Nachdem Peking die Kappung der rüstungswirtschaftlichen Beziehungen zwischen der Republik China und den westeuropäischen Staaten durchgesetzt hatte, begann die Volksrepublik damit, dieselbe Methode auf das Menschenrechtsproblem anzuwenden. Anfang des 21. Jahrhunderts machten sich mehrere europäische Regierungen jene multipolare Vision zu eigen, die Peking selbst angesichts der internationalen Realitäten vorerst beerdigt hatte.

6.2.1 Großbritannien

Anfang der 70er Jahre war London Chinas wichtigster Ansprechpartner in Westeuropa, weil die konservative Regierung unter Edward Heath (1970–1974) Vorbehalte gegenüber der von Bonn und Paris betriebenen Ost-West-Entspannung hatte, Großbritannien in die EG geführt hatte und bereit war, die Volksrepublik insbesondere im Bereich der zivilen Luftfahrt mit fortschrittlichen Technologien zu beliefern. Die folgenden Labour-Regierungen waren entspannungsfreundlich und EG-kritisch, genehmigten aber 1975 die Lieferung von 50 militärisch nutzbaren Flugzeugmotoren unter Umgehung des transatlantischen Cocom-Exportkontrollregimes.

Ab Anfang der 80er Jahre waren die britisch-chinesischen Beziehungen von der Hongkong-Frage überschattet. London hatte dieses Thema selbst in Peking anhängig gemacht, wohl in der Hoffnung, dass China weiterhin vor einer Übernahme zurückscheuen würde. Aber Premierministerin Margaret Thatcher (1979–1990) stieß in dieser Hinsicht anlässlich eines Chinabesuchs im September 1982 auf taube Ohren. Peking akzeptierte eine Serie von „Konsultationen", ließ jedoch seine Entschlossenheit außer Zweifel, mit Ablauf des Pachtvertrages für die so genannten „New Territories" 1997 die volle Souveränität zu beanspruchen. Nach zweijährigen Geheimverhandlungen wurde im September 1984 ein Übergabevertrag paraphiert. Demnach sollte Hongkong als Sonderverwaltungsregion (Special Administrative Region, SAR) unter unmittelbarer Aufsicht Pekings, abgesehen von Verteidigung und Auswärtigen Angelegenheiten, ein „hohes Maß an Autonomie" genießen. Dabei sollten das „gegenwärtige" Wirtschafts- und Sozialsystem sowie der „Lebensstil" der Kolonie für 50 Jahre unverändert bleiben. Damit meinte die Volksrepublik nicht zuletzt die lediglich beratende Funktion des Hongkonger Legislativrats (Legislative Council, Legco) und den generell apolitischen Charakter der Stadt. Ein 1990 vom Pekinger NVK verabschiedetes „Grundgesetz" für die SAR versuchte, dieser Vorgabe durch die Verankerung eines vornehmlich indirekten Wahlrechts zu entsprechen.

Im Juni 1989 kam es in Folge des Tiananmen-Massakers in Hongkong zu Demonstrationen, an denen etwa eine Million Bürger teilnahmen. London bemühte sich, das verloren gegangene Vertrauen durch eine Ausreiseregelung für politisch exponierte Bürger und den Bau eines neuen Flughafens wiederherzustellen. China sicherte sich sowohl bei diesem Projekt als auch in anderen Fragen Mitspracherechte und erreichte, dass der britische Premierminister John Major (1990–1997) zur Unterzeichnung einer diesbezüglichen Gemeinsamen Erklärung im September 1991 als erster westlicher Regierungschef nach Tiananmen Peking besuchte.

Im April 1992 ernannte Major seinen Freund Chris Patten zum letzten Gouverneur der Kronkolonie. Anders als seine Vorgänger war Patten Berufspolitiker und ein ehemaliger Vorsitzender der Konservativen Partei. Im Oktober kündigte er eine weitreichende Demokratisierung des Hongkonger Wahlsystems an und provozierte so eine jahrelange Schlammschlacht mit Peking. 1995 verfehlten demokratische Gruppierungen nur knapp die absolute Mehrheit der Legco-Mandate.

Die Regierung in London war fortan bemüht, den Konflikt zu entschärfen. So akzeptierte sie den chinesischen Wunsch, die Einrichtung eines Obersten Berufungsgerichts auf die Zeit nach der Übergabe der Kolonie zu verschieben und die Zahl ausländischer Richter in dieser Instanz zu begrenzen.

Nach der Übergabe am 1. Juli 1997 machte die Volksrepublik Pattens Reformen rückgängig und löste zunächst den Legco auf. Die neue britische Regierung unter Tony Blair (1997–) war entschlossen, die Hongkong-Kontroverse im Interesse der Wirtschaftsbeziehungen zu beenden und vereinbarte 1998 die Aufnahme regelmäßiger politischer und militärischer Dialoge. Großbritannien wurde seither zu Chinas zweitwichtigstem europäischen Handelspartner und zur wichtigsten europäischen Quelle für Direktinvestitionen in der Volksrepublik. Dass sich London allerdings auch weiterhin für seine ehemalige Kolonie verantwortlich fühlte, wurde im Juni 2003 deutlich, als das britische Außenministerium nach Massendemonstrationen in der SAR, wie schon zuvor die USA, den Entwurf für ein Hongkonger Sicherheitsgesetz kritisierte, mit dem gegen die Zentralregierung gerichtete „subversive Aktivitäten" unter Strafe gestellt werden sollten (der Entwurf wurde später bis auf weiteres zurückgezogen).

6.2.2 Deutschland

1973 befürwortete China die Mitgliedschaft beider deutscher Staaten in den Vereinten Nationen und eine spätere vertragliche Wiedervereinigung, ein Thema, das zu dieser Zeit nicht auf der politischen Agenda der Bundesrepublik Deutschland stand. Im Gegenteil, sowohl die sozialliberale Koalition unter Helmut Schmidt (1974–1982) als auch die erste christlich-liberale Koalition unter Helmut Kohl (1982–1998) waren darauf bedacht, Moskau nicht durch den Eindruck einer „strategischen" Annäherung an Peking zu irritieren. Kohl war allerdings an einem Ausbau der Wirtschaftsbeziehungen interessiert und versuchte, diese durch die Gewährung von Krediten zu fördern.

Zu dieser Zeit hatten sich die Beziehungen zwischen China und der DDR deutlich verbessert, und beide Seiten teilten Vorbehalte hinsichtlich der Bonner Ostpolitik. Peking und Ostberlin verfolgten die Reformen Michail Gorbatschows mit dem gleichen Misstrauen, und fünf Monate nach dem Tiananmen-Massaker gratulierte der stellvertretende DDR-Staatsratsvorsitzende Egon Krenz der chinesischen Führung bei einem China-Besuch zu ihrem „Festhalten am sozialistischen Weg". Der Fall der Berliner Mauer im November 1989 überraschte die Volksrepublik genauso wie den Rest der Welt, und offizielle Reaktionen schwankten zwischen Sorge vor einer Wiedervereinigung und Kritik an der Nato und am Warschauer Pakt, die angeblich versuchten, diese Wiedervereinigung zu verhindern. Nach Herstellung der deutschen Währungsunion im Juli 1990 unterstrichen die Pekinger Medien wirtschaftliche und soziale Nachteile für die DDR. Anlässlich der Wiedervereinigung sprach die amtliche chinesische Nachrichtenagentur von einer neuen „Supermacht", die Moskau und Washington die führende Rolle in Europa streitig machen könnte.

Bonn hatte sich bereits 1989 unter dem Druck der deutschen Wirtschaft für eine Lockerung der Tiananmen-Sanktionen gegen die Volksrepublik eingesetzt. Als die EG ihr Embargo mit Ausnahme des Verbots von Rüstungslieferungen im Oktober 1990 aufhob, nahm die Bundesrepublik Deutschland ihre wirtschaftlich-technische Zusammenarbeit wieder auf und gewährte neue Exportgarantien. Zu Besuch in China, erklärte der deutsche Außenminister Klaus Kinkel im November 1992, die bilateralen Beziehungen hätten sich normalisiert, und ihre Intensität würde künftig nicht mehr von Menschenrechtsfortschritten in der Volksrepublik abhängig gemacht werden. Wenig später begann Peking, die deutsche Kandidatur für einen ständigen Sitz im Weltsicherheitsrat im Grundsatz zu unterstützen.

Deutschland war seit 1966 Chinas wichtigster europäischer Handelspartner und fünftgrößter internationaler Handelspartner. Das Handelsvolumen verdoppelte sich während der ersten Dekade der Dengschen Reformen und verdreifachte sich nahezu zwischen 1990 und 1994. Dabei verzeichnete die Volksrepublik seit 1989 Handelsbilanzüberschüsse. Bei den ausländischen Direktinvestitionen lag Deutschland allerdings nicht nur weit hinter den USA und ostasiatischen Staaten, sondern auch hinter Frankreich und Großbritannien. Diese Lage verbesserte sich 1993 vor dem Hintergrund einer heimischen Rezession und der De-Industrialisierung der früheren DDR. Während einer Chinareise von Bundeskanzler Helmut Kohl wurden Verträge mit einem Gesamtwert von 2,8 Milliarden US-Dollar abgeschlossen. Einer davon betraf den Bau der U-Bahn in Kanton, der allerdings zum großen Teil mit extrem günstigen Regierungskrediten finanziert wurde (die Volksrepublik war seit 1992 der wichtigste Empfänger deutscher Entwicklungshilfen). Darüber hinaus vereinbarte Kohl einen regelmäßigen Meinungsaustausch der Regierungschefs und Außenminister, bekannte sich zur Zugehörigkeit Taiwans zu China und dankte der chinesischen Führung für die vermeintliche Unterstützung bei der Herstellung der deutschen Einheit. Als der chinesische Premierminister Li Peng den Besuch im Juli 1994 erwiderte, wurden weitere Verträge unterzeichnet. Li forderte die Bundesregierung erfolgreich auf, die Cocom-Bestimmungen für den Export von *dual use*-Technologien nach China künftig zu ignorieren.

Im folgenden Jahr ergab ein Deutschland-Besuch des chinesischen Präsidenten Jiang Zemin Investitionsverträge mit einem Gesamtwert von mindestens 1,72 Milliarden US-Dollar. Angesichts von chinesisch-amerikanischen Spannungen in der Taiwanfrage ging der Zuschlag für ein Kleinlaster-Projekt an den deutschen Fahrzeughersteller Mercedes-Benz und nicht an die Mitbewerber Ford und Chrysler. Kohl war im November 1995 erneut in China und wohnte der Unterzeichnung von Abkommen über die Produktion von Kraftfahrzeugen und Schiffen sowie die Zusammenarbeit im Bereich von Luft- und Raumfahrt und beim Bau von Kraftwerken bei. Der Kanzler bekundete Respekt für „Differenzen in der Form und dem Verständnis von Menschenrechten". Als erster westlicher Staatsmann besuchte er eine VBA-Einheit.

1996 gerieten die bilateralen Beziehungen in eine Krise, nachdem die Friedrich Naumann-Stiftung in Bonn eine Tibet-Konferenz organisiert und der Deutsche Bundestag eine Tibet-Resolution verabschiedet hatte. Die Naumann-Stiftung musste ihr Pekinger Büro schließen, die Volksrepublik setzte den hochrangigen Besucheraustausch aus und drohte mit negativen wirtschaftlichen Folgen. Die Lage entspannte sich erst wieder, nachdem die Außenminister Klaus Kinkel und Qian Qichen im September am Rande der VN-Vollversammlung vereinbart hatten, das Verhältnis künftig auf „gegenseitigen Respekt, die Suche nach Gemeinsamkeiten, Nichteinmischung, Gleichheit und wechselseitigen Vorteil" zu gründen. Kinkel bekräftigte die Anerkennung der chinesischen Souveränität über Tibet und qualifizierte die Tibetfrage als innere Angelegenheit der Volksrepublik.

Der sozialdemokratische Kanzler Gerhard Schröder (1998–) setzte Kohls Wirtschaftsdiplomatie fort, machte Chinapolitik wie schon Kohl zur „Chefsache" und relegierte das Menschenrechtsproblem hinter die verschlossenen Türen eines 2001 aufgenommenen sog. „Rechtsstaatsdialogs".

Stand Schröders erster Peking-Besuch im Mai 1999 noch unter den Vorzeichen der amerikanischen Bombardierung der chinesischen Botschaft in Belgrad, so reiste der Kanzler seither einmal im Jahr in Begleitung einer großen Wirtschaftsdelegation an. 2001 wurde der Bau einer Strecke für die deutsche Magnetschwebebahn „Transrapid" in Shanghai vereinbart, nachdem die Bundesregierung staatliche Zuschüsse zugesagt hatte.

Anlässlich seines Chinabesuchs im Dezember 2003 reagierte Schröder positiv auf den chinesischen Wunsch, das EU-Waffenembargo von 1989 aufzuheben. Darüber hinaus sagte er die Lieferung von Teilen einer 1996 stillgelegten Brennelementefabrik zu, die grundsätzlich auch zur Produktion von waffenfähigem Material verwendet werden kann (die Lieferung scheiterte am Widerstand des grünen Koalitionspartners). Ähnlich wie sein Vorgänger konstruierte der Kanzler einen Zusammenhang zwischen der deutschen und der chinesischen Einheit und kritisierte die Politik des taiwanesischen Präsidenten.

6.2.3 Frankreich

1978 war Frankreich der erste westliche Staat, der mit China Abkommen über die wirtschaftliche und wissenschaftlich-technische Zusammenarbeit schloss. Pekings Interesse in diesem Zusammenhang galt insbesondere der französischen Expertise im Bereich der Luftfahrt- und Atomtechnologie. 1986 baute ein französisch-britisches Konsortium in Daya Bay bei Hongkong ein Kernkraftwerk.

1989 war das Verhältnis nicht nur durch Frankreichs Beteiligung an den Tiananmen-Sanktionen der EG belastet, sondern auch durch die Gründung der Föderation für ein Demokratisches China in Paris. Erst im Mai 1991 läutete ein Peking-Besuch des sozialistischen Außenministers Roland Dumas die Normalisierung ein, die allerdings schon im folgenden Jahr wieder auf dem Spiel stand. Nachdem Frankreich die Lieferung von sechs Fregatten und 60 Kampfflugzeugen der Baureihe Mirage-2000 an Taiwan genehmigt hatte, musste Paris sein Generalkonsulat in Kanton schließen und Nachteile auf dem chinesischen Markt in Kauf nehmen. Die Lage besserte sich erst im April 1994, als der gaullistische Premierminister Edouard Balladur (1986–1995) anlässlich eines Peking-Besuchs versprach, künftig auf ähnliche Waffengeschäfte zu verzichten. Paris erhielt daraufhin den Zuschlag für die zweite Phase des Daya Bay-Projekts.

Frankreich wurde Chinas bevorzugter Partner innerhalb der EU, nachdem Präsident Jacques Chirac (1995–) sich ab 1996 erfolgreich für einen Kurswechsel in der europäischen Menschenrechtspolitik gegenüber Peking engagiert hatte (s.u.). Ebenfalls 1996 empfing Frankreich den chinesischen Premierminister Li Peng auf dem Höhepunkt der amerikanisch-chinesischen Krise um Taiwan. Li orderte bei dieser Gelegenheit zehn Airbus-Passagierflugzeuge und signalisierte Interesse an 20 weiteren (kurz zuvor hatte China diesbezügliche Verhandlungen mit dem amerikanischen Hersteller McDonnell-Douglas abgebrochen). Frankreich wurde zum wichtigsten europäischen Fürsprecher eines chinesischen WTO-Beitritts. Das französische Generalkonsulat in Kanton wurde wieder eröffnet.

Im Mai 1997 besuchte Chirac die Volksrepublik und vereinbarte eine „langfristige, umfassende Partnerschaft", mit der das Entstehen einer „neuen, multipolaren, vernünftigen und gerechten politisch-ökonomischen Weltordnung" gefördert werden sollte. Peking und Paris vereinbarten die gemeinsame Abwehr einer „Dominierung der internationalen Angelegenheiten" und regelmäßige Kontakte auf dem Niveau der Staats- und Regierungchefs. China bestellte 20 zusätzliche Airbus-Flugzeuge und gab dem Airbus-Konsortium den Zuschlag für die (später aufgegebene) Entwicklung eines europäisch-chinesischen Passagierflugzeugs.

Frankreich setzte sich seither im EU-Rahmen für die Aufhebung des Waffenembargos von 1989 ein. Anlässlich der Feierlichkeiten zum 40. Jahrestag der Aufnahme diplomatischer Beziehungen hielt der chinesische Staats- und Parteichef Hu Jintao eine Rede vor der Nationalversammlung in Paris. Die nunmehr „strategische Partnerschaft" wurde in einer Gemeinsamen Erklärung bekräftigt, und Chirac sprach sich öffentlich gegen die Abhaltung eines Referendums in Taiwan aus. Im Anschluss an die Feierlichkeiten besuchte Hu das Airbus-Konsortium in Toulouse, wo die Volksrepublik weitere 21 Passagierflugzeuge bestellt hatte.

6.2.4 Die Europäische Union

War der Handel zwischen der Volksrepublik China und den Staaten der Europäischen Gemeinschaft vor 1987 minimal, so nahm er mit Beginn der Reformen Deng Xiaopings einen beträchtlichen Aufschwung, und 2003 waren die EU (bei Nichtberücksichtigung des Intrahandels) und China füreinander die jeweils drittgrößten Handelspartner. Dabei wurde aus der ausgeglichenen Handelsbilanz von 1987 ein europäisches Defizit in Höhe von über 40 Milliarden Euro 2002. Die Volksrepublik war für europäische Investoren weniger bedeutsam, die aus chinesischer Sicht allerdings 2002 zur fünftwichtigsten Quelle aller bis dahin getätigten ausländischen Direktinvestitionen geworden waren.

**Chinas Handel mit der EG/EU, 1987 – 2002
(Mio. US$, ausschließlich Zwischenhandel über Hongkong)**

	1987	1990	1993	1995	1998	2001	2002
Exporte	5.945	12.312	20.753	32.333	44.012	63.570	72.530
Importe	6.430	6.701	13.452	19.237	19.235	26.904	31.950

Quelle: Direction of Trade Statistics Yearbook, diverse Jahrgänge.

Die Aufnahme diplomatischer Beziehungen zwischen der Volksrepublik China und der EG vollzog sich 1975 in der Frühphase der „Dreiecksdiplomatie" Henry Kissingers. Drei Jahre zuvor hatte Peking den EG-Beitritt Großbritanniens begrüßt, weil es damit sowohl eine Stärkung der Gemeinschaft gegenüber der Sowjetunion als auch einen Rückgang des amerikanischen Einflusses in Europa verband. Kurz darauf war das antiamerikanische Motiv verblasst, und China begrüßte den „Nato-Doppelbeschluss", der die UdSSR zu einem Abbau ihrer europäischen Mittelstreckenraketen zwingen sollte.

1970 hatte die EG mit der Europäischen Politischen Zusammenarbeit einen ersten Schritt in Richtung auf eine Gemeinsame Außen- und Sicherheitspolitik (GASP) vollzogen, und seit 1974 traten die Staats- und Regierungschefs als Europäischer Rat zusammen, eine de facto-Exekutive. 1978 unterzeichneten China und die EG ein Handelsabkommen. Washington hatte seine Verbündeten zuvor ermutigt, solche Waffensysteme an die Volksrepublik zu verkaufen, die die USA selbst angesichts innenpolitischer Probleme weiter nicht liefern konnten. Die Westeuropäische Union (WEU) empfahl daraufhin zu prüfen, welche sicherheitspolitische Rolle Peking in Europa spielen könnte; die Empfehlung blieb allerdings folgenlos, weil die Mehrzahl der Mitgliedstaaten der Ost-West-Entspannung weiter Priorität einräumte.

Ab Mitte der 80er Jahre begann sich die Volksrepublik ihrerseits für Entspannungs- und Abrüstungsprozesse zu interessieren und verstand Westeuropa nun weniger als „Bollwerk" gegen sowjetischen Expansionismus. Gleichzeitig hoffte man, dass sich die Emanzipation Osteuropas von Moskau in einem europäischen und nicht einem Nato-Rahmen vollziehen würde. Vor diesem Hintergrund intensivierte China seine Beziehungen zu den verschiedenen Institutionen der EG. 1983 initiierte Konsultationen auf der Ebene von Ministern bzw. Kommissaren gingen über den früheren handelspolitischen Rahmen hinaus.

Dieser Ansatz endete 1989 auf dem Platz des Himmlischen Friedens, obwohl die europäische Seite bemüht war, nicht sämtliche Brücken abzubrechen. Am 6. Juni setzten die zwölf Mitgliedstaaten alle hochrangigen Kontakte mit der Volksrepublik aus. Einen Tag später brachen sie die wirtschaftlichen und kulturellen Beziehungen ab, eine Entscheidung, die auf Verlangen der Bundesrepublik Deutschland auf freiwilliger, unilateraler Basis vollzogen wurde. Am 27. Juni verhängte der Rat das Waffenembargo und kündigte eine Reihe von Menschenrechts-Initiativen in internationalen Institutionen an. Die Mitgliedstaaten wurden aufgefordert, Anträge auf eine Verlängerung der Aufenthaltsgenehmigungen für chinesische Studenten wohlwollend zu prüfen.

Am 20. Juli appellierten die Botschafter Irlands, Frankreichs und Spaniens an die chinesische Regierung, unabhängige Beobachter zu den Prozessen gegen Dissidenten zuzulassen. Peking wies dieses Ansinnen als „Einmischung in innere Angelegenheiten" zurück. Am 2. August gewährte die Gemeinschaft 70 Millionen US-Dollar Nothilfen für Flutopfer in Sichuan. Am 30. September nahmen die EG-Botschafter in Peking an einem Empfang zum 40. Gründungstag der Volksrepublik teil, verließen aber die Veranstaltung vor der anschließenden kulturellen Darbietung.

Am 4. Juli gaben die EG-Außenminister die Absicht bekannt, die politischen Kontakte wiederherzustellen. Am 28. September trafen die Außenminister Italiens, Irlands und Luxemburgs am Rande der VN-Vollversammlung mit ihrem chinesischen Kollegen Qian Qichen zusammen. Italien setzte sich in den folgenden Wochen für einen Abbau der Sanktionen ein. Qian traf auch mit dem britischen Außenminister zusammen, der wegen der laufenden Hongkong-Verhandlungen eine Sondergenehmigung für fortgesetzte Kontakte erhalten hatte.

Am 22. Oktober 1990 bekannten sich die EG-Außenminister zu einer schrittweisen Wiederaufnahme der wirtschaftlichen Zusammenarbeit und des hochrangigen Besucheraustauschs. Der französische Außenminister Roland Dumas erklärte die Entscheidung mit Chinas Unterstützung der westlichen Position im Irak. Sein spanischer Kollege wurde zur Erörterung von Einzelheiten nach Peking geschickt. Dort schlug er die Gründung eines gemeinsamen Handelsausschusses vor. Anfang 1991 reiste Qian Qichen nach Portugal, Spanien und Griechenland. Der stellvertretende chinesische Premierminister Zhu Rongji besuchte im April die EG-Kommission und bekannte sich zu einer Fortsetzung der wirtschaftlichen Öffnungspolitik.

Im Februar 1992 legte der Maastricht-Vertrag die Grundlagen für eine GASP und eine künftige europäische Verteidigungspolitik. China bewertete diese Perspektive angesichts der Probleme der Europäer auf dem Balkan zunehmend skeptisch und ging einmal mehr dazu über, die großen EU-Mitgliedstaaten als Partner in einer multipolaren Welt zu umwerben. Das vereinte Deutschland wurde zum Testfall, bis Frankreich in der zweiten Hälfte der 90er Jahre an Bedeutung gewann. Der Union selbst wurde allenfalls noch auf wirtschaftlichem Gebiet die Befähigung zugesprochen, die USA herauszufordern. Es war folglich kein Zufall, wenn Jiang Zemin seine „Vier Prinzipien für die Entwicklung der Beziehungen zwischen China und Westeuropa" am 12. September 1994 in Paris präsentierte und nicht in Brüssel.

Während es in den Beziehungen zur EU zunehmend über europäische Importquoten, Anti-Dumping-Maßnahmen etc. zu Irritationen kam, wurde auf dem Gebiet der Menschenrechte eine weitere Front eröffnet. Die EG hatte seit 1990 in der Genfer VN-Menschenrechtskommission chinakritische Resolutionsentwürfe eingebracht. Das einzige Jahr, in dem Europäer und Amerikaner die nötige Stimmenzahl vereinen konnten, um ihren Entwurf diskutieren zu lassen, war 1995 (die Volksrepublik entging einer Verurteilung nur, weil die russische Delegation in dieser Frage einen Kurswechsel vollzog). Peking zeigte sich beeindruckt und reagierte mit einer Kombination aus formalen Zugeständnissen und Druckausübung in der Sache. So definierte Außenminister Qian Anfang 1992 vor der Deutschen Gesellschaft für Auswärtige Politik folgende Gemeinsamkeiten zwischen Europa und China: Beide unterstützen den Übergang von der bipolaren zur multipolaren Welt; beide engagieren sich für Frieden und Stabilität und versuchen, internationale Probleme durch Konsultationen anstelle von Gewalt zu lösen; beide anerkennen die führende Rolle der Vereinten Nationen bei der Lösung von Konflikten; beide Seiten sind wirtschaftlich hochgradig komplementär. Um den Nutzen dieser viel versprechenden Beziehung zu optimieren, gelte es jedoch, das Nichteinmischungsprinzip zu respektieren.

Die Volksrepublik hatte Sollbruchstellen in der transatlantischen Solidarität aufmerksam beobachtet und durch Wirtschaftsdiplomatie zusätzlich verschärft. Als sich der Ständige Ausschuss des Politbüros im September 1993 entschloss, keine Menschenrechtskonzessionen an die USA zu machen, wurde dies mit „ernsthaften inneren Widersprüchen im Westen" begründet, die Washington daran hinderten, seine Beziehungen zu China „in hohem Maße zu beeinträchtigen".

Anfang 1995 schrieb der chinesische Premierminister Li Peng Briefe an mehrere EU-Kollegen, in denen er sie aufforderte, den Genfer Resolutionsentwurf aus Rücksicht auf die wirtschaftlichen Beziehungen zur Volksrepublik nicht zu unterstützen. Ein Jahr zuvor hatten Brüssel und Peking ihren politischen Dialog intensiviert, und die chinesische Seite hatte Interesse an einem besonderen Menschenrechtsforum signalisiert, in dessen Rahmen die Europäer technische Hilfen gewähren wollten. Das erste Treffen in diesem Format fand im Februar 1995 kurz vor der jährlichen Sitzung der VN-Menschenrechtskommission statt, verlief aber nicht zu Chinas Zufriedenheit. So äußerte die EU sich zu Jahresende betroffen über die Inhaftierung des langjährigen Dissidenten Wei Jingsheng ohne Gerichtsverfahren.

Im Oktober 1995 folgte die EU-Kommission einem früheren deutschen Beispiel und veröffentlichte eine „Langfristige Strategie für die Beziehungen zwischen China und Europa". Damit wurde der Versuch unternommen, den abstrakten Menschenrechtsimperativ mit dem konkreten ökonomischen Interesse zu versöhnen. In dem Dokument wurde das europäische Interesse auf die internationale und regionale Einbindung Chinas und die Notwendigkeit einer Präsenz auf dem „dynamischsten Markt der Welt" bezogen. Unter dem Motto „konstruktives Engagement" wurde der Hoffnung Ausdruck gegeben, die Volksrepublik möge sich mittels Eingliederung in die Staatengemeinschaft für „einen freieren Ideenfluss und Zusammenarbeit" öffnen und auf den Einsatz militärischer Macht verzichten. Europa seinerseits sollte in multi- und bilateralen Foren etwa zum nordkoreanischen Atomproblem oder zum Territorialdisput im Spratly-Archipel zu einer „verantwortlichen und konstruktiven chinesischen Rolle in der Region" beitragen. Auf globaler Ebene wurden Themen wie Abrüstung und Rüstungskontrolle erwähnt.

Was die Menschenrechtspolitik anging, bekannte sich das Papier zur „Effizienz", die mit drei verschiedenen Instrumenten gewährleistet werden sollte: der Förderung von innerchinesischen Bemühungen um „die Öffnung und Liberalisierung aller Aspekte des Lebens", der „systematischen und regelmäßigen" Thematisierung der Menschenrechtsfrage in bilateralen Dialogen und der Sensibilisierung der Staatengemeinschaft in den Vereinten Nationen und anderen internationalen Rahmen. Diesbezügliche Probleme wurden aufgelistet. Die Autonomiezusagen für Hongkong und Macau wurden gesondert erwähnt.

Auf dem Gebiet der Wirtschaft bezeichnete die Kommission die Reform der chinesischen Staatsbetriebe, Schaffung eines Systems der sozialen Sicherung und eines rechtlichen Rahmens als „wichtigste Herausforderungen der Zukunft". Sie bot an, diesbezüglich eigene Erfahrungen im Rahmen von Ausbildungsprogrammen weiterzugeben. Chinas WTO-Beitritt erfuhr grundsätzliche Unterstützung, und die G-7 wurden aufgefordert, geeignete Kommunikationskanäle zu eröffnen. Sowohl das Handelsdefizit als auch die Zurückhaltung europäischer Investoren wurden angesprochen.

Die chinesische Seite zollte dieser Anerkennung ihrer internationalen Bedeutung Beifall und überging die Details. Schließlich war 1995 ein neues Tief in den Beziehungen zwischen Peking und Washington, eine Situation, die europäische Geschäftsleute auszunutzen gewillt schienen, und die Volksrepublik war bereit, sie ausnutzen zu lassen. Aus chinesischer Sicht bestand der einzige Schönheitsfehler in der unveränderten EU-Position in der VN-Menschenrechtskommission. Um auf dieses Manko aufmerksam zu machen, unterbrach Peking den Menschenrechtsdialog im Mai 1996.

In der zweiten Hälfte der 90er Jahre wandte sich der Europäische Rat dem bisher von der Kommission dominierten Menschenrechtsthema zu. Paris hatte 1996 Unzufriedenheit mit der jährlichen Prozedur in Genf signalisiert, und im folgenden Jahr entzog Frankreich dem Resolutionsentwurf die Unterstützung. Deutschland, Italien, Spanien und Griechenland zogen nach. Präsident Jacques Chirac begründete diesen Kurswechsel wie folgt: (1) Der Entwurf war seit 1990 niemals angenommen worden; (2) China hatte sich zum Beitritt zum VN-Pakt über wirtschaftliche, soziale und kulturelle Rechte bereit erklärt; und (3) Fortschritten in der Menschenrechtsfrage sei durch Dialog besser gedient. Dabei wurde übergangen, dass Chirac seine Regierung im Vorjahr angewiesen hatte, Arbeitslosigkeit mit mehr Chinahandel zu bekämpfen und den USA die Führerschaft auf dem chinesischen Markt streitig zu machen. Chirac selbst besuchte Peking im Mai 1997, initiierte die erwähnte „langfristige, umfassende Partnerschaft" und präsidierte über die Unterzeichnung von Verträgen betreffend die Lieferung von Airbus-Flugzeugen in die Volksrepublik. Der von der niederländischen Präsidentschaft vorbereitete Resolutionsentwurf wurde anschließend von Dänemark eingebracht und unter anderem von den USA, der Schweiz, Liechtenstein und Norwegen unterstützt. Dänische und niederländische Firmen wurden daraufhin vorübergehend auf dem chinesischen Markt diskriminiert.

Der EU-China-Menschenrechtsdialog wurde im November 1997 wieder aufgenommen und von europäischer Seite nunmehr als Teil eines „weitreichenden politischen Dialogs" bezeichnet. Im folgenden Jahr verständigten sich die Ratsmitglieder trotz gegenläufiger Empfehlungen des Europäischen Parlaments dahingehend, weder gemeinsam noch individuell einen Resolutionsentwurf einzubringen. Ersatzweise sollte die Präsidentschaft in ihrer Eröffnungserklärung in Genf die Menschenrechtslage in China ansprechen. Diese Politik wurde in den folgenden Jahren beibehalten.

Am 2. April 1998 fand das erste Gipfeltreffen zwischen China und der EU am Rande des zweiten Asien-Europa-Treffens (Asia-Europe Meeting, ASEM) in London statt. Eine Woche zuvor hatte die EU-Kommission unter dem Titel „Aufbau einer umfassenden Partnerschaft mit China" ein neues Strategiepapier veröffentlicht. Dieses Dokument ließ keine Zweifel an der kommenden Weltgeltung der Volksrepublik aufkommen und spielte das Menschenrechtsthema herunter. Die Aufgabe der ursprünglichen „langfristigen Strategie" nach nur 30 Monaten wurde mit Chinas Bekenntnis zu Marktreform und weltweiter Integration auf dem 15. KPCh-Parteitag, Pekings in Kambodscha, Korea und Hongkong demonstrierter „verantwortlicherer" Außenpolitik, Auswirkungen der ostasiatischen Krise und Wandel in der EU begründet, „was China dazu veranlassen wird, seine eigene strategische Vision für den europäischen Kontinent anzupassen".

Während sich die avisierten Kooperationsebenen (global, regional, bilateral) nicht sonderlich von dem Vorgängerpapier unterschieden, war das Spektrum breiter (so wurden Dialoge zu Birma, Indochina und Zentralasien vorgeschlagen), und die Empfehlungen waren detaillierter. Auf dem Gebiet der Menschenrechte konstatierten die Autoren nicht nur Verbesserungen „während der 20 vergangenen Jahre", sondern machten sich nahezu chinesische Argumente zu Eigen, indem sie Bezüge zwischen der Beachtung der Menschenrechte, „wirtschaftlicher Prosperität sowie der langfristigen sozialen und politischen Stabilität" Chinas konstruierten. Besonders hervorgehoben wurden Ausbildungsprogramme für Anwälte und Richter sowie „Chinas grundsätzliche Zustimmung zu einem Kooperationsprogramm, mit dem die Rechtsstaatlichkeit gestärkt und bürgerliche, politische, wirtschaftliche und soziale Rechte gefördert" werden sollten.

In wirtschaftlichen Fragen wurde etwa bei der Förderung von Investitionen und dem Werben für den Euro, der im folgenden Jahr eingeführt werden sollte, eine deutlich aktivere und optimistischere Haltung bezogen. Um diese Ziele zu verwirklichen, schlug die Kommission die Abhaltung jährlicher Gipfeltreffen sowie weitere Kontakte auf der Ebene der Minister und politischen Direktoren vor. Auf dem dritten Gipfel (Peking, Oktober 2000) wurden Pläne für ein gemeinsames Vorgehen gegen Menschenhandel und illegale Einwanderung erörtert. Die europäische Seite machte darüber hinaus Vorschläge zur Bekämpfung des organisierten Verbrechens, des Drogenhandels und der Geldwäsche. Zwischenzeitlich hatte sich in Brüssel der Eindruck verfestigt, dass der Menschenrechtsdialog kaum konkrete Folgerungen gezeitigt hatte, und Kommissionspräsident Romano Prodi verlangte nunmehr eine „zielorientierte" Befassung.

Das Europäische Parlament hatte sich bereits seit den 80er Jahren mit diesem Thema und den Komplexen Taiwan, Tibet, Hongkong und Macau befasst und das „taiwanesische Volk" anlässlich der chinesischen Manöver und Raketentests vom März 1996 seiner Unterstützung versichert. Im Oktober erhielt Wei Jingsheng den Sacharow-Preis der Legislative. Im folgenden Jahr verlangten die Abgeordneten eine friedliche Lösung der Taiwanfrage, die Aufrechterhaltung des Waffenembargos gegenüber der Volksrepublik, Verhandlungen zwischen China und dem Dalai Lama, eine „bessere Vertretung" Taiwans in bestimmten internationalen Organisationen und die Eröffnung eines EU-Informationsbüros in Taipei, die 2003 erfolgte. Künftige Kooperationsabkommen mit Peking sollten dieselbe Menschenrechtsklausel enthalten wie vergleichbare Abkommen der Union mit Drittstaaten. Der außenpolitische Ausschuss des Pekinger NVK verurteilte die Resolution als „brutale Einmischung", die die „sino-europäischen Beziehungen atmosphärisch vergiftet" habe, woraufhin die im folgenden Jahr verabschiedete Resolution sehr viel zurückhaltender ausfiel.

Tatsächlich interessierte sich China weniger für die Äußerungen der EU-Institutionen als für die Kräfte, die man hinter diesen Institutionen vermutete. So betrachteten chinesische Beobachter 1999 die europäische Debatte um einen „Dritten Weg" als möglicherweise einendes Element, sahen aber hinter dem Einigungsprozess vornehmlich eine – unlängst um London ergänzte – „Achse Berlin-Paris".

Diese realistische Perspektive wurde auf dem Gebiet der Sicherheitspolitik noch deutlicher, obwohl der anfänglich „politische" Ansatz der EU im früheren Jugoslawien in Peking auf Zustimmung gestoßen war. Als daraus eine militärische Intervention mit amerikanischer Beteiligung geworden war, kritisierte die Volksrepublik diese Entwicklung als Rückschlag für eine multipolare Perspektive. Die Entscheidung der Nato vom Juli 1997 zur Aufnahme Polens, Ungarns und der Tschechischen Republik wurde als Manöver zur „weiteren Konsolidierung der (amerikanischen) Kontrolle Europas" verurteilt, wobei die Europäer die Zeche zahlen würden. Der Vorwurf wurde 1999 während der Intervention im Kosovo erneut erhoben, und im Anschluss an die Bombardierung seiner Botschaft in Belgrad am 7. Mai 1999 organisierte China nicht nur Massendemonstrationen vor den amerikanischen und britischen Botschaften in Peking, auch das deutsche Generalkonsulat in Kanton wurde angegriffen und beschädigt. Wenig später nutzte der deutsche Bundeskanzler Gerhard Schröder einen Chinabesuch, um sich im Namen der Nato zu entschuldigen. Beide Seiten stimmten darin überein, dass sich der Weltsicherheitsrat nunmehr um eine politische Lösung des Konflikts bemühen solle. Im Juni besuchte der EU-Sonderbeauftragte für den Kosovo, der finnische Präsident Matti Ahtisaari, die Volksrepublik, um den bereits von Moskau und Belgrad akzeptierten G-7-Entwurf für eine Ratsresolution zu erläutern. Peking enthielt sich daraufhin der Stimme und ließ die Resolution passieren.

Kurz zuvor hatte die Nato in Washington ein neues strategisches Konzept verabschiedet, das in China als weiteres Indiz für die Absicht der USA verstanden wurde, die Allianz zum Instrument des eigenen „Hegemonismus" zu machen, Europa zum weltweiten Kampf für amerikanische Interessen zu verpflichten und den Kontinent immer dann sich selbst zu überlassen, wenn keine vitalen Interessen der USA involviert waren. Laufende europäische Bemühungen um die Entwicklung einer eigenen „Verteidigungsidentität" wurden als Beleg hierfür gewertet.

2001 verschlechterte sich die europäische Position in Ostasien nach dem Amtsantritt von George Bush Jr. und dem 11. September weiter, und 2002 ging die deutsch-französische Ablehnung der militärischen Intervention im Irak auf Kosten der GASP, eine Entwicklung, die in Peking mit zwiespältigen Gefühlen zur Kenntnis genommen wurde. Zum einen glaubte man nicht zu Unrecht, den Schulterschluss mit den wichtigsten EU-Staaten vorantreiben zu können; zum anderen wurde die multipolare Vision de facto vertagt. Anders als Moskau beschränkte die Volksrepublik ihre Kooperation mit den Kriegsgegnern im Sicherheitsrat auf Rhetorik.

Gleichzeitig veröffentlichte die EU-Kommission nun in immer kürzeren Abständen China-Strategiepapiere (Mai 2001, September 2003), die versuchten, wichtigen Entwicklungen in der Volksrepublik und weltweit durch Anpassungen und spezifische Programme Rechnung zu tragen. Hierbei wurden zwar punktuelle Unwägbarkeiten erwähnt, diese traten jedoch hinter das Ziel einer umfassenden „strategischen" Partnerschaft zurück. Die chinesische Seite revanchierte sich mit einem eigenen „EU-Strategiepapier", in dem die Erwartung geäußert wurde, dass das Europa der 25 eine führende Rolle als Wirtschaftspartner der Volksrepublik spielen würde. Auf dem Pekinger Gipfel vom Oktober 2002 wurden unter anderem die Komplexe Irak und Nordkorea erörtert. EU-Ratspräsident Silvio Berlusconi sprach von einem „Quantensprung" in den Beziehungen, und der Kommissionspräsident Prodi stellte eine Überprüfung des Waffenembargos in Aussicht (die EU-Außenminister begannen ihre diesbezüglichen Beratungen im Januar 2004). Beide Seiten vereinbarten eine chinesische Beteiligung an dem europäischen Satelliten-Navigationsprojekt „Galileo", einer zivilen Alternative zum militärisch inspirierten GPS-Programm der USA.

Die Europäische Union wurde somit wieder zu jener Quelle von Kapital und Technologie, die sie für Peking seit den 80er Jahren gewesen war. Während sich die Staats- und Regierungschefs einem euphorischen Symbolismus verschrieben, sah sich die EU-Kommission etwa in Handelsfragen mit demselben Problem konfrontiert wie die US-Administration. Die Volksrepublik unterließ es nicht, die EU ihrer (rhetorischen) Solidarität in globalen Fragen zu versichern, aber in der Praxis spielte Europa in Chinas strategischen Kalkülen eine untergeordnete Rolle.

Weiterführende Literatur

Beziehungen zu Osteuropa:
Harish Kapur, *Distant Neighbours. China and Europe.* London/New York: Pinter, 1990.
Jan Rowinski, China and Central and Eastern Europe. A New Relationship, in: *Issues and Studies* (Taipei), Vol. 30, No. 2 (February 1994), S. 50–73.
Ralf Widmer, Bruderliebe, Haß und Gleichgültigkeit. Chinas und Ostmitteleuropas schwieriges Verhältnis von 1949 bis 1995, in: *China aktuell*, Bd. 25, Nr. 4 (April 1996), S. 381–392.
Czeslaw Tubilewicz, Chinese Press Coverage of Political and Economic Restructuring of East Central Europe, in: *Asian Survey*, Vol. 37, No. 10 (October 1997), S. 927–943.

Beziehungen zu den wichtigsten europäischen Staaten:
Harish Kapur, *Distant Neighbours. China and Europe.* London/New York: Pinter, 1990.

Robert Cottrell, *The End of Hong Kong. The Secret Diplomacy of Imperial Retreat.* London: Murray, 1993.
Neville Maxwell, *The Sino-British Confrontation over Hong Kong.* Cambridge MA: Harvard University, 1994.
Patricia Wellons, Sino-French Relations. Historical Alliance vs. Economic Reality, in: *The Pacific Review* (Oxford), Vol. 7, No. 3 (1994), S. 341–348.
Christopher Howe, Thirty Years of Sino-British Relations. A Foreign Office View, in: *The China Quarterly*, No. 139 (September 1994), S. 794–799.
Kay Möller, Germany and China: A Continental Temptation, in: *The China Quarterly*, No. 147 (September 1996), S. 706–725.
Richard Grant, Sino-British Relations in the 1990s, in: *China's International Role.* Bonn: Friedrich Ebert-Stiftung, 1997, S. 167-173.
Jean-Pierre Cabestan, Paris-Pékin: Un dialogue sans complexes?, in: *Politique internationale* (Paris), no. 75 (printemps 1997), S. 335–352.
John Flowerdew, *The Final Years of British Hong Kong. The Discourse of Colonial Withdrawal.* Houndmills: MacMillan, 1998.
Arnaud Heckmann, La présence française en Chine, in: *Le Courrier des pays de l'Est* (Paris), no. 435 (décembre 1998), S. 28–29.
Christoph Neßhöver, *Die Chinapolitik Deutschlands und Frankreichs zwischen Außenwirtschaftsförderung und Menschenrechtsorientierung (1989 bis 1997). Auf der Suche nach Balance.* Hamburg: Institut für Asienkunde, 1999.
Françoise Mengin, La politique chinoise de la France. Du mythe de la relation privilégiée au syndrome de la normalisation, in: Critique internationale (Paris), no. 12 (juillet 2001), S. 89–110.
Werner Meissner (Hrsg.), *The Role of France and Germany in Sino-European Relations.* Hongkong: Department of Government and International Studies, Hong Kong Baptist University, 2002.
Werner Meissner, Cultural Relations between China and the Member States of the European Union, in: *The China Quarterly*, special issue No. 2 (2002), S. 181–204.
Eberhard Sandschneider, China's Diplomatic Relations with the States of Europe, in: *The China Quarterly*, special issue No. 2 (2002), S. 33–44.
Markus Taube, Economic Relations between the PRC and the States of Europe, in: *The China Quarterly*, special issue No. 2 (2002), S. 78–107.

Beziehungen zur EG/EU:
Harish Kapur, *Distant Neighbours. China and Europe.* London/New York: Pinter, 1990.
David Shambaugh, *China and Europe: 1949–1995.* London: School of Oriental and African Studies, University of London, 1996.
Shi Ming, *Zwischen drei Welten und fünf Polen. Chinas Europa-Politik der 90er Jahre.* Köln: Deutsche Welle, 1996.
Kay Möller, The West and China: Crusaders and Cynics, in: *Contemporary Southeast Asia* (Singapur), Vol. 19, No. 3 (December 1997), S. 351–368.
Stefan Friedrich, *China und die Europäische Union. Europas weltpolitische Rolle aus chinesischer Sicht.* Hamburg: Institut für Asienkunde, 2000.
Susanne Luther (Hrsg.), *Die Beziehungen der Volksrepublik China zu Westeuropa.* München, Hanns-Seidel-Stiftung, 2000.
Kay Möller, Europa-China: die ordnungs- und sicherheitspolitische Dimension, in: Susanne Luther (Hrsg.), *Die Beziehungen der Volksrepublik China zu Westeuropa.* München, Hanns-Seidel-Stiftung, 2000, S. 35–46.

Peter Joachim Opitz, China und Westeuropa: Metamorphosen einer Beziehung, in: *Zeitschrift für Politik* (Köln), Bd. 47, Nr. 1 (März 2000), S. 1–31.

Klaus Rupprecht, European and American Approaches toward China as an Emerging Power, in: *China aktuell*, Bd. 30, Nr. 2 (Februar 2001), S. 169–179.

Xiang Lanxin, An EU Common Strategy for China?, in: *The International Spectator* (Rom), Vol. 36, No. 3 (July/September 2001), S. 89–99.

Thomas Heberer/Markus Taube, *China, the European Union and the United States of America. Partners or Competitors?* Duisburg: Institut für Ostasienwissenschaften, Gerhard Mercator Universität, 2002.

David Shambaugh, *European and American Approaches to China. Different Beds, Same Dreams?* Washington DC: Sigur Centre for Asian Studies, George Washington University, 2002.

Franco Algieri, EU Economic Relations with China: An Institutionalist Perspective, in: *The China Quarterly*, special issue No. 2 (2002), S. 64–77.

Philip Baker, Human Rights, Europe and the People's Republic of China, in: *The China Quarterly*, special issue No. 2 (2002), S. 45–63.

Kay Möller, Diplomatic Relations and Mutual Strategic Perceptions: China and the European Union, in: *The China Quarterly*, special issue No. 2 (2002), S. 10–32.

Zhang Zuqian, China Views the ESDP, in: Hans-Georg Erhardt (Hrsg.), *Die europäische Sicherheits- und Verteidigungspolitik.* Baden-Baden: Nomos, 2002, S. 152–162.

Paul Lim, The European Union's Relations with China. Human Rights and WTO Membership, in: The Stockholm Journal of East Asian Studies, Vol. 12 (2002), S. 49–98.

Song Xinning, Europa und China. Eine schwierige Beziehung, in: *Internationale Politik*, Bd. 57, Nr. 2 (Februar 2002), S. 39–43.

Rosita Dellios/Heather Field, China and the European Union. Potential Beneficiaries of Bush's Global Coalition, in: *Australian Journal of International Affairs* (Abingdon), Vol. 56, No. 1 (April 2002), S. 83–98.

Gunter Schubert, China und die Europäische Union im Kontext der GASP, in: *Aus Politik und Zeitgeschichte* (Bonn), B19-20 (10.5.2002), S. 21–28.

Peter Nunnenkamp, Die wirtschaftliche Verflechtung Europas und der USA mit China und Japan. Stand und Perspektiven, in: Werner Draguhn (Hrsg.), *Chinas und Japans Bedeutung für Ostasien und die Weltwirtschaft.* Hamburg: Institut für Asienkunde, 2003.

Markus Taube/Taing Chear, *Compilation of Key-Date on Sino-European Relations since 1978.* Duisburg: Institut für Ostasienwissenschaften, Gerhard Mercator Universität, 2003.

7. Afrika und Lateinamerika/Karibik

Die Volksrepublik China bezeichnet sich bis heute als „größtes Entwicklungsland der Welt", hat aber in den 60er und 70er Jahren jährlich Entwicklungshilfeleistungen im Wert von etwa 350 Millionen US-Dollar aufgebracht, in denen vermutlich auch Militärhilfen enthalten waren. Diese – offiziell nicht konditionierten – Leistungen standen zunächst im Kontext der ideologischen (antikolonialistischen, antiimperialistischen, antihegemonistischen) Schwerpunkte chinesischer Außenpolitik, zu denen im Einzelfall auch rohstoffpolitische Interessen traten. Gleichzeitig spielten sie eine Rolle im diplomatischen Wettbewerb mit Taiwan, der in den 90er Jahren zu einem erbitterten Tauziehen um kleine und arme Staaten führen sollte. Ein Hang zu Prestigeprojekten war von Anfang an ein Charakteristikum chinesischer Politik. Dabei waren die finanziellen Bedingungen für die Empfängerländer in der Regel sehr günstig.

Peking hatte seine Entwicklungshilfen mit Beginn der eigenen wirtschaftlichen Öffnung zurückgefahren, was unvorteilhaft mit zeitgleich erhobenen Forderungen nach einer gerechteren Weltwirtschaftsordnung kontrastierte. Diese Politik wurde vor dem Hintergrund der eigenen Isolation nach dem Tiananmen-Massaker von 1989 wieder revidiert, als China die Dritte Welt rhetorisch zu einem „Eckstein" seiner Außenpolitik beförderte. Seither verfolgt die Volksrepublik nach eigenem Bekunden einen „globalen" Ansatz, bei dem Rentabilitätsgesichtspunkte und Zusammenarbeit mit anderen Gebern trotz unveränderter „Süd-Süd"-Rhetorik eine zunehmend wichtige Rolle spielen. Seit 1990 hat die Gesamtzahl der Empfängerstaaten deutlich zugenommen.

7.1 Afrika

Chinas Interesse an Afrika südlich der Sahara ist bis heute vornehmlich politisch motiviert, und das seit den 90er Jahren von Peking beschworene ökonomische Potenzial der Region bleibt mit Ausnahme von Ölimporten aus Staaten wie dem Sudan, Gabun und Angola bisher weitgehend theoretisch. Dabei kam China die Vernachlässigung des „schwarzen Kontinents" durch die USA zunächst gelegen. In den 50er und 60er Jahren versuchte die Volksrepublik, die unabhängig gewordenen oder um Unabhängigkeit kämpfenden Regionalstaaten für den eigenen Kampf gegen den „Imperialismus" zu gewinnen. In den 70er Jahren war Afrika ein Schauplatz des sino-sowjetischen Konflikts. In den 80er Jahren wurde der krisengeschüttelte Kontinent für eine Volksrepublik uninteressant, die der eigenen wirtschaftlichen Entwicklung mittlerweile oberste Priorität einräumte. Erst mit dem Tiananmen-Massaker wuchs Chinas Sensibilität für die Notwendigkeit, angesichts der Probleme mit den westlichen Industriestaaten und der Mehrheitsverhältnisse in der Vollversammlung der Vereinten Nationen zu möglichst vielen Ländern des Südens gute Beziehungen zu unterhalten. Vor diesem Hintergrund erhielt auch der Wettbewerb mit Taiwan eine neue Intensität.

Die Frühphase der chinesischen Afrikapolitik hatte gemischte Ergebnisse gezeitigt. Im Dezember 1963 und Januar 1964 besuchte Premierminister Zhou Enlai die (ägyptisch-syrische) Vereinigte Arabische Republik, Algerien, Marokko, Tunesien, Ghana, Mali, Guinea, den Sudan, Äthiopien und Somalia. Die Reise sollte Verständnis für Chinas ablehnende Haltung zum nuklearen Teststoppabkommen schaffen und möglichst viele Staaten für die Idee einer zweiten asiatisch-afrikanischen Konferenz gewinnen. Darüber hinaus war Zhou bemüht, die UdSSR und ihre Entwicklungshilfepolitik in ein zweifelhaftes Licht zu rücken. Die besuchten Länder gehörten zu den ersten Empfängern chinesischer Hilfen in Afrika, für die der Gast unter dem Motto „Gleichheit und gegenseitiger Nutzen" acht Prinzipien formulierte (die Hilfen wurden allerdings 1965–1966 angesichts Chinas wachsender Verpflichtungen gegenüber Nordvietnam wieder zurückgefahren). 1970 begann die Volksrepublik mit dem Bau der „Tansam-Bahn" von der sambischen Kupferregion zum tansanischen Hafen Dar-es-Salaam, die Sambia aus der Abhängigkeit von den weißen Regimen im südlichen Afrika lösen sollte. Auf dem Höhepunkt der Kulturrevolution geplant, sollte die Bahn ein Aushängeschild der chinesischen Entwicklungshilfe werden (tatsächlich war sie mit zahlreichen technischen und logistischen Problemen behaftet und musste Ende der 80er Jahre von westlichen Gebern saniert werden).

In den 70er Jahren motivierten sowjetische Bodengewinne in Afrika China zu einer Zusammenarbeit mit Rechtsdiktatoren wie dem zairischen Präsidenten Mobutu Sese Seko (1965–1997) und antikommunistischen Guerillas wie der Nationalen Front für die Befreiung Angolas (Frente Nacional de Libertaçao de Angola, FNLA), dem militärischen Arm der

Nationalen Union für die Totale Unabhängigkeit Angolas (Uñiao Nacional para a Independencia Total de Angola, Unita).[1] In Südafrika bevorzugte Peking zunächst die nationalistische Widerstandsgruppe Pan African Congress (PAC), die sich 1959 vom African National Congress (ANC) gelöst hatte. Anfang der 80er Jahre versuchte China, seine Partner von der Notwendigkeit einer friedlichen Lösung für Südafrika (und Zimbabwe) zu überzeugen, um weiteren sowjetischen Bodengewinn zu verhindern. Insgesamt waren die ost- und südafrikanischen Staaten am Indischen Ozean für die Volksrepublik strategisch bedeutsamer als Nord- und Westafrika.

Pekings antisowjetische Kampagne in Afrika war wenig erfolgreich und löste in wichtigen Regionalstaaten Befremden aus. Sie endete Mitte der 80er Jahre unter den Vorzeichen der Dengschen Reformen und der Wiederannäherung an Moskau, die unter anderem die Aufnahme der militärischen Zusammenarbeit mit dem ANC und der Südwestafrikanischen Volks-Organisation (South West African People's Organisation, Swapo) in Namibia ermöglichte. Gleichzeitig erlebten die meisten afrikanischen Staaten ein „verlorenes" Entwicklungsjahrzehnt, und China zeigte immer weniger Interesse, korrupte Regime oder nationale Befreiungsbewegungen zu fördern, die zum Teil jene marxistische Fahne hochhielten, deren sich die Volksrepublik gerade entledigt hatte. 1983 verwies Premierminister Zhao Ziyang während einer Reise durch elf afrikanische Staaten auf Chinas eigene Wirtschaftsprobleme und die Notwendigkeit, die Zusammenarbeit künftig an Effizienzkriterien auszurichten. Peking fuhr seine Hilfen zurück und versah sie nunmehr mit Lieferbindungen.

Dieses Desinteresse änderte sich nach dem 4. Juni 1989, als zahlreiche afrikanische Regime das Massaker auf dem Platz des Himmlischen Friedens entweder zur „inneren Angelegenheit" erklärten oder gar offen befürworteten und China in den folgenden Jahren eine Verurteilung durch die VN-Menschenrechtskommission ersparten. Zwischen 1989 und 1992 besuchte der chinesische Außenminister Qian Qichen 14 afrikanische

---

1 Eine Folge dieses Engagements war Pekings Nichtanerkennung des prosowjetischen Regimes, das Angola 1975 in die Unabhängigkeit führte. Vier Jahre später verschloß sich Luanda neuen chinesischen Avancen, und erst 1983 wurden diplomatische Beziehungen aufgenommen, nachdem China die kubanische Truppenpräsenz im Lande zur „inneren Angelegenheit" Angolas erklärt hatte. In Mosambik blieb kein anderer Partner als die Befreiungsfront von Mosambik (Frente de Libertaçao de Moçambique, Frelimo), die gleichzeitig von Moskau unterstützt wurde. Als die Frelimo 1975 an die Macht kam und sich zunehmend Richtung UdSSR orientierte, kam es zur Entfremdung mit China.

Staaten. Fortan entfielen auf Afrika 24 von 56 Empfängern chinesischer Wirtschaftshilfen, die nun vielfach Ausgangspunkt für die Gründung von *joint ventures* wurden. Auch Chinas Handel mit der Region nahm zu, wenngleich er im Gesamthandel der Volksrepublik mit weniger als einem Prozent eine insignifikante Größe blieb. Gleichzeitig äußerte sich Peking kritisch zu angelaufenen Demokratisierungsprozessen und pflegte Kontakte zu autoritären Führern wie Daniel arap Moi in Kenia (1978–2002) oder Robert Mugabe in Zimbabwe (1980–).

Afrikapolitik wurde in China seit einem Besuch von Staats- und Parteichef Jiang Zemin im Mai 1996 zur „Chefsache". Jiang hatte in einer Rede am Hauptquartier der Organistion für Afrikanische Einheit (Organisation of African Unity, OAU) in Addis Abeba die Grundsätze Nichteinmischung und „gemeinsame Entwicklung" beschworen. Im Oktober 2000 wurde in Peking das erste Ministertreffen eines „Sino-Afrikanischen Forums für Zusammenarbeit" veranstaltet, an dem Vertreter von 40 afrikanischen Staaten teilnahmen. Die Konferenz fand seither alle drei Jahre statt und wurde um zweijährliche Gipfeltreffen ergänzt. Das Gründungsforum verabschiedete eine (globalisierungskritische) „Pekinger Erklärung" und ein Programm für die künftige Zusammenarbeit. Im Dezember 2003 kündigte China anlässlich eines Handelsgipfels in Addis Abeba einen Schuldenerlass für 31 Partnerländer und Zollbefreiungen für Importe aus 34 afrikanischen Staaten an. Zimbabwes Präsident Robert Mugabe forderte Peking daraufhin auf, bei der Suche nach einem humaneren globalen System die Führungsrolle zu übernehmen.

Zeitgleich reiste die Vorhut eines 550-Mann starken chinesischen Peacekeeping-Kontingents nach Liberia, das im Oktober 2003 seine Beziehungen zu Taiwan aufgekündigt hatte. Taiwan verfügte damit noch über sieben afrikanische Partner.

Wie anderswo auch, hatte sich der Wettbewerb zwischen Peking und Taipei um diplomatische Anerkennung nach dem Ende des Kalten Krieges in Afrika verschärft, wo zahlreiche Staaten versuchten, die Konkurrenten zum eigenen wirtschaftlichen Nutzen gegeneinander auszuspielen. Das führte zu teils absurden Konstellationen wie etwa in Niger oder im Senegal, die den Partner je dreimal wechselten. Taiwans bitterster Verlust war die Republik Südafrika, die 1998 Botschafter mit der Volksrepublik austauschte. Pretoria wurde seither zu Chinas wichtigstem Handelspartner in Afrika.

7.2 Lateinamerika/Karibik

Lateinamerika und die Karibik waren für China lange Zeit weit entfernt und als „Hinterhof" der USA suspekt. Pekings „Entdeckung" der Region datiert aus den frühen 70er Jahren. In den 60er Jahren hatten sich die offiziellen Kontakte auf Kuba beschränkt, das für sein Überleben auf die UdSSR angewiesen war. Darüber hinaus gab es Verbindungen zu kommunistischen Splittergruppen in Brasilien, Ecuador, Chile, Peru, Bolivien und Kolumbien, die angesichts deren Ineffizienz und der innenpolitischen Entwicklung in China jeweils nur wenige Jahre überdauerten. Ansonsten pflegten die Regionalstaaten Beziehungen zu Taiwan.

Nach dem Ende der Kulturrevolution traten 1970 auch in Pekings Lateinamerikapolitik die zwischenstaatlichen Beziehungen wieder in den Vordergrund. Bemühungen um ein besseres Verhältnis zu Kuba und die Aufnahme diplomatischer Beziehungen zum Chile Salvador Allendes (1970–1973) waren Teil des weltweiten Wettbewerbs mit Moskau, reflektierten aber im chilenischen Fall auch das Interesse der Volksrepublik an Kupferimporten, das im folgenden Jahr auch bei der Anerkennung Perus eine wichtige Rolle spielte (Chile und Peru wurden seither zu den wichtigsten Empfängern chinesischer Hilfen in Lateinamerika). Die Beziehungen zu Chile überlebten den Staatsstreich des Generals Augusto Pinochet (1973–1990) im September 1973 unbeschadet, ein Phänomen, das sich drei Jahre später in Argentinien wiederholen sollte.

Ende der 70er Jahre verfügte Peking in Lateinamerika und der Karibik über diplomatische Beziehungen zu zwölf Staaten und Handelsbeziehungen mit einem Gesamtvolumen von 1,3 Milliarden US-Dollar. Die wichtigsten Handelspartner waren Peru, Mexiko und Argentinien. 1973 unterzeichnete die Volksrepublik den Vertrag von Tlatelolco über die Einrichtung einer atomwaffenfreien Zone in Lateinamerika. Sie unterstützte mehrere Regionalstaaten in ihrer Forderung nach Küstenmeeren mit einer Ausdehnung von 200 Meilen. Lateinamerikanische Integrationsprojekte wurden befürwortet, und einzelne Staaten (Panama und die Dominikanische Republik in den 70er Jahren, El Salvador in den 80er Jahren) wurden rhetorisch gegen eine Bevormundung durch die USA in Schutz genommen. 1982 stellte sich China im Konflikt um die Falkland-Inseln hinter Argentinien. 1983 kritisierte Peking die amerikanische Invasion in Grenada und das Embargo gegen Nicaragua. 1985 besuchte der chinesische Premierminister Zhao Ziyang Kolumbien, Brasilien, Argentinien und Venezuela und warb vor dem Hintergrund der wachsenden ökonomischen Probleme dieser Staaten für eine neue Weltwirtschaftsordnung.

Anfang der 90er Jahre verfügten die Volksrepublik und Taiwan über diplomatische Beziehungen zu je 18 Regionalstaaten, wobei sich die taiwanesische Präsenz auf kleinere, zentralamerikanische und karibische Länder konzentrierte (2003 wurde die Inselrepublik noch von 16 lateinamerikanischen und karibischen Staaten anerkannt). Handel mit Taiwan spielte für die Region bis 1994 eine wichtigere Rolle als Handel mit der Volksrepublik. Es waren insbesondere die zentralamerikanischen Partner, die Taipei seit 1994 bei dem – erfolglosen – Versuch eines Wiederbeitritts zu den Vereinten Nationen unterstützten.[2]

Die chinesisch-kubanischen Beziehungen hatten sich während der 80er Jahre verbessert und erlebten nach dem Untergang der Sowjetunion einen neuen Aufschwung. 1993 war Staats- und Parteichef Jiang Zemin in Havanna und vereinbarte einen Ausbau der Wirtschafts- und Militärbeziehungen. 1999 besuchte der chinesische Verteidigungsminister die Insel. 2001 dementierte Fidel Castro (1959–) nach einem weiteren Jiang-Besuch den Import chinesischer Rüstungsgüter.

In den 80er Jahren hatte die Volksrepublik Brasilien und Argentinien als wichtigste Mächte in Südamerika identifiziert und mit beiden Staaten eine wirtschaftlich-technische Zusammenarbeit aufgenommen, die sich auf Projekte der zivilen Nutzung der Kernenergie, der Luft- und Raumfahrt sowie chinesische Rüstungsexporte erstreckte (Brasilien avancierte 2003 zum „strategischen Partner" der Volksrepublik). 1993 besuchte Jiang Zemin Mexiko und Brasilien und lancierte dort eine neue Initiative für die Reform der Weltwirtschaft (die Beziehungen zu Mexiko waren zu dieser Zeit durch illegale chinesische Einwanderung belastet). Die Fortentwicklung der „Süd-Süd-Beziehungen" stand fortan jedenfalls rhetorisch im Zentrum der Lateinamerikapolitik der Volksrepublik (2004 besuchte Hu Jintao Brasilien, Argentinien und Kuba) und wurde von sukzessiven Wirtschafts- und Finanzkrisen in Mexiko, Argentinien und Brasilien grundsätzlich begünstigt. Tatsächlich erreichte Chinas Handel mit der Region bis zum Ende des Jahrzehnts nur ein Volumen von etwa acht Milliar-

---

2 1994 wandte sich China gegen ein friedenerzwingendes Mandat für die Blauhelmmission in Haiti, das diplomatische Beziehungen zu Taiwan unterhielt. 1997 blockierte Peking die Entsendung von Blauhelmen nach Guatemala zur Überwachung des Waffenstillstands zwischen Regierung und Guerilla so lange, bis Guatemala sich verpflichtete, von seiner Unterstützung für Taiwan künftig Abstand zu nehmen.

den US-Dollar. Er ist seither angesichts des wachsenden Bedarfs der Volksrepublik an Rohstoffen angewachsen und für diese zunehmend defizitär geworden.

Weiterführende Literatur

Chinas Entwicklungshilfe:
Wolfgang Bartke, *The Economic Aid of the People's Republic of China to Developing and Socialist Countries*. Hamburg: Institut für Asienkunde, 1989.
Hans Helmut Taake, China: von der ideologischen Fixierung zu außenpolitischem Pragmatismus, in: Reinold E. Thiel (Hrsg.), *Entwicklungspolitiken. 33 Geberprofile*. Hamburg: Deutsches Übersee-Institut, 1996, S. 233–239.
Lin Teh-chang, Beijing's Foreign Aid Policy in the 1990s. Continuity and Change, in: Issues and Studies, Vol. 32, No. 1 (January 1996), S. 32–56.

Afrika:
Bruce D. Larkin, *China and Africa 1949–1970. The Foreign Policy of the People's Republic of China*. Berkeley CA: University of California Press, 1971.
Warren Weinstein/Thomas H. Henriksen (Hrsg.), *Soviet and Chinese Aid to African Nations*. New York NY: Praeger, 1980.
Chang Ya-chün, Peiping's African Policy in the 1970s, in: *Issues and Studies*, Vol. 17, No. 2 (February 1981), S. 44–58.
Wei Liang Tsai, *Peking versus Taipei in Africa, 1960–1978*. Taipei: Asia and World Institute, 1982.
George T. Yu, Chinese Arms Transfers to Africa, in: Bruce E. Arlinghaus (Hrsg.), *Arms for Africa*. Lexington MA: Heath, 1983.
Gao Jinyuan, China and Africa: The Development of Relations over Many Centuries, in: *African Affairs* (Oxford), Vol. 83, No. 331 (April 1984), S. 241–250.
George T. Yu, Africa in Chinese Foreign Policy, in: *Asian Survey*, Vol. 28, No. 8 (August 1988), S. 849–862.
Lin Bih-jaw, Peking's African Policy in the 1980s, in: *Issues and Studies*, Vol. 25, No. 4 (April 1989), S. 76–96.
Philip Snow, China and Africa: Consensus and Camouflage, in: Thomas W. Robinson (Hrsg.), *Chinese Foreign Policy*. Oxford: Clarendon Press, 1994, S. 283–321.
Ian Taylor, Africa's Place in the Diplomatic Competition between Beijing and Taipei, in: *Issues and Studies*, Vol. 34, No. 3 (March 1998), S. 126–143.
Richard J. Payne/Cassandra R. Veney, China's Post Cold-War African Policy, in: *Asian Survey*, Vol. 38, No. 9 (September 1998), S. 867–879.
Ian Taylor, China's Foreign Policy towards Africa in the 1990s, in: *The Journal of Modern African Studies* (Cambridge), Vol. 36, No. 3 (September 1998).
Cord Jakobeit, Die Afrikapolitik der VR China. Großmachtanspruch, Pragmatismus und die Rivalität mit Taiwan, in: Rolf Hofmeier (Hrsg.), *Afrika-Jahrbuch 1998*. Opladen: Leske + Budrich, 1999.
Zhang Hongming, L'évolution du commerce entre la Chine et l'Afrique (1950–1998), in: *Marchés tropicaux et méditerranéens* (Paris), vol. 54, no. 2821 (3 décembre 1999), S. 2493–2497.

Scarlett Cornelissen/Ian Taylor, The Political Economy of China and Japan's Relationship with Africa. A Comparative Perspective, in: *The Pacific Review* (Oxford), Vol. 13, No. 4 (2000), S. 615–633.

Sandra Gillespie, *South-South Transfer. A Study of Sino-African Exchanges.* New York NY: Routledge, 2001.

Ian Taylor, China's Relations with sub-Saharan Africa in the post-Maoist Era, 1978–1999, in: Frank Columbus (Hrsg.), *Politics and Economics in Africa.* Huntington NY: Nova Science Publishers, 2001.

Zhang Hongming, Focus: Sino-African Relations, in: *Africa Insight* (Pretoria), Vol. 31, No. 2 (June 2001), S. 33–42.

Deborah A. Bräutigam, Close Encounters. Chinese Business Networks as Industrial Catalysts in Sub-Saharan Africa, in: *African Affairs*, Vol. 102, No. 408 (July 2003), S. 447–467.

Lateinamerika/Karibik:

Xu Feng, China and Latin America after the Cold War's End, in: Abraham F. Lowenthal, *Latin America in a New World.* Boulder CO: Westview Press, 1994.

Mikio Kuwayama, Recent Economic Trends in China and Their Implications for Trade with Latin America and the Caribbean, in: *CEPAL Review* (Santiago de Chile), No. 56 (August 1995), S. 61–82.

Frank O. Mora, The PRC and Latin America. From Indifference to Engagement, in: *Asian Affairs* (Washington DC), Vol. 24, No. 1 (Spring 1997), S. 35–58.

Stefanie Reiß, *Discovery of the Terra Incognita: Five Decades of Chinese Foreign Policy towards Latin America.* Mainz: Institute of Political Science, 2000.

Stefanie Reiß, Die chinesische Lateinamerikapolitik seit 1989, in: *Brennpunkt Lateinamerika* (Hamburg), Nr. 21 (9. November 2000), S. 217–223.

Fazit: Unabhängigkeit versus Sicherheit

Die abschließende Frage, welches Paradigma der Internationalen Politik die außenpolitische Praxis der Volksrepublik China zwischen 1949 und 2004 am zutreffendsten beschreibt, ist unter dem Vorbehalt zu stellen, dass sowohl Paradigmenstreit als auch chinesische Außenpolitik dynamische Konzepte sind, die niemals völlig deckungsgleich sein können. Entsprechendes gilt für Unabhängigkeit und Sicherheit, die in der Ära Mao Zedong niemals absolute Synonyme und seither niemals absolute Gegensätze gewesen sind. Pekings praktische Außenpolitik besticht generell durch einen vom innenpolitischen Linienstreit nahezu unabhängigen Pragmatismus, d.h. klassischen Realismus in der Terminologie der Internationalen Politik. Sowohl in der Allianz mit der Sowjetunion als auch bei der Erprobung „dritter Wege" und der „strategischen Partnerschaft" mit den USA ging es in erster Linie um Koalitionsbildungsversuche des schwächeren Akteurs. Die Multipolaritäts-Debatte der 90er Jahre weist in eine ähnliche Richtung.

Das heißt nicht, dass innere Entwicklungen insgesamt irrelevant gewesen wären. Chinas wirtschaftspolitische Strategien (einschließlich Technologie- und Ressourcenpolitik) waren sowohl Reflexe des jeweiligen internationalen Umfelds als auch prägende Faktoren der Außenpolitik, und ihre Formulierung ging oft mit innenpolitischen Machtkämpfen einher. Wenn 1978 eine Wasserscheide war, dann vornehmlich als (vorläufiger?) Schlussstrich unter diese Art des Linienkampfes.

Weniger eindeutig ist die Frage zu beantworten, ob sich die Volksrepublik seit der Ära Deng Xiaoping ganz von dem Primat der Unabhängigkeit und damit der „Fortsetzung der Politik mit anderen Mitteln" verabschiedet hat. Immerhin begann diese Ära mit einem Krieg, und immerhin umfasste sie Versuche, verloren gegangene Bewegungsfreiheit jedenfalls längerfristig und partiell wiederherzustellen (insofern sind „selektive Multilateralität" seit Ende der 90er Jahre und aktive Bekenntnisse zum Multilateralismus seit 2003 mit Vorbehalten zu betrachten). Auch 2004 ist Peking weder mit seinem engeren Umfeld zufrieden, in dem viele Akteure unausgesprochen oder offen gegen eine „chinesische Gefahr" rüsten, noch mit einer von den USA dominierten Welt. Sichtbarster Ausdruck der unterstellten Beeinträchtigung des eigenen Großmachtanspruchs ist die anhaltende unabhängige Existenz der „abtrünnigen Provinz" Taiwan. Allerdings war die Volksrepublik durchaus erfolgreich bei dem Versuch, strategische Relevanz durch ökonomische Relevanz zu ersetzen und tritt insofern international aktiver und selbstbewusster auf. Es ist wohl der relative Erfolg der bisherigen Gleichgewichtspolitik, der den Blick auf neue globale Realitäten verstellt.

Das ist auch insofern keine Überraschung, als *nation-bulding* in China noch am Anfang steht und mit Nationalismus einhergeht (ein Phänomen nicht unähnlich dem Deutschen Reich am Anfang des 20. Jahrhunderts) und die zur Vollendung des Nationalstaatsprojekts unverzichtbare Demokratisierung auf sich warten lässt. Somit stellt sich die Frage, ob die neuen Interdependenzen und die durch sie ausgelösten evolutionären Prozesse letztlich stärker wirken als latenter Nationalismus und die unter Pekinger Eliten verbreitete Vorstellung, „westliche" Errungenschaften wie den Kapitalismus und die Globalisierung nach Bedarf umfunktionieren und zur Verwirklichung eigener Ziele verwenden zu können. War diese Vorstellung schon im 19. Jahrhundert unrealistisch, so ist sie es erst recht im 21. Jahrhundert. Globalisierung beschneidet die Manövriermargen aller Staaten und dabei insbesondere die Manövriermargen derjenigen Staaten, die sich sowohl ihrer politisch-kulturellen Komponente als auch multilateralen Bemühungen um ihre politische Eindämmung verweigern. Weil es keine Unabhängigkeit mehr gibt, wird Sicherheit weltweit unteilbar, und weil Staaten nicht mehr die alleinigen Akteure der internationalen Politik sind, kann Sicherheit nicht mehr ausschließlich als zwischenstaatliche Sicherheit definiert werden. In diesem Sinne wird es keine Großmächte mehr geben, die untereinander effiziente Koalitionen eingehen könnten, und es wird keine effizienten Akteure geben, die meinen, sich selektiv an der Globalisierung beteiligen zu können (insofern Regionen eine solche Politik erfolgreich betreiben wollten, müssten die Regionalstaaten dort jenen weitreichenden Souveränitätsverzicht akzeptieren, den sie auf internationaler Ebene zumeist ablehnen. Das ist in Ostasien bisher nicht der Fall).

Gleichzeitig sind fortdauernde Minderwertigkeitsgefühle und fortdauernde außenpolitische Defensive, etwa in Chinas Verhältnis zu den USA, in dem Maße eine potenziell explosive Mischung, in dem sich Chinas politische Elite solcher Tatsachen bewusst wird. Es gibt Autoren, die jene Phasen der Ära Mao Zedong, in denen sich die kommunistische Führung für die Anwendung äußerer Gewalt entschied, mit inneren Strukturen und Entwicklungen erklären, wobei innenpolitischer Machtkampf, nationales und internationales Legitimitätsdefizit, aufeinander bezogen werden. Gurtov und Hwang sprechen von einer mit innerer Schwäche oder inneren Konflikten wachsenden Sensibilität für äußere Bedrohungen.[11] Ich selbst habe argumentiert, dass „die Volksrepublik an den Umbruchstellen vom radikalen zum konservativen gesellschaftspolitischen Weg, von der Dezentralisierung zur Zentralisierung, nicht nur für äußere Drohungen sensibler wurde, sondern auch im Interesse der Festigung der neuen Machtstruktur eher bereit sein musste, auf solche mit exemplarischem und punktuellem Einsatz von Gewalt zu antworten."[2] Arthur Waldron begründet die „Konfrontationspolitik" Chinas und der Sowjetunion mit der „Illegitimität der Regime".[3] Die amtliche Volksrepublik hat ihr außenpolitisches Verhalten immer als Fortschreibung ihrer Innenpolitik verstanden und damit eine ideologisch konsequente, eher aktive Strategie impliziert. Zu den Folgen gehört bis in unsere Tage jene Diskrepanz zwischen Worten und Taten, die Deng Xiaoping 1979 in Vietnam auflösen wollte.

Natürlich fehlt es China, Fortschritten in einzelnen technologischen Nischen zum Trotz, an objektiven Möglichkeiten, Washington, seine Verbündeten und Partner militärisch herauszufordern, und der technologische Abstand zu den USA dürfte mittelfristig eher noch zunehmen. Das heißt nicht, dass sich Peking angesichts einer Kombination aus innerer Destabilisierung und militärischer Fehleinschätzungen im Zweifel nicht trotzdem für eine solche Strategie entscheiden könnte. Damit wäre die Volksrepublik freilich eher Chaosmacht als Großmacht und das Dengsche „Selbststärkungs"-Kalkül vollends hinfällig.

Dieses Kalkül war in erster Linie Ausdruck eines amtlich am Leben gehaltenen Schocks über Chinas historische Konfrontation mit dem Westen, wobei die seither Herrschenden übersahen, dass sie mit der Erinnerung und dem impliziten Aufruf zur Gegenwehr auch jene politische Kultur am Leben hielten, die in den Jahrzehnten nach 1840 nicht zuletzt aufgrund innerer Entwicklung in die Knie gegangen war. Wenn das „Reich der Mitte" für sich beanspruchen kann, als letztes der klassischen Großreiche überlebt zu haben, dann eben auch, weil es nie wirklich kolonisiert worden war und mit ihm eine Bürokratenkaste überlebte, die sich im alten Ägypten, im römischen Reich und zuletzt in der Sowjetunion als obsolet erwiesen

---

1 Melvin Gurtov/Byong-Moo Hwang, *China under Threat. The Politics of Strategy and Diplomacy.* Baltimore MA: Johns Hopkins University Press, 1980, S. 12.
2 Kay Möller, *China und das wiedervereinte Vietnam, Pax Sinica contra Regionalhegemonie.* Bochum: Brockmeyer, 1984, S. 481.
3 Arthur Waldron, The Making of Contemporary China. Review Essay, in: *Orbis*, Vol. 46, No. 2 (Spring 2002), S. 391–407 (392).

hatte. Dabei ging jegliche normative Strahlkraft verloren. Die Volksrepublik des Jahres 2004 bietet ihren Bürgern keine Werteorientierung, weil sie in erster Linie den Machterhalt einer anachronistischen Elite gewährleistet. Deshalb ist auch ihre Außenpolitik „wertefrei".

Selbstverständlich hat Chinas Außenpolitik in den 55 Jahren seit 1949 Lernprozesse durchlaufen und haben sich seit den 80er Jahren auch in der Volksrepublik politisch-wissenschaftliche Expertenkreise herausgebildet, die auf multilateralisierten Spezialgebieten wie Menschenrechte, Abrüstung oder Umweltpolitik die Sprache ihrer weltweiten Partner sprechen und in solchen Fragen zumindest versuchen, in Peking ein Umdenken zu stimulieren. Diese Gruppen haben es allerdings in China schwerer als anderswo, gegen eine über Jahrhunderte amtlich formulierte politische Kultur und einen von oben verordneten Primat der Politik anzukommen. Soweit die grundsätzlichen Widersprüche zwischen wirtschaftlicher Öffnung und politischer Abschottung in der Führungselite erkannt werden, besteht die Antwort im Zweifel in dem Versuch, verloren gegangene Kontrolle zurückzugewinnen. Regimesicherheit und nationale Sicherheit sind aber nicht zwingend deckungsgleich, und nachrückende Führungseliten dürften auf die unvermeidliche Verschärfung der Widersprüche eher noch defensiver reagieren. Friedliche Evolution erscheint unter solchen Umständen als überoptimistisches Szenario, es sei denn, man würde in halben Jahrhunderten und mehr denken und zwischenzeitliche „Verwerfungen" ignorieren.

Die gute Nachricht besteht in dem Umstand, dass beschleunigte Globalisierung das Gewicht internationaler Interdependenzen zumeist unabhängig von kulturellen Klischees und „nationalen Interessen" so weitgehend verstärkt, dass es immer weniger Möglichkeiten zur konzertierten Gegenwehr gibt. In dem Maße, in dem Peking versucht, seine wachsenden inneren Probleme zu lösen, wird es sich außenpolitisch normalerweise zurückhalten. Das bedeutet heute noch kein Bekenntnis zu „qualitativem Multilateralismus" und dem einhergehenden Souveränitätsverzicht, und einiges spricht dafür, dass zwischen ersterem und der politischen Verfassung individueller Staaten ein dialektisches Verhältnis besteht.[4] Es bedeutet aber,

---

4 Der Hinweis darauf, dass Interdependenz asymmetrisch ist und auch Washington Probleme mit „qualitativem Multilateralismus" und Souveränitätsverzicht hat, ist insofern irreführend, als die USA heute zwar mit einer gewissen Zwangsläufigkeit „Ersatz-Weltregierung" spielen, dabei aber sowohl eine wirtschaftliche Globalisierung befördern, die ihre eigene Handlungsfähigkeit beschneidet, als auch über Institutionen wie den IWF oder die WTO Ansätze für eine neue multilaterale Ordnung.

dass die zahlreichen inneren und äußeren Konflikte, die die heutige Volksrepublik in den nächsten 20 Jahren erleben wird, nicht eskalieren müssen. Insofern besteht eine Chance für zivilgesellschaftliche Entwicklung und einen friedlichen Abschied von den „Demütigungen" des 19. Jahrhunderts.

Abkürzungsverzeichnis

ABC	atomare, biologische und chemische Waffen
ADB	Asian Development Bank
AFTA	Asean Free Trade Area
ANC	African National Congress (Südafrika)
ANZUS	Australia, New Zealand, United States
APEC	Asia-Pacific Economic Cooperation
ARATS	Association for Relations across the Taiwan Strait (China)
ARF	Asean Regional Forum
Asean	Association of Southeast Asian Nations
Asean+3	Asean + China, Japan, Südkorea
BIP	Brutto-Inlandsprodukt
BJP	Bharatiya Janata Party (Indien)
DPP	Democratic Progressive Party (Taiwan)
DRV	Demokratische Republik (Nord-) Vietnam
DVRK	Demokratische Volksrepublik (Nord-) Korea
DVRL	Demokratische Volksrepublik Laos
EAC	East Asian Community
EG	Europäische Gemeinschaft
EWG	Europäische Wirtschaftsgemeinschaft
FNL	Front National de Libération (Südvietnam)
FNLA	Frente Nacional de Libertação de Angola
FPDA	Five Powers Defence Arrangements (Großbritannien, Australien, Neuseeland, Malaysia, Singapur)
G-7	Gruppe der Sieben (führenden Industriestaaten)
GASP	Gemeinsame Außen- und Sicherheitspolitik (EU)
GATT	General Agreement on Tariffs and Trade
GUS	Gemeinschaft Unabhängiger Staaten
IAEO	Internationale Atomenergie-Organisation
IWF	Internationaler Währungsfonds
KMT	Kuomintang (Nationalistische Partei, Taiwan)
KPB	Kommunistische Partei Birmas
KPCh	Kommunistische Partei Chinas
KPdSU	Kommunistische Partei der Sowjetunion
KPT	Kommunistische Partei Thailands
KSZE	Konferenz für Sicherheit und Zusammenarbeit in Europa
LDP	Liberaldemokratische Partei (Japan)
Legco	Legislative Council (Hongkong)
MTCR	Missile Technology Control Regime
NVK	Nationaler Volkskongress
PAC	Pan African Congress (Südafrika)
PKI	Partai Komunis Indonesia
OAU	Organisation of African Unity

OPEC	Organisation of Petroleum-Exporting Countries
PLO	Palestine Liberation Organisation
SAARC	South Asian Association for Regional Cooperation
Salt	Strategic Arms Limitation Talks
SAR	Special Administrative Region (Hongkong)
SDF	Self Defence Forces (Japan)
SDI	Strategic Defence Initiative
SEANWFZ	South East Asian Nuclear Weapons Free Zone
SEATO	Southeast Asian Treaty Organisation
SEF	Strait Exchange Foundation (Taiwan)
SOZ	Shanghaier Organisation für Zusammenarbeit
SRV	Sozialistische Republik Vietnam
Swapo	Southeast African People's Organisation (Namibia)
TAC	Treaty on Amity and Cooperation (Asean)
TMD	Theatre Missile Defence
TRA	Taiwan Relations Act
Unita	Uñiao Nacional para a Independencia Total de Angola
VBA	Volksbefreiungsarmee
VFA	Visiting Forces Agreement (USA/Philippinen)
WEU	Westeuropäische Union
WTO	World Trade Organisation

Quellen der Dokumente im Text

Dekret des Kaisers Qianlong (1736–1795) an König Georg III. von England
Harley Farnsworth MacNair, *Modern Chinese History, Select Readings*. Shanghai: Commercial Press Ltd., 1923, S. 2–9, wiedergegeben in: Franz Schurmann/Orville Schell (Hrsg.), *Imperial China*. Harmondsworth: Penguin, 1967, S. 103–107.

Sun Yat-sen über das Tributsystem und die Ausdehnung Chinas (1912)
Pascal M. d'Elia, S.J., *Le triple démisme de Suen Wen*. Shanghai: Bureau sinologique de Zi-ka-wei, 1929, S. 36–38; 95/96, wiedergegeben in: Raimond Pelissier, *De la révolution chinoise*. Paris, Julliard, 1967, S. 98–100.

Mao Zedong über den Imperialismus und die Ausdehnung Chinas (1939)
Mao Zedong, *Zhongguo geming yu zhongguo gongchandang* (Yan'an: Jiefangshe, 1940?), wiedergegeben und übersetzt in: Stuart R. Schram, *Das politische Denken Mao Tse-tungs. Das Mao-System*. München: Deutscher Taschenbuchverlag, 1975, S. 352.

Mao Zedong über die Einteilung der Welt in zwei antagonistische Lager (1949)
Mao Zedong, *Über die demokratische Diktatur des Volkes*, 30.6.1949, deutsch in: Mao Tse-tung, *Ausgewählte Werke, Band IV*. Peking: Verlag für fremdsprachliche Literatur, 1969, S. 437–452.

Außenminister Zhou Enlai über Souveränität und territoriale Integrität (Bandung, 1954)
Rede vor dem Politischen Komitee der Bandung-Konferenz, zitiert in: *The New York Times* (25.4.1955).

Mao Zedong über die „Sturmzentren" der Weltrevolution, die Entspannung zwischen den Supermächten und die Gefahr eines Weltkrieges (1963)
„A Proposal Concerning the General Line of the International Communist Movement", Brief des Zentralkomitees der KPCh an das Zentralkomitee der KPdSU, 14. Juni 1963, in: *Maoist Documentation Project* (Kommunistische Partei Perus, 2001, http://www.maoism.org/msw/polemic/letter.htm).

Mao Zedong über die Besetzung fremder Territorien durch die Sowjetunion (1964)
„Gespräch beim Empfang der Herren Sasaki Kozo, Kuroda Hisao, Hososako Kanemitsu u.a. der Sozialistischen Partei Japans" (10. Juli 1964), in: Helmut Martin (Hrsg.), *Mao intern. Unveröffentlichte Schriften, Reden und Gespräche Mao Tse-tungs 1946–1976*. München: Deutscher Taschenbuch-Verlag, 1977, S. 43–53 (49).

Mao Zedong über den revolutionären Kampf in Südvietnam (1967)
Brief an den Präsidenten der FNL, Nguyen Huu Tho, vom 19. Dezember 1967, *Renmin Ribao*, 19. Dezember 1967, zitiert in: Schram, *Das politische Denken Mao Tse-tungs*, S. 360–361.

Erklärung der Regierung der Volksrepublik China zum Grenzkonflikt mit der Sowjetunion (1969)
„Die chinesische Regierung tritt für friedliche Verhandlungen ein und ist gegen Gewaltanwendung", *Peking Review* (30. Mai 1969), S. 3; 7–9, zitiert in: David Milton/ Nancy Milton/Franz Schurman (Hrsg.), *People's China*. Harmondsworth: Penguin, 1977, S. 532–536.

Shanghai-Kommuniqué (27. Februar 1972)
Zitiert nach: *Peking Review* (3. März 1972), S. 4/5.

Zhou Enlai über die Konkurrenz der Supermächte, den Sozialimperialismus und notwendige Kompromisse (1973)
Politischer Bericht an den Zehnten Nationalen Parteitag der Kommunistischen Partei Chinas (24.8.1973), zitiert nach: *Peking Review* (7. September 1973), S. 17–25.

Der Taiwan Relations Act (10. April 1979)
Taiwan Relations Act (Washington DC: United States Congress, Title 22 Chapter 48 Sections 3301–3316).

Deng Xiaoping über Kriegsgefahr, die Zukunft des Sozialismus in China, unabhängige Außenpolitik und Öffnungspolitk (September 1989)
Rede vor führenden Mitgliedern des Zentralkomitees der KPCh, zitiert nach: *Selected Works of Deng Xiaoping, Vol. III (1982–1992)*. Peking, Foreign Language Press, 1994 (http://english.peopledayly.comc./dengxp/vol3/text/d1020.html).

Bill Clinton über die Notwendigkeit, China einzubinden (Mai 1994)
Pressekonferenz, Washington, 26.5.1994, zitiert in: *US Policy Information and Texts*. Washington DC: United States Information Service, 31.5.1994.

Jiang Zemin über China als „großes Land" (Juli 2001)
Rede zum 80. Jahrestag der Gründung der KPCh, erster Teil, zitiert nach: *China Daily* (16.7.2001), (http://www1.chinadaily.com.cn/highlights/docs/2001-01-01/17461.html).

Die chinesische Botschaft in den USA über das Alter der chinesischen Zivilisation (Mai 2002)
Botschaft der Volksrepublik China in den USA, Pressemitteilung. Washington DC: 12.5.2002 (http://www.chinaembassy_us).

Deng Xiaoping über den Einparteienstaat in Zeiten der wirtschaftlichen Öffnung (Januar/Februar 1992)
Auszüge aus in Wuchang, Shenzhen, Zhuhai und Shanghai gehaltenen Reden, 18.1.– 21.2.1992 (http://www.olemiss.edu/courses/pol1324/dengxp92.htm).

Ausgewählte allgemeine Literatur zur Außenpolitik der Volksrepublik China

Monografien

China's International Role. Key Issues, Common Interests, Different Approaches. Bonn, Friedrich Ebert-Stiftung, 1997.
China and the World. Chinese Foreign Policy Faces the New Millennium. Boulder CO, Westview, 1998, 4. Aufl.
Bhatty, Maqbool Ahmad: China's Emerging Role in the World. Islamabad, Institute of Strategic Studies, 2000.
Camilleri, Joseph: Chinese Foreign Policy. The Maoist Era and Its Aftermath. Oxford, Martin Robertson, 1980.
Deng, Yong (Hrsg.): In the Eyes of the Dragon. China Views the World. Lanham MD, Rowman and Littlefield, 1999.
Economy, Elizabeth/Oksenberg, Michel (Hrsg.): China Joins the World. Progress and Prospects. New York NY, Council on Foreign Relations, 1999.
Faust, John R./Kornberg, Judith F.: China in World Politics. Boulder CO, Rienner, 1995.
Friedman, Edward (Hrsg.): What If China Doesn't Democratize? Implications for War and Peace. Armonk NY: Sharpe, 2000.
Galen Carpeter, Ted (Hrsg.): China's Future. Constructive Partner or Emerging Threat? Washington DC: Cato Institute, 2000.
Garver, John W.: Foreign Relations of the People's Republic of China. Prentice Hall, Englewood Cliffs, 1993.
Gurtov, Melvin/Hwang, Byong-Moo: China under Threat. The Politics of Strategy and Diplomacy. Baltimore MD, Johns Hopkins University Press, 1980.
Hunt, Michael H.: The Genesis of Chinese Communist Foreign Policy. New York NY, Columbia University Press, 1996.
Kempf, Gustav: Chinas Außenpolitik. Wege einer widerwilligen Weltmacht. München, Oldenbourg, 2002.
Jia Qingguo: From Self-Imposed Isolation to Global Cooperation. The Evolution of Chinese Foreign Policy since the 1980s. Bonn, Internationale Politik und Gesellschaft, 1999.
Lampton, David M. (Hrsg.): The Making of Chinese Foreign and Security Policy in the Era of Reform, 1978–2000. Stanford CA, Stanford University Press, 2001.
Möller, Kay: Sicherheitspartner Peking? Die Beteiligung der Volksrepublik China an Vertrauens- und Sicherheitsbildenden Maßnahmen seit Ende des Kalten Krieges. Baden-Baden, Nomos Verlagsgesellschaft, 1998.
Ong, Russell C.M.: China's Security Interest in the Post-Cold War Era. Richmond VA: Curzon 2002.
Opitz, Peter Joachim: Gezeitenwechsel in China. Die Modernisierung der chinesischen Außenpolitik. Zürich, Ed. Interfrom, 1991.
Robinson, Thomas W. (Hrsg.): Chinese Foreign Policy. Theory and Practice. Oxford, Clarendon Press, 1994.
Roy, Denny: China's Foreign Relations. Houndmills, Macmillan, 1998.

Segal, Gerald (Hrsg.): Chinese Politics and Foreign Policy Reform. London, Kegan Paul International, 1990.
Segal, Gerald: China Changes Shape. Regionalism and Foreign Policy. How Will the Outside World Deal with a China Re-shaped by the Forces of Decentralisation and Internal Reform? London, Brassey's, 1994.
Shao Kuo-kang: Zhou Enlai and the Foundations of Chinese Foreign Policy. New York NY, St. Martin's Press, 1996.
Shih Chih-yu: The Spirit of Chinese Foreign Policy. A Psychocultural View. Houndmills, Macmillan Press, 1990.
Sutter, Robert G.: Chinese Foreign Policy after the Cultural Revolution, 1966–1977. Boulder CO, Westview Press, 1978.
Walsh, J. Richard: Change, Continuity and Commitment. China's Adaptive Foreign Policy. Lanham MD, University Press of America, 1988).
Weggel, Oskar: Weltgeltung der VR China. Zwischen Verweigerung und Impansionismus. Hamburg, Institut für Asienkunde, 1986.
Yahuda, Michael B.: Towards the End of Isolationism. China's Foreign Policy after Mao. London, Macmillan, 1984.
Zhao Quansheng: Interpreting Chinese Foreign Policy. The Micro-Macro Linkage Approach. Hongkong, Oxford University Press, 1996.

Aufsätze

Chinese Foreign Policy, in: The China Quarterly (London), No. 142 (June 1995).
Armstrong, David: Chinese Perspectives on the New World Order, in: The Journal of East Asian Affairs (Seoul), Vol. 8, No. 2, S. 454–481.
Chang Ya-chün: Peking's Foreign Policy since 1949. A Struggle for Autonomy, in: Issues and Studies (Taipei), Vol. 25, No. 10 (October 1989), S. 40–59.
Chen Qimao: New Approaches in China's Foreign Policy. The Post-Cold War Era, in: Asian Survey (Berkeley CA), Vol. 33, No. 3 (March 1993), S. 237–251.
Christensen, Thomas J.: Chinese Realpolitik, in: Foreign Affairs (New York NY), Vol. 75, No. 5 (September/October 1996), S. 37–52.
Deng Yong: The Chinese Conception of National Interest in International Relations, in: The China Quarterly (London), No. 154 (June 1998), S. 308–329.
Deshpande, G.P.: The World and China. Four Decades of China's Foreign Policy, in: China Report (New Delhi), Vol. 26, No. 1 (January-March 1990), S. 23–32.
Ding, Arthur S.: Peking's Foreign Policy in the Changing World, in: Issues and Studies (Taipei), Vol. 27, No. 8 (August 1991), S. 17–30.
Foster, Gregory D.: China as a Great Power. From Red Mance to Green Giant?, in: Communist and Post-Communist Studies (Oxford), Vol. 34, No. 2 (June 2001), S. 157–174.
Friedrich, Stefan: Außenpolitik, in: *Brunhild Staiger* (Hrsg.): Länderbericht China. Darmstadt, Primus, 2000, S. 103–134.
Gottwald, Jörn Carsten/Kirchberger, Sarah: Pragmatischer Realismus. Chinesische Außenpolitik zwischen Hegemoniestreben und wirtschaftlichen Zwängen, in: Blätter für deutsche und internationale Politik, Bd. 46, Nr. 10 (Oktober 2001), S. 1230–1240.
Holbig, Heike: Wende im internationalen Verhalten Chinas? Nationale Interessen in der globalen Antiterrorallianz, in: Internationale Politik, Bd. 57, Nr. 2 (Februar 2002), S. 1–6.
Hsiung, James C.: Peking's Foreign Policy after the Thirteenth Party Congress. New Strategic Environment and Domestic Linkages, in: Issues and Studies (Taipei), Vol. 24, No. 10 (October 1988).

Hughes, Christopher: Globalisation and Nationalism: Squaring the Circle in Chinese International Relations Theory, in: Millennium (London), Vol. 26, No. 1 (Spring 1997), S. 103-124.

Jia Qingguo: China's Foreign Policy at the Turn of the Century, in: Österreichisches Jahrbuch für Internationale Politik 1999. Wien: Braumüller, 1999, S. 80-101.

Kane, Thomas: China's Foundations. Guiding Principles of Chinese Foreign Policy, in: Comparative Strategy (Philadelphia PA), Vol. 20, No. 1 (2001, S. 45-55.

Kim, Samuel S.: Die Dialektik chinesischer Weltordnungsvorstellungen, in: WeltTrends (Berlin), Nr. 2 (März 1994), S. 114-132.

Kreisberg, Paul H.: Peking's Foreign Policy after the Thirteenth Party Congress, in: Issues and Studies (Taipei), Vol. 24, No. 10 (October 1988), S. 32-54.

Lu Shulin: Five Decades of New China's Foreign Policy, in: Pakistan Horizon (Karachi), Vol. 52, No. 4 (October 1999), S. 7-14.

Möller, Kay: China's Foreign Relations, 1978-1999. Unleashed, the Tiger Feels Lonely, in: *Werner Draguhn/David S.G. Goodman* (Hrsg.): Fifty Years of the People's Republic of China. London, Routledge Curzon, 2002, S. 208-249.

Morgan, T. Cliffton/Palmer, Glenn: Chinese Foreign Policy in the Twenty-First Century. Insights from the „Two-Good" Theory, in: Issues and Studies (Taipei), Vol. 35, No. 3 (May/June 1999), S. 35-60.

Näth, Marie Luise: Die Außenpolitik der Volksrepublik China, in: *Wichard Woyke* (Hrsg.): Netzwerk Weltpolitik. Opladen, Leske + Budrich, 1989, S. 273-300.

Oksenberg, Michel: China's Confident Nationalism, in: Foreign Affairs. New York NY, Vol. 65, No. 3 (1987), S. 501-523.

Roy, Denny: China's Post-Deng Foreign Relations, in: International Journal (Toronto), Vol. 53, No. 1 (Winter 1997/98), S. 133-146.

Rozman, Gilbert: China's Quest for Great-Power Identity, in: Orbis (Stamford CT), Vol. 43, No. 3 (Summer 1999), S. 383-402.

Scalapino, Robert A.: The Foreign Policy of the People's Republic of China. A Balance-Sheet, in: Asian Journal of Political Science (Singapur), Vol. 2, No. 2 (December 1994), S. 20-43.

Segal, Gerald: Modernizing Foreign Policy, in: David S.G. Goodman/Martin Lockett/Gerald Segal (Hrsg.): *The China Challenge*. London, Routledge and Kegan, 1986.

Sheng Lijun: China's View of the War Threat and Its Foreign Policy, in: Journal of Northeast Asian Studies (New Brunswick NJ), Vol. 11, No. 3 (Fall 1992), S. 47-69.

Shih Chih-yu: A Markov Model of Diplomatic Change and Continuity in Mainland China, in: Issues and Studies (Taipei), Vol. 28, No. 6, S. 1-15.

Whiting, Allen S. (Hrsg.): China's Foreign Relations, in: The Annals of the American Academy of Political and Social Science (Newbury Park CA), No. 519 (January 1992), S. 9-238.

Stone, Robert: The Relationship between Chinese Domestic Politics and Foreign Policy in Historical Perspective, in: Asian Thought and Society (Oneonta NY), Vol. 24, No. 71 (May/August 1999), S. 97-112.

Swaine, Michael D.: Does China Have a Grand Strategy?, in: Current History (Philadelphia PA), Vol. 99, No. 683 (September 2000), S. 274-279.

Weggel, Oskar: Außenpolitik im Labyrinth. Rückblick auf 50 Jahre und kurzer Blick voraus, in: China aktuell (Hamburg), Bd. 28, Nr. 10 (Oktober 1999), S. 1055-1059.

Yahuda, Michael B.: China's Search for a Global Role, in: Current History (Philadelphia PA), Vol. 98, No. 629 (September 1999), S. 266-270.

Yu Bin: The Study of Chinese Foreign Policy. Problems and Prospects, in: World Politics (Baltimore MD), Vol. 46, No. 2 (January 1994), S. 235–261.

Zhao Quansheng: Patterns and Choices of Chinese Foreign Policy, in: Asian Affairs (Washington DC), Vol 20, No. 1 (Spring 1993), S. 1–15.

Zhao Suisheng: Beijing's Perception of the International System and Foreign Policy Adjustment in the Post-Cold War World, in: Journal of Northeast Asian Studies (New Brunswick NJ), Vol. 11, No. 3 (Fall 1992), S. 70–83.

Internetquellen

China Internet Information Center
http://www.china.org

China Today
www.chinatoday.com.cn

The China Daily
http://www1.chinadaily.com.cn

China Politics Link
http://www.wellesley.edu/Polisci/wj/chinalinks.html

Internet Guide for Chinese Studies: Politics
http://sun.sino.uni-heidelberg.de/icgs/igpol.htm

China: Domestic Politics and Foreign Affairs
http://newton.nor.edu/DepartmentsPrograms/AsianStudiesDept/china-pol.html

Brookings Institute: Resources on China
http://www.brook.edu/dybdocroot/fp/research/areas/china/china.htm

Henry L. Stimson Center China Program
http://www.stimson/org/chin/?SN=CH2001111537

Cold War International history Project Virtual Archive
http://wwics.si.edu/index.cfm?topics_id=1409&fuseaction=liberary.Collection

Chinanews
http://www.sinomania.com

China Brief
http://www.jamestown.org/pub_china.htm

Taiwan Security Research
http://www.taiwansecurity.org

Namensregister

Ahtisaari, Matti   236
Akihito   149
Allende, Salvador   244
Andropow, Juri   107
Aquino, Corazon   165
Arafat, Yassir   208, 211, 215
arap Moi, Daniel   243

Bakhtiar, Shapur   213
Balladur, Edouard   227
Bazargan, Mehdi   213
Berlusconi, Silvio   237
Blair, Tony   224
Breschnjew, Leonid   74, 78, 82, 88, 91, 106f., 208, 211
Brzezinski, Zbigniew   98f.
Bush, George W.   108, 110, 117, 123, 125, 127, 129ff., 154, 215, 217, 236
Bush, George W. Sr.   35

Carter, Jimmy   88f., 93, 100, 105
Castro, Fidel   60, 245
Ceaucescu, Nicolae   221
Chen Shuibian   130, 157
Chen Yi   37, 70f.
Chen Yun   81, 103f.
Chernenko, Konstantin   107
Chiang Chingkuo   156
Chiang Kai-shek   23 – 28, 36, 45f., 48, 51, 57
Chirac, Jacques   228, 233
Christopher, Warren   123
Chruschtschow, Nikita   54f,, 57f., 60f., 63f., 66
Clinton, Bill   117f., 122f., 127, 150, 176f., 179f., 201ff.
Clinton, Hillary   122

Dalai Lama   160f., 177, 235
13. Dalai Lama   49
14. Dalai Lama   58
de Gaulle, Charles   61, 64

Deng Xiaoping   17, 32 – 35, 38, 40, 56, 68f., 81, 87ff., 90, 93ff., 97, 99, 102 – 106, 110, 113f., 117, 119ff., 125f., 130, 133, 140f., 148, 156, 162, 221, 225, 228, 248, 250
Dumas, Roland   227, 230

Eagleburger, Lawrence   110
Eden, Anthony   50
Eisenhower, Dwight D.   48, 58, 123
Enksaikhan, Mendsaikhany   160

Fang Lizhi   103, 109
Fernandes, George   200
Ford, Gerald   88
Fraser, Malcolm   170

Gandhi, Indira   197
Gandhi, Rajiv   197ff.
Geng Biao   37
Gorbatschow, Michail   40, 104, 107, 109, 115, 162, 152, 197f., 221, 225
Gowda, Deve   200
Gujrat, Inder Kumar   200

Haig, Alexander   105
Hashimoto, Ryutaro   150
Hawke, Bob   170
Heath, Edward   223
Ho Chi Minh   48, 50, 78
Hodscha, Enver   55, 58
Howard, John   170
Hu Jintao   114, 126, 130, 151, 166, 171, 228, 245
Hu Yaobang   94, 103f., 106
Hua Guofeng   81, 88, 91, 93f., 102, 212f.
Huang Hua   37, 211
Hussein, Saddam   215, 217f.

Jaruzelski, Wojciech   221
Jelzin, Boris   115f., 124, 187f.
Ji Pengfei   37

Jiang Qing 69, 81, 87
Jiang Zemin 105, 114f., 118f., 121 – 126, 130, 142, 150, 179, 182, 188, 200, 202f., 217f., 226, 231, 243, 245
Jiang Zhu Rongji 120

Kaifu, Toshiki 117
Kang Sheng 69
Keating, Paul 170
Kennedy, John F. 60f.
Khomeiny, Ruhollah 213, 217
Kim Dae-chung 153
Kinkel, Klaus 225f.
Kissinger, Henry 54, 82f., 87, 102, 229
Kohl, Helmut 224 – 227
Koizumi, Junichiro 151, 189
Konfuzius 81
Kosygin, Alexej 78
Krenz, Egon 225

Lee Kuan Yew 164
Lee Hsien Loong 164
Lee Teng-hui 121, 127, 157, 165
Li Peng 103f., 113f., 226, 228, 232
Li Xiannian 91
Li Zhaoxing 37
Liao Chengzhi 37
Lin Biao 35, 57, 68f., 71f., 75, 80f.
Liu Huaqing 114
Liu Shaoqi 56, 68ff., 74, 94
Lon Nol 82
Lu, Annette 158
Luo Ruiqing 72, 91

Macapagac-Arroyo, Gloria 166
MacArthur, Douglas 47f.
Major, John 224
Mao Zedong 23, 26, 32, 34, 37, 40, 45ff., 49, 54 – 57, 68f., 71ff., 79f., 82, 88, 93f., 133, 196, 208, 248f.
Marcos, Ferdinand 165
Marshall, George 26
Mobutu, Sese Seko 90, 143, 241
Mohamad, Mahathir 165
Mugabe, Robert 243
Musharraf, Pervez 202, 204f.

Ne Win 64, 71
Nehru, Jawaharlal 59f.
Neto, Agostino 88
Nixon, Richard M. 79, 83, 86, 90, 109, 170

Ochirbat, Punsalmaagiyn 160

P'u-yi 22f.
Pahlevi, Shah Reza 90, 212f.
Patten, Chris 224
Peng Dehuai 57, 69
Pinochet, Augusto 90, 143, 244
Pol Pot 96
Powell, Colin 129, 181
Primakow, Jewgenij 201
Prodi, Romano 235, 237
Putin, Wladimir 189, 202

Qian Qichen 37, 226, 230f., 242
Qiao Guanhua 37
Qiao Shi 114, 120

Rabin, Yitzhak 210
Ramos, Fidel 165
Rao, Narasimha 199
Reagan, Ronald 93, 105f., 108, 149, 211
Roosevelt, Franklin D. 25f.
Rumsfeld, Donald 127

Sadat, Anwar al- 209
Schmidt, Helmut 224
Schröder, Gerhard 227, 236
Scowcroft, Brent 110
Shah Reza Pahlevi 90, 212f.
Shekhar, Chandra 199
Sihanouk, Norodom 65, 82, 96
Singh, Manmohan 202
Singh, V.P. 199
Snow, Edgar 83
Souvanna Phouma 65
Stalin, Josef 23, 45ff., 49, 58
Stillwell, Joseph 25
Suharto, Ahmad 70, 164, 166
Sukarno 59
Sun Yat-sen 22, 36
Sun-tse 32

263

Tanaka, Kakuei 86
Tang Jiaxuan 37
Tenet, George 182
Thatcher, Margaret 106, 223
Thorez, Maurice 61
Tito, Josip Broz 52, 54f., 58, 74
Trudeau, Pierre 183
Truman, Harry S. 26, 48
Tz'u-hsi 21

Vajpayee, Atal Behari 200ff.
Vance, Cyrus 89

Wahid, Abdurrahman 164
Waldersee, Alfred Graf von 21
Wei Jingsheng 95, 232, 235
Wen Jiabao 126, 177
Wu Xueqian 37
Wu, Harry 122

Yang Baibing 114
Yang Shangkun 114
Ye Jianying 156
Yuan Shikai 22

Zhao Ziyang 94, 103ff., 108, 197, 242, 244
Zhdanow, Andrej 45
Zheng He 17
Zhou Enlai 24, 26, 37, 52, 58, 65, 69, 71, 74, 78, 81f., 87, 94, 241
Zhu Rongji 114, 119, 125, 170, 202, 231

Register

Abbau der grenznahen Truppen 116
ABC-waffenfreie Zone 216
Richtlinien für den Export von
ABC-Technologie 180
Abhängigkeit, wirtschaftliche 158
Abkommen/Verträge
25-Jahresvertrag über den Import von
australischem Gas 171
Abkommen über gemeinsame Ölsuche 165
Abkommen über Landesgrenze 162
Abkommen von 1985 über nukleartechnologische Kooperation 109
Abkommen von Camp David 209
Abkommen, umweltpolitische 39
Abkommen von Dayton 222
Allgemeines Zoll- und Handelsabkommen 113
Allianzvertrag 147
Atomwaffensperrvertrag 117, 152f., 178, 204, 216
Baghdad-Pakt 212
Beistandsvertrag, militärischer 48
Bündnisvertrag mit der Sowjetunion 101
Freundschaftsvertrag mit der Sowjetunion 25, 91
Friedens- und Freundschaftsvertrag 97, 148f.
Friedensabkommen für Kambodscha 116
Friedensvertrag 85f.
Friedensverträge von 1991 163
Gaza-Jericho-Abkommen 211
Grenzvertrag 116, 163
Handelsabkommen/-verträge 148, 212, 229
Rahmenabkommen 153
Rüstungsexportabkommen 210
Teststoppabkommen 178, 204, 241
Treaty on Amity and Cooperation 167
Übergabevertrag 223
Vertrag über Freundschaft und Zusammenarbeit 95, 160
Vertrag über Freundschaft und Zusammenarbeit 2001 190
Vertrag über Freundschaft, Allianz und gegenseitige Hilfe 45
Vertrag über Freundschaft, Zusammenarbeit und gegenseitigen Beistand 152
Vertrag über Frieden, Freundschaft und Zusammenarbeit 196
Vertrag über gegenseitige Verteidigung, amerikanisch-taiwanesischer 99
Vertrag über nukleartechnologische Zusammenarbeit 108
Vertrag über Rüstungslieferungen, amerikanisch-pakistanischer 203
Vertrag vom August 1963 über das Verbot von Atombombentests in der Atmosphäre 58
Vertrag von Nanking 20
Vertrag von Portsmouth 21
Vertrag von Shimonoseki 21, 136
Vertrag von Tlatelolco 244
Vertrag, sino-sowjetischer 46
Verträge, ungleiche 20, 63, 75
Abrüstung 232, 251
– der DVRK 155
Absatzmarkt 156
Achse Berlin-Paris 235
Achse des Bösen 154
Aden 212
Afghanistan 52, 70, 101, 106f., 151, 204
afghanische Mujaheddin 101
afghanischer Bürgerkrieg 197
Taliban(-Regime) 191ff., 204
Afrika 45, 59, 64, 93, 240, 242
African National Congress (ANC) 242
Afrikapolitik 241, 243
Nord- und Westafrika 242
Nordafrika 207, 217
ost- und südafrikanische Staaten 242

265

Schwarzafrika 71
Swapo 242
Ägypten 52, 208f., 213f., 218
ägyptisch-sowjetische Beziehungen 209
Kairo 136
Airbus 228, 233
Aksai Chin 60
Albanien 58, 86
Algerien 208, 241
Algier 66
Alleinvertretungsanspruch 156
Allianz
 – amerikanisch-japanische 190
 – mit den USA 150, 166
 – mit der Sowjetunion 248
 – -vertrag 147
Ambitionen, multipolare 151
Amur 75, 116
Andamanensee 200, 206
Anerkennung, diplomatische 210
Angkor 29
Angola 88, 98, 106, 242
 FNLA 241
Annam 29
Antihegemonial-Prinzip 83
Antihegemonieklausel 97
Antihegemonismus 98
 antihegemonistische Front 95, 97
Antirevisionismus 74
Antiterror-Allianz/-Koalition 125, 129f., 171, 178, 182, 204, 218
ANZUS (Australia, New Zealand, United States) 170
APEC (Asia-Pacific Economic Cooperation) 118, 150, 175, 183, 246
arabische Halbinsel 214
ARF (Asean Regional Forum) 167f., 206
Argun 188
Argentinien 134, 244f.
 Falkland-Inseln 244
Arsenal
 – nukleares 204
 – strategisches 180
Asean 96, 161 – 169, 206
 ASEAN Free Trade Area 167
 Asean Regional Forum 167f., 206
 Asean+3 168f.
 Asean-China-Dialog 168
 Asia-Europe Meeting 234

Asian Development Bank (ADB) 113, 162
Asien 45, 59, 64, 83, 93
 asiatisch-pazifische Region 97
 Asiatische Entwicklungsbank 113, 162
 asiatische KSZE 108
 System der kollektiven Sicherheit in Asien (KSA) 78
Association for Relations across the Taiwan Strait 157
Äthiopien 98, 241
Atom
 – -bombe 55f., 66, 203
 – -programm, ziviles 123
 – -reaktoren 216
 – -technologie 142, 227
 – -waffen 32, 38, 123, 144, 154, 216
 – chinesische 190
 – Einsatz von 129
 – Ersteinsatz von 116
 – -freie Zone
 – in Lateinamerika 244
 – in Südasien 198, 204
 – Nichtverbreitung von 108
 – -programm, Saddam Husseins 216
 – -sperrvertrag 117, 152f., 178, 204, 216
 – -tests 160, 201, 203
 – chinesische 151
Aufnahme diplomatischer Beziehungen 85f., 187
Ausbildungsprogramme 234
Auslandschinesen 29, 31, 51, 59, 70, 164
 auslandschinesische Gemeinschaften 141
Auslandsverschuldung 148
Außen- und Sicherheitspolitik, gemeinsame 229
außen- und sicherheitspolitische Abstimmung zwischen Moskau, Peking und Delhi 201
Außenhandel(s) 94
 – -anteil 119
 – -volumen 113
Außenminister 37
Außenministerium 28
Außenpolitik, unabhängige 105, 107
Außenwirtschaft 94

Australien 35, 64, 134, 164, 166f., 170f., 175, 184
  25-Jahresvertrag über den Import von australischem Gas 171
  diplomatische Beziehungen zu China 170
Ayuthya 30

Baghdad 109
Baghdad-Pakt 212
Balkan 231
Bandung 50ff., 54, 57
  - -Konferenz 65
Bangladesh 82, 203, 205
Barbaren 29, 33
Bedrohung, militärische 159
Befreiungsbewegungen, nationale 242
Befreiungskämpfe, nationale 65
Beistandsgarantie 159
Beistandsvertrag, militärischer 48
Belgien 20, 86
Beziehungen
  - chinesisch-amerikanische 80
  - diplomatische 156, 183, 212, 215
  - kulturelle 230
  - rüstungswirtschaftliche 222
  - wirtschaftliche 230
Bharatiya Janata-Partei 200
Bhutan 205
Birma 25, 30, 32, 48, 51, 64f., 70, 97, 136, 162f., 167, 205, 234
  birmanische Junta 116
  Kommunistische Partei Birmas 71
BJP (Bharatiya Janata Party, Indien) 200
Blockfreie Staaten 51, 59
Blockfreienbewegung 59
Bolivien 244
Bosnien 221
Boxer 21
  - -aufstand 36
Brasilien 244f.
Brennelementefabrik 227
Breschnjew-Doktrin 75
Brief in 25 Punkten 61
Brunei 164
Bundesrepublik Deutschland 21, 51, 86, 161, 222f., 224ff., 230f., 233
  deutsche Einheit 226f.
  Deutscher Bundestag 226

  deutsch-französische Ablehnung der militärischen Intervention im Irak 236
  Fall der Berliner Mauer 225
  Wiedervereinigung 224f.
Bündnisvertrag mit der Sowjetunion 101
Bürgerkrieg 22, 36
Bürgerrechtsbewegung 65
Buryatskaya 160
Bush-Administration 109, 113, 117, 129, 140, 155, 178, 180, 218

Cam Ranh Bay 95
Carter-Administration 96, 99, 101
Ceylon → Sri Lanka
Champa 29
Chile 90, 143, 244
China-
  - Strategiepapiere 237
  - -handel 163, 183, 233
  - -lobby 148
  - -politik in den USA 176
Chinas Gesetz über das Küstenmeer 149
Chinesen, ethnische 95
Chinesischer Revolutionsbund 22
christlich-liberale Koalition 224
Clinton-Administration 119, 177, 210
Clintons Einbindungsangebot/-politik 119, 121
Cocom 223, 226
Commonwealth 50
Congressional Executive Commission on China 177

Dairen (Dalian) 21, 25, 46
Damansky (Zhenbao) 75
Dänemark 233
DDR 50, 115, 225f.
Defensivwaffen 99f.
Demarkationslinie 199
Democratic Progressive Party 157
Demokratie 157
Demokratische Republik (Nord-)Vietnam → Nordvietnam
Demokratische Volksrepublik (Nord-)Korea → Nordkorea
Demokratische Volksrepublik Laos → Laos
Demokratisierung(sprozess) 159f., 243
Deng Xiaopings Strafexpedition 30
Dengsche Reformen 242

267

Desert Storm 215
Deutschland → Bundesrepublik Deutschland
Devisenreserven 140
Dezentralisierung 140
Dhofar Liberation Front 212
Dominikanische Republik 244
Dialog
- -partner(schaft) 168, 206
- bilateraler 150
- militärischer 106, 118, 130
- politischer 224, 234
- sicherheitspolitischer 118, 123, 150f, 166, 201
Diaoyutai 98
Dien Bien Phu 50
Diplomatie 36
- flexible 157
- unabhängige 108
Direktinvestitionen 224
- ausländische 38, 94, 102, 119, 125, 129, 225, 229
Dissidenten 109, 120, 177, 230
Doktrin der begrenzten Souveränität 74, 106
Draht, heißer 123f., 126, 199, 203
Dreieck, strategisches 54, 87, 93, 102, 113, 170, 176, 206, 229
Dreiweltentheorie 35, 90
Dritte Welt 240
Dritter Weg 235
Drogen
- bekämpfung 162
- handel 143, 192, 235
Drohgebärden, militärische 157
DRV → Nordvietnam
dual use 163, 226
- -Exporte 101
- -Technologie 99
Dubai 216
DVRK → Nordkorea
Dynastien
- Han 31
- Ming 136
- Qing 18, 36, 136
- Shang 133
- Yuan 17

East Asian Community, EAC 169
Ecuador 244
Ein-China-Prinzip 157, 168
Einbindung 117, 119, 182
Einheitsfront 70, 95f., 208
- internationale 63ff.
Einmarsch, britisch-amerikanischer 218
Einwanderung, illegale 235
El Salvador 244
Embargo 218
- nukleartechnologisches 179
Enduring Freedom 206
Energie- und Lebensmittellieferungen 153
Energiereserven, sibirische und zentralasiatische 187
Engagement, konstruktives 232
England → Großbritannien
Entspannungs- und Abrüstungsprozesse 162, 229
Entwicklungshilfe(leistungen) 226, 240f.
Entwicklungsländer 37, 107
Erdöl 212
- -importe 205, 216
- chinesisches 98
Erschließung sibirischer Erdöl- und Gasvorkommen 189
Erklärung, Gemeinsame 169
Erster Weltkrieg 22
Estland 115
Euro 235
Europa 86, 108, 124, 220
Europäische Abrüstungsinitiativen 107
Europäische Gemeinschaft (EG) 167, 223, 225, 227 - 231
EG-Kommission 231
europäische Investoren 229, 233
europäische Konkurrenten 176
Europäische Politische Zusammenarbeit 229
Europäische Union (EU) 124, 177, 220, 228, 231, 234 - 237
EU-Beitritt der osteuropäischen Staaten 221
EU-China-Menschenrechtsdialog 234
EU-Informationsbüro in Taipei 235
EU-Kommission 232, 234, 237
EU-Strategiepapier 237
EU-Waffenembargo 227

Europäische Verteidigungsgemeinschaft 50
europäische Verteidigungspolitik 231
Europäische Wirtschaftsgemeinschaft 86
Europäischer Rat 229, 233
Europäisches Parlament 234f.
Langfristige Strategie für die Beziehungen zwischen China und Europa 232
Gemeinsame Außen- und Sicherheitspolitik der EU (GASP) 231, 236
Expansion, militärische 161
Export(e)
– chinesische 129
– nuklearer Technologien 123, 178f.
– -offensive, chinesische 187
Extraterritorialität 20

Falkland-Inseln 244
Falungong-Sekte 121
Faschismus 45
Fatah 208
Ferner Osten 107f., 206
fernöstliches Kräftegleichgewicht 189
Festlegung der östlichen Grenze 116
Fez-Plan 211
Finanzhilfen 163
Finanzinstitutionen, internationale 109, 119
Five Power Defence Arrangements 166
Flottenbesuche 199
Flugzeugträger 206
FNL (Front National de Libération, Südvietnam) 74
FNLA (Frente Nacional de Libertaçao de Angola) 241
Föderation für ein Demokratisches China 227
Frankreich 20f., 48, 50, 64, 78, 83, 124, 218, 222f., 225, 227f., 230f., 233
deutsch-französische Ablehnung der militärischen Intervention im Irak 236
Kommunistische Partei Frankreichs 61
Pariser Gespräche 74
Freihandelsabkommen 171
Freihandelszone 193
– gemeinsame 169
Frelimo 242

Friedrich Naumann-Stiftung 226
Front National de Libération 72
Führungsgruppe für auswärtige Angelegenheiten 37
Fünf Prinzipien der Friedlichen Koexistenz 51, 71, 83, 201

G-7 149, 233, 236
G-8 201
Gabun 240
Galileo (Satelliten-Navigationsprojekt) 237
GASP (Gemeinsame Außen- und Sicherheitspolitik, EU) 231, 236
Geldwäsche 235
Gemeinschaft Unabhängiger Staaten (GUS) 115, 187, 191
Genf 50, 57, 178
Genfer Laos-Konferenz 51, 65
Getreide 119, 134
Gewaltverzicht 116
Ghana 241
Gipfeltreffen 234f., 237, 243
– zweites afro-asiatisches 65
Globalisierung 40, 131, 249, 251
Goldenes Viereck 162
Golf 109, 207, 212, 214, 216
– -krieg, Erster 217
– -politik 212
– -region 135, 207
– -staaten 208
– von Tonking 72
Great Coco-Insel 201
Grenada 244
Grenze
– gemeinsame (mit UdSSR) 101
– sibirische 197
Grenzfrage 197
Grenzgebiete, umstrittene 90
Grenzhandelskampagnen 163
Grenzkrieg 60
– mit der Sowjetunion 74
Grenzprobleme 187f., 196, 201
Grenztruppen 199
Grenzverhandlungen 75, 78, 91, 106f., 196f., 199 – 202
Grenzvertrag 116, 163
Griechenland 86, 231, 233

269

Großbritannien 18, 23, 25, 36, 49f., 56, 166, 212, 223ff., 229f.
 Labour 223
Große Mauer 29, 31
Größere Mekong-(Sub-)Region 162f.
Grundgesetz (bzgl. Hongkong) 223
Gruppe der sieben Industriestaaten 110
Guatemala 39, 245
Guerillas 241
Guinea (→ auch Papua-Neuguinea) 241

Hainan 127
Haiti 245
Halbinsel Liaodong 21
Han-Chinesen 159
Handel 140, 214, 216, 221, 229, 243, 245
 – bilateraler 99, 107f., 148, 152, 164, 188, 198, 212
 – grenznaher 191, 198
 – transpazifischer 175
 – zwischen Taiwan und China 158
Handels
 – -abkommen 148, 229
 – -beziehungen 209
 – -bilanz 229
 – -überschüsse 225
 – -defizit 107, 233
 – bilaterales 140
 – -gipfel 243
 – -krieg 151, 176f.
 – mit den USA 124
 – -netzwerke, transnationale 143
 – -partner 147, 161, 165, 176, 224f., 243
 – -überschuss 176
 – -vertrag 212
 – -volumen, bilaterales 101
Harbin 21
Hegemonismus 124
Heißer Draht 123f., 126, 199, 203
Hemmnisse für Handel und Investitionen 176
Hilfen 241
 – bilaterale 168
 – chinesische 244
Himalaya 33, 197, 200f., 203, 205, 207
 – -Grenze 199, 204
 – -Krieg 60, 196
 Aksai Chin 60
 Kräftegleichgewicht im Himalaya 206

Hiroshima 25
HIV-Virus 143
Hochseemarine 142
Hochtechnologieembargo 118
Hongkong 20, 25, 40, 63, 70f., 106, 119f., 141, 156, 210, 223, 230, 233ff.
 Grundgesetz 223
 SAR 224
Horn von Afrika 214
Hui 135

IAEO (Internationale Atomenergie-Organisation) 108, 123, 153
Identität 159
Immigration, chinesische 161, 187, 191
Imperialismus 45, 64f., 70, 79, 82, 241
Indien 49, 51f., 58, 60, 70f., 78, 129, 136, 164, 168f., 190, 196, 198ff., 201 – 207, 217
 Aksai Chin 60
 BJP 200
 chinesisch-indischer Krieg 59
 Darjeeling 70
 ethnische Unabhängigkeitskämpfer in Indiens Nordosten 196
 indisch-amerikanische Partnerschaft 206
 indisch-chinesische Beziehungen 58
 indisch-chinesische Grenze 58
 indisch-chinesische Spannungen 207
 indisch-chinesischer Normalisierungsprozess 200
 indisch-pakistanisches Verhältnis 198
 indisch-sowjetischer Freundschaftsvertrag 82
 indische Atomrüstung 201
Indischer Ozean 163, 205, 242
Indochina 21, 48, 50f., 73, 79f., 82, 85, 96, 98, 106, 167, 234
 indochinesische Föderation 96
 Erster Indochinakrieg 72
 Zweiter Indochinakrieg 35, 72
Indonesien 51, 65, 97, 116, 158, 163f., 166ff., 206
 Partai Komunis Indonesia 59
Informations-Software 206
Inselkette, strategische 170
Interdependenzen 40, 249, 251
 – ökonomische 119, 149
Interesse, ökonomisches 232

Internationale Atomenergie Organisation 108, 123, 153
Internationaler Währungsfonds (IWF) 113, 168, 251
Internationales Olympisches Komitee 130
Internet 120
Intervention, menschenrechtlich begründete 192
Investitionen, ausländische 113
– Förderung von 235
Investoren 156, 158
– ausländische 94, 114
Irak 117, 151, 183f., 208, 212f., 218, 230, 236f.
chinesische Rüstungslieferungen an den Irak 213
irakisch-sowjetischer Freundschaftsvertrag 212
Iran 90, 109, 122f., 179, 212f., 215 – 218
chinesische Rüstungslieferungen an den Iran 214
iranisches Rohöl 212
iranisch-irakischer Krieg 109, 213
Islamische Republik 217
Shah-Regime 212
Irian Jaya 164
Irland 230
Israel 208 – 211
arabisch-israelische Friedensverhandlungen 217
Gaza-Jericho-Abkommen 211
israelische Siedlungspolitik 209
Yom Kippur-Krieg 209
Italien 86, 230, 233

Jackson-Vanik Amendments 101
Janata Dal-Partei 199
Japan 21ff., 25, 29, 36, 45, 52, 82, 86, 97, 103, 117, 124, 129, 135ff., 141, 144, 147, 149ff., 154f., 159, 161, 167, 169, 171, 175f., 187, 189, 206
antijapanischer Krieg 24, 28
chinesisch-japanischer Kampf um die Vorherrschaft in der Region 169
chinesisch-japanischer Krieg 24, 147
Hiroshima und Nagasaki 25
japanisch-amerikanische Allianz 87
japanisch-amerikanische Militärbeziehungen 151

japanisch-chinesischer Handel 98
japanische Direktinvestitionen 148
japanische Kriegsverbrechen 151
japanische Verbündete 123
japanische Verteidigungsausgaben 149
SDF 151
Japanisches Meer 206
Jinmen (Quemoy) 48
joint ventures 94, 113, 243
Jordanien 208f., 211, 214f.
Jugoslawien 45, 58, 86, 126, 221f., 236
Bombardierung der chinesischen Botschaft in Belgrad 127, 129, 178, 236
Kosovo 126, 190, 222, 236

Kalter Krieg 51, 208
Kambodscha 30, 50, 64, 70, 82, 95ff., 101, 107, 116, 161ff., 167, 234
Friedensabkommen für Kambodscha 116
Kambodschakonflikt 167
kambodschanischer Bürgerkrieg 161
Kambodschapolitik 85
Kampfflugzeuge 210
Kanada 35, 64, 86, 134, 167, 175f., 183f.
Kapitalimporte 119
Kargil-Krise 204
Karibik 244
Kasachstan 59, 78, 135, 187f., 191, 202
Kashmir 60, 198f., 202, 204
Kashmir-Frage 204
Kashmir-Konflikt 201
Kashmir-Krieg 203
kashmirische Separatisten 202
Kenia 243
Kernwaffen(tests) 204
KGB 213
Kirgistan 187f., 191f.
Kiribati 170
Koalition, sozialliberale 224
Koexistenz, friedliche 34, 49, 52, 54, 57, 108, 117
Kolumbien 244
Kominform 45
Kommission 233, 235
– für Angelegenheiten der Auslandschinesen 37
Kommuniqué vom 15. Dezember 1978 99f., 105

271

Kommunistische Partei(en)
 Birmas (KPB)   71, 97, 162
 Chinas (KPCh)   23, 37, 68f., 103, 106, 108, 155, 234
 KPCh-Parteitag   114
 der Sowjetunion (KPdSU)   54, 58, 61, 74, 108
 Frankreichs   61
 im südostasiatischen Untergrund   96
 Malaysias   97
 Thailands (KPT)   97, 162
Konferenz
 – politische   50
 – über Sicherheit und Zusammenarbeit in Asien   107
 – über Sicherheit und Zusammenarbeit in Europa   86
 – von Yalta   25
 – Zweite asiatisch-afrikanische   241
Konfuzianismus   133
konfuzianische Fraktion   18
konfuzianische Werte   120
Kongress   109, 177, 216
 – -mehrheit   121
 – -mitglieder   100
 – -partei   199f.
 – -partei Gujrat   200
 Pan African Congress   242
Konsultativpartner   168
Kontakte, militärische   109, 127
Kontrollinie   200
Konzept, strategisches   236
Korea   21, 29, 33, 50, 117, 130, 147, 152, 170, 206, 234
 Koreafrage   108
 Koreakrieg   45, 48f., 83
 Koreanische Halbinsel   21, 152, 159
 Wiedervereinigung der Koreanischen Halbinsel   155
Kosovo   126, 190, 222, 236
Kräftegleichgewicht
 – im Himalaya   206
 – in der Taiwan-Straße   155
 – in Nordostasien   210
Kriegsmarine   32
KSA (System der kollektiven Sicherheit in Asien)   82
Kuba   60f., 71, 242, 244f.
 chinesisch-kubanische Beziehungen   245

Kubakrise   59
kubanische Verbündete   98
Kulturrevolution   35, 37, 68, 83, 88, 241, 244
Kuomintang (Nationalistische Partei, KMT)   28, 36, 156f.
Kurilen-Inseln   188
 Südliche Kurilen-Inseln   87, 98
 Küstenprovinzen   140
Kuwait   212 – 216

Labour (Partei)   223
Lager, sozialistisches   46, 54f., 57, 59, 227
Langer Marsch   24
Laos   50, 65, 72, 82, 96, 116, 161ff., 167
 Lao   32
Lateinamerika   45, 64f., 71, 244
 Lateinamerikapolitik   244f.
LDP   148
Legislative Council   223
Lettland   115
Libanon   209
Liberia   243
Libyen   109, 214
Liechtenstein   234
Lieferbindungen   242
Litauen   115
Luxemburg   230

Maastricht-Vertrag   231
Macau   18, 40, 63, 70, 141, 233, 235
Machtprojektion   32, 34, 143
Makedonien   221
Malaysia   65, 97, 165, 166, 206
 Kommunistische Partei Malaysias   97
 Malaysische Föderation   65
 Normalisierung der Beziehungen   164
Mali   241
Malakka-Straße   202, 205f.
Manchukuo   23
Mandschurei   21, 23, 25f., 31, 48f., 141
 (süd-)mandschurische Eisenbahnen   21, 25, 46
Maoismus   70, 96
 maoistische Splittergruppen   65
Marine
 – -basis, chinesische   201
 – -manöver, gemeinsame   202
 – -stützpunkte   162

Marokko 208, 241
Massaker auf dem Platz des Himmlischen Friedens 34, 105, 113f., 116, 215, 221, 242
Massaker auf dem Tiananmen-Platz 198
Massenvernichtungswaffen 210
Matsu 57
McMahon-Linie 60
Mexiko 176, 244f.
Meistbegünstigung 36, 101, 117, 121, 176f.
Meistbegünstigungsklausel 20
Menschenhandel 235
Menschenrechte 109, 117, 176f., 217, 225f., 230f., 234, 251
Menschenrechts
 - -dialog 178, 233, 235
 - -forum 232
 - -imperativ 232
 - -kommission der Vereinten Nationen 40, 177
 - -kritik 187
 - -lage 234
 - -lobbies 181
 - -pakte der Vereinten Nationen 177
 - -politik 228, 232
 - -problem 222, 227
 - -thema 233f.
Migration 188, 192
 - illegale 143
Militär 33
 - -berater 209
 - -beziehungen 108, 163f.
  - zu Pakistan 202
  - zu Taipei 180
 - -doktrin 215
 - -hilfen 164, 209, 240
 - -kommission 80
 - -präsenz 90, 107, 175
  - der USA 163
 - -reform 142
 - -stützpunkte 193
Militarismus 151
 - -Vorwurf 149
Minderheiten
 - ethnische 97, 133, 178
 - nationale 135
Ming 17f., 32
Minimalabschreckung 144

Ministerium für Außenhandel und Zusammenarbeit 38
Mischief Reef 165, 168
Missile Technology Control Regime 179, 214
Missionare 18
Mittlerer Osten 93, 179, 209ff., 216ff.
Modernisierung 95
 - militärische 181
Mongolei 29, 31, 65, 135, 159ff., 187, 189
 Äußere Mongolei 18, 25, 46, 81, 106f., 159
 Innere Mongolei 18, 64, 135
 Autonome Region Innere Mongolei 159
 Mongolische Volksrepublik 90
MTCR (Missile Technology Control System) 214, 216
Multilateralismus 38, 130, 155, 248, 251
Multipolarität 217, 228, 248

Nachrichtendienste 38
Nagasaki 25
Namibia 242
Nationalismus 144, 249
Nationalistische Partei (→ auch Kuomintang, KMT) 22, 28, 36, 156f.
Nato 74, 78, 124, 126, 183, 190, 221, 225, 230, 236
 - -Doppelbeschluss 229
Natuna-Inseln 164
Nauru 170
Naxaliten 196
Nepal 52, 205
Neun-Punkte-Plan für die Wiedervereinigung 156
Neuseeland 35, 166f., 170
 diplomatische Beziehungen zu China 170
New Territories 223
Nicaragua 244
Niederlande 20, 136, 222, 233
Niger 243
Nichtangriffspakt 200
Nordamerika 175
Nordkorea 39, 47f., 59, 65, 71, 117, 126, 142, 151ff., 181f., 206, 213f., 237
 Abrüstung der DVRK 155
 als militärischer Puffer 155

273

chinesisch-nordkoreanischer Handel 152
nordkoreanische
- Atomwaffenkrise 151
- Flüchtlinge 155
- Langstreckenrakete 150
nordkoreanisches
- Atomproblem 190, 232
- Atomwaffenprogramm 153
Nordostasien 125, 147, 152, 168
Kräftegleichgewicht in Nordostasien 210
nordostasiatische Pipelines 143
Nordvietnam 65, 72, 74, 78, 85, 241
Nuclear Suppliers Group 180
Norwegen 234
NVK (Nationaler Volkskongress) 223, 235

Oberstes Berufungsgericht 224
Öffnung, wirtschaftliche 121, 143, 152
Öffnungspolitik 102, 105, 113, 125, 140, 148, 231
Offshore-Öl 135
Öl 119
- -importe 135, 207
- -krise 212
- -vorkommen 57
Olympische Sommerspiele 40
Oman 212
Opium 18, 20
Organisation
- asiatischer Staaten 217
- für Afrikanische Einheit 243
- of Petroleum-Exporting Countries 211
Ostasien 38, 147, 175, 207, 225, 236, 249
ostasiatische Einflussgebiete 116
ostasiatische Krise 120, 177, 234
Ostblock 37
Ostchinesische Eisenbahn 21
Ostchinesisches Meer 98, 122, 136
Österreich 86
Osteuropa 45, 115, 220f., 230
osteuropäische Reformstaaten 221
osteuropäische Staaten 86, 220
Ostpolitik 225
Osttimor 164, 171
Ostturkestan 46
Islamische Bewegung Ostturkestans 178

Ost-West-Entspannung 58, 223, 229
Ost-West-Konflikt 141
Ozeanien 170

Pakistan 51f., 60, 65, 70f., 82, 109, 122f., 129, 179, 196, 198 - 204, 207, 214 - 217
chinesische Rüstungstransfers nach Pakistan 201
Militärbeziehungen der Volksrepublik zu Pakistan 202
pakistanisches Kernwaffenprogramm 204
Palästina 208f., 211
Fatah 208
Palästina-Konferenz in Madrid 211
Palästinakonflikt 208
Palästinaproblem 211
Palästinensischer Nationalrat 208
Palestine Liberation Organisation (PLO) 71, 208f., 211
Pan African Congress 242
Panama 244
Papiertiger 79, 82
Papua-Neuguinea 164, 170
Irian Jaya 164
Paracel-Archipel 162, 169
Partai Komunis Indonesia (PKI) 59, 70
Partei
- -beziehungen 37
- -tag 120
- konservative 223f.
- liberaldemokratische 98
- republikanische 181
Partner, strategische 129
Partnerschaft
- kooperative 183
- langfristige, umfassende 228
- mit den USA, strategische 40, 93, 124, 248
- strategische 39, 85, 105f., 117, 121, 123f., 129, 169, 188, 190, 220f., 228, 237, 245
Pathet Lao 65
Pazifik 82, 99, 130, 147, 175
Pazifischer Krieg 36, 147
westpazifische Allianzen 119
Peacekeeping 39, 243
Pearl Harbor 25
Pekinger Erklärung 243

Persischer Golf 211f.
Perspektive, multipolare 236
Peru 244
Pescadoren 21
Phalcon 210
Philippinen 97, 129, 137, 165f.
Pipelines 189
- nordostasiatische 143
Piraterie 143
Platz des Himmlischen Friedens 108, 230
PLO (Palestine Liberation Organisation) 71, 208f., 211
Polen 55, 220, 236
Botschaftergespräche in Warschau 83
Politbüro(s) 104, 114
- Ständiger Ausschuss des 37, 102, 114, 232
Politik der offenen Tür 36
Port Arthur (Lüshun) 21, 25, 46
Portugal 20, 231
Potsdam 136
Preußen 20
Produktionsstandort 137
Proliferation 121
- und Rüstung 178
- von Massenvernichtungswaffen 39
- von Raketen und Massenvernichtungswaffen 129, 180
Proliferationsfragen 176, 178
Propagandaapparat 38
Protokoll über die strategische Kooperation 218
Pyöngyang 217

Qin 31
Qing 22, 30
Qinghai 18
Quadrennial Defence Review 182
Quemoy 57

Radio Free Asia 177
Rahmenabkommen 153
Raketen
Kurzstreckenraketen 122, 159, 181, 213f.
Langstreckenraketen 107f., 126, 214
- chinesische 109
Mittelstreckenraketen 122, 206
- chinesische 109

Raketen 34, 179, 203, 214
- ballistische 118
- -abwehr 183
- satellitengestützte 123
- -pläne 144, 190
- -systeme 126, 180, 192
- -lenksysteme 210
- -proliferation 180
- -schirme 129
- regionale 150
Missile Technologie Control Regime (MTCR) 214, 216
Richtlinien für den Export von Raketen-Technologie 180
Ramos-Administration 166
Rao 200
Rat 230
Reagan-Administration 106, 109, 214
Reagan-Plan 211
Rechtsstaatsdialog 227
Rede, in Wladiwostok gehaltene 107, 197
Referendum 158, 228
Reformkommunismus 221
Regionalismusprojekte 161
Reparationszahlungen 86
Revisionismus 54, 58, 65, 107
Republik Südafrika 241ff.
ANC 242
Ritenministerium 28
Rivalitäten, zivil-militärische 142
Riyadh 218
Rohöl 214
- chinesisches 148
- iranisches 212
- -lieferungen 152
Rohstoffe 86, 143
rohstoffpolitische Interessen 240
Rohstoffvorkommen 134
Rote Armee 23, 27
Rote Khmer 82, 96f., 116
Rotgardisten 70f., 74
Rumänien 64, 78, 83, 86, 115
Russland (→ auch Sowjetunion und UdSSR) 21, 27, 36, 124, 134f., 142, 147, 154, 159, 161, 168, 187f., 190f., 218, 222, 231
chinesisch-russische
- Beziehungen 28, 187
- Grenzverhandlungen 101

275

Moskau 110, 212, 236, 242
Russische Föderation 115, 187
russische Nachbarn 144
russische Rüstungsexporte 116, 189
russische Waffensysteme 206
Russischer Ferner Osten 136
in Wladiwostok gehaltene Rede 107
Rüstungs
– -exportabkommen 210
– -exporte 109, 210, 245
– chinesische 118
– -fragen 176
– -güter 245
– chinesische 116
– konventionelle 217
– -importe aus den USA 85
– -importeur 181, 189
– -kontrolle 232
– -lieferungen 105, 156, 225
– an den Irak 213
– an den Iran 214
– -techologien 209f.
– -transfers nach Pakistan, chinesische 201
Ryukyu-Inseln 29

Salt-II 89, 98
Sambia 241
Tansam-Bahn 241
Sanktionen 109f., 116, 123, 129, 151, 154, 177, 179, 215, 225, 227, 230
– der USA 213
SAR (Special Administrative Region, Hongkong) 224
Saudi-Arabien 109, 211, 214ff.
Scarborough Shoal 166
Schiffahrtswege 121, 140, 207
Schmuggel 143
Schuldenerlass 243
Schutz geistigen Eigentums 177
Schweiz 51, 234
SDF (Self Defence Forces, Japan) 151
SEANWFZ (South East Asian Nuclear Weapons Free Zone) 167f.
SEATO (Southeast Asian Treaty Organization) 51
Sechsergespräche 154
See
– -gebiete, umstrittene 135

– -grenze 95
– -orientierung 140, 144
Selbststärkungsprogramm 20
Self Defence Forces 150
Senegal 243
Senkaku/Diaoyutai 98, 149
Separatismus 178, 192
Seychellen 205
Shah-Regime 212
Shandong 22f.
Shanghai-Fraktion 126
Shanghai-Kommuniqué 83, 88
Shanghaier Organisation für Zusammenarbeit (SOZ) 190, 192
SOZ-Charta 193
Sicherheitsgesetz 224
Sicherheitsrat(s) 83, 117, 152ff., 157, 236
– -mitglieder 215, 217
– -resolution 215
Siebte Flotte 48, 51
Sikkim 196, 198, 202
Singapur 116, 157, 164, 166, 168, 206, 210
Sino-Afrikanisches Forum für Zusammenarbeit 243
sino-europäische Beziehungen 235
sino-iranische Zusammenarbeit 216
sino-japanische Konkurrenz 147
sino-sowjetische Beratungen 215
sino-sowjetische Grenze 197
sino-sowjetischer Konflikt 34, 37, 40, 54, 147, 152, 155, 196, 208, 241
sino-sowjetischer Vertrag 46
sino-sowjetisches Schisma 32
Solidarität 220
Somalia 241
Sonderwirtschaftszonen 102
Sonnenscheindiplomatie 153
Sowjetunion 27, 45, 50, 54f., 57 – 61, 66, 68, 70, 80, 86, 89, 93, 95 – 98, 102, 106, 149, 152, 197, 208f., 229, 241, 245, 250
Allianz mit der Sowjetunion 248
Bündnisvertrag mit der Sowjetunion 101
chinesisch-sowjetische Allianz 47, 109
Freundschaftsvertrag mit der Sowjetunion 25
Grenzkrieg mit der Sowjetunion 74
Kommunistische Partei der Sowjetunion (KPdSU) 54, 58, 61, 74, 108

sino-sowjetische Beratungen 215
sino-sowjetische Grenze 197
sino-sowjetischer Konflikt 34, 37, 40, 54, 147, 152, 155, 196, 208, 241
sino-sowjetischer Vertrag 46
sino-sowjetisches Schisma 32
sowjetisch-japanischer Friedensvertrag 46
sowjetische Militärhilfen 213
sowjetischer Hegemonismus 220
Sozialimperialismus 82
Sozialistische Republik Vietnam (→ Vietnam)
Spanien 20, 230f., 233
Spannungen, chinesisch-amerikanische 226
Special Administrative Region 223
Spratly-Archipel 162, 165f., 198, 232
Spionageaktivitäten 126
Spitzentechnologielieferungen 179
Sri Lanka 51f., 205
Staaten, blockfreie 51, 59
Staatsverschuldung 139
Strafexpedition 95, 99
– Deng Xiaopings 30
– gegen Vietnam 17
Strait Exchange Foundation 157
Straße von Hormuz 214
Straßenbauaktivitäten 163
Straßenverbindungen, strategische 203
Strategic Defence Initiative 149
Strategiepapier 234
Streitkräfte 114
Stützpunkte, amerikanische 166
Südafrika (→ Republik Südafrika)
Südamerika 245
Sudan 208, 240f.
Südasien 130, 179, 196, 205
South Asian Association for Regional Cooperation 205
Südasiatische Atomwaffenfreie Zone 204
Südasienpolitik 202
Südchinesisches Meer 136, 142, 161f., 164, 167ff., 198, 206
Südkorea 47, 125, 140, 147, 152, 154f., 167, 171
chinesisch-südkoreanischer Handel 152
Südostasien 29ff., 38, 51, 96, 130, 140 – 143, 161, 169, 205, 207

kommunistische Parteien im südostasiatischen Untergrund 96
SEANWFZ 167f.
SEATO 51
Supermächte 74, 80, 82, 130, 208, 221, 225
Südost-Provinzen 143
Südpazifik 170
Suezkrise 209
Swapo 242
Syrien 52, 109, 208, 214
TAC 168f.
Tadschikistan 187f., 191
Tadschikischer Bürgerkrieg 191
Tai-Völker 31
Taiwan 18, 21, 27, 40, 45, 57, 59, 83, 85f., 88, 93, 98f., 105f., 122, 124, 126f., 129, 131, 136, 141, 144, 147f., 150, 152, 155 – 159, 164f., 167, 169ff., 176, 178, 180, 182, 187, 214f., 221, 226, 228, 235, 240f., 243ff., 248
American Institute in Taiwan 100
amerikanisch-chinesische Krise um Taiwan 228
amerikanisch-taiwanesischer Vertrag über gegenseitige Verteidigung 99
amerikanische Waffenverkäufe an Taiwan 123
militärische Beziehungen/Kontakte zu Taipei 127, 155
Taiwanfrage 38, 105, 119, 121, 158, 222, 226, 235
Taiwan-Lobby 148, 181
Taiwan Relations Act 100, 106
Taiwan-Straße 34, 48, 51, 83f., 102, 129, 136, 141, 159
Association for Relations across the Taiwan Strait 157
Kräftegleichgewicht in der Taiwan-Straße 155
Rüstungspaket für Taiwan 127, 156
Waffenlieferungen an Taiwan 105
zweite Taiwankrise 51, 57
Taliban(-Regime) 191ff., 204
Tansania 241
Tansam-Bahn 241
Thailand 65, 97, 162, 166ff., 206
Kommunistische Partei Thailands 97
Technologie 223

277

Technologietransfers 108, 209, 214
Technologie- und Ressourcenpolitik 248
Territorialansprüche 165, 196
territoriale Ansprüche einzelner
 Asean-Staaten 168
Territorialkonflikt 63
Terrorismus 218
– Zentrum zur Bekämpfung des 192
 terroristische Anschläge in New York
 und Washington 125
Teststopabkommen 178, 204, 241
Theatre Missile Defence 150
Tiananmen 215
– -Massaker 149, 223, 225, 240f.
– -Platz 104
Tibet 18, 48f., 51, 58, 60, 64, 109, 120, 124, 135, 198, 200, 207, 226, 235
 Autonome Region Tibet 202
 Sonderbeauftragter für Tibet 177
 Tibet-Konferenz 226
 tibetisches Exil 202
Tjumen 142
Tonking-Golf-Zwischenfall 72
TRA (Taiwan Relations Act) 100, 106
Trägertechnologie-Kontrollregime 179, 214
Transparenz, militärische 121
Transrapid 227
Treaty on Amity and Cooperation 167
Tribut 29
– -beziehungen 28
– -gesandtschaften 29
Truppen
– -abbau 198f.
– -präsenz 106
– -reduzierung 108, 188
– -rückzug 107
Tschechische Republik 236
Tschechoslowakei 74f.
Tschetschenien 124, 191
Tunesien 241
Türkei 161

Übergabevertrag 223
UdSSR 25, 34, 55, 57ff., 63f., 71f., 74f., 79, 82, 87, 90, 101, 107, 159, 187, 190, 196, 203, 213, 220, 222, 229, 241f., 244

Uighuren 46, 59, 135, 192
uighurisch-islamischen Separatisten 204
Umweltpolitik 251
umweltpolitische Abkommen 39
Unabhängigkeit 157
Ungarn 55, 221, 236
Unita 242
Unternehmen, ausländische 113
Urbanisierung 144
Urheberrechte 122
USA 20, 23, 25, 27, 34, 40, 45, 47f., 50, 52, 54, 57, 60, 64f., 70, 72f., 75, 80, 82f., 85, 87f., 91, 95, 98f., 101, 107ff., 116f., 119, 122ff., 126f., 130, 134, 137, 140f., 143f., 147, 153ff., 159f., 165ff., 170, 175f., 181ff., 187, 190, 197, 200, 205, 207, 209, 214 – 217, 222, 224f., 229, 231ff., 234, 236, 244, 248f.
Allianzen und neue militärische Partnerschaften der USA 125
American Institute in Taiwan 100
amerikanisch
– -chinesische Beziehungen 83, 105
– -chinesische Krise um Taiwan 228
– -chinesischer Handelskrieg 107
– -japanische Allianz 150
– -japanische Handelskonflikte 149
– -japanisches Bündnis 85
– -pakistanischer Vertrag über
 Rüstungslieferungen 203
– -taiwanesischer Vertrag über gegenseitige Verteidigung 99
amerikanische
– Abhöranlagen in Nordwestchina 99
– Abhörstationen 101
– Atomwaffe 144
– Bombardierung der chinesischen Botschaft in Belgrad 227
– Exporte in die Volksrepublik 176
– Exportwirtschaft 181
– Militärpräsenz in Fernost 85
– Rüstungsexporte nach Taiwan 179
amerikanischer Hegemonismus 182
amerikanisches staatliches Rüstungsexportprogramm, 108
Amerikapolitik in China 176
US-China Commission 177
US-Kongress 153

278

Waffenverkäufe an Taiwan 123
Washingtoner Konferenz 23
Usbekistan 191ff.
Ussuri 75, 116, 188

Vanuatu 170
Venezuela 244
VBA (Volksbefreiungsarmee) 27, 32f., 37, 46ff., 57, 60, 69, 72f., 80, 88, 91, 95, 104f., 121f., 142f., 155, 162f., 165, 206, 226
Verbrechen, organisiertes 235
Verbündete, kubanische 98
Vereinbarung über die Seegrenze im Tonking-Golf 162
Vereinigte Arabische Emirate 216
Vereinigte Arabische Republik 241
Vereinigungsprojekt 156
Vereinte Nationen 39, 47f., 65, 83, 86, 97, 109, 117, 122, 150, 152, 157, 178, 191, 199, 208f., 211, 216f., 224, 226, 230f., 233, 241, 245
VN-Menschenrechtskommission 40, 177, 231, 233, 242
VN-Pakt über wirtschaftliche, soziale und kulturelle Rechte 233
VN-Sicherheitsrat 192
Verhaltenskodex für das Südchinesische Meer 168f.
Versailler Friedenskonferenz 22
Verteidigung, asymmetrische 181
Verteidigungs
– -ausgaben 150
– -haushalt 34, 121
– -identität 236
Vietminh 50
Verträge, ungleiche 20, 63, 75
Vertrauen- und Sicherheitsbildende Maßnahmen 108, 144, 166f., 191, 198
– für das Grenzgebiet 124, 188
Vertrauensbildung, militärische 107
Vier Modernisierungen 81, 88, 148
Viererbande 88
Vietnam 29, 31, 33, 50, 72, 83, 91, 95f., 98, 107, 136, 142, 161f., 167, 170, 198, 206, 250
FNL 74
Normalisierung der Beziehungen zu Vietnam 116
Sozialistische Republik Vietnam 162

– wirtschaftliche Öffnung 162
vietnamesische Grenze 95
Vietnamkrieg 82
Visionen, multipolare 124f., 220, 222, 236
Visiting Forces Agreement 166
Völkerbund 23
Volksbefragungen 180
Volksbefreiungsarmee → VBA
Volksdiplomatie 37
Volkskrieg 32, 35, 72
Volkskriegs-Doktrin 32f., 121
Vollversammlung 83
Vorwärtsverteidigung 32

Waffen 142
– -embargos 228, 230, 235, 237
– -exporte 216
– -geschäfte 228
– -lieferanten 205
– -lieferungen 88, 105f., 162
– -schmuggel 192
– -systeme 189, 229
Währungsunion 225
Warlordismus 23, 33
Warschauer Pakt 74, 220, 225
Washingtoner Konferenz 23
Wasserstoffbombe 74
Wechselkurs des Renminbi 140, 177
Welt
– islamische 51
– multipolare 35
– unipolare 188
Weltordnung(s)
– multipolare 35, 149, 187, 231
– neue 217
– -vorstellungen 124
Weltbank 113
– -kredite 117, 215
Welthandel 38
Welthandelsorganisation 126
Weltraumflug 40
– bemannter 183
Weltsicherheitsrat 38, 40, 47, 87, 117, 164, 204, 211, 217, 221f., 225, 236
Weltwirtschaftsordnung 240
Westasien 207, 217
Westbengalen 196
Westeuropa 35, 64f., 220, 222
Westeuropäische Union 229

279

westeuropäische Waffenlieferungen 99
westeuropäische Entspannungsangebote 220
Wettbewerb, strategischer 126f., 130
Wettrüsten 205
Wiedervereinigung
– der Koreanischen Halbinsel 155
– deutsche 224f.
wirtschaftliche Erschließung Sibiriens 148
Wirtschaftsbeziehungen 107, 129, 170, 176, 188, 216, 224f.
– bilaterale 165
Wirtschafts
– -diplomatie 231
– -embargo 215, 218
– -hilfen 151, 202, 221, 243
  – chinesische 95
  – staatliche 148
– -partner 164, 237
– -raum, großchinesischer 141
– -räume, grenzüberschreitende 137
– -sonderzonen 94
– -zusammenarbeit 162
WTO 139f., 176, 228, 233, 251

Xinjiang 18, 46, 59f., 64, 66, 78, 101, 120, 135, 160, 178, 191, 199, 204, 211

Yan'an 24
Yasukuni-Schrein 151
Yemen 52, 212
  Aden 212
Yunnan 162

Zaire 90, 143, 241
Zangger Ausschuss 178
Zarenreich 21
Zentralamerika 245
Zentralasien 29, 75, 124, 129f., 135f., 187, 190, 205, 207, 217, 234
zentralasiatische Energiereserven 187
Zentralasiatische Republiken 142, 190, 217
zentralasiatische Erdölkonzessionen 143
Zentrale Militärkommission 34, 88, 102f., 105, 114, 121, 126, 142
Zentrum zur Bekämpfung des Terrorismus 192
Zimbabwe 242f.
Zivilhilfen 164
zongli yamen 36
Zusammenarbeit
– militärische 108, 116, 162, 203, 205
– rüstungswirtschaftliche 165, 205
– sicherheitspolitische 108
– technische 210
– wirtschaftlich-technische 245
– wirtschaftliche 227, 230
– wissenschaftlich-technische 225, 227
Zuwanderung, chinesische 160, 163, 188
Zweistaatenformel 157f.
Zwischenzone 34f., 37, 64, 86

If you have any concerns about our products,
you can contact us on
ProductSafety@springernature.com

In case Publisher is established outside the EU,
the EU authorized representative is:
**Springer Nature Customer Service Center GmbH
Europaplatz 3, 69115 Heidelberg, Germany**

Printed by Libri Plureos GmbH
in Hamburg, Germany